Franka Bloom ist eine erfahrene Bestsellerautorin und Drehbuchschreiberin. Sie verfasste Stoffe u. a. für «Tatort», «SOKO Leipzig», «Ein Fall für zwei» und gewann zahlreiche Preise. Ihr Spiegel-Bestseller «Anfang 40 – Ende offen» und weitere bei rororo erschienene Romane begeisterten zahlreiche Leserinnen und Leser. Franka Bloom lebt mit ihrer Familie in Leipzig.

Franka Bloom

ANFANG 40 – ENDE OFFEN

Roman

Rowohlt Taschenbuch Verlag

8. Auflage August 2025
Veröffentlicht im Rowohlt Taschenbuch Verlag
Rowohlt Verlag GmbH, Kirchenallee 19, 20099 Hamburg
Originalausgabe
Zuerst veröffentlicht im Rowohlt Taschenbuch Verlag,
Reinbek bei Hamburg, März 2017

Umschlaggestaltung yellowfarm gmbh,
Stefanie Freischem
Umschlagillustration Kai Pannen
Typografie Farnschläder & Mahlstedt, Hamburg
Druck und Bindung CPI books GmbH, Leck
ISBN 978 3-499-27292-9

Kontaktadresse nach EU-Produktsicherheitsverordnung:
produktsicherheit@rowohlt.de

FSC www.fsc.org MIX Papier | Fördert gute Waldnutzung FSC® C083411

Gewidmet allen Frauen,
die mich inspiriert haben.
Und Männern.

PROLOG

MIT DEM ALTER ist das so eine Sache. Unser Umgang damit ist verwirrend, irritierend, zuweilen sogar verlogen. Gnadenlos manipulieren und heucheln wir. Wenn es uns nicht passt, verleugnen wir es einfach und biegen es uns zurecht. Alles darf, nichts muss. 50 ist die neue 30. 70 ist das neue 50. Und sowieso fühlt man sich ständig wie neugeboren. Wir sind so alt, wie wir uns fühlen, heißt es, und das kann jeden Tag, jede Stunde, jede Minute anders sein. Wer nimmt denn noch sein wahres Alter wirklich wahr?

Ich weiß nicht, wie alt ich wirklich bin. Da gibt es das biologische Alter, das kalendarische und das gefühlte, das gehoffte, das gelogene und das geschmeichelte. Mein Bewusstsein hängt bei Mitte 30 fest, während der Barkeeper mich für Anfang 40 hält. Mein Spiegelbild pendelt zwischen Mitte 30 und Mitte 50. Meine Kosmetikerin hält mich vor der Behandlung für 50, dann für 40 und nach dem üppigen Trinkgeld für 30. Meine Freundinnen halten mich für ignorant, und meine Tochter hält mich für eitel. Ich halte mich meistens für Anfang 40 – und das seit mindestens fünf Jahren.

Tatsächlich bin ich 45,9 Jahre alt, 1,65 klein, wiege 68 Kilo, habe zwei Zahnimplantate, gezählte 78 Falten im Gesicht und gefühlte 7800 am Hintern. Wahrscheinlich sind es mehr, aber ich habe seit fünf Jahren nicht mehr gezählt – am Hintern. Außerdem mindestens 3700 graue Haare, die ich alle vier Wochen überfärben muss, was sich der Friseur jedes Mal teuer bezahlen lässt. Ich habe ein Kind geboren, dem ich drei Speckringe um die Hüfte und ca. 100 Schwangerschaftsstreifen zu verdanken habe. Nicht zu vergessen zwei tiefe Zornesfalten über der Nasenwurzel, aber zugegebenermaßen auch mindestens 37 Lachfalten. Hinzu kommen drei Krampfadern, zwei Kontaktlinsen, eine Lesebrille, vier hormonell bedingte Altersflecken, die schon für viel Geld weggelasert wurden, weil kein Make-up der Welt und kein noch so teurer Concealer sie noch überdecken konnten. Tennis, Power-Yoga, Pilates und Deepwork sollen mich angeblich fit halten, was sich aber erst in 20 Jahren herausstellen wird.

Und zu allem Überfluss habe ich – Kniespeck. Dieser Kniespeck, der sich in einer Wulst von oben über die Kniescheibe schiebt und beim Eindrücken mit dem Finger eine Kuhle bildet, die sich nur sehr langsam wieder ausbeult, ist nicht nur unansehnlich, sondern in vielerlei Hinsicht schwer zu ertragen. Dieser Kniespeck ist schuld daran, dass ich nur noch Kleider und Röcke tragen kann, die unter dem Knie enden, was wiederum zur Folge hat, dass meine dicken Waden überbetont werden, was ich nur durch extrem hohe und extrem teure High Heels kompensieren kann. Das ist zwar sexy, aber auch äußerst anstrengend und gesundheitsschädigend, denn es führt zu gestauchten Fußgelenken, Achillesfersendehnung, angeknacksten Knöcheln und – was am allerschlimmsten ist – abgebrochenen Absätzen sündhaft teurer Schuhe.

Alles in allem ist Kniespeck ein Domino-Desaster mit ungeahnten Auswirkungen auf Geldbeutel und Gesundheit, denn um die Kosten für das kapriziöse Schuhwerk, orthopädische Behandlungen, Massagen, Psychositzungen und komplizierte OPs in Grenzen zu halten, muss der Speck weg.

Das bedeutet: Ich werde mir zu teuer. Rein wirtschaftlich gesehen bin ich ein Minusgeschäft. Auf den ersten Blick vielleicht noch attraktiv und unterhaltsam, auf den zweiten Blick aber unrentabel, kostenaufwendig und nicht von der Steuer absetzbar.

Da ich bereits durch ein neueres Modell ersetzt wurde, habe ich vielleicht noch eine Chance auf Wiederverwertung auf dem Secondhandmarkt. Oder bei ebay.

TEIL 1

1

SCHWEISSGEBADET und nach Luft ringend, schrecke ich auf. Mein Puls rast, mein Atem überschlägt sich. Ich brauche ein paar Sekunden, bis ich begreife, dass ich in meinem Schlafzimmer bin und nicht vor dem Traualtar. Was für ein Albtraum! Erleichtert atme ich auf und sinke zurück in das Kissen. Mein letzter Blick fällt auf den Wecker, 8.22, dann dämmere ich wieder weg.

Eine gefühlte Ewigkeit später höre ich irgendwo weit weg Doris Days sanften Gesang: *Que sera, sera, what ever will be, will be ...?* Schönes Lied.

Im Halbschlaf freue ich mich über die Rückkehr meines alten Radioweckers ins Schlafzimmer, nachdem ich über 20 Jahre lang darauf verzichten musste, weil mein Langzeitpartner Sven, den ich in ein paar Stunden meinen Exmann nennen darf, ein grelles Piepen am Morgen bevorzugte. Da hätte ich schon stutzig werden müssen. *Que sera?* Nur Gutes, hoffentlich.

«8 Uhr 30, die Nachrichten», höre ich eine fremde Männerstimme in meinem Schlafzimmer.

Moment! Hier stimmt was nicht. Mein Bewusstsein schreckt auf. Der Puls nimmt wieder Fahrt auf, gleichzeitig sackt mein Herz in die Magengrube, wie ein abstürzender Aufzug aus dem 99. Stockwerk. Halb neun! Mit einem Satz springe ich aus dem Bett. Ausgerechnet heute! Verschlafen! Mir bleiben nur 59 Minuten, um pünktlich zu meiner Scheidung zu erscheinen.

Ich nehme eine Sieben-Minuten-Turbodusche inklusive Zähneputzen, aber ohne Haarewaschen. Beim Abtrocknen, Eincremen und Schminken, was insgesamt 14 Minuten dauert, überlege ich mir die Garderobe. Ich muss schnell denken, was gar nicht so einfach ist, denn mein Kopf ist leer, und der Schrank ist voll.

Ich darf nicht den gleichen Fehler machen wie beim ersten Scheidungstermin. Im Nadelstreifenkostüm wollte ich Stärke und Selbstsicherheit signalisieren, obwohl mir innerlich elend zumute war. Ich fühlte mich in dem Kostüm wie ein Opossum in der Haut einer Ringelnatter.

Die Zeit rast. Ich sehe mich schon in Unterwäsche und Handtuchturban vor den Richter treten, der meinen Mann mitfühlend von mir trennt. Verzweiflung kommt auf. Gerade noch rechtzeitig steckt Greta ihren Kopf zur Tür herein.

«Hilf mir! Bitte!» Worte, die einer Achtzehnjährigen runtergehen wie Öl, besonders von der eigenen Mutter ausgesprochen. Sich ihrer Machtposition bewusst, lehnt sie lässig im Türrahmen, löffelt einen Joghurt, schaut sich beunruhigend lange um und strapaziert meine Nerven auf das Äußerste. Schließlich zeigt sie auf ein schwarzes Kleid. Ich stelle keine Fragen, ziehe das einfache Hemdblusenkleid mit braunem Gürtel und cognacfarbenen Stiefeletten an und drehe mich zum Schluss einmal um die eigene Achse.

Greta begutachtet mich skeptisch und nickt wohlwollend, wie Heidi Klum, bevor sie einem Möchtegernmodel ein Foto überreicht.

«Voll authentisch», bestätigt Greta mein Outfit.

Ich drücke ihr einen Kuss auf die Wange und hetze zum Recall meiner Scheidung.

Mir bleiben noch ganze 19 Minuten für den Weg zum Gericht. Realistisch, wenn die Straßen leer sind und alle Ampeln auf Grün stehen. Utopisch an einem verregneten Donnerstagmorgen, an dem sämtliche Fahrradfahrer ihr Ökogewissen zu Hause lassen, um nicht nass zu werden, und stattdessen lieber mit dem SUV zwei Kilometer zur Arbeit fahren. Und natürlich muss ausgerechnet jetzt die Müllabfuhr durch unsere Straße fahren, obwohl die erst in einer Stunde dran ist. Ich werde mich bei der Stadtverwaltung beschweren.

Nervös knete ich das Kunstlederlenkrad meines 15 Jahre alten japanischen Kombis, immer die Uhr im Blick. 17 Minuten. Ich schalte das Radio aus, weil mich das Gequatsche nervös macht. Mein Handy klingelt. Da ich hinter dem Müllauto warte, kann ich unbesorgt in meiner Handtasche nach dem Telefon kramen. Und wie immer ertaste ich alles Mögliche, nur nicht das Gesuchte. Was auch immer das Geheimnis einer Handtasche ist, Dinge verschwinden zu lassen, ich werde nie dahinterkommen.

Ich muss schnell suchen, bevor der Anrufbeantworter übernimmt. Das Telefon klingelt weiter. Ich werde noch nervöser. Hinter mir hupt ein Auto, denn der Müllwagen ist schon drei Häuser weitergefahren.

Da ist es ja! Der Fahrer hinter mir hupt wieder.

«Entspann dich, Blödmann!», schreie ich, während ich das Gespräch annehme und gleichzeitig den ersten Gang einlege, um dem Müllwagen zu folgen. Meine Mutter ist dran.

«Du entspannst dich besser, Liebes. Sonst kriegst du noch einen Herzinfarkt.»

«Hallo, Mama, danke für den Tipp. Was gibt's?», frage ich genervt, während ich im Schritttempo den Männern von der Stadtreinigung folge und ihnen bei der Arbeit zusehe. Routiniert machen sie ihren Job und lassen sich durch nichts aus der Ruhe bringen. Im Gegenteil. Ich habe das Gefühl, sie brauchen besonders viel Zeit, seitdem ich hinter ihnen herzockele. Am liebsten würde ich hupen, aber die Jungs entsorgen schließlich meinen Dreck.

«Was machst du gerade, Liebes?» Ich hasse es, wenn meine Mutter mich *Liebes* nennt. Das klingt so … unecht.

«Du wirst es nicht glauben, aber ich fahre zu meiner Scheidung.»

Ich höre meine Mutter ins Telefon seufzen. «Schon wieder? Ich dachte, ihr lasst das jetzt, nachdem es beim ersten Mal nicht geklappt hat.»

«Mama, hier geht's doch nicht um eine künstliche Befruchtung oder ums Soufflébacken. Es geht um unsere Scheidung. Sven und ich haben das Trennungsjahr hinter uns, und jetzt kommt die Scheidung. So läuft das.»

«Papperlapapp. Sven ist ein guter Mann. Nur weil er sich etwas amüsiert, müsst ihr euch nicht gleich scheiden lassen. Dein Vater …»

Nicht schon wieder, denke ich und unterbreche sie.

«Mama, ich weiß. Lass gut sein.»

Endlich fährt der Müllwagen in eine Einfahrt, um mich vorbeizulassen. Ich winke den Männern zu und lächele freundlich. Zwölf Minuten.

«Vera, dein Vater und ich waren 40 Jahre verheiratet, weil wir unsere Freiheiten hatten. Jetzt sei doch nicht so kleinlich!»

Immer die gleiche Leier. Ich gebe Gas, um noch rechtzeitig über eine gelbe Ampel zu kommen.

«Mama, ich bin echt in Eile. Können wir später …»

«Ja, glaubst du etwa, ich hätte keine anderen Männer gehabt? Viele sogar!»

Das ist mir neu. Die Ampel springt auf Rot. Ich steige in die Eisen. Vollbremsung. Meine Mutter hatte Affären! Viele sogar!

Es kracht hinter mir. Mein Wagen macht einen Satz nach vorne. Dann werde ich in meinem Auto auf die Kreuzung geschoben, die gerade ein alter Mann überquert. Zum Glück kann er rechtzeitig zur Seite springen, bevor ich ihn überfahre. Ich schaue nach links und sehe einen Mini auf mich zukommen. In einer Hundertstelsekunde rast mein Leben in Bildern an mir vorbei. Im letzten Moment weicht der Mini aus. Dann steht mein Wagen.

«Bist du jetzt geschockt, Liebes?», höre ich meine Mutter aus dem Telefon in meiner Hand fragen.

«Ja», sage ich verwirrt und beende das Gespräch.

Ich komme eine halbe Stunde zu spät zum Gericht. Aber außer meiner Anwältin Toni ist niemand zu sehen.

«Wo bleibst du denn? Du kannst von Glück sagen, dass die Richterin auch noch nicht da ist. Sie steckt irgendwo im Stau fest.»

«Und Sven?», frage ich.

Toni zieht die Schultern hoch. «Was ist denn passiert? Wo warst du?» Besorgt schaut sie mich an. «Du siehst miserabel aus.» Sie kann sehr warmherzig und sensibel sein. Das mag ich so an ihr.

«Mir ist einer hintendrauf gefahren. Bagatelle. Kann passieren.»

«Du hast hoffentlich die Polizei gerufen? Den verklagen wir auf Schmerzensgeld. Warst du beim Arzt?»

Toni hat definitiv zu viel *Law and Order* gesehen. Als ich ihr sage, dass wir beide in Eile waren und keine Zeit hatten, auf die Polizei zu warten, regt sie sich auf und redet wild auf mich ein. Ich höre Begriffe wie Schadenregulierung, Anzeige, Versicherung, Aktenzeichen und immer wieder Schmerzensgeld. Aber eigentlich höre ich gar nicht hin, sondern frage mich, wo mein Mann bleibt. Ich ertappe mich sogar bei der Frage, ob ihm etwas zugestoßen sein könnte, schließlich sind wir trotz allem miteinander verbandelt.

«Vera, hörst du mir überhaupt zu?»

Ich erkläre Toni, dass ich nicht das Gefühl hatte, der Unfallverursacher wollte sich aus der Verantwortung stehlen. Sie ermahnt mich, beim nächsten Mal unbedingt die Polizei zu rufen, weil das für die Versicherung wichtig sei. Ich fühle mich wie eine Fahranfängerin, die auf ihre erste Fahrt vorbereitet wird. Dabei bin ich seit 25 Jahren unfallfrei. Bis heute.

Die Richterin kommt den Gang entlang und begrüßt Toni überraschend herzlich. Die beiden kennen sich und können sich offenbar gut leiden. Toni stellt uns einander vor. Die Richterin lächelt mich freundlich an und reicht mir die Hand.

«Guten Morgen, Frau Odermann. Richterin Weiler. Verzeihen Sie die Verspätung, aber irgendwelche Deppen haben in der City durch einen Auffahrunfall ein unglaubliches Verkehrschaos verursacht.»

«Ja, ich hab's auch mitbekommen», lächele ich zurück.

«Dann wird Ihr Mann sicher auch gleich hier sein. Wir sehen uns im Gerichtssaal.» Eilig verschwindet sie durch eine der Holztüren.

Mein Mann – wie das klingt. Irgendwie sperrig und überholt. So wie bei Patrick Swayze in *Dirty Dancing*, wenn er unüberhörbar verkündet: «Mein Baby gehört zu mir.» Das klingt wie Eigentum. Mein Haus, mein Auto, mein Mann. Dabei war Sven genau genommen nie mein Mann und wollte es offenbar auch nicht sein. Ich hatte ihn nie für mich allein, musste ihn immer teilen. Zuerst mit seiner Arbeit, später mit seinen Affären.

Ich schaue aus dem Fenster des Gerichtsgebäudes, während wir auf Sven warten. Von hier aus kann ich bis zum Standesamt auf der anderen Seite der Innenstadt blicken. Der Himmel ist grau, und es nieselt leicht, was den hässlichen Nachkriegsbau noch unschöner macht. Warum werden Standesämter in Plattenbauten untergebracht? Wer denkt sich so etwas aus? Vermutlich ein von der Ehe enttäuschter Verwaltungsbeamter, der seine romantische Vorstellung einer Hochzeit begraben hat und sich nun an allen Romantikern rächen will. Ich bin eines seiner Opfer, denn seine Rache ist geglückt. Und während ich so dastehe, aus dem Fenster schaue und warte, schweifen meine Gedanken immer weiter ab in die Vergangenheit.

Es wäre eine Traumhochzeit gewesen, wenn es nicht in Strömen geregnet hätte, die Standesbeamtin nicht völlig verschnupft und der Ort nicht der Plattenbau, sondern – wie ursprünglich geplant – ein klassizistischer Pavillon im Schlosspark gewesen wäre, der leider in der Nacht zuvor von Sprayern mit Totenköpfen verunstaltet worden war. Ein abergläubischer Mensch hätte in alldem schlechte Vorzeichen für eine Hochzeit erkannt und sie abgeblasen. Nicht so Sven und ich. Wir wollten um jeden Preis heiraten und haben es schließlich auch getan. Am meisten habe ich damals bedauert, dass mein maßangefertigtes spanisches Hochzeitskleid aus cremefarbener Seide, mit Spitze und mit Perlen bestickt, nicht im Sonnenschein strahlen konnte, am angeblich schönsten Tag meines Lebens. Stattdessen wurde die Schleppe matschig grau vom regennassen Asphalt.

Ich schaue auf die Uhr. Von Sven keine Spur. Er müsste längst hier sein, denn ich, die Verantwortliche für das Verkehrschaos in der Stadt, bin schließlich längst anwesend. Was treibt er? Wo bleibt er? Ich werde sauer, und langsam frage ich mich, wie ich mich so in ihm täuschen konnte.

Ich hätte von Anfang an wissen müssen, dass die Sache schiefgeht. Ich wäre ja von allein nie auf die Idee gekommen zu heiraten, wenn Sven mich nicht mit dem Antrag überrumpelt hätte. Hat er aber. Mit allem Drum und Dran auf dem Markusplatz in Venedig bei Sonnenaufgang mit aufflatternden Tauben. Der totale Romantik-Overkill. Seither weiß ich, dass Klischees faszinierend, aber heimtückisch sind. Der perfekte Ort, der perfekte Moment, der perfekte Ring, der perfekte Mann. Rational gesehen gab es absolut keinen Grund, seinen Antrag abzulehnen. Ich war verliebt, er sah gut aus, hatte eine blendende Zukunft als Geschäftsführer einer IT-Firma vor sich, und er wollte mich. Mich, die einst so schüchterne Vera, die in der Schule keinem Jungen aufgefallen war.

Ich war schon in ihn verliebt, bevor er überhaupt von meiner Existenz wusste. Er war drei Klassen über mir, und ich hab' seit der Achten kein Handballspiel seiner Mannschaft verpasst, so sehr himmelte ich ihn an. Dass er wechselnde Freundinnen hatte, war mir egal. Und dass er von mir keinerlei Notiz nahm, war mir mehr als recht. Hätte er mich angeschaut oder mich sogar angesprochen, wäre das einer Katastrophe gleichgekommen. Diese Peinlichkeit wäre nicht zu überbieten gewesen: Ich, tomatenrot, hätte gestammelt und darauf gewartet, dass sich der Boden unter meinen Füßen öffnet und mich in einer hoffentlich erlösenden Ohnmacht verschlingt. Also liebte ich ihn heimlich. Ich, die schüchterne, mollige Vierzehnjährige mit der hässlichen Zahnspange und einer noch hässlicheren Brille. Ganz abgesehen von den Pickeln. Das ganze Programm.

Meine Mutter legte bei mir keinen besonderen Wert auf Äußerlichkeiten. Umso mehr Zeit und Geld investierte sie in ihre eigene Optimierung. Und meinem Vater war Bildung wichtiger als Schönheit. Also wurde ich mit Büchern ausgestattet und mit Klamotten, die warm und praktisch waren statt schick und modern. Intelligenz, Bildung, Bescheidenheit und Demut lehrte mich mein Vater, während meine Mutter mich heimlich zum Frauenarzt schleppte, der mir die Pille verschrieb.

Ich wunderte mich darüber, dass sie tatsächlich annahm, ich hätte ein Sexleben. Sie wollte verhindern, dass ich mich dem erstbesten Kerl an den Hals warf und mich schwängern ließ. Mein Vater war ihr Erstbester gewesen und hatte meiner Mutter mit seinem klugen Geist imponiert. Zudem sah er verdammt gut aus und war einige Jahre älter. Meine Mutter kam aus einfachen Verhältnissen. Sie war Bürokauffrau und nebenbei Avon-Beraterin. Und was mein Vater anfangs an ihr liebte – nämlich ihren Parfümduft, der sie überallhin begleitete – stieß ihn dann zunehmend ab. Nicht so ihre zahlreichen Verehrer.

Die Ehe hielt, doch die Liebe verduftete sprichwörtlich. Ebenso der Erziehungsansatz meiner Eltern. Denn sowohl meine Mitschülerinnen als auch BRAVO und MTV machten mir bewusst, dass Äußerlichkeiten der Schlüssel zur Sexualität waren. Die Natur tat ihr Übriges. Mit 15 entfalteten die Hormone in meinem Körper ihre volle Wirkung. Ich streckte mich, und meine molligen Rundungen verteilten sich wie durch ein Wunder auf Busen und Po. Zudem beschloss ich, die hässliche Brille nur noch im Unterricht zu tragen und die Haare regelmäßig zu waschen. Dazu etwas Kajal, ein Hauch Rouge, etwas Lipgloss, und die Metamorphose war vollendet. Aus dem hässlichen Entlein wurde ein halbwüchsiger Anfänger-Schwan, der vor den Sommerferien der 10. Klasse endlich wahrgenommen wurde. Beim Abi-Streich seines Jahrgangs sprach mein Schwarm Sven mich völlig überraschend an und lud mich zur Abi-Party ein. An diesem Abend knutschten wir zum ersten Mal.

Doch mein Glück hielt nicht lange. Er machte Abi, verließ die Schule, und als wir uns ein paar Jahre später wiedertrafen, hatte ich mich just an der Uni eingeschrieben, an der er gerade sein Vordiplom machte. Meinen nächtelangen Liebeskummer wegen Sven hatte ich da längst überwunden und verschwendete nach dieser eher peinlichen Begegnung in der Mensa keinen weiteren Gedanken an ihn. Es gab schließlich Wichtigeres zu tun, als der Vergangenheit nachzuhecheln.

Ich genoss das Uni-Leben in immer volleren und maßloseren Zügen, verpasste keine Party und keinen Erasmus-Abend mit süßen Typen aus ganz Europa. Ich wohnte damals in einer Mädchen-WG mit einer Italienerin und einer Berlinerin, die später eine meiner beiden besten Freundinnen werden sollte – Bea, vier Jahre älter, erfahrener und verrückter. Sie studierte Kunstgeschichte und hatte eine Kreditkarte ihrer Eltern. Wir verstanden uns auf Anhieb.

Das Allerbeste an dieser Zeit war die grenzenlose Freiheit, die ich bis dahin nicht kannte. Solange ich zu Hause lebte, war ich nicht erwachsen und musste mich an die Regeln meiner Eltern halten. Als dann das Studium begann, war das tief Luft holen, um atmen zu können. Ja, ich fühlte mich wie neugeboren und schöpfte die Alleinherrschaft über meine Zeit und über mein Leben bis in den letzten Winkel aus, feierte viel, schlief wenig und hatte Spaß, bis der Morgen dämmerte. Ich hatte einen riesigen Hunger nach Leben und einen noch größeren Durst nach Erfahrungen. Ich war niemandem Rechenschaft schuldig, musste keine Regeln einhalten, hatte keine Angst, jemanden zu verletzen oder zu enttäuschen. Abgesehen von meinen Eltern, die natürlich ein ordentliches Studium erwarteten, nicht zuletzt, weil sie mich finanziell unterstützten. Ich war erwachsen und trotzdem jung genug, um das Leben zu entdecken. Nie wieder habe ich mich so frei und unabhängig gefühlt wie in diesen Jahren.

In einer dieser unendlichen Nächte traf ich Sven wieder, der mich seit unserer ersten Begegnung in der Mensa nie wirklich aus den Augen verloren hatte, wie er mir später erzählte. Wir verbrachten eine Nacht miteinander, eine Woche, einen Monat, ein Jahr. Ich kam zur Ruhe, und es fühlte sich gut an. Bea mochte ihn nicht, hielt ihn für eine unentspannte Spaßbremse und außerdem für viel zu ehrgeizig. Sie warf ihm vor, dass er Ziele hatte und karrieregeil war. Ich fand das sexy. Jeder, der anders war, war damals sexy. Ich liebte den Gegensatz, und Sven war genau das Gegenteil von mir. Damals konnte ich noch nicht wissen, wie anstrengend das werden würde.

Drei Jahre nach unserer ersten gemeinsamen Nacht in meinem WG-Zimmer fuhren wir nach Venedig. Alles war perfekt. Zumindest in diesem einen Moment, in dem das Gehirn gegen die Masse täuschenden Kitsches versagte. Mitten auf dem Markusplatz morgens um fünf machte er mir einen Antrag, und ich willigte überglücklich ein. Das Venediggefühl hatte mich in einen ähnlichen Rausch versetzt wie am Anfang die Studienzeit. Alles war neu. Ich wollte darin eintauchen und mit allen Sinnen genießen. Und es hielt sogar nach unserer Rückkehr aus der Lagunenstadt noch eine Weile an. Der Gedanke an ein umwerfendes Brautkleid aus champagnerfarbenem Seidentaft, das selbst Grace Kelly in den Schatten gestellt hätte; die Aussicht auf eine sündige Junggesellinnennacht, in der ich noch mal wild rumknutschen wollte; und die Vorstellung einer Hochzeit, die allen Anwesenden Tränen in die Augen treiben würde, waren absolut überzeugende Gründe, JA zu sagen. Ich glaubte tatsächlich, das Richtige zu tun.

Als nach der Hochzeit das Venediggefühl nachzulassen drohte, wurde ich schwanger, und mein sich abbauender Serotonin-Vorrat wurde schlagartig wieder aufgefüllt. Mein Glück schien endlos zu sein. Während der Schwangerschaft schwebte ich auf Wolke sieben, wenn ich nicht gerade über der Kloschüssel hing oder später zu platzen drohte. Mein Mann trug mich trotz der Stimmungsschwankungen, Wassereinlagerungen und 24 Kilo Mehrgewicht auf Händen. Sven erfüllte mir jeden noch so absonderlichen Wunsch, um mein Leben angenehm zu machen. Ich war wie auf Drogen und nutzte meinen euphorisierenden Energieüberschuss, um vor der Entbindung noch schnell mein BWL-Examen zu machen. Danach wollte ich mich dann völlig der Mutterschaft widmen.

Unsere Liebe schien in der Geburt unserer Tochter zu gipfeln. Ich konnte ja nicht ahnen, dass sich meine Glückshormon-Reserven nach der Geburt drastisch abbauen sollten. Plötzlich drehte sich alles ums Kind. Wir brauchten ein größeres Auto, ein Haus, mehr Geld. Unser Sexleben wurde ersetzt durch den Druck, möglichst alles im Leben richtig zu machen. Und schon nach ein paar Jahren legte sich der Alltag wie ein Schatten über unsere Ehe, die irgendwann nur noch eine Hülle aus Gewohnheiten und Pflichten war.

Ich war mit der Aufzucht unserer Tochter, meinem Halbtagsjob in einer Veranstaltungsagentur und dem Haushalt gut ausgefüllt. Sven dagegen schien neben seiner Karriere in der Firma mit den Jahren immer mehr Kapazitäten frei zu haben. Ständig kam er mit neuen Hobbys und neuen Herausforderungen: Motorradfahren, Segeln, Golf. Er brauchte immer mehr Bestätigung und Erfolge und war süchtig nach Anerkennung. Mit Beginn seiner Midlife-Crisis war Sven 48 Jahre alt und sah sein Ende nahen – beruflich, gesundheitlich, ehelich. Nachdem er sämtliche Sportarten ausprobiert hatte und ihn Sportwagen, Motorräder, Weinseminare im Chianti und Haute-Cuisine-Kochkurse im Elsass zu langweilen begannen, verschwand er monatelang in einer tiefen Depression und tauchte mit seiner 15 Jahre jüngeren naturblonden Therapeutin wieder auf – knutschend.

Ihre Adresse hatte ich ihm von Bea besorgt, deren Mann Volker auch dort Patient gewesen war. Da hätten Bea und ich schon misstrauisch werden müssen. Jedenfalls stellte Greta gerade ihr Fahrrad vor dem Haus ab, als sie ihren Vater küssend auf der Rückbank eines Taxis entdeckte. Zuerst war das Kind peinlich überrascht, seine Eltern so verliebt zu sehen, denn das kannte Greta nicht.

Woher auch?

Noch überraschter war sie, als sie meine Überraschung sah, ich kam gerade mit Einkäufen bepackt um die Ecke und wunderte mich über das Taxi vor der Tür. Gleichzeitig erkannten Greta und ich die Therapeutin. Schlimmer hätte Sven, den seine Tochter bis dahin für den besten Papsi der Welt hielt, seine Kleine nicht enttäuschen können. Er hat damals gleich zwei Herzen gebrochen.

Dumm nur, dass ich offenbar die Einzige in unserem Freundes- und Bekanntenkreis war, die davon nichts gewusst hatte, es nicht einmal ahnte. Um die Demütigung nicht auf die Spitze zu treiben, traf ich nach nächtelangen Heulkrämpfen, Alkoholexzessen, Mord- und Selbstmordgedanken eine relativ klare Entscheidung. Ich zog mit unserer ebenso empörten Teenager-Tochter in ein Hotel. Dort leckte ich unsere Wunden und beschloss das Ende meiner Ehe. Ich wollte die Scheidung, und zwar schnell. Aber Sven konnte und wollte das Scheitern seiner Ehe auf keinen Fall zulassen, denn jede Art von Scheitern war und ist für ihn unerträglich.

Völlig irrational versuchte er, mich zurückzugewinnen. Er beendete die Therapie und damit seine Affäre und erklärte sein Verhalten als einmaligen Ausrutscher, der in den besten Familien vorkäme. Und außerdem sei er in einer sehr labilen Verfassung gewesen, weil es zwischen uns nicht mehr so gut lief. Kurz, er gab mir die Schuld. Und ich muss leider zugeben – es hat funktioniert. Ich habe ihm tatsächlich verziehen und wollte nicht kleinlich sein, nachdem wir so viele Jahre gemeinsam etwas aufgebaut hatten. Vielleicht hatte es ja tatsächlich auch an mir gelegen, dass er sich in unserer Ehe nicht mehr wohl gefühlt hatte. Greta und ich kehrten nach Hause zurück, und unsere kleine Familie machte einen Neustart. Sven und ich waren sehr umeinander bemüht und genossen diese Zeit intensiv, bis er beruflich wieder mehr eingespannt wurde und alles von vorne begann.

Bald stürzte Sven sich wieder in Arbeit, wobei er sein nächstes, neues großes Glück fand. Julia. Er musste nicht mal irgendwohin gehen, um sie zu finden, sondern sie kam zu ihm, als neue Assistentin. Da musste er einfach zugreifen. Ein Schnäppchen sozusagen. Und mit dem Schnäppchengefühl kenne ich mich bestens aus.

Es ist wie bei einer teuren Handtasche, die von 500 Euro auf 250 herabgesetzt wurde. Ich sehe sie, mein Atem stockt, das Herz setzt kurz aus – Schnappatmung. Dann läuft mir der Sabber im Mund zusammen, und das Verlangen nach dieser Gelegenheit verstärkt sich immens. Alles völlig irrational, denn ich habe ja schon eine Handtasche, die ähnlich aussieht. Aber diese eine muss es jetzt sein. Nur die! Jetzt! Also greife ich nach dieser unwiderstehlichen Gelegenheit und bin glücklich. Für eine gewisse Zeit zumindest. Am Anfang gebe ich damit an, zeige jedem meine neue Errungenschaft und lasse mich dafür bewundern. Ich liebe die anerkennenden und neidischen Blicke der Frauen um mich herum. Dann gehe ich mit meiner neuen Traumtasche shoppen, um meine Garderobe an den Star in meiner Taschensammlung anzupassen. Ich liebe es! Doch irgendwann kommt der Moment, in dem ich mich im Spiegel anschaue und nicht wiedererkenne. Dann beginne ich, mich nach etwas Vertrautem zu sehnen. Eine Tasche, die ich variieren kann, die sich meinen Bedürfnissen anpasst. Ein Accessoire, das zu meinen liebgewonnenen Wohlfühlklamotten passt. Ein unkapriziöser Begleiter, der nicht nur schön, sondern auch praktisch und variabel ist.

Ich hoffte, dass Julia nur eine vorübergehende Modeerscheinung war. Aber sie blieb länger als nur eine Saison. Das sollte ich bald merken, denn sie verlangte Sven ein hohes Maß an Organisationstalent und Kreativität ab. Da es meinem Mann aber schon immer an Kreativität in sämtlichen Lebenslagen fehlte, gingen ihm bald die ohnehin schlechten Ausreden aus. Arbeitsessen konnte ich mir ja noch vorstellen, aber Manager-Coachings und Survival-Trainings an den Wochenenden waren dann doch zu viel. Ich bin mir ziemlich sicher, dass er im Bett auch bei seiner Neuen nicht sehr phantasievoll ist. Wahrscheinlich ist sie anspruchslos oder ganz einfach genauso langweilig wie er.

Julia erfüllt viele Klischees. Sie ist natürlich blond und schlank und erfüllt ihrem Chef jeden Wunsch. Früher hießen die Damen Sekretärinnen, aber *Assistent Manager* klingt besser und schließt mehr Aufgaben mit ein. Sie war da von Beginn an enorm pflichtbewusst, denn sie nahm die Stellenbeschreibung, in der es hieß, *wir erwarten flexible Arbeitszeiten, Einsatzbereitschaft,* offenbar wörtlich. Während einer Dienstreise nach Paris angelte sie sich ihren Chef, meinen Mann. Der Chef, mein Mann, fühlte sich toll, sexy und unwiderstehlich. Es folgten multiple Dienstreisen, auf denen er multiple Bestätigungen und multiple Orgasmen erfuhr, die er zu Hause schon lange nicht mehr hatte. Ich übrigens auch nicht. Allerdings bin ich nicht mit meinem Praktikanten ins Bett gestiegen.

Ich hielt Sven immer für durchschaubar. Ich dachte, er wollte alles haben und auf nichts verzichten. Die Alte, die ihm zu Hause den konstanten Alltag besorgt, die Neue, die ihm alles andere besorgt. Als er mir bei Wein und Kerzenschein in unserem Lieblings-Restaurant offenbarte, dass er gerne noch einmal von vorne beginnen würde, war er so überzeugend, dass ich ihm tatsächlich ein zweites Mal verziehen hätte und wirklich an einen Neuanfang für uns glaubte. Er nahm meine Hände und schaute mir tief in die Augen. Ja, er wollte tatsächlich seine letzte Chance auf Glück noch einmal am Schopf fassen und ein zweites Leben beginnen. Kunstpause.

Mit Julia.

Bevor ich begriff, was er meinte, erzählte er mir alles über die neue Assistentin, und ich erfuhr ganz nebenbei, dass sie eine *zauberhafte* dreijährige uneheliche Tochter hatte, die ihn angeblich total an unsere Greta erinnerte und die sich unbedingt einen neuen Papa wünschte. Alle Alarmglocken der Welt dröhnten in meinen Ohren. Das musste ein Hörsturz sein. Sven und Kleinkinder – zwei Welten, die nicht zusammengehörten. Ich musste hysterisch lachen, als er das alles erzählte. Er nicht.

«Ich meine das ernst, Vera. Damals, als unsere Greta so klein war, habe ich mich viel zu wenig um sie gekümmert. Ich habe ihre ersten, wichtigsten Jahre gar nicht richtig erlebt, weil ich ständig im Büro war. Und jetzt ist sie erwachsen. Das mit Julia ist mir sehr ernst, und es ist meine wahrscheinlich letzte Chance, die ich nicht verschenken darf.»

Mir wurde übel, ich sprang auf und rannte zur Toilette.

2

DAS WAR VOR einem Jahr. Er hatte sich ganz klar für ein neues Leben mit Julia entschieden, und wir trennten uns noch am gleichen Abend.

Diesmal ist es mir wirklich ernst mit der Scheidung. Ihm offenbar nicht, und das ist ärgerlich. Das Problem ist ganz offensichtlich. Nicht nur, dass Sven keine Niederlagen akzeptiert, er kann auch nichts wegwerfen. In diesem Fall mich. Sven ist ein Sammler. Er sammelt Kreditkarten, Autos, Armbanduhren und offenbar Frauen. Wobei ich mich oft gefragt habe, ob man bei einer Anzahl von drei schon von einer Sammlung reden kann. Drei sind jedenfalls zwei zu viel. Vielleicht waren es auch mehr, aber so genau will ich das gar nicht wissen. Dass ich damals, vor über 20 Jahren, im Rausch der Gefühle ja gesagt habe, hat – aus heutiger Sicht – nur einen Grund: Ich war jung. Zu jung für einen lebenslangen Bund, ohne überhaupt eine Ahnung vom Leben zu haben. Zu jung, um zu erkennen, dass die Tauben den schönen Markusplatz vollscheißen. Diese Ehe konnte nicht gut enden.

Momentan allerdings scheint sie gar nicht zu enden, denn unser Scheidungstermin droht erneut zu platzen, da von Sven, meinem Noch-Ehemann, weit und breit keine Spur ist.

«Er wird schon kommen», beruhigt mich Toni und schaut auf ihre altmodische rot-grüne Gucci-Armbanduhr, die sie lässig am rechten Handgelenk trägt.

«Tante Vera, das ist Vintage.» Sie fängt meinen Blick auf und grinst, wissend, dass ich es hasse, wenn sie mich *Tante* nennt. Nur weil sie mein Patenkind ist. Nicht mal blutsverwandt. Antonia hat diese Uhr ihrer Mutter abgeschwatzt, Bea, mit der mich seit unserer gemeinsamen WG-Zeit eine tiefe Freundschaft verbindet. Bea hatte schon damals was mit ihrem jetzigen Mann Volker. Damals war er ein vielversprechender Jurastudent, von dem Bea stets behauptete, er habe großes Potenzial für eine steile Karriere, weshalb sie ihn sich warmhalten wollte. Heute ist Volker ein erfolgreicher Wirtschaftsanwalt. Weil beide Monogamie für Zeitverschwendung hielten, führten sie eine On-off-Beziehung, bis Bea schwanger wurde. Von da an hat Volker ihr ewige Treue und Liebe geschworen. Die Hochzeitsparty war der Hammer und vermutlich der Hauptgrund für diese Ehe.

Bea hat die teure Gucci-Uhr vor zehn Jahren von Volker zum 40. Geburtstag geschenkt bekommen. Das war der Auftakt einer Reihe teurer Geschenke, der eine Reihe Geliebter vorausgingen. Im Gegensatz zu mir hat Bea nie an Scheidung gedacht, sondern sich arrangiert, und damit lebt sie heute ganz luxuriös. Sollen doch die jungen Hühner sich mit den Macken ihres Gatten auseinandersetzen. Das hat seither den Nebeneffekt, dass Volker zu Hause ausgeglichen und entspannt ist. Die beiden mögen sich noch immer und haben sich freundschaftlich geeinigt. So wirkt es jedenfalls.

Ich dagegen will einen sauberen Strich ziehen und meinen Gatten so schnell wie möglich loswerden, um einen Neuanfang zu machen. Denn anders als Bea bin ich nicht wirtschaftlich von dem Mistkerl abhängig und muss mich folglich auch nicht freundschaftlich arrangieren.

Wenn diese Scheidung durch ist und Greta irgendwo in der Welt studieren geht, erfülle ich mir den Traum vom eigenen Loft – großzügig, frei und individuell. So wie damals, als ich mich aus meinem Elternhaus befreit habe, befreie ich mich nun erneut aus den Klauen der Familie, nur dass es diesmal meine eigene ist, von der ich mich lösen muss und will, um endlich wieder ein selbstbestimmtes Leben zu führen. Guten Gewissens entlasse ich mein Kind in seine Selbständigkeit und betrete einen neuen, spannenden Lebensabschnitt, ähnlich wie zu Beginn meines Studiums, nur dass ich diesmal 25 Jahre mehr Lebenserfahrung habe. Ich kann's kaum erwarten, reinen Tisch zu machen, denn mein Mann hat es eindeutig zu weit und zu oft mit anderen Frauen getrieben.

Bevor ich Toni meine Scheidungssache übertrug, habe ich mir ihr Facebook-Profil angesehen: Sie isst gerne Pasta, liebt Italien, liest Krimis, geht gerne shoppen und ins Kino. Das alles wusste ich schon. Was mich überraschte: Sie hat 487 Freunde und in den letzten fünf Jahren knapp 50 Scheidungen vor Gericht ausgefochten. Das klingt schon mal gut. Nur sie kam für meine Scheidung von Sven in Frage. Bei ihr konnte ich sichergehen, dass Toni schnell, diskret und mit besten Ergebnissen agieren würde. Sie ist Sven gewachsen, weil sie mindestens genauso karriere- und erfolgsorientiert ist wie er und den entsprechenden Biss hat. Bloß, gegen Svens Nichterscheinen kann auch Toni nichts ausrichten. Sie schaut erneut auf ihre Gucci-Uhr und seufzt. Ich frage mich, ob sie seufzt, weil sie Mitgefühl für mich hat oder weil sie ihren Personaltrainer-Termin versäumt. Sie schaut musternd an mir herunter und nickt anerkennend.

«Schick. Steht dir gut, das Kleid. Du wirkst heute deutlich entspannter als beim letzten Mal. Ein schlimmes Outfit war das übrigens.»

Na danke schön. Im Nachhinein für eine schlechte Klamottenwahl kritisiert zu werden, macht es nicht besser. Und entspannt bin ich heute auch nicht. Wo bleibt er nur? Pünktlichkeit ist eine von Svens Stärken, für die ich ihn zwar immer bewundert habe, die mir aber auch oft genug auf die Nerven ging. Dann nämlich, wenn er mich grundlos hetzte, mich zu beeilen, obwohl absolut keine Eile geboten war. Ich dagegen unterscheide zwischen wichtigen und unwichtigen Terminen und variiere entsprechend

Pünktlichkeit und Verspätung. Theater ist zum Bespiel wichtig, weil man nach dem Klingeln nicht mehr eingelassen wird. Kino ist dagegen nicht so wichtig, weil sowieso eine halbe Stunde Werbung vor dem Hauptfilm läuft. Allerdings bemühe ich mich meistens, pünktlich im Kino zu erscheinen, weil ich selbst es hasse, wenn während der Filmvorschau immer wieder Schatten durch das Bild laufen oder ich sogar aufstehen muss, weil irgendein Heini sich noch schnell einen Döner reinstopfen musste, um sich dann nach Zwiebeln stinkend neben mir niederzulassen. Einen Gerichtstermin stufe ich als außerordentlich wichtig ein, weil es um mein Leben geht. Und wenn die Gegenpartei nicht pünktlich erscheint, sehe ich das als Angriff auf meine Person.

Also gut, ich rufe Sven an und frage sein blödes Anrufbeantworter-Ego, wo er bleibt, und rate ihm, sofort seinen Hintern zum Gericht zu bewegen, statt mich weiterhin durch sein Abwesenheit zu demütigen. Vergebens. Er kommt nicht. Stattdessen erscheint sein Anwalt und – wen wundert's – bester Kumpel Bruno. Bislang glaubte Sven, ohne eigenen Anwalt auskommen zu können. Das sei doch vernünftiger, sagte er. Wir würden doch keinen Rosenkrieg austragen, meinte er. Die Dinge zwischen uns seien doch klar, glaubte er. Wir würden doch als Freunde auseinandergehen, hoffte er. Und wirtschaftlicher sei es allemal, sich einen Anwalt zu teilen. Das machten doch alle. Aha! Das war es also. Der Geizhals. Als ich ihm unmissverständlich mitteilte, dass ich meine Toni sicher nicht mit ihm teilen wollte, weil ich überhaupt nie mehr irgendetwas mit ihm teilen wollte, war er tatsächlich gekränkt und warf mir vor, ich würde ihm nicht vertrauen. Ich war sprachlos, was nur in absoluten Ausnahmefällen passiert.

Also, wenn mir zum Beispiel, wie neulich, überraschend Christoph Waltz auf der Straße begegnet und in meinem Hirn die totale Schockstarre einsetzt. Ich will cool bleiben, ihn ansprechen, um ihm auf charmante Weise zu sagen, wie toll ich ihn finde. Wir kommen uns näher, er blickt auf, sieht mich, ich sehe ihn. Unsere Blicke treffen sich, ich öffne den Mund und ... Nichts. Mit offenem Mund glotze ich Christoph Waltz stumm an, wie ein Karpfen, der nach Luft schnappt. Gehirnstarre. Man trifft sich immer zweimal, heißt es. Sollte ich meinem Lieblingsschauspieler irgendwann wieder begegnen, wird er mich als Karpfen-Glotzer in Erinnerung haben, wenn überhaupt.

Genau das Gegenteil von Gehirnstarre kann mich ebenfalls mundtot machen, wenn jemand im Gespräch so dreist und unverschämt argumentiert, dass sich mein Gehirn vor Aufregung überschlägt, mindestens tausend Gegenargumente auf einmal hinausschreien will, was zu einem Wörterstau führt, der irgendwo zwischen Kleinhirn und Unterkiefer alles zum Erliegen bringt. Sprachlosigkeit.

«Tut mir leid, irgendein Depp hat in der City ein Verkehrschaos verursacht», entschuldigt sich Bruno, Svens Freund und Anwalt. Er zieht ein ärztliches Attest aus seiner geschmackvollen Rindsleder-Mappe und überreicht es mir. Ich werfe einen Blick darauf und bin wieder sprachlos. Demnach ist eine Diarrhö-Erkrankung angeblich der Grund für Svens Nichterscheinen. Ich kann nicht glauben, dass Bruno das ernst meint. Er drückt mir sein Bedauern aus, und ich sehe ihm deutlich an, dass diese ganze Sache ihm als Überbringer der schlechten Nachricht tatsächlich unangenehm ist. Sollte es! Im Altertum wurde der Bote schlechter Nachrichten umgebracht. Ich koche innerlich vor Wut und bin kurz davor, Bruno an die Gurgel zu springen. Toni erkennt die Gefahr und geht rechtzeitig dazwischen. Sie schaut sich das Attest an und schüttelt den Kopf.

«Herr Kollege ...»

«Von Hodenberg. Kanzlei von Hodenberg, Winter & Bruns.» Ich sehe es Tonis Nasenspitze an, dass sie sich sehr zusammenreißen muss, um keinen Lachkrampf zu bekommen. Sie ist eben doch noch sehr jung. Ich kenne Bruno schon zu lange, um mich noch über ihn oder seinen Namen zu amüsieren. Eigentlich mag ich ihn. Er ist ein Jugendfreund von Sven und ewiger Single. Ruhig, schüchtern, intelligent, kultiviert, kein Aufreißer. Intellektueller, aber verarmter Adel.

Überrascht über mich selbst, gratuliere ich Bruno.

«Glückwunsch! Du bist jetzt Partner der Kanzlei, wie's scheint.»

Bruno lächelt verlegen. «Schon seit drei Jahren.»

«Wir haben uns wohl länger nicht gesehen», höre ich mich stammeln und werde rot. Dann werfe ich erneut einen Blick auf das Attest und entdecke etwas, das mich noch wütender macht.

«Der Wisch ist von Piet! Das ist das Letzte! Ihr schreckt vor nichts zurück!»

«Bitte, Vera! Piet ist seit Jahren Svens Hausarzt. Dagegen ist juristisch nichts einzuwenden.» Bruno ist um Deeskalation bemüht, aber ich bin echt sauer.

«Ihr steckt doch alle unter einer Decke!»

Piet ist nämlich nicht nur Svens Hausarzt, sondern auch sein Tennispartner, Saufkumpan und Alibi für diverse Schäferstündchen, wie ich herausgefunden habe. Und natürlich stellt er auch Atteste aus. Toni schaut auf ihre Uhr und nimmt einen zweiten Anlauf.

«Wie dem auch sei. Herr von … Hodenberg, wir wissen beide, dass diese Art der Verschleppung völlig sinnlos ist. Richten Sie Ihrem Klienten bitte aus, dass er auch ohne physische Anwesenheit geschieden werden kann.»

Bruno schaut Toni überrascht und zum ersten Mal an diesem Morgen genauer an und lächelt.

«Ich werde mich um einen zeitnahen neuen Termin bemühen, Frau Kollegin … Wie war Ihr Name?»

«Finkernagel. Sozietät Beierle & Fromm.»

«Ach, *Sie* sind der neue aufsteigende Stern bei Beierle & Fromm!

Hab schon viel Gutes über Sie gehört. Schön, Sie persönlich kennenzulernen.»

Toni fühlt sich eindeutig geschmeichelt. Ich fasse es nicht! Bruno flirtet mit meinem Patenkind, das fast 20 Jahre jünger ist als er. So kenne ich ihn gar nicht. Und sie ist hin und weg. Die taffe Toni schmilzt dahin wie Eis in der Sonne. Sie tauschen Visitenkarten.

Bruno küsst mich zum Abschied vertraut auf die Wange und drückt meine Schulter.

«Vera, wir bringen das schnell über die Bühne. Du bist ja in guten Händen.» Er lächelt Toni an. Sie lächelt zurück. Sie verabschieden sich mit Handschlag.

«Frau Kollegin, auf bald.»

Toni schaut mich verblüfft an. «Was war das denn?»

«Bruno von Hodenberg, ein guter Freund von Sven.»

«Irgendwie süß. Und was ist noch mal Dia-Dingsda?» Sie schaut auf das Attest. «Diarrhö?»

«Dünnschiss.» Deutlicher hätte mein Mann mir nicht mitteilen können, was er von unserer Scheidung hält.

Toni verzieht angeekelt das Gesicht, schaut auf ihr Gucci-Handgelenk und hat es plötzlich eilig. Sie drückt mich und klopft mir dabei ermutigend auf die Schulter, wie eine Mutter ihrem Kind, mit dem niemand spielen will.

«Das wird schon! Und alles Liebe zum Geburtstag, Tante Vera.»

3

«SCHON WIEDER?!» Zwei Augenpaare starren mich teils ungläubig, teils mitleidig an.

Meine Freundinnen Bea und Ursel haben während meiner Abwesenheit bereits die erste Flasche Prosecco weggepichelt, sie wirken beschwipst und lassen sich gerade die nächste bringen, als ich nach dem geplatzten Gerichtstermin mit entsprechendem Gesichtsausdruck in *Müllers Büro* komme: unsere Stammkneipe für jede Tages- und Nachtzeit. Eigentlich wollte ich jetzt gemeinsam mit ihnen meinen 46. Geburtstag und die neu gewonnene Freiheit begießen, aber die Mädels sind sprachlos.

Pavel, der kahlköpfige Kellner unseres Vertrauens, füllt die Gläser, küsst mich auf die Wange und gratuliert mir traditionell zum 40.Geburtstag. Dann drückt er mich und flüstert mir ins Ohr, dass er meinen Mann verstehe, denn eine Frau wie mich lasse man nicht einfach gehen. Das macht mich wütend, tut aber trotzdem gut, und ich heule fast, obwohl Pavel schwul und um die 60 ist. Dass er sechs Jahre meines Lebens unterschlagen hat, ist übertrieben, aber nett gemeint und gehört seit Jahren zu unseren freundschaftlichen Ritualen.

«Ja, schon wieder.» Ich erhebe das Glas *auf mich*. Sofort schenkt mir Pavel nach, und ich werde von hinten umarmt. «Happy Birthday und willkommen im Club der Singles, Mamsi! Habt ihr's endlich hinter euch gebracht?» Greta gibt mir einen dicken Kuss auf den Mund. Mein Gesichtsausdruck sagt alles, und sie lässt sich wie ein nasser Sack in ein Polster fallen.

«Och nö! Nicht schon wieder!» Sie ist sichtlich entrüstet und schnappt sich mein Glas, um den Inhalt wie Wasser herunterzustürzen. Pavel schenkt nach.

Den ersten Scheidungstermin vor sechs Wochen hatte Sven ebenfalls in letzter Sekunde abgesagt, weil er angeblich in einem ICE irgendwo zwischen Flensburg und Kufstein festsaß, der einen Getriebeschaden hatte. Bloß gut, dass immer irgendwo im deutschen Schienennetz gerade ein ICE zwischen Nordsee und Alpen feststeckt, wenn man einen Termin verschieben muss. Oder will. Auf die Bahn ist eben Verlass.

«Und wenn er diesmal wirklich krank ist?», versucht Greta ihren Vater zu retten, aber ein Blick in alle umstehenden Gesichter verrät ihr, dass niemand davon überzeugt ist.

Zweimal hat Sven nun schon den Scheidungstermin platzen lassen. Die Durchfall-Ausrede ist inakzeptabel. Sein Egoismus nervt mich. Er soll mich endlich gehen lassen. Ausgerechnet an meinem Geburtstag. Das stinkt geradezu nach böswilliger Absicht. Was habe ich ihm getan? Gut, ich habe die Scheidung eingereicht. Aber er hat mich zuerst verlassen. Das bisschen Achtung vor mir selbst, das ich noch besaß, nachdem er mich wiederholt betrogen hatte, musste ich mir bewahren. Eine saubere Scheidung ohne Rosenkrieg ist für die Familie das Beste, um einander danach wieder in die Augen blicken zu können. Sven sieht das offenbar anders.

«Ich rede noch mal mit ihm.» Greta meint es ernst, aber ich winke ab.

«Früher oder später werden wir geschieden, ob er will oder nicht!» Darauf stoßen wir Weiber mit Pavel an.

Bea nutzt den Moment, um die Stimmung wieder zu heben, und nickt Ursel auffordernd zu. Die, zweimal geschiedener Single, meine Trauzeugin und ebenfalls Studien-Freundin, greift in die edle Prada-Tüte neben ihrem Stuhl und zieht ein Geschenk heraus. Angesichts der Tüte mache ich fast einen Freudensprung. Dann aber wird mir klar, dass Tüte und Inhalt nicht zusammengehören, da sie mir sonst das Geschenk in der Tüte überreicht hätten. Bevor ich diesen Gedanken weiter ausführen kann, überreichen mir Bea und Ursel ein Paket, das ich hemmungslos aus seinem glitzernden Papier befreie, um gierig wie ein hungriger Wolf an den Inhalt zu gelangen. Dabei bemerke ich Ursels enttäuschten Blick darüber, dass ich die kunstvolle Verpackung nicht gebührend beachte. Ich stocke, will etwas zu der opulent gebundenen Riesen-Schleife sagen, aber Bea winkt ab.

«Nicht schlimm, ich hab's vorher fotografiert.»

Nun stehe ich vor der ausgepackten Schachtel und hebe langsam den Deckel. Gespannt schauen mir Greta und Pavel über die Schulter. Ich sehe hinein und halte die Luft an. Ich nehme den Inhalt aus der Schachtel, stoße einen Freudenschrei aus und umarme meine Freundinnen, die in mein hysterisches Geschrei einfallen. Wir führen uns auf wie drei alternde Take-That-Fans, die soeben erfahren haben, dass Robbie Williams sie backstage vernaschen will. Dabei ist das hier viel besser, denn meine Mädels haben es wahr gemacht: Unsere Reise nach Feuerland. Nur wir drei. Vier Wochen Auszeit am Ende der Welt. Ich halte mein Ticket hoch und freue mich wie schon lange nicht mehr.

«Fett!», staunt Greta, während sie sich das Ticket anschaut. «Da kann ich nicht mithalten», sagt sie und drückt mir enttäuscht ihr Geschenk in die Hand. Ich streiche ihr tröstend übers Haar, wie das eine Mutter eben so macht, wenn sie ihrem Kind sagen will, dass es egal ist, was es der Mutter schenkt. Die Mutter wird es immer bedingungslos lieben, auch wenn eine verweste Kakerlake oder das einundsiebzigste gebügelte Ministeck-Mosaik darin sind. Dann öffne ich das lieblos von einem anonymen, frustrierten, weil unterbezahlten Amazon-Mitarbeiter verpackte Buch und hoffe dabei inständig, dass meine Tochter wenigstens keinen Krimi bestellt hat.

Ich hasse nämlich Krimis, was aber niemanden in meiner Familie interessiert, denn jedes Jahr zu Weihnachten liegen mindestens drei Bestseller-Krimis für mich unterm Baum, weil ich sie angeblich so gerne lese. Bis heute habe ich nicht herausbekommen, wer dieses Gerücht in die Welt gesetzt hat. Ich schäle das Buch von Greta aus dem Papier und kreische wieder vor Begeisterung: ein Feuerland-Reiseführer für Backpacker. Ich springe meiner Tochter um den Hals, küsse sie und freue mich einfach nur, während Pavel die nächste Flasche öffnet.

Es löst jedes Mal wohlige Gefühle in mir aus, wenn die mir liebsten Menschen Geschenke machen, bei denen sie sich etwas gedacht haben. Das zeigt, dass ich ihnen nicht egal bin. Der Backpacker-Reiseführer ist ein perfektes Geschenk. Und während wir zum wiederholten Mal an diesem Vormittag auf mich anstoßen, hält Bea plötzlich inne.

«Eigentlich wollten wir auf deine neue Freiheit anstoßen.» Bedröppelt schauen wir uns an, bis Greta das Glas erhebt: «Egal, die Reise ist erst im Februar, und jetzt ist April. Bis dahin wird die Scheidung wohl durch sein.» Ich nehme einen großen Schluck Prosecco und hoffe, dass Greta recht behalten wird. Schnell verabschiedet sie sich aus der Runde, denn sie steckt mitten im Abi und muss noch lernen. Ich verschwende einen kurzen Gedanken daran, ob das Lernen nach einer halben Flasche Prosecco noch effektiv sein kann, löse mich aber schnell wieder von meiner mütterlichen Sorge und lasse mich von meiner großen Tochter zum Abschied umarmen, bevor sie in die Runde winkt und abdüst. Ich bewundere Greta für ihre Disziplin und ihren Ehrgeiz. Beides hatte ich nicht in ihrem Alter. «Augen zu und durch» war meine Devise, weshalb meine Abiturnoten beschämend und meine Eltern sauer waren. Ich dagegen bin mir sicher, dass meine Tochter ein glänzendes Abitur machen wird, denn sie will studieren und Karriere machen, um unabhängig zu sein. Was kann sich eine Mutter mehr wünschen?!

Ursel, Bea und ich dagegen sind schon einige Schritte weiter und im Begriff, unsere zurückeroberte Unabhängigkeit auszuloten und ihr mit gereifter Wahrnehmung zu neuen Inhalten zu verhelfen. Statt Grenzen auszutesten, dürfen wir das Terrain nun selbst abstecken. Niemand kann uns davon abhalten, außer unsere untrainierten, schlaffen Körper, wenn wir sie nicht fit halten. Blut und Schweiß haben wir auf den Schlachtfeldern diverser Trennungs- und Scheidungskriege gelassen, die uns vorübergehend in die Knie gezwungen und geschwächt haben. Doch am Ende sind wir stets wie Phönix aus der Asche emporgestiegen – stärker und reicher, auch an Erfahrungen, als je zuvor.

Feuerland ist schon lange ein Traum von uns dreien. Chiles südlichster Zipfel mit seiner atemberaubenden Landschaft. Im Laufe der vergangenen 20 Jahre, die ausgefüllt waren mit Heiraten, Kinderkriegen, Selbstverwirklichung, Karrieremachen und Trennungen, ging dieser gemeinsame Traum irgendwann irgendwo verloren. Erst Beas 50. Geburtstag vor ein paar Wochen rief uns unsere Sehnsucht nach Freiheit, Unabhängigkeit und Abenteuer wieder in Erinnerung, weil wir nämlich alle drei zurück im Kreise der Individualisten waren, was deutlich schöner klingt als Singles. Meine Scheidung war zum Greifen nah, Ursel hatte ihre zweite gerade hinter sich, und Bea hatte von Volker zum Geburtstag das gemeinsame Haus überschrieben bekommen. Das war eine ihrer Bedingungen, weil er sich nicht scheiden lassen wollte. Trotz seiner vielen Seitensprünge konnte Volker nicht ohne Bea, aber Bea konnte ohne ihn. Und weil ihm das von Anfang an bewusst war, ging er auf jede ihrer Bedingungen ein, um sie nicht zu verlieren. Bea hätte alles von ihm fordern können, aber das wollte sie gar nicht. Es ging ihr nie ums Geld, sondern um ihren Stolz. Und um ihren Einfluss auf Volker und ihre gesellschaftliche Stellung durch ihn. Die beiden führen eine sonderbare Beziehung: Einerseits voller Respekt und Achtung voreinander und in tiefer Freundschaft, andererseits scheinen sie es zu lieben, sich gegenseitig zu kränken. Ein gefährliches Spiel, aus dem irgendwann einer von beiden ausbricht, spätestens, wenn eine von Volkers Geliebten langfristige Absichten hegt. Bea amüsiert sich ungeniert mit anderen Männern, hat aber nicht vor, sich wieder fest zu binden – aber wer weiß das schon vorher.

Ursel kann ein Lied davon singen, denn nach ihrer ersten gescheiterten Ehe hatte sie sich geschworen, nie wieder zu heiraten. Ihr erster Mann hieß Horst und machte seinem Namen alle Ehre. Sie lernte ihn auf der gleichen Party kennen wie Bea und mich. Er war der Bruder des Gastgebers, der mit Bea studierte. Mir gefielen an Ursel sofort ihr trockener Humor und ihre manchmal altmodischen Ansichten, die so gar nicht zu ihrem Verhalten passten, denn Ursel hatte ein Faible für Wodka und Wasserpfeife. Sie war schon immer sehr bodenständig und suchte Sicherheiten im Leben. Bei Horst lag sie damit genau richtig, denn der hatte den Metallstanz-Betrieb seines Vaters übernommen. Im Laufe der elfjährigen Ehe warf die Firma immer weniger ab, und Horst entwickelte sich zu einem tyrannischen Vollhorst, der immer öfter seinen Frust an Ursel ausließ. Wir sahen sie nur noch selten, weil Horst uns für schlechten Umgang hielt. Zu Recht! Nachdem wir mühsam erfahren hatten, dass ihm mehrfach die Hand ausgerutscht war, mussten Bea und ich zunächst Ursels Selbstwertgefühl wiederaufbauen, um sie dann von einer schnellstmöglichen Scheidung zu überzeugen, was gar nicht leicht war, denn Ursel glaubte an das Gute in Horst. Das war ein langer, aber lohnenswerter Prozess, der uns drei noch enger miteinander verbunden hat.

Nur wenige Wochen nach der Scheidung stellte Ursel uns Martin vor, den sie in einem Tanzkurs kennengelernt hatte. Bea und ich waren überrascht, wie schnell Ursel wieder eine Beziehung einging. Aber sie wollte und konnte nicht gut allein sein, das wussten wir, seitdem wir sie überreden mussten, sich von Horst zu trennen. Sie hatte Angst vor der Einsamkeit. Aber jetzt war ja Martin da. Bea und ich waren begeistert. Martin war hoher Beamter in der Stadtverwaltung, witzig, kultiviert und konnte wahnsinnig gut kochen. Er bot Ursel Geborgenheit, Sicherheit und beherrschte alle Lateinamerikanischen und Standardtänze. Sexuell passte es zwar nicht so, hatte uns Ursel einmal anvertraut, aber das war für sie zweitrangig. In seiner Nähe zu sein, war das Einzige, was für sie zählte. Im Überschwang der Gefühle und Umstände machte sie Martin daher an einem lauschigen Abend bei einem Sundowner im Toskana-Urlaub unter großem Beifall der Grillen, die im Einklang zirpten, einen Antrag. Und nur wenige Wochen später heirateten die beiden standesamtlich, obwohl sie sich erst drei Monate kannten.

Natürlich wünschten wir unserer Freundin eine lange und glückliche Ehe, ahnten aber, dass diese Heirat zu früh war. Tatsächlich war es nur wenige Wochen nach der Hochzeit aus mit Martin, den seit der Eheschließung große Gewissensbisse plagten. Nachdem er seine Gefühle geordnet hatte, war ihm durch Ursel klargeworden, dass er schwul war. Er bedankte sich bei ihr und feierte sein Coming-out. Wieder dauerte es Wochen, um Ursel aufzubauen, deren Komplexe ins Unermessliche wuchsen. Nach ihrer ersten Ehe fühlte sie sich wie ein Opfer, nach ihrer zweiten wie eine Idiotin, wobei sie nicht sagen konnte, was schlimmer war. Es folgte ein Burn-out, was als Berufsschullehrerin keine Seltenheit ist und vermutlich sowieso an der Reihe gewesen wäre. Ursel ließ sich mehrere Wochen krankschreiben und wechselte danach von neuer Kraft beseelt an ein christliches Bildungsinstitut. Nebenbei hat sie die Feuerland-Planung in Angriff genommen und unterstützt mich nun zusammen mit Bea in meinem Streben nach eheloser Freiheit, denn meine Schlacht ist noch nicht beendet.

Als der liebe Pavel mit einer sündigen Schoko-Tarte und viel

Wunderkerzenflitter an unseren Tisch kommt und mir dazu eine Flasche Champagner öffnet, ist der ganze Scheidungskram fast vergessen. Ich will den Tag heute noch so intensiv wie möglich genießen, denke ich, und Pavel scheint meine Gedanken zu lesen.

«Lass dich nicht ärgern, Schatz! Nicht heute!», sagt er, legt einen Arm um meine Schultern und lacht mich an. Und weil Pavels Lachen so unverschämt ansteckend ist, lache ich mit, bis es mir im Hals stecken bleibt, weil mein Handy brummt und ich eine Nachricht von Sven lese.

Tut mir leid, Liebes, ich konnte heute wirklich nicht! Trotzdem Happy Birthday. Kuss! Sven

«Arschloch», sage ich und zeige Bea und Ursel die Nachricht, damit sie mir solidarisch zustimmen, was umgehend geschieht. «Penner!», «Idiot!» Wir sind also einer Meinung. Nur Pavel kapiert es nicht.

«Wenigstens entschuldigt er sich, oder?»

Ich schüttele den Kopf und atme genervt durch.

«Diese Nachricht ist eine einzige Frechheit! Erstens tut es ihm überhaupt nicht leid. Zweitens nennt er mich *Liebes*, obwohl er weiß, dass ich das hasse. Drittens gratuliert er mir zum Geburtstag, obwohl ihm klar sein muss, dass er ihn mir verdorben hat. Noch Fragen?!»

Pavel verzieht sich achselzuckend hinter seinen Tresen. Jetzt bin ich wieder sauer auf Sven und werde den Gedanken nicht los, dass er noch immer mein Leben lenkt, indem er es nicht respektiert. Das muss aufhören. Das dauert schon viel zu lange. Ich will mich nicht mehr von ihm verletzen lassen.

4

MEIN 46. GEBURTSTAG geht zu Ende. Bepackt mit Blumen und Geschenk-Flaschen, schleppe ich mich erschöpft nach Hause. Vier Stockwerke eines Altbaus aus dem Jahr 1906 können die Hölle sein. Ich verstehe das nicht. Aufzüge gab es doch damals schon. Wieso nicht in diesem Haus? Waren die Menschen damals sportlicher und fitter als heute? Und warum nur bekomme ich so viele Flaschen mit Alkohol geschenkt? Ist das ein versteckter Hinweis? Trinke ich zu viel? Oder zu wenig? Jedenfalls immer noch besser als Schokolade. Nach dem Brunch in *Müllers Büro* bin ich noch in die Agentur gegangen, wo mir mein Team unbedingt ein Ständchen singen wollte. Das war ziemlich schräg und ziemlich nett. Seither brummt mir allerdings der Schädel.

Ich habe nach der Trennung von Sven die Agentur, für die ich seit ein paar Jahren gearbeitet hatte, übernommen, weil der Chef auswandern wollte und einen Nachfolger suchte. Das war eine Fügung und kam genau zum richtigen Zeitpunkt. Obwohl es für mich ein großer Schritt voller Risiken, Schulden und Zweifel war, musste ich diese einmalige Chance einfach ergreifen. Das selbständige Arbeiten und die Verantwortung haben mich motiviert und stark gemacht, denn ich musste mich zu diesem Zeitpunkt völlig neu definieren und brauchte ein Projekt, dem ich meine ganze Aufmerksamkeit schenken konnte, um mich von meinem jämmerlichen Privatleben abzulenken. Ich wollte keinen Gedanken mehr an meine wertlose Ehe verschwenden. Und es ist mir weitestgehend gelungen. Die Entscheidung für die Selbständigkeit war besser als jede Therapie.

Und seit einem Jahr laufen die Geschäfte wirklich gut. Für mich arbeiten eine freie Graphikerin, wechselnde Praktikanten und zwei feste Mitarbeiterinnen, von denen eine sich heute in den Mutterschutz verabschiedet hat. Die arme Anne – mit ihrem riesigen Bauch, den Wassereinlagerungen und der schlechten Haut. Und dann durfte sie heute nicht mal mit uns anstoßen. Schwangerschaften können schön sein, wenn alles optimal läuft, sind aber auch sehr anstrengend für Körper und Geist – vor allem, wenn man alleinerziehend sein wird wie sie. Und mit Mitte 30 steckt sie das alles auch nicht mehr so einfach weg. Ich bewundere sie um ihren Mut und Optimismus, bin aber froh, dass ich sowohl Schwangerschaft als auch Trennung längst hinter mir habe. Wir wünschten uns gegenseitig Glück, und Anne versprach mir, so bald wie möglich zurückzukommen. Ich weiß natürlich, dass sie nur bedingt belastbar sein wird, sobald das Baby da ist. Verständlich. Da muss ich mir noch was einfallen lassen. Anne ist bei den Kunden beliebt und gut in der Akquise, aber so ganz laufen lassen kann ich sie in der Projektorganisation noch nicht, dazu ist sie einfach noch nicht lang genug dabei. Die Liste meiner Kunden kann sich sehen lassen. Zu meinem Repertoire gehören Firmen- und Familienevents, Weihnachtsfeiern, Jubiläen, Kochshows, Kindergeburtstage, Hochzeiten, Autohaus-Geburtstage und neuerdings auch Abi-Bälle.

Zu Hause ist alles ruhig. Was für eine Wohltat! Greta sitzt vermutlich über ihren Büchern, als ich heimkomme. Ich streife im Flur erleichtert meine Absatz-Stiefeletten ab und entlasse meine Füße in die ersehnte Freiheit – ein Traum. Im Wohnzimmer lasse ich mich erschöpft wie ein nasser Sack auf meine weiche weiße Ledercouch fallen, schließe die Augen und atme entspannt tief ein. Ruhe. So wird es in Zukunft immer sein, denke ich, und meine Mundwinkel formen ein wohliges Lächeln. Wenn Greta erst mal irgendwo studiert, habe ich bald Zeit, Raum und Ruhe vor und nach Feierabend, so viel ich will. Müde und noch etwas berauscht, lässt mich der Gedanke an allmorgendliche Yogaübungen in Gretas Zimmer mit Blick nach Osten hoffnungsvoll dahindämmern. Und während ich beschließe, Gretas Zimmer völlig neu einzurichten, drifte ich langsam davon. Ein wunderbares Gefühl, das mich sanft umschließt und im nächsten Moment wegträgt.

Plötzlich laute Musik aus Gretas Zimmer, die mich ruckartig in die Realität katapultiert. Blitzschnell richte ich mich auf und nehme die Drohhaltung eines Stinktiers ein, das tödliche Gefahr wittert. Tanzend und ins Telefon schreiend kommt Greta aus ihrem Zimmer.

«Super! So machen wir das. Ich sag's ihr gleich. Dürfte aber kein Problem sein. Sie ist ja sowieso nicht so gerne allein. Ciao.» Jetzt erst bemerkt mich meine Tochter. Doch statt überrascht zu sein, lächelt sie mich an.

«Hi, Mama. Da bist du ja schon.»

Ich schaue sie mit einem ihr vertrauten Warnblick an, den sie seit ihrer frühesten Kindheit zu deuten weiß. Sofort streckt sie den Arm aus, um mit der Fernbedienung in ihrer Hand die Musik in ihrem Zimmer runterzupegeln. Dann lässt sie sich neben mich aufs Sofa fallen. Ich will gerade Luft holen, doch bevor ich etwas sagen kann, legt sie los.

«Pass auf. Caro und ich haben uns überlegt, jetzt doch erst nach dem Bachelor auszuziehen, um Geld zu sparen ... und so. Und lieber noch'n bisschen zu chillen, so urlaubsmäßig und so. Caros Eltern freuen sich voll, und das ist ja auch billiger ... wegen Miete und so. Und guck mal, das ist doch voll lässig hier mit uns beiden. Findest du nicht?»

Während ich ihrem kleinen Monolog lausche, macht sich Widerwillen in mir breit. Meine nicht vorhandenen Nackenhaare richten sich auf, und tief in mir brodelt etwas, das rauswill. Gretas Ansprache ist der Grund für meine Sehnsucht nach Selbstbestimmung, der Grund für Feuerland, der Grund für meine Scheidung, meine Sinnsuche, meine Neudefinierung.

«Mama, sag doch was!»

Dann plötzlich erkenne ich, dass Greta meinen Lieblingspullover anhat. 100 Prozent Kaschmir. Nein, das ist absolut nicht lässig. Warum tut sie mir das an?! Warum entscheidet sie über mein Leben? Warum entscheidet Sven über mein Leben? Ich will selbst entscheiden, wie ich mit wem leben will. Und plötzlich spüre ich, wie der aufgestaute Frust über den geplatzten Scheidungstermin unkontrolliert hochkocht. Ich schüttele vehement den Kopf.

«Den Pulli ziehst du jetzt aus, und nach dem Abi ziehst du aus. So ist das besprochen und geplant. So wolltest du das. Basta!»

«Mama!» Greta macht ein empörtes Gesicht und springt auf.

Und plötzlich explodiere ich, springe auf und schreie meine Tochter an wie zuletzt an ihrem 15. Geburtstag, nachdem sie mir heimlich ein Paar helle, italienische 300-Euro-Pumps aus Nubukleder auf einer Schulparty mit billigem Zwei-Liter-Flaschen-Lambrusco versaut hat. Drohend baue ich mich vor ihr auf, obwohl sie mich um einen halben Kopf überragt, was mich aber nicht im Geringsten einschüchtert.

«Erst zieht Papa so eine Show ab, lässt mich sitzen, will eine neue Familie gründen, um mir dann zum zweiten Mal die Scheidung zu versauen. Dann kommst du und beschließt mal eben so, nun doch nicht auszuziehen, weil Caros Spießer-Eltern ihr Töchterchen auch nicht gehen lassen wollen. Toll! Und was ist mit mir?! Wann kann ich endlich mein eigenes Leben führen?! Warum entscheiden immer andere über die Dinge, die ich entscheiden sollte? Ich ...»

«So ist das! Weißt du was ...» Wütend und enttäuscht zieht Greta meinen Pulli aus und schleudert ihn mir vor die Füße.

«... hier hast du deinen bescheuerten Pulli! Ich dachte, du freust dich, wenn ich noch bleibe! Aber anscheinend bist du lieber allein.

Scheiß Egotrip! Außerdem konntest du dieses blöde Kaschmir-Teil noch nie ausstehen!»

Dann nimmt sie ihre Jacke vom Haken im Flur und ihre Schlüssel und knallt die Wohnungstür hinter sich zu. Ich hechte wütend hinterher, öffne die Tür und schreie in den Hausflur.

«Hier werden keine Türen geknallt. Klar?!»

Dann knalle ich mindestens genauso laut wie Greta die Wohnungstür zu und fühle mich beschissen. Es stimmt. Ich konnte diesen spießigen Kaschmir-Pulli noch nie leiden – war ein Schnäppchen.

Ist sie tatsächlich in BH und Jacke gegangen? Wo geht eine Achtzehnjährige in diesem Aufzug spätabends hin? Hat sie einen Freund, von dem ich nichts weiß? Sollte ich ihr hinterhertelefonieren? Ihre Freundinnen anrufen oder deren Eltern? Kann ich mir je verzeihen, wenn ihr jetzt etwas passiert, weil sie kopflos über die Straße läuft? Habe ich mein Kind am Ende in den Tod getrieben?

Voller Wut, Sorgen und Vorwürfe lasse ich mir ein Bad ein und frage mich, wann Greta mich finden würde, wenn ich mich jetzt ertränke, und in welchem Zustand mein Körper dann wohl wäre. Das baut mich nicht wirklich auf, weshalb ich mich nach dem Bad noch immer grässlich fühle und mich ins Bett verkrieche in der Hoffnung, dass es vorbeigeht – das schlechte Gefühl, eine cholerische, unfaire und egoistische Mutter zu sein.

Ich lege das Telefon dicht neben mich, falls Greta anruft oder das Krankenhaus oder die Polizei. Die halbe Nacht horche ich darauf, dass mein Kind nach Hause kommt, aber Greta kommt nicht. An Schlaf ist nicht zu denken. Stattdessen starre ich ins Leere und mache mir Gedanken.

Greta und ich waren immer ganz eng. Als wir noch eine Familie waren und Greta noch ganz klein, war Sven ihr großer Held, obwohl er sich viel weniger um sie gekümmert hat als ich, und genoss das Privileg des meist abwesenden Vaters. Aber mir hat sie ihre Geheimnisse anvertraut und ihre Sorgen und Freuden. Mit mir hat sie jeden Abend gekuschelt, während Sven ihr nur beim Schlafen zusehen konnte, weil er immer sehr spät nach Hause kam. Mir hat sie von ihrem ersten Kuss in der ersten Klasse berichtet und von ihrem ersten Liebeskummer in der zweiten Klasse. Und sie hat mir Tee gekocht und kalte Umschläge auf die Stirn gelegt, wenn ich krank war, und mich getröstet, wenn ich im Job Mist gebaut hab. Und als Sven uns für Julia verlassen hatte, haben wir uns gegenseitig getröstet.

Nachdem wir uns unsere kleine Dachwohnung eingerichtet und die Tränen getrocknet hatten, haben wir ganze Wochenenden damit verbracht, bei Popcorn, Chips und Spezi faul auf dem Sofa zu liegen und eine Staffel nach der anderen *Gilmore Girls* zu schauen. Wir fühlten uns wie *Lorelai* und *Rory*, und ich wünschte mir, dass die Zeit stehenbleiben würde. Aber Greta wurde älter und saß lieber mit interessanten und gutaussehenden Typen auf deren Sofa statt mit mir vor dem Fernseher. Sie wird erwachsen. Ganz genau. Sie wird erwachsen, möchte aber doch noch nicht ausziehen. Wieso ist das so ein Problem für mich? Wieso rege ich mich darüber auf, statt mich zu freuen, wie andere Mütter und Väter? Wieso kann ich das nicht einfach positiv sehen?

Ich wälze mich auf die andere Seite und werde wieder sauer. Ich hatte schließlich einen Plan, der nicht nur von ihr, sondern auch von ihrem Vater rücksichtslos durchkreuzt wurde. Ich wollte mein voreheliches Leben zurück. Mein freies Leben. Mein Leben, in dem nur ich alleine Entscheidungen über und für mich treffe, ohne Rücksicht auf Kind, Mann oder sonst wen. Mit dem heutigen Geburtstag wollte ich einen Schlussstrich unter das vergangene Vierteljahrhundert ziehen. Heute sollte mein persönlicher Unabhängigkeitstag sein. Von heute an wollte ich wieder tun und lassen, was ich will und wann ich will. Im ganzen Haus laut Songs von Bon Jovi und Robbie Williams mitgrölen, ohne dass Greta sich bei den Nachbarn für mich schämen muss. Für niemanden mehr kochen *müssen* und ohne Erklärungen kommen, gehen und schlafen, wann ich will und mit wem ich will. Ich will wieder die Nächte durchmachen wie damals auf der Uni.

Aber mein Plan geht nicht auf. Greta will nicht ausziehen und Sven sich nicht scheiden lassen. Mir wird klar, dass ich es den beiden viel zu leicht mache, indem ich kaum Widerstand leiste. Das muss sich ändern. Außerdem muss ich meine Interessen aktiver vertreten. Ich knipse das Licht wieder an und mache eine Liste der zehn Dinge, die abgehakt werden müssen, um wieder ein selbstbestimmtes Leben führen zu können:

- Gretas Abitur
- Scheidung
- Gretas Auszug & neue Wohnung
- neue Liebe
- mehr Sex
- mehr Drugs
- mehr Rock 'n' Roll
- mehr Zeit für mich
- mehr Erfolg
- Feuerland

Sind alle Haken gesetzt, werde ich mich entspannt zurücklehnen und das Leben in vollen Zügen genießen.

Schließlich schlafe ich an meinem 46. Geburtstag mit schwerem Herzen ein, ohne meiner Tochter einen Gutenachtkuss gegeben zu haben.

Greta war die ganze Nacht nicht zu Hause. Sie meldet sich auch nicht per Telefon oder Mail. Sie ist sauer auf mich, weil sie glaubt, dass ich sie loswerden möchte. Und damit liegt sie gar nicht mal so falsch. Ich hab' keine Lust, die nächsten Jahre Hotel Mama zu sein, weil es so schön bequem und billig für sie ist.

Gedankenverloren sitze ich im Büro und schaue schon seit einer halben Stunde reglos aus dem Fenster. Draußen regnet und hagelt es im Wechsel, dazwischen lässt sich immer wieder mal die Sonne blicken. Genauso fühle ich mich – wechselhaft. Ich denke an Greta, und da fällt mir ein, dass sie heute ihr Mathe-Abi schreibt, und fühle mich gleich noch egoistischer und rücksichtsloser. Meine Tochter steckt im größten Prüfungsstress ihres bisherigen Lebens, und ich habe nichts Besseres zu tun, als ihr zu sagen, dass sie endlich ausziehen soll. Ich bin eine viel schlechtere Mutter als bislang angenommen. Grauenhaft.

Es ist an mir, mich zu entschuldigen, denn erstens bin ich die Vernünftigere von uns beiden, und zweitens war ich es, die ausgerastet ist. Bevor ich nach Hause gehe, kaufe ich ein paar frische Zutaten ein, um für heute Abend eine Quiche zu backen, die Greta so gerne isst.

Doch während ich so mit meinem Einkaufskorb durchs Treppenhaus stapfe, werde ich immer unsicherer. Nicht etwa, weil mein linkes Knie zunehmend schmerzt, sondern weil mir wilde Gedanken durch den Kopf gehen. Was ist, wenn sie während meiner Abwesenheit ihre Sachen gepackt hat und ausgezogen ist? Sie ist volljährig und kann wohnen, wo sie will. Vielleicht ist sie zu ihrem Vater gezogen. Sven würde sie sicher triumphierend bei sich und Julia aufnehmen. Und Julias kleine Tochter hätte endlich eine Schwester. Vielleicht hat Sven das alles von langer Hand vorbereitet? Quatsch! Sven ist ein Mann. Der würde das weniger umständlich machen. Julia dagegen traue ich alles zu. Vielleicht war Greta letzte Nacht so verzweifelt, dass sie tatsächlich Unterschlupf bei Julia und Sven gefunden hat statt bei ihren Freunden, um sich bei beiden über mich zu beklagen. Julia, die Schlange, könnte die Chance genutzt haben, indem sie Greta nicht nur getröstet, sondern sie gleichzeitig gegen mich aufgehetzt hat. Mit falscher Sorge und Mütterlichkeit hat sie mein Kind eingelullt und sich so Gretas

Vertrauen erschlichen, um sie mir wegzunehmen und ihrer kleinen Tochter den großen Wunsch nach einer Schwester zu erfüllen. So wird es gewesen sein.

Oben angekommen, erwartet mich eine kleine Überraschung im Wohnzimmer. Auf dem Sofa türmt sich ein Berg von Klamotten, Schuhen, Tüchern, Schals. Greta kommt aus ihrem Zimmer und legt mit versteinerter Miene noch ein paar Fäustlinge obendrauf. Ich bin verwirrt.

«Ist dein Kleiderschrank zusammengebrochen?» Keine Antwort. Zweiter Versuch, wobei mein Ton an Schärfe gewinnt, obwohl ich doch versöhnlich sein wollte.

«Was soll das? Das ist eine Couch, keine Altkleidersammlung. Pack' das olle Zeug weg!», befehle ich.

Greta rührt sich nicht, sondern baut sich provokant vor mir auf und lächelt so künstlich wie ein Cheerleader nach einer Niederlage. «Das sind alles deine Klamotten, die du mir irgendwann großzügig überlassen hast. Und bevor du sie nun zurückforderst, wie deinen über alles geliebten Kaschmir-Pulli, gebe ich sie freiwillig zurück.»

Verstehe. Daher weht der Wind. Mademoiselle ist noch immer sauer auf mich. Bevor sie in ihrem Zimmer verschwindet, dreht sich Greta noch einmal theatralisch um.

«*Ich* bin übrigens nicht *deine* Altkleidersammlung. Du musst den Kram schon selbst entsorgen.» Wumms! Die Tür ist zu. Gerade will ich wieder in mein altes Verhaltensmuster zurück, um das Kind in seine Grenzen zu weisen, da erinnere ich mich daran, dass das möglicherweise jetzt nicht angebracht ist. Also atme ich tief durch und sammle mich. Ruhe bewahren. Nur nicht provozieren lassen, schon gar nicht ausflippen, denke ich. Deeskalation ist hier gefordert! Ruhig und besonnen gehe ich zu Gretas Zimmer und klopfe an. Keine Reaktion. Zweiter Versuch. Keine Reaktion. Ich öffne die Tür und werfe Ballast ab.

«Hör mal, es tut mir leid. Ehrlich! Ich weiß, dass ich dir den Kaschmirpulli gegeben habe. Ich wollte ihn gar nicht zurück. Ich war nur … überrascht.»

«Das hab' ich gemerkt. Andere Mütter würden ihre Kinder am liebsten zu Hause anketten, damit sie nicht ausziehen. Nur du willst mich offenbar so schnell wie möglich loswerden.»

Da ist was dran. Aber ich hasse es, wenn sie in ihrer Opferrolle so maßlos übertreibt. Darin ist sie richtig gut. Das hat sie von mir.

«Quatsch! Es wäre nur schön, wenn du mich nicht vor vollendete Tatsachen setzen würdest, sondern wir das in aller Ruhe bereden könnten.» Ich bin sehr ruhig und klinge sehr vernünftig.

«Wollte ich ja, aber du bist sofort ausgeflippt.»

Ich spüre den Groll in mir aufsteigen. Nicht gut!

«Ich bin nicht ausgeflippt! Du hast mich überrumpelt. Ich hätte um ein Haar die Wohnung gekündigt, weil eigentlich klar war, dass du ausziehst.»

Mit weit aufgerissenen Augen schaut Greta mich an, als hätte ich sie soeben im Dschungelcamp angemeldet. «Aber ich stecke doch mitten in den Prüfungen. Und du willst mich rauswerfen. Wo soll ich denn hin? Und wie soll ich unter diesen Umständen ein gutes Abi schaffen? Und zu Papa kann ich auch nicht, seit seine Tussi bei ihm wohnt. Ihr seid alle gegen mich …»

Na super. Sie treibt ihre Opferdarbietung tatsächlich auf die Spitze. Mit vor der Brust verschränkten Armen steht Greta da wie eine schmollende Fünfjährige, wendet das Gesicht von mir ab und zieht den Rotz hoch. Eindeutig – sie weint. Eine Glanzleistung! Sie ist so gut. Vielleicht war es ein Fehler, ihr die Schauspielkarriere auszureden, als sie elf war. Aber sie war ein lausiges Rumpelstilzchen.

Ich werde weich. Verdammt! Natürlich werde ich weich, weil ich mich wieder schuldig fühle.

«Ach Schätzchen», sage ich und nehme meine Tochter tröstend in den Arm. «Ich hab' die Wohnung nicht gekündigt. Keine Sorge. Wir werden hier zusammen wohnen, bis wir beide alt und schrumpelig sind.» Zack – ich hab' sie! Sie muss grinsen und verzieht gleichzeitig angeekelt das Gesicht. Muss eine schlimme Vorstellung für sie sein.

«Bloß nicht!» Jetzt lachen wir beide und fallen uns in die Arme. Wie eigentlich nach jedem großen Krach.

«Es tut mir leid», sage ich.

«Nein, mir tut's leid», sagt sie. «Du hast recht, das war egoistisch von mir.»

Ich rücke von ihr ab und schaue sie überrascht an. «Du gibst mir recht? Hast du was genommen?»

«Mama!» Scheinbar empört schubst sie mich von sich.

Und weil Streiten hungrig macht, bereiten wir zusammen die Quiche zu und essen gemütlich zwischen den Klamotten auf dem Sofa bei einer Flasche Weißwein und reden seit langem mal wieder ganz offen miteinander. Über unsere Pläne und Ängste und über die Zukunft. Und ich erfahre zum ersten Mal, dass mein Kind Angst vor dem hat, was jetzt auf sie zukommt. Ich erinnere mich, dass es mir in Gretas Alter ähnlich ging. Ich hatte Angst, vor den Problemen der Welt zu kapitulieren, die meine Generation lösen sollte. Hunger, Kriege, Waldsterben, Waljagd, saurer Regen, Atomkraftwerke, Bundeswehr und das Ozonloch mussten bekämpft werden. Das war ein Haufen Verantwortung für eine Generation, die nicht mal in der Lage war, sich die Haare ordentlich zu schneiden, geschweige denn die Welt zu retten. Zum Glück gab es irgendwann Privatfernsehen und vor allem MTV, die für ausreichend Ablenkung sorgten und uns daran erinnerten, dass wir jung waren und Spaß haben sollten.

Aber Greta hat gar keinen Weltschmerz. Kriege, Armut und Hunger machen ihr keine Sorgen, denn daran ist sie durch die mediale Globalisierung längst gewöhnt und entsprechend abgestumpft. Nein, Gretas Angst ist viel schlimmer. Sie hat Angst, ihre Komfortzone zu verlassen und die Verantwortung für sich zu übernehmen. Nur für sich und ihr kleines Leben. Sie fürchtet sich vor Entscheidungen, die sie überfordern könnten, weil es vielleicht die falschen sein könnten.

«Wie kann ich wissen, was richtig und was falsch ist, wenn ich keine Erfahrung habe?»

Berechtigte Frage, denke ich und nehme Gretas Hand.

«Vertraue deinem Gefühl und scheue dich niemals, Menschen mit Erfahrung um Rat zu fragen. Das kann ab und zu nützlich sein.» Was soll ich auch sonst sagen? Greta zweifelt. Und nachdem sie mir ihre Bedenken äußert, Mietverträge zu unterschreiben, Stromrechnungen zu bezahlen und Steuererklärungen zu machen, schwärme ich ihr von der Freiheit der Entfaltung und Unabhängigkeit in der viel besseren Komfortzone des jungen Erwachsenen vor – ganz ohne Erziehungsberechtigte.

Dann stellt mir Greta die Gegenfrage: «Und wovor hast du Angst, Mama?»

Ich schaue sie an und muss schmunzeln. «Och, da gibt's so einiges. Zum Beispiel, nie mehr guten Sex zu haben.»

Gretas Blick spricht Bände. «Mal im Ernst, Mama!» Dabei klingt sie, als traue sie mir überhaupt kein Sexleben zu. Als sei ich asexuell und sie ein Findelkind.

«Das *ist* mein Ernst!»

Greta verdreht die Augen und kommt zurück zu ihrer Frage. «Und sonst?»

«Ich habe Angst davor, krank und alt zu werden.»

«Wie?»

«Geist, Körper – überall.»

Greta nimmt mich nicht ernst und winkt ab, als sei es völlig absurd für sie, dass ich irgendwann mal alt werde.

«Du doch nicht, Mama!»

Ich sage ihr nicht, dass meine größte Angst ist, die Menschen, die mir am meisten bedeuten, zu verlieren, denn das wäre kontraproduktiv und würde weder ihr noch mir bei unserem Abnabelungsprozess helfen. Denn eins ist ganz klar: Irgendwann muss sie ausziehen.

5

SEIT WOCHEN habe ich einen Termin bei einer Orthopädin, der schwierig zu bekommen war, weil ihre Sprechstunde randvoll ist mit Rheuma-, Arthrose- und Sportunfallpatienten. Schwierig, da als Neupatientin noch ein paar Minütchen zu ergattern. Doch es muss sein, denn seit einiger Zeit plagen mich ein paar Zipperlein, die sich häufen. Und da dachte ich, es sei sinnvoll, einen Experten zu konsultieren.

Schnellatmig und mit rasendem Puls keuche und krieche ich fast die fünf Stockwerte zur Orthopädiepraxis hoch. Klar hätte ich den Aufzug nehmen können, aber ich wurde zur Höflichkeit erzogen und habe natürlich den beiden Rollator-Opis, die mir frech auf den Hintern glotzten, den Vortritt gelassen. Außerdem ist Treppensteigen gesund, besonders im Ärztehaus.

Ich nehme also gleich zwei Stufen auf einmal, um jugendliche Fitness zu demonstrieren, was mein linkes Knie nicht gut findet. Es schmerzt ein wenig. Ich ignoriere das, denn ich fühl' mich fit wie ein Turnschuh. Aber schon nach dem ersten Stockwerk lässt mein Elan nach. Im zweiten Stock stapfe ich deutlich schwerfälliger die Stufen hinauf, im dritten halte ich mich schon am Geländer fest, im vierten Stock bin ich schwerfällig und langsam zugleich und ziehe mich regelrecht am Geländer die Stufen hoch. Der Schmerz im Knie lässt sich schon seit zwei Etagen nicht mehr ignorieren. Im fünften Stock endlich angekommen, wünschte ich mir, das Joggen nicht eingestellt zu haben, regelmäßiger zum Pilateskurs gegangen zu sein und überhaupt – hätte ich mal den Aufzug genommen.

Aber deshalb bin ich ja nun hier. Weil vor etwa einem Jahr beim vierteljährlichen Joggen, zu dem ich mich schwungvoll an einem sonnigen Frühlingsmorgen aufgerafft habe, um mir zu beweisen, dass es noch geht, nach zwei Kilometern das linke Knie schmerzte. Da war es erst mal vorbei mit dem Laufen. Ich habe es dann noch einmal ein paar Wochen später im Urlaub am Strand in Portugal versucht, und es passierte wieder. Das Knie wollte nicht mehr joggen, sondern nur noch gehen. Und da Dr. Google mich darüber aufklärte, dass Joggen für die Gelenke sowieso schädlich ist, habe ich mich ganz auf sommerliches Tennis und sporadisches Power-Yoga konzentriert.

Bei mir ganz in der Nähe gibt es einen kleinen Tennisclub mit Außenplätzen und einem süßen Tennislehrer, der sein Studium mit Trainerstunden finanziert. Der größte Spaß am Tennis war das Kaufen der Ausrüstung, schließlich wollte ich nicht wie eine unsportliche Mutti auf dem Platz aussehen, sondern schick, motiviert und fit. Tatsächlich sah ich nicht nur passabel aus, sondern habe ich mich auch ganz gut angestellt und viel Lob von meinem smarten Coach geerntet, was mich morgens um acht für den Rest des Tages beflügelte. Selbst das Knie machte keine Probleme, denn ehrlich gesagt – so viel Laufarbeit wurde nicht gefordert. Dafür schmerzte irgendwann die linke Schulter nach einer falschen Bewegung, ausgelöst durch meine lausige Rückhand.

Den Rest gab ich mir durch eine Yoga-Übung vor dem Fernseher. Gelegentlich mache ich zusammen mit Ursula Karven ein Stündchen Power-Yoga. Sie an der Felsenküste Ibizas, ich im Wohnzimmer vor dem Fernseher. Bizarr, aber es funktionierte bislang immer ganz gut, und ich kam sogar ins Schwitzen, weil ein intensives Kardiotraining inbegriffen ist.

Die schwierigste Übung für mich ist das Chakrasana. Die Brücke. Pillepalle – wenn man zwei völlig intakte Schultern hat. Die Schwierigkeit liegt darin, mit gestreckten Armen den Körper so weit nach oben durchzudrücken und zu wölben, dass sich der

Kopf vom Boden abhebt, und diese Figur mindestens eine halbe Minute zu halten. Und genau daran bin ich gescheitert. Oder besser gesagt: Daran wollte ich *nicht* scheitern und habe gegen den Schmerz in meiner kaputten Rückhandschulter die Figur so lange gehalten, bis die Schultermuskeln nachgaben. Ein Fehler, der mir noch Monate später Schulterschmerzen einbringt, was wiederum Probleme beim An- und Ausziehen nach sich zieht und das Schlafen auf meiner bevorzugten linken Seite schwierig macht. Die Schulter knarzt und knackt seither, was mich echt beunruhigt.

Deshalb bin ich jetzt bei der Orthopädin meines Vertrauens und warte geduldig vor der Anmeldung hinter den beiden Rollator-Opis, die mich lächelnd bemitleiden, als sie mich außer Atem mit einem hochroten Herzinfarkt-Risiko-Gesicht in die Praxis stolpern sehen.

Trotz Termin muss ich kurz warten und nutze die Gelegenheit, mein Gossip-Wissen aufzufrischen. Ich entscheide mich für eine uralte *InStyle* statt für eine neue *Echo der Frau* und schaue mir Fotos von Heidi Klum und Angelina Jolie an, die kurz nach ihren Schwangerschaften durch *Disziplin und harte Arbeit an ihrem Body* wieder gertenschlank sind. Unmöglich, denke ich und bin mir sicher, dass hier gephotoshopt wurde. Doch bevor ich mich näher damit auseinandersetzen kann, werde ich schon aufgerufen. Wie immer, wenn's spannend wird.

Die Orthopädin fackelt nicht lange, denn ihr Wartezimmer ist voll von Ü-60-Patienten, und ich bin hier und heute mit Abstand die Jüngste. Aber meine Freude darüber währt nur kurz, denn nachdem ich der Ärztin meine Wehwehchen schildere, nickt sie, macht sich ein paar Notizen und kommt dann hinter ihrem Schreibtisch hervor. Zuerst untersucht sie meine Schulter, lässt mich ein paar Übungen machen und warnt mich, dass dies ein längerer Heilungsprozess werden kann. Dann ist mein Knie dran. Ich soll die Kniescheibe zu mir ziehen. Sie drückt von oben dagegen, und ein stechender Schmerz durchfährt mein armes, speckiges Knie.

«Gegen die Schulterzerrung verschreibe ich Ihnen Massagen. Gegen die Arthrose kann ich nicht viel machen.»

Ich spüre eine Panikattacke und Ansätze von Verzweiflung in mir aufsteigen. Sagte sie Arthrose?!

«Sagten Sie Arthrose? Aber ich bin erst 46!», protestiere ich. Die Ärztin stellt mir ein Massage-Rezept aus und schaut mich dabei streng über den Rand ihrer Lesebrille an.

«Eben! Sie sind nicht mehr die Jüngste. Das geht jetzt los mit dem Verschleiß. Gewöhnen Sie sich dran.»

«Aber da muss man doch irgendwas tun können!»

«Es gibt Spritzen, die wirken wie Schmieröl, müssen aber privat gezahlt werden. Und Bewegung, Bewegung, Bewegung. Der Schmerz entsteht durch Stillstand. Machen Sie Sport oder schaffen Sie sich einen Hund an.»

Na danke auch! Auf den Hund verzichte ich gerne. Allerdings kann ich mir vielleicht ab und zu Ursels Herbert ausleihen, wobei ich befürchten muss, dass Herbert mit seinen drei Beinen noch lahmer ist als ich. Das bringt nicht viel.

Also Massage und Sport. Da ich nicht so gerne in Fitness-Studios gehe, Joggen und Tennis erledigt sind, Minigolf nicht so effektiv ist und ich sicher nicht mit militanten Rentner-Gruppen im Stechschritt durch den Wald walke, muss eine andere Sportart her. In den Tiefen des Internets stoße ich auf eine Mischung aus Joggen und Walking. Man rennt durch die Gegend, ohne beide Beine gleichzeitig vom Boden zu heben. Sieht aus wie Joggen, ähnelt aber dem Walken ohne Stöcke, ist gelenkschonend und ausdauernd. Perfekt.

Von nun an versuche ich, mich mindestens zweimal die Woche eine Stunde durch den Park zu schleppen. Denn genauso sieht es aus, wenn ich unterwegs bin. Aber es tut mir wirklich gut, obwohl ich den Eindruck mache, jeden Moment zu kollabieren, weil mein Kopf so rot ist. Das war schon im Schulsport so. Kann man nichts machen. Doch es wird von Mal zu Mal besser. Ich spüre, wie mein Körper sich an diese Art zu laufen gewöhnt. Ja, ich habe tatsächlich meinen inneren Schweinehund besiegt. Das kann nur an den schicken neuen Laufschuhen und den knackigen neuen Tights liegen. Und an Feuerland.

Denn mein Körper muss fit sein, wenn ich nächstes Jahr auf Magellans Spuren durch Südamerika stapfen will. Da müssen Ausdauer und Muskelkraft trainiert sein, wenn ich nicht nach wenigen Kilometern zusammenbrechen will und zum ersten Mal in meinem Leben den ADAC-Rücktransport in Anspruch nehmen muss – obwohl es sich dann echt mal lohnen würde. Auf keinen Fall! Diese Reise soll mein persönlicher Aufbruch in die nächste Ära werden. Ähnlich sehen es Bea und Ursel. Feuerland als Katharsis, als bereinigendes Abenteuer und Chance, das alte Leben abzustreifen und unabhängig von Kindern, Jobs und Partnern die Dinge völlig neu zu genießen und darüber hinaus sich selbst vielleicht neu zu entdecken.

Ich glaube, uns fehlt die Herausforderung, um zu wissen, was alles überhaupt noch in uns steckt. Der Alltag hat uns so mürbe und steif gemacht, dass wir vergessen haben, wer wir sind und welche Träume wir einmal hatten. Wir drei waren zu sehr damit beschäftigt, Existenzen und Familien aufzubauen, statt Feuerland im Blick zu behalten. Zeitweise haben wir uns sogar völlig aus den Augen verloren. Aber nun sind wir älter und um viele positive und negative Erfahrungen reicher. Es wird Zeit, unseren Traum in die Tat umzusetzen. Und das wird sicherlich nicht an einer Arthrose scheitern. Da schlepp ich mich lieber durch den Park und sehe dabei aus wie ein Faultier auf der Flucht.

Doch neben Feuerland gibt es einen weiteren Grund für meinen neu entdeckten sportiven Aktionismus. Heidi Klum und die

Rollator-Opis. Obwohl mein Körper nicht mein Kapital ist, wie bei Heidi, habe ich Angst vor dem Altern. Und Angst davor, später zurückzublicken und erkennen zu müssen, dass ich zu faul war, um die Dinge frühzeitig zu ändern. *Carpe diem* klingt ganz gut, aber ich will auch noch mit 80 den Moment genießen, statt nur über Krankheiten zu jammern. Ich möchte vermeiden, dass ich meine einzigen Sozialkontakte in Wartezimmern oder Kliniken treffe. Und der tägliche Gang zum Ärztehaus soll ebenso wenig meine einzige körperliche Aktivität werden wie Gallensteine, Diabetes und Verstopfung meine Gesprächsthemen dominieren sollen. Wie es aussieht, muss ich in meinen Körper nicht nur Geld, sondern auch Zeit investieren. Und davon habe ich momentan leider nicht viel.

«Dann nimm sie dir», predigt Ursel mir ständig. «Wenn du fit bleiben willst, musst du dir die Zeit dafür nehmen. Schau mich an!» Ursel hat gut reden. Neuerdings läuft sie. Viel und lang. Es fing alles ganz harmlos mit ein wenig Reha-Training nach einem Bandscheibenvorfall an. Zuerst hat sie sich aufgeregt, weil in dem Reha-Sport-Zentrum nur «Alte» rumhingen. Aber dann hat sie das angespornt, denn mit knapp 50 war sie die Jüngste und wollte es den Alten noch mal richtig zeigen, obwohl einige von ihnen schon jahrelang Marathon liefen. Seither trainiert Ursel für den New-York-Marathon – und will auf dem Weg dahin nebenbei noch 20 Pfund abnehmen, die sie sich seit der Scheidung von Martin angefressen hat.

«Man muss eben Ziele haben!», wird Ursel nie müde zu betonen und hat sich daher auch an der Feuerland-Idee festgebissen. Am Ende will sie noch nach Südamerika joggen, wenn sie lange genug trainiert. Für mich und mein Knie ist das völlig ausgeschlossen. Da schlappen wir lieber entspannt durch den Park oder überraschen ab und zu Bea in einem ihrer Hüpfkurse. Bea gehört zu den Frauen, die sich in den Achtzigern mit dem Aerobic-Virus von Jane

Fonda infiziert haben. Seither lässt Bea keinen noch so albernen Sport-Kurs aus, der neu angeboten wird, ganz gleich, ob mit oder ohne Musik. Egal ob Pilates, Zumba, Drums Alive, Faszien Training oder Bikram Yoga – Bea probiert alles. Und jedes Mal wird ihr klar, dass es nie wieder so sein wird wie damals mit Jane, morgens vor dem Fernseher.

Einmal hatte Bea mich überredet, mit ihr zusammen zum Spinning zu gehen. Es war … die dunkelste Hölle, durch die ich je gegangen bin. Nie zuvor in meinem Leben bin ich so schrecklich gequält worden. Nicht nur von dem blöden Fahrrad, das auf der Stelle fuhr, sondern vor allem von der grausamen und extrem lauten und aggressiv bassbetonten Musik, die den Takt für das Strampeln auf der Stelle vorgibt. Je nach Song mal schneller, mal langsamer, aber immer gleich laut.

Am schlimmsten war der Trainer, der die Meute dazu schreiend antrieb wie ein Sklaventreiber auf einer Galeere und dabei cholerisch spuckte. Statt die Musik leiser zu machen, musste er die Beats zwangsläufig überbrüllen. Nur weil mich das alles so dermaßen aggressiv machte, dass ich den Laden am liebsten kurz und klein gehauen hätte, konnte ich auf dem Rad den Takt mithalten. Schweißgebadet stieg ich – hochrot und ohne ein Wort – aus dem Sattel und habe mir geschworen, diesen Sport nie wieder zu praktizieren.

Irgendwo habe ich gelesen, dass Sport Spaß machen soll. Ich bezweifele das ganz entschieden. Der Erfinder des Spinning muss jedenfalls bekokst gewesen sein, als er sich das ausdachte. Bea musste sich noch tagelang mein Gemecker über diesen misslungen Sportabend anhören. Sie fand's auch nicht so toll, reagiert aber weniger empfindlich und nachtragend. Sie hat's ausprobiert und abgehakt. Ich sowieso. Dann gehe ich lieber regelmäßig in die Sauna, da ist das Schwitzen weniger anstrengend, dafür entspannend, gesellig und abwechslungsreich.

6

IN MEINER EIGENSCHAFT als Profi-Party-Tante hat mich meine allerliebste Tochter Greta zur Vorsitzenden des Abi-Ball-Komitees vorgeschlagen, wofür ich sie heute noch erwürgen könnte. Ich wurde einstimmig vom Schüler-, Lehrer- und Elternrat gewählt – weil alle anderen Anwesenden in der Schulaula weder Lust noch Zeit und am wenigsten Ahnung hatten, sich intensiver um die Vorbereitung des Abi-Balls zu kümmern. Das war vor einem halben Jahr. Nun ist April, und wir kommen in die heiße Phase. Seit ein paar Wochen springen aber immer mehr Komitee-Mitglieder ab, seit sie merken, wie umfangreich und zeitraubend die Vorbereitungen sind. Den gestressten Abiturienten ist jetzt schon alles egal, solange es ausreichend Alkohol und einen guten DJ gibt.

Das Abi-Ball-Planungskomitee tagt also seit vergangenem Herbst regelmäßig. Heute ist es wieder so weit. Die anwesende Gruppe ist auf sechs Eltern- und Lehrervertreter zusammengeschrumpft. Die Schülervertreter haben ihre Bedingungen schriftlich niedergelegt und sich aus der aktiven Planungsphase zurückgezogen, um sich ganz ihren Prüfungen zu widmen.

Ich eröffne den Abend in der Aula mit ein paar Worten zur aktuellen Entwicklung bezüglich der Programmgestaltung, DJ-Auswahl und Location. Hier und da werden von den immer gleichen Nörglern und Besserwissern Kommentare eingeworfen, aber ich lasse mich nicht aus der Ruhe bringen und ziehe mein Ding durch. Wozu bin ich schließlich Profi. Ich will gerade meine Erläuterungen über die Brandschutzmaßnahmen in dem alten historischen Ballsaal, der bereits angemietet wurde, zu Ende führen, als unerwartet die Tür geöffnet wird und ein junger Mann mit blonden Locken und braunen Augen, Anfang 30, abgehetzt die Aula betritt.

«Bin ich hier richtig beim Abi-Ball? Ich meine ... bei der Abi-Ball-Planung?»

Dr. Hinz, betagter Geschichtslehrer kurz vor der Pension, macht eine einladende Geste und deutet auf den freien Platz zwischen uns.

«Richtig, kommen Sie, Kollege! Sie haben noch nichts verpasst.» Der Kollege in Jeans und aufgekrempelten Hemdsärmeln, die seine muskulösen und leicht gebräunten Unterarme freilegen, lächelt erleichtert und grüßt freundlich in die Runde.

«Na dann ... Tut mir leid, mein Fahrrad hatte 'n Platten. Ich bin Paul Andresen, Referendar für Sport und Französisch.»

Was?! Das kann nicht sein! Der Typ ist ein Klischee. Ein Abziehbild aus einer Daily Soap. Sportlich, jugendlich, lässig, sexy. In einem amerikanischen College-Film wäre er der strahlende Footballheld, den ein schreckliches Schicksal ereilt. In einem europäischen Film wäre er der Traum aller Lolitas. Kein Wunder, bei der Fächerkombination Sport und Französisch.

Sofort läuft bei mir pubertäres Kopfkino ab: französischer Sex mit dem Sportlehrer auf dem Mattenwagen. Stopp! Ich mustere ihn erneut. Wie läuft der überhaupt rum?! Kaum zu unterscheiden von seinen nur um wenige Jahre jüngeren Schülern, denen er sich durch sein vermeintlich hippes Auftreten anbiedert, ohne es zu merken. Einer, der everybody's darling sein möchte. Solche Typen wittern Schüler sofort. Referendare mit vermeintlich coolen Ganz-Jahres-Wollmützen und kaputten Jeans, die sich für ewige Hipster halten, bis sie viel zu spät merken, dass sie von Schülern, Kollegen und Eltern nicht ernst genommen und schon gar nicht respektiert werden. Bemitleidenswert, diese aufgesetzten Berufs-Teenies, denke ich, während ich ihn beobachte.

«'tschuldigung, ich wollte Sie nicht ...», flüstert er mir schüchtern zu und lächelt mich an, wobei sich über seinem rechten Mundwinkel ein kleines Grübchen bildet. Gleichzeitig weht eine dezente Note aus Aftershave und frischem Fahrradfahrer-Schweiß zu mir rüber. Ich schließe kurz die Augen, um den betörenden Duft einzufangen, und inhaliere, was ihm nicht verborgen bleibt, und auch sonst niemandem am Tisch. Ich hauche ihm ein schüchternes «Hallo» entgegen und spüre, dass ich rot werde, als er mir ein weiteres Lächeln schenkt. Wie peinlich! Innerlich könnte ich mich ohrfeigen für meine Bräsigkeit.

«Ich habe Herrn Andresen neu dazugebeten, weil er vielleicht ein paar frische Ideen beitragen kann», fügt Dr. Hinz erklärend hinzu. Ich lächele und frage mich still, was das wohl für Ideen sein könnten, bevor ich mit meinen Ausführungen zum Abi-Ball fortfahre.

Ich komme nun zum Hauptthema des Abends – das leibliche Wohl: Es geht um den Getränkelieferanten und das Catering. Dazu lege ich Kostenvoranschläge und Angebote vor und mache mich auf eine schwierige Diskussion um den Alkoholkonsum der Jugendlichen gefasst, die aber ausbleibt. Dabei bemerke ich, dass mich der Referendar von der Seite mustert, was mich zwar irritiert, aber zum Glück nicht aus der Fassung bringt. Wir einigen uns schnell darauf, keine harten Getränke zu ordern und uns auf Sekt, Bier und Wein zu beschränken. Größere Diskussionen gibt es bezüglich des Caterings. Normal, vegan oder vegetarisch, kalt oder warm, mit oder ohne Mitternachtsbuffet. Eine Einigung rückt in weite Ferne, und ich fühle mich um 15 Jahre zurückversetzt, als ich ähnliche Diskussionen schon in Gretas Kita über mich ergehen lassen musste. Damals gab es tatsächlich Eltern, die ihren Kindern leere Tupperdosen mitgaben, mit dem Befehl, Kostproben vom Essen mit nach Hause zu bringen. Bis heute frage ich mich, ob sie das Zeug in Laboren auf bestimmte Stoffe haben untersuchen lassen. Die ewige Catering-Diskussion wiederholte sich immer und immer wieder: im Kindergarten, in der Grundschule und anfangs auch auf dem Gymnasium. Ständig gab es Eltern, die etwas gegen Fleisch im Allgemeinen und Schweinefleisch im Besonderen hatten. Andere forderten mehr laktosefreie Kost, wieder andere verlangten nach zucker- oder salzarmen Mahlzeiten.

Ich werde müde und muss nach einem langen Arbeitstag hinter vorgehaltener Hand mehrmals gähnen, was sicher auch mit den zähen Entscheidungsprozessen in der Gruppe zu tun hat. Immer wieder spüre ich die seitlichen Blicke meines jungen Sitznachbarn, der mir damit langsam auf die Nerven geht. Was bezweckt er damit, frage ich mich, während die Diskussion um das Catering sich im Kreis dreht. Doch dann meldet er sich zum ersten und einzigen Mal an diesem Abend zu Wort.

«Wie wäre es denn mit einer Imbissbude?»

Fragende Blicke. Ich schaue auf und fühle mich so was von bestätigt in allem, was ich heute Abend über diesen Typen gedacht habe. Der Tag war lang, und ich will nach Hause. Genervt atme ich tief ein und nehme Anlauf.

«Imbissbude? Wo waren Sie die letzten dreißig Minuten, als wir uns über vegane Tofuwürste unterhalten haben?» Ich fühle mich ignoriert. Ein Zustand, den ich kaum imstande bin zu ertragen. Eine meiner größten Schwächen. Zugegeben. Ja, Ignoranz kränkt mich, weil sie mit mangelndem Respekt zu tun hat. Ich steigere mich in den Gedanken, dass mich der schnöselige Referendar, der erst zu spät kommt und dann auch noch unqualifizierte Fragen stellt, nicht respektiert. In anderen Ländern werden Menschen schon allein deshalb respektiert, weil sie älter sind. Davon hat der Schnösel neben mir offenbar nie gehört. Vermutlich wurde er antiautoritär erzogen.

Im Gegensatz zu mir bleibt Paul Andresen locker.

«Ich kenn' einen, der hat 'ne Imbissbude, die man mieten kann. Der bietet Curry- und Tofuwurst an. Und bestimmt kann der auch ein Suppen- und Salatbuffet dazu machen. Und für danach hat der sogar einen Eiswagen. Ist nicht ganz so spießig wie ein Ball-Catering mit Vier-Gänge-Menü oder so. Denke ich.»

Denkt er und schaut fragend in die Runde. Im nächsten Moment schauen mich sieben Augenpaare erwartungsvoll an, ohne zu ahnen, dass ich mir gerade splitternackt zwischen Tofuwürsten und Bio-Eiscreme vom Sportlehrer meiner Tochter Französisch-Nachhilfe geben lasse – rein mental.

«Was meinen Sie, Frau Odermann? Klingt doch gut.» Rektor Hövelmann, ein kleiner, untersetzter Brillenträger mit Halbglatze, stößt mich von rechts an. Ich nicke zustimmend, halte aber meine Euphorie über die brillante Idee des jungen Referendars in Grenzen, um Haltung zu bewahren.

«Das muss natürlich erst durchgerechnet werden.»

Ich beende den Abend und kündige an, mich um alles Weitere zu kümmern und die Runde per Mail zu informieren. Bevor ich die Aula verlasse, hält Paul Andresen mich am Arm zurück. Seine bloße Berührung löst Kammerflimmern bei mir aus. Ich atme durch und wende mich ihm zu. Lächelnd gibt er mir einen Zettel.

«Meine Nummer und E-Mail-Adresse.»

Ich schaue ihn überrascht an. Der lässt nichts anbrennen, denke ich. Aber glaubt er tatsächlich, dass ich ihn anrufe?

«Damit wir uns wegen der Imbissbude kurzschließen können», ergänzt er. Ich nehme den Zettel und gebe vor, es eilig zu haben, aber er hält mich wieder zurück und schaut mich erwartungsvoll an. Millionen Gedanken rasen mir durch den Kopf: Was will er? Mich küssen? Flachlegen? Zum Tanz auffordern? Hier in der Aula? Ich bin zu allem bereit!

«Ihre Nummer oder E-Mail-Adresse! Sonst kann ich Ihnen Kontakt und Infos nicht weiterleiten.»

«Oh, natürlich», stammele ich und gebe ihm meine Visitenkarte, um so schnell wie möglich die Gefahrenzone zu verlassen und die Kontrolle über mich wiederzuerlangen. Was ist nur los mit mir? Wieso bringt mich dieser Schnösel, der nicht mal in meiner Liga spielt, so aus der Fassung?

Am nächsten Tag sitze ich im Büro und bin außerstande, die vor mir liegende Präsentation konzentriert durchzugehen. Dabei ist es eine äußerst wichtige Präsentation für einen äußerst wichtigen Auftrag, den meine Agentur unbedingt an Land ziehen muss, um sich einen Namen zu machen. Aber immerzu muss ich an diesen Referendar denken, der so gar nicht in mein Beuteschema passt. Ich trage die Strickjacke von gestern Abend, und immer wenn ich unbeobachtet bin, schnuppere ich an meinem Jackenärmel, weil es dort nach seinem Aftershave riecht. Wie krank ist das denn?! Ich klappe die Präsentationsmappe zu, schiebe die Ärmel hoch und gehe nach nebenan zu meinem Team.

«Hört mal, am besten, wir gehen das noch mal in Ruhe gemeinsam durch, um bloß nichts zu übersehen. Okay?» Felix und Karo schauen mich irritiert an.

«Äh, Vera, du hast uns doch gerade eben erst gesagt, dass wir mal wegen dieser Imbissbude und anderen Anbietern recherchieren sollen. Was denn nun?»

«Hab ich das? Müsst ihr missverstanden haben», versuche ich meinen Schwachsinn von vorhin ungeschehen zu machen. «Nein, das hier geht vor!» Damit gehen wir in mein Büro, um die Präsentation ein letztes Mal durchzusehen. Diesmal bin ich voll bei der Sache, außer vielleicht, dass ich ab und zu an meinem Jackenärmel schnuppere in der Hoffnung, dass Karo und Felix es nicht mitbekommen.

In der Mittagspause begleite ich die beiden ausnahmsweise nicht zum Chinesen, weil ich keinen großen Appetit habe und außerdem noch ein paar Infos recherchieren muss – über Paul Andresen. Leider gibt es nicht viel über ihn zu googeln. Seine

Facebookseite ist privat, und die Fotos von ihm sind von Schul- und Sportveranstaltungen. Er hat in der Uni Rugby gespielt und ist im Ruderverein. Und er sieht sogar im Internet gut aus.

Meine Güte! Ich rücke vom Computer ab und schaue aus dem Fenster. Was mache ich hier? Ich komme mir vor wie eine Stalkerin. Dabei habe ich den Typen gerade einmal getroffen. Zum Glück ruft Bea an, bevor ich versuche, mehr über Paul Andresen herauszufinden.

«Heute Abend, 20 Uhr, Volkshochschule. Danach gehen wir noch was trinken. Ursel kommt auch!»

Ich verstehe nur Bahnhof.

«Was soll ich in der Volkshochschule? Aus meinem letzten Spanischkurs bin ich rausgeflogen, weil ich nie Vokabeln gelernt habe», antworte ich.

«Es geht um Feuerland.» Bea hat keine Zeit für lange Erklärungen, sie verpasst sonst ihren Kosmetiktermin. Ich schaue auf die Uhr und erschrecke.

«Verdammt!»

Die Präsentation! Der Auftrag! In 30 Minuten muss ich in dem Meeting sein. Das darf auf keinen Fall schiefgehen! Eilig packe ich meinen Kram zusammen und verlasse das Büro. Im Auto gehe ich alles noch mal durch, ordne meine Gedanken und konzentriere mich auf meinen Job.

Ein paar Stunden später suche ich nach der schwierigen, aber dennoch guten Präsentation erschöpft, genervt und vor allem vergebens einen Parkplatz vor der Volkshochschule. Obwohl ich erleichtert sein könnte, diesen Nachmittag hinter mich gebracht zu haben, kann ich die Anspannung nicht einfach abschütteln. Am liebsten wäre ich nach Hause gefahren, hätte ein Bad genommen, um dann sofort ins Bett zu gehen. Aber meine Gedanken wären dann ständig um diesen Paul Andresen gekreist, und das will ich mir ersparen. Außerdem ist ein Vortrag über Feuerland vielleicht genau das Richtige, um mich vom Alltag abzulenken.

Ein Diavortrag in der örtlichen VHS gehört bei mir nicht gerade zu den Prioritätenterminen und steht noch hinter Theater, Kino und Einladungen zum Essen. Allerdings weit vor Elternabenden. Ich parke also 20 Minuten zu spät frech auf einem von acht Behinderten-Parkplätzen direkt vor dem Eingang und frage mich, ob die schon jemals alle gleichzeitig belegt waren. Eilig renne ich in das Gebäude und stürme auf den Pförtner zu, um den Weg nach Feuerland zu erfragen.

«Sie sind zu spät, Gnädigste. Finnland war schon um 16 Uhr», murmelt der alte Mann und zieht dabei die Mundwinkel nach unten und die Augenbrauen hoch.

«Nicht Finnland. Feuerland! Wo geht's nach Feuerland?», wiederhole ich meine Frage etwas deutlicher, und das Gesicht des alten Mannes erhellt sich.

«Ach Feuerland. Soll ja ganz schön sein. Läuft noch. Erster Stock, zweite Tür links.»

Ich nehme eilig die Treppe, stehe drei Minuten später in Feuerland und erstarre.

Der Raum ist rappelvoll. Vorne läuft eine beeindruckende Diashow, mit dramatischer Musik unterlegt. Dazu die tiefe, weiche, sonore Stimme von … Paul Andresen, Gretas Französisch-und-Sport-Referendar, der wie ein Magier aus dem dunklen Hintergrund seine Bilder kommentiert. Das konnte niemand ahnen. Wie versteinert stehe ich an der Tür und starre auf die Leinwand, bis jemand an meiner Jacke zieht.

«Psst, setz dich schon!» Es ist Bea.

Sie und Ursel sitzen genau neben mir am Rand, weil Ursel eine schwache Blase hat und ab und zu rausmuss. Sie sitzt immer überall am Rand. Deshalb gehe ich mit ihr auch nicht so gerne ins Kino. Ich sitze am liebsten in der Mitte und gehe während der

Vorstellung niemals zum Klo. Auch nicht bei Filmen mit Überlänge. Gut, unnötigerweise wird bei überlangen Filmen sowieso eine Pause eingebaut, damit die Zuschauer den ersten halben Liter Cola zur Toilette bringen können, um anschließend ihre Cola- und Popcorndepots wieder aufzufüllen. Man fragt sich, ob es nicht lieber heißen sollte: «Komm, wir gehen ins Kino, um uns mit Cola und Popcorn zu füllen. Dabei können wir vielleicht einen Film schauen.» Ich bin altmodisch und gehe ins Kino, um einen Film zu schauen. Ursel auch. Aber Ursel hat die Wechseljahre schon durch und entgegen meinem Rat nie einen Pilateskurs gemacht. Das hat sie jetzt davon: eine schwache Beckenbodenmuskulatur mit Aussicht auf Altersinkontinenz.

Ich setze mich also zwischen meine Freundinnen, lausche der Stimme, die ich nach der ersten Begegnung mit Paul Andresen unter Hunderten wiedererkennen würde, und schließe müde die Augen. Jetzt erst merke ich, wie lang und anstrengend mein Tag war. Diese weiche, sanfte und dennoch männliche Stimme bewirkt, was mich beim wöchentlichen Yoga viel Konzentration kostet. Ich entspanne mich. Langsam schwebe ich davon. Meine Gedanken kreisen um Feuerland, Abi-Ball und Tofuwürste. Erst als der Applaus einsetzt und Bea mir einen festen Hieb in die Rippen verpasst, wache ich auf.

Der Raum ist nun erleuchtet, und Paul Andresen steht vor der Leinwand an ein Pult gelehnt. Er trägt verwaschene Jeans und das Hemd lässig darüber. Außerdem eine offene Kapuzenjacke und Wildlederboots. Nicht zu vergessen der Dreitagebart. Tatsächlich könnte er direkt einer Camel-Werbung entsprungen sein. Der Typ ist ein einziges Abziehbild aus den Neunzigern. Sexy. Zugegeben – ich steh' drauf. Auf echte Männer. Wer hat eigentlich gesagt, dass Frauen nicht auf Machos stehen? Ich sicher nicht. Gut, es ist toll, wenn sie kochen können, Windeln wechseln, im Haushalt mithelfen, und im Bett devot sind, weil wir Frauen uns emanzipieren wollen, müssen oder sollen. Aber dabei haben wir vergessen, dass der Mann sich gleichzeitig *entmannzifiziert*. Das kann niemand gewollt haben. Schon gar nicht ich.

Während Paul Andresen noch die eine oder andere Publikumsfrage beantwortet, sind Ursel und Bea hin und weg von ihm. Bea will ihn gleich als Tour-Guide anheuern. Das geht Ursel zu weit, schließlich wollen wir ja entspannten Frauenurlaub machen.

«Aber er ist 'n toller Typ», muss sie zugeben.

«Ganz niedlich», sage ich beiläufig und dränge die beiden zur Tür, um endlich den Raum zu verlassen.

Da entdeckt er mich.

«Hallo, Frau Odermann! Sie hier?!»

Bea und Ursel schauen mich fragend an, so dass ich mich genötigt sehe, ihnen den Sachverhalt zu erläutern.

«Ich kenne ihn nur flüchtig … aus Gretas Schule.»

Die beiden tauschen vielsagende Blicke. Ich drehe mich um, und da steht er auch schon in voller Pracht vor mir.

«Hallo, Herr … Andresen», ich lächele unsicher.

Wir geben uns die Hand, und ich spüre einen festen, warmen, angenehmen Händedruck, der viel über die Persönlichkeit meines Gegenübers aussagt und vielleicht eine Hundertstelsekunde zu lang dauert. Ich habe mal einen wirklich interessanten Artikel in einer Wissenschaftszeitschrift über Körpersprache gelesen. Der Händedruck eines Menschen lässt demnach klare Rückschlüsse auf sein Wesen und seinen Charakter zu. Seither ordne ich meine Gesprächspartner blitzschnell nach dem ersten Shakehands ein.

Bevor Sven mich damals zu seinem Abi-Ball eingeladen hatte, bin ich ein paarmal mit einem Jungen ausgegangen, der Turner war und unglaubliche Muckis hatte. Extrem sportlicher Typ, klug, gutaussehend und witzig. Er war süß, nur leider hatte er schwielige Hände. Schwielen sind unangenehm hornig und hart.

Ich hasste es, Hand in Hand mit ihm spazieren zu gehen, was für eine Fünfzehnjährige echt wichtig ist. Ich hab's irgendwann beendet.

Paul Andresen hat keine Schwielen. Im Gegenteil – sein Händedruck ist sehr vielversprechend: ein (hand-)gepflegter Mann, der weiß, was er will, sicher im Leben steht, nicht zimperlich ist, sondern fordernd und gleichzeitig beschützend und soft. Mit ihm würde ich vielleicht sogar händchenhaltend lange Spaziergänge durch die Wüste Gobi machen. Das Gesamtpaket scheint immer besser zu werden.

Ich stelle ihn meinen Freundinnen vor, die sofort von unseren Reiseplänen berichten. Paul Andresen hört interessiert zu und erklärt sich ohne zu zögern bereit, uns bei Planung und Vorbereitung unserer Tour zu beraten. Er könne uns sicherlich ein paar interessante Tipps geben. Bea und Ursel sind begeistert. Ich auch, aber ich lasse es nicht so raushängen und versuche, cool zu bleiben.

«Wir kommen gegebenenfalls gerne auf Ihr Angebot zurück.» Herrje, ich klinge wie eine genervte Hausfrau, die freundlich versucht, einen Staubsaugervertreter loszuwerden. Bea geht dazwischen.

«Mit Ihrem Insiderwissen kann unsere Reise nur besser werden.» Mir reicht es. Ich muss hier raus. Die Situation wird immer schräger. Ich will mich schon verabschieden, da wechselt Paul Andresen das Thema und wendet sich mir zu. «Wir haben ja sowieso noch einiges zu besprechen und vorzubereiten. Ich wollte Sie deshalb schon anrufen, aber jetzt sind Sie ja hier und …»

Neugierig schaue ich ihn an. Er steht jetzt ganz nah vor mir, mit seinen braunen Augen und dem Dreitagebart.

«Wir sollten essen gehen, Sie und ich.»

Verwundert über so viel Direktheit trete ich etwas zurück.

«Ach ja?», spreche ich aus, was Ursel und Bea denken.

Er kommt wieder näher.

«Wegen der Tofuwurst.» Ursels und Beas Gesichter zeigen deutliche Verwirrung.

«Mein Freund mit dem Imbisswagen lädt uns zum Testessen ein.» Ich mache mich locker und lächele. Wer kann zu einer Tofuwurst-Einladung schon nein sagen?

«Ja klar, gute Idee. Lassen Sie uns mailen und einen Termin ausmachen, dann …» Aber er ist schneller.

«Übermorgen?»

Ursel schüttelt den Kopf. «Da wollten wir ins Kino.»

Bea grätscht dazwischen. «Quatsch, das haben wir doch verschoben.» Bevor Ursel nach dem Grund der plötzlichen Terminänderung fragen kann, hakt Bea sie unter und schiebt sie zur Tür. Sie wollen draußen warten, weil es in dem Raum zu stickig ist.

Übermorgen ist Samstag. Ich weiß genau, dass ich da nichts vorhabe, außer Hausputz, große Wäsche, vielleicht etwas Yoga oder sogar ein kleiner Waldlauf. Hauptsache allgemeine Tiefenentspannung. Also gebe ich vor, erst meine Termine checken zu müssen, und bitte Paul Andresen, mich einfach noch mal anzurufen. Er verspricht es. Wir geben uns zum Abschied wieder die Hand, wobei er mich angrinst und mir sein Grübchen zeigt, und ich könnte schwören, dass er wieder etwas länger meine Hand festhält als normal.

Anschließend gehe ich mit Bea und Ursel in *Müllers Büro* und muss ihnen alles haarklein erzählen. Über die Abi-Ball-Planung, die Tofuwürste, den Referendar.

Meine Freundinnen sind davon überzeugt, dass Paul Andresen, der smarte, gutaussehende Abenteurertyp, auf mich steht – mich, Vera, mindestens 15 Jahre älter und mit Speck auf den Kniescheiben und Arthrose darunter. Totaler Quatsch! Obwohl … Warum eigentlich nicht? Doch bevor ich mich meiner hemmungslosen Phantasie hingebe, werde ich von der überaus sensiblen Ursel ausgebremst. Ursel, nach zwei gescheiterten Ehen eine Skeptikerin, dreht und wendet den Gedanken mehrmals. Schließlich bezweifelt sie, ich könnte wahrhaftiges Interesse bei einem jüngeren Mann auslösen. Wie nett von ihr, denke ich. Und *best friends forever,* obwohl ich weiß, dass sie es nur gut meint.

Also gut. Ich gehe darauf ein. Wo ist der Haken? Was will der Knabe dann von mir?

«Vielleicht will er sich über die Mutter an die Tochter ranmachen», überlegt Ursel laut.

Mit ziemlicher Sicherheit weiß ich, dass Greta absolut nicht auf Lehrertypen steht. Was aber nicht ausschließt, dass er auf meine Tochter steht – seine Schülerin – für die er natürlich viel zu alt ist.

«Sagtest du nicht, er ist Anfang dreißig?»

Bea wundert sich. «Wieso ist er dann zu alt für eine Achtzehnjährige? Du wärst doch auch nicht zu alt für ihn.»

Da ist was dran. Ich nehme einen Schluck Rotwein, um Zeit zu schinden.

«Das ist etwas völlig anderes», höre ich meinen Vater aus mir sprechen. «Greta ist noch ein Kind. Er ist ein Mann mit viel Erfahrung. Und außerdem ist sie seine Schutzbefohlene.» Während ich das ausspreche, weiß ich schon, dass ich Bea nur noch mehr zum Diskurs anstachele.

«Nicht mehr lange», murmelt sie in ihr Weinglas. Dabei hat sie ja recht. Ich aber auch. Und Ursel sowieso. Ich muss herausfinden, mit welchen Absichten dieser Paul Andresen mich anbaggert, denn dass er mich anbaggert, bezweifelt keine von uns. Auf meine nicht vorhandenen Millionen wird er es wohl kaum abgesehen haben. Auch nicht auf meinen Kniespeck.

Pavel schenkt schweren Tempranillo nach und grinst.

«Nimm mit, was du kriegen kannst. Wer weiß, wann der Nächste kommt.»

Bea verschluckt sich fast, Ursel reißt schockiert die Augen auf, und ich bin mal wieder sprachlos. Entsetzt starren wir den schwulen, kahlköpfigen, nicht mehr taufrischen Kellner an, der nicht nur riskiert, seine besten Gäste zu verlieren, sondern kurz davorsteht, durch unsere Blicke filetiert, aufgespießt und qualvoll gefoltert zu werden.

Dabei ist Pavel wirklich eine gute Seele und treuer Zuhörer zu jeder Tages- und Nachtzeit. Er kommt aus einem kleinen böhmischen Dorf in Tschechien, wo er sich niemals hätte outen können und wollen. Aus Rücksicht auf seine Eltern ging er als Achtzehnjähriger nach bestandener Kellnerausbildung nach Prag, später nach Berlin, wo er an seinem fünfundzwanzigstem Geburtstag im Techno-Club *Tresor* Kai-Uwe Müller kennen- und lieben lernte. Kai-Uwe war damals Partyveranstalter und *enfant terrible* der Berliner Technoszene. Seine Partys waren legendär, und DJs aus der ganzen Welt legten für Kai-Uwe auf, der immer ausreichend Ecstasy und Koks vorrätig hatte. Als er Pavel zum ersten Mal küsste, war Kai-Uwe vierzig und auf dem Zenit seines Erfolgs angelangt. Ein paar Wochen später wurde bei ihm HIV diagnostiziert, und alle vermeintlichen Freunde ließen Kai-Uwe fallen. Außer Pavel. Es war Liebe, nicht Mitleid. Gemeinsam durchlitten sie sämtliche Therapien und Krankheitsstadien, reisten um die halbe Welt, um Experten, Heiler, Schamanen und leider auch Scharlatane zu konsultieren.

Um Pavel abzusichern, aber wohl auch aus Dankbarkeit, kaufte Kai-Uwe ein Café von seinen Ersparnissen, das eine beliebte Bar wurde. Sie nannten es *Müllers Büro*, weil sie den Film mit Barbara Rudnik so liebten und ihn mindestens 96-mal auf Video, später dann doppelt so oft auf DVD gesehen hatten und Dialoge und Songs fast auswendig kannten. Schließlich heirateten Pavel und Kai-Uwe in Amsterdam. Ein Jahr später starb Kai-Uwe, und Pavel übernahm *Müllers Büro*. Doch obwohl ihm der Laden jetzt offiziell gehört, will Pavel immer nur der Kellner bleiben. Für ihn bleibt Kai-Uwe der Chef und ist allgegenwärtig.

Pavel ist mit Abstand der liebenswerteste Kellner, den ich kenne, und natürlich kann ich ihm nicht böse sein, selbst wenn er bissig und zickig ist, Gift und Galle spuckt. Wenn er uns Frauen den Spiegel vorhält und sein nervig-tuntiges Gehabe dabei maßlos übertreibt. Selbst wenn er mich für eine verzweifelte und bemitleidenswerte Schrulle hält, die dankbar sein muss, wenn sich überhaupt noch ein Mann nach ihr umdreht, egal aus welchem Grund. Jeden anderen würde ich über Toni wegen übler Nachrede oder Verleumdung vor Gericht zerren lassen, um meinen Ruf und meine Ehre zu verteidigen. Pavel nicht. Er darf das. Pavel ist eine von uns.

Aber deshalb hat er noch lange nicht recht. Denn so nötig habe ich es auch wieder nicht, dass ich jeden Typen ranlasse, der mich anbaggert, aus Angst, keinen mehr abzukriegen. Nur weil er knackig ist, gut aussieht und meine Nummer will, muss ich ihm nicht gleich hinterherhecheln. So verzweifelt, wie Pavel glaubt, bin ich echt nicht! Ich brauche keinen Mann, um glücklich zu sein! Im Gegenteil: Ohne Mann ist das Leben sehr viel einfacher. Ich muss für niemanden mehr kochen, Wäsche waschen, bin niemandem Rechenschaft schuldig und niemand mir. Keine Lügen, keine Verletzungen, kein Gewissen. Und das bisschen Sex wird auch überbewertet.

Gut, Paul Andresen ist nett, hat eine tolle Stimme und sogar Abitur, aber erstens gebe ich Ursel recht: Wo ist der Haken? Und zweitens hab' ich genug von dem ganzen Beziehungskram. Ob mit oder ohne Gefühl, mit oder ohne Haken – mir ist das alles viel zu anstrengend, und ich fühle mich in meiner inneren Ruhe und Ausgeglichenheit gestört, die ich jetzt endlich nach meiner Trennung wiedergefunden habe. Ich brauche das alles nicht.

Später an diesem Abend stehe ich in der Küche und hadere mit einer Heißhungerattacke. Es ist nach zehn, und ich weiß, dass es jetzt für Körper und Geist richtig gut wäre, nichts mehr zu essen. Und dabei esse ich wirklich gerne und gut. Aber weil ich mich heute von Besprechungskeksen, Kaffee und Wasser ernährt habe, will ich's nun dabei belassen und gönne mir allenfalls ein Glas Rotwein vor dem Schlafengehen. Gerade, als ich siegreich die Küche verlassen will, stürzt Greta herein, die völlig ausgehungert nach Hause kommt und den Inhalt des Kühlschranks inspiziert.

«Seit Stunden träume ich von Spaghetti carbonara», stöhnt sie, und dieser eine Satz genügt, mich davon zu überzeugen, dass es absolut unsozial wäre, mein Kind zu dieser späten Stunde allein essen zu lassen. Also machen wir uns Pasta mit Salat, und ganz nebenbei erzähle ich Greta beim Zwiebelschneiden von dem Diavortrag, den zu meiner großen Überraschung ein Lehrer ihrer Schule gehalten hat.

«Kennst du diesen … Paul Andresen?», frage ich beiläufig.

«Paul! Ach, der ist nur Referendar, Mama. Keine große Nummer, aber ganz okay. Hab' ihn neulich auf 'ner Party getroffen.»

Ich horche auf und lasse die Mutter raushängen.

«Wie, *ganz okay* und *auf 'ner Party*? Er ist dein Referendar und damit so eine Art Lehrer, und so was wie dein … dein … Chef. Den kannst du nicht einfach duzen.»

Greta schaut mich mitleidig an. «Mama, der ist kaum älter als ich.»

«Eben! … Wie alt ist er denn?» Warum frage ich das überhaupt? Ist doch völlig wurscht, wie alt er ist. Kann mir doch so was von egal sein!

«Ich glaub' zweiunddreißig, oder so. Weiß nicht genau.»

Dachte ich's mir doch. Schönes Alter für mich, aber zu alt für Greta.

«Na bitte, dann ist er vierzehn Jahre älter als du.»

Greta nascht eine Tomate.

«Und? Fast alle Mädels aus der Oberstufe stehen auf ihn.» Ach so einer ist er, denke ich. Er macht den Mädels schöne Augen und Hoffnungen. Hauptsache, er lässt die Finger bei sich.

«Und läuft da was? Ich meine, was sagt die Gerüchteküche?»

Entrüstet schaut Greta mich an. «Nein! Natürlich nicht! Was denkst du denn?!»

«Keine Ahnung, wenn alle auf ihn stehen und er so toll ist. Was ist mit dir?» Mit Schwung drehe ich die Salatschleuder. Greta verzieht das Gesicht.

«Sicher nicht. Der ist mir zu ... zu langweilig. Eher so dein Typ.»

Der Salat schleudert aus.

«Willst du damit sagen, ich stehe auf Langweiler?»

Greta grinst. «Na ja, schau dir Papa doch an.»

Ich öffne die Salatschleuder und bewerfe meine Tochter mit Feldsalat, den sie geistesgegenwärtig auffängt und isst.

«Das werde ich ihm sagen, sollte er sich je wieder bei mir blicken lassen», lache ich. «Es wird ihn hart treffen, dass sein Liebling so über ihn denkt.»

«Hoffentlich! Papa wird noch bereuen, dass er uns betrogen hat.» Ich nehme Gretas Worte wohlwollend zur Kenntnis und drapiere den Salat auf einem großen Teller, während sie die Pasta abgießt.

«Mal ehrlich, Mama. Du hast doch Paul schon im Abi-Ball-Komitee kennengelernt, oder? Hat er mir jedenfalls in der Schule erzählt.»

Mist! Ich rühre wild das Dressing zusammen und beginne mit der Komödie.

«Ja, stimmt. Klar! Hab' ich ganz vergessen», lüge ich. «Da war er ja eher unscheinbar. Hat nicht so viel gesagt.» Ich gebe mich völlig gleichgültig und schmecke das Dressing ab. «Hier, probier mal!»

Greta tunkt ihren Zeigefinger in die Salatsauce und leckt den Finger ab. «Etwas mehr Zitrone», rät sie und stichelt sofort weiter. «Er fand dich ganz sympathisch.»

«Was?! Der kennt mich doch gar nicht.»

«Ja und? Jedenfalls hab' ich ihm erzählt, dass du und Papa getrennt seid.» Mir fällt der Löffel ins Dressing.

«Du hast was?! Das geht den doch gar nichts an!»

«Ja, ich weiß, aber das kam halt so im Gespräch irgendwie. Er ist auch 'n Scheidungskind.»

«Na toll, dann könnt ihr ja 'ne Selbsthilfegruppe gründen. Aber was hab' *ich* damit zu tun?»

Greta hält die Pastazange in die Luft und zeigt damit auf mich. «Ich glaube, Paul steht auf dich.»

Ich fühle mich ertappt, halte inne und überlege einen Mini-Moment, was ich sagen soll, ohne verdächtig zu wirken. Schließlich winke ich lässig ab.

«Quatsch. Ich bin doch viel zu alt für ihn.»

Greta schaut mich prüfend an, zögert kurz und nickt.

«Genau das hab' ich mir auch schon gedacht», grinst sie.

7

WIE GESAGT – ich esse gern. Und gerne auch Fleisch. Fisch auch, aber lieber Fleisch. Gutes Fleisch, lecker zubereitet, wie ein über Holzkohle gegrilltes T-Bone-Steak, nur mit Pfeffer und Meersalz aus der Mühle gewürzt. Medium. Nicht blutig, dazu ein frischer, knackiger Salat. Oder ein rheinischer Sauerbraten, der zerfällt, wenn man ihn anschneidet, mit Klößen und Rotkohl.

Ich stehe dazu.

Schon als Kind war ich bitter enttäuscht, wenn mir meine Mutter statt des erwarteten Wurstbrotes ein pappiges Käsebrot in die Brotbüchse gelegt hatte. Da half auch kein saures Gürkchen zwischen den Scheiben. Ich hatte dann im Unterricht das Gefühl, nicht vernünftig denken zu können, denn mein Vater war immer der Meinung: Nur wer gut isst, kann auch gut denken. So konnte ich am Ende des Schuljahres die suboptimalen Noten immer auf meine Mutter schieben, die suboptimale Käsebrote schmierte. Mein Vater schimpfte dennoch mit mir. Aber auch mit meiner Mutter.

Ich gehe jeder Diskussion zum Thema *Fleisch* aus dem Weg, weil ich mich nicht rechtfertigen müssen will. Ich kann alle Argumente der Vegetarier nachvollziehen – moralische, ökologische, ökonomische, gesundheitliche. Und dennoch esse ich Fleisch und Wurst gerne. Dabei achte ich natürlich auf Gütesiegel, frage den Metzger meines Vertrauens nach der Herkunft des Tieres, und manchmal sagt er mir sogar den Namen der Sau, die er am Morgen durch den Wolf gedreht hat, was mir ein wenig zu persönlich ist, aber ich esse die Sau am Ende ja auch. Was ich ablehne, sind

Kalb und Lamm, schon gar nicht Stuben-Küken. Und ich hüte mich nach den unzähligen Gammel- und Pferdefleisch-Skandalen vor rot markierten Sonderangeboten im Supermarkt. Ganz zu schweigen von den vielen antibiotikaresistenten Keimen, die angeblich überall im Fleischregal lauern.

Fleisch ist die neue Zigarette habe ich neulich im Radio gehört. Man stelle sich die Menschen vor, wie sie bibbernd vor Kälte im Winter vor den Bürohäusern stehen und verstohlen wie Ausgestoßene ihre Wurststullen auspacken und sich gegenseitig Aufschnitt anbieten. Oder wie die immer gleichen Kollegen sich ihre Dosis erbetteln: *«Kann ich mir mal 'ne Cabanossi schnorren?»* Oder wie auf Flughäfen Fleischesser zusammengepfercht in Glasboxen stehen und auf engstem Raum Bratwurst und Schnitzel essen müssen. Danach stinken sie so sehr nach Bratfett, dass sich ihre Mitmenschen angewidert abwenden und hinter vorgehaltener Hand ihren Kindern erklären: «So riecht man, wenn man Fleisch isst. Das ist pfui und macht krank!» Absolut tabu und völlig ausgeschlossen ist die Wiener im Zug. Wenn er Glück hat, wird der unbedarfte Wurstesser freundlich, aber entschieden vom Schaffner darauf aufmerksam gemacht, dass dies eine wurstfreie Zone ist. Gefährlicher wird es, wenn militante Nichtwurstesser im Abteil mit Gewalt drohen, weil sie als Passiv-Mitesser keinen frühen Tod sterben wollen. Dann doch lieber auf Fleischersatzprodukte umsteigen?

Von Tofu hab ich keine Ahnung, außer, dass es ein mit Gips gebundenes Soja-Abfallprodukt ist, das von Vegetariern irgendwie zu Fleischersatz verarbeitet und in der asiatischen Küche unter Zusatz von Glutamat und anderen Geschmacksverstärkern verwendet wird. Zugegebenermaßen gefährliches Halbwissen, das ich aber nie vertiefen wollte, denn Tofu hat für mich nichts Verlockendes. Ich koche nicht mit Tofu und wüsste auch gar nicht, wie. Bislang hat dieses Soja-Gipsprodukt in meinem Leben keine Rolle gespielt.

Bis heute, denn heute ist Samstag. Tofu-Date-Samstag. Heute Morgen hatte ich noch keine Ahnung, dass dieser Tag mein Leben verändern wird. In vielerlei Hinsicht.

Gestern bekam ich einen Anruf von *The Voice* Paul Andresen. Mitten in einer Teambesprechung. Ich sah seine Nummer auf dem Display, die ich noch am Abend unseres ersten Kennenlernens in mein Handy eingespeichert hatte, um sie bloß nicht zu verlieren, weil ich gerne mal lose herumliegende Zettel mit Telefonnummern verschlampe. Ich sah also seine Nummer und ging tatsächlich ran, was ich während einer Besprechung sonst nie mache, wenn es nicht von äußerster Dringlichkeit ist. Also wenn zum Beispiel mein Auto abgeschleppt wird oder Greta im Krankenhaus liegt oder jemand in meine Wohnung einbricht. (Diese Reihenfolge unterliegt keinerlei Wertung.) Ich nahm das Gespräch an und verließ für ein paar Minuten die Sitzung, wobei ich mit großer Geste so tat, als handelte es sich um einen absolut immens wichtigen Anruf von höchster Bedeutung, bei dem es um Leben und Tod ging. Irgendwie war es ja auch so, nur dass sich jetzt nicht gerade der Papst oder Ban Ki-moon am anderen Ende der Leitung befanden. Immerhin ging es um mein Leben, denn wenn das Abi-Ball-Catering schlecht ist, habe ich vermutlich eine Sammelklage auf Schadensersatz verärgerter Abiturienten, Eltern und Lehrer am Hals. Das möchte niemand.

Paul Andresen nannte mir Uhrzeit und Adresse unseres Testessens, und schon der bloße Klang seiner Stimme löste Hitzewallungen in mir aus. Vielleicht lag das aber auch nur an der Heizung, auf der ich saß. Ich gab vor, ein paar Abendtermine verschieben und absagen zu müssen, und verabredete mich schließlich mit dem Französischreferendar meiner Tochter um 20 Uhr in einer … Imbissbude. Zurück in meiner Besprechung, musste ich nicht mal lügen, als ich erklärte, es gehe um einen hippen neuen Geheimtipp-Caterer.

Da es sich quasi um eine Art Arbeitsessen handelt, das in ungezwungener Atmosphäre mehr oder weniger in einer Pommesbude stattfindet, sind meine Vorbereitungen auf den Termin entsprechend: Am Nachmittag wachse, peele und salbe ich sämtliche Körperstellen, lackiere sämtliche Nägel und überfärbe sämtliche grauen Haare, um für den Fall der Fälle auf alles vorbereitet zu sein. Man weiß nie, was kommt, und ich bin lieber vorher gut vorbereitet – worauf auch immer – als nachher zu bereuen. Allzu gerne würde ich mich noch schnell einem Lidlifting und einer kleinen Fettabsaugung an Bauch, Oberschenkeln und Knien unterziehen, aber das würde dann wohl doch den Rahmen sprengen.

Ich wähle Jeans und ein lässiges marineblaues Shirt, dazu Sneaker. Meine Oma hat immer gesagt: *Dunkelblau passt zu jeder Gelegenheit*. Erst recht zu einem Arbeitsessen, denke ich. Kein großes Ding. Ich mustere mich souverän vor dem Spiegel und bin zufrieden. Motivierend nicke ich mir zu, bereit für die Begegnung mit einem Mann in einer Pommesbude, der vierzehn Jahre jünger ist als ich und der offenbar Interesse an mir hat. Ich bin tatsächlich aufgeregt, weil ich ewig keine Verabredung mit einem gutaussehenden Mann hatte und keine Ahnung habe, was mich außer einer Tofu-Verkostung heute Abend erwartet, und weil diese Aufregung ein Gefühl in mir auslöst, das ich schon lange nicht mehr hatte. Bauchkribbeln.

Ich komme zu früh. Ich komme sonst nie zu früh und wundere mich über mich selbst. Es muss an der Ampelschaltung liegen. Langsam fahre ich an der angegebenen Adresse vorbei und bin irritiert. *Restaurant Mille Fleurs – Internationale Küche* steht da über der Tür. Kann nicht sein. Die Rede war von einem Imbiss. Zudem hängt ein Schild an der Tür *Heute geschlossene Gesellschaft*. Das kann es also definitiv nicht sein. Aber die Adresse stimmt. Also parke ich ein paar Straßen weiter, um mich in der Nachbarschaft nach einem entsprechenden Imbiss umzusehen. Bevor ich aussteige, checke ich mein Spiegelbild und ziehe den Lippenstift nach – natürlich kussfest, weil damit die Farbe beim Essen weder verschmiert noch mitgegessen wird. Nur deshalb habe ich den Kussfesten gewählt. Das Bauchkribbeln wird stärker.

Ich steige aus und ärgere mich mal wieder über die nicht funktionierende Fernbedienung meiner Zentralverriegelung. Ich habe versucht, sie nach zwei Jahren endlich reparieren zu lassen, während der Wagen wegen des Auffahrunfalls in der Werkstatt war. Das Auto sieht nun besser aus als vor dem Unfall. Die Versicherung des Auffahrers hat anstandslos alles gezahlt, nur leider nicht die Fernbedienung meiner Zentralverriegelung. Aber es war einen Versuch wert.

Ich gehe die Straße entlang und blicke in die Schaufenster der kleinen Läden. Ein Schuhmachermeister, eine Bäckerei, ein arabischer Tante-Emma-Laden und ein vietnamesischer Obst- und Gemüseladen. Sogar ein Puppendoktor ist auf der anderen Straßenseite. Mir gefällt die Gegend hier im Osten der Stadt, wo die Mieten noch erschwinglich sind und Studenten, Ausländer, Rentner und junge Familien Tür an Tür wohnen, ohne sich gegenseitig das Leben schwer zu machen. Aber weit und breit keine Imbissbude, die auf Tofuwurst spezialisiert ist.

Schließlich stehe ich unschlüssig vor dem *Mille Fleurs*. Von außen ist kaum Licht zu sehen. Wenn da eine geschlossene Gesellschaft drin ist, müssen die im Dunkeln Versteck spielen. Nein, es sieht so aus, als habe mir Paul Andresen die falsche Adresse gegeben. Sauer über seine Unzuverlässigkeit, bin ich unschlüssig, ob ich noch warten oder gehen soll. Nur worauf warten?

Mein Magen knurrt, und wenn ich Hunger habe, werde ich ungnädig. Während ich mein Handy aus der Tasche krame, um zu schauen, ob Monsieur Andresen mir vielleicht eine Nachricht geschickt hat, spüre ich, wie mein Ärger sich im Bauch immer weiter ausbreitet, Raum einnimmt und das schöne Kribbeln verdrängt. Ich schnaube durch die Nase, als ich im Augenwinkel eine Bewegung in dem Restaurant sehe. Ich gehe zurück und drücke die Klinke. Die Tür geht auf. Unsicher betrete ich das Restaurant, und meine Wut im Bauch wird abgelöst durch ein Gefühl der Anspannung und Neugier. Was läuft hier?

«Hallo, Frau Odermann, wieso kommen Sie nicht rein?», höre ich Paul Andresens Stimme neben mir. Ich wende mich zur Seite und schaue in sein offenes und strahlendes, unbehaartes Gesicht. Der Dreitagebart ist ab. Schade! Hat er sich etwa für mich rasiert? Wahrscheinlich war die Rasur turnusmäßig einfach dran. Oder er hatte einen Termin beim Schulleiter. Oder seine Eltern kamen zu Besuch. Oder vielleicht doch für mich?

«Schön, dass Sie's geschafft haben.»

Ja, das finde ich auch, denke ich, sage aber nichts. Was ist nur los? Ich stehe stumm da, nicke und lächele ihn an in der Hoffnung, dass er weiterredet, damit ich seine Stimme hören kann und er meinen Aussetzer überspielt. Ich fühle mich wie bei meinem ersten Date mit dreizehn in einer Eisdiele, wo ich den Mund hielt, um meine Zahnspange zu verbergen. Paul Andresen erwidert zwar mein Lächeln, schweigt nun aber auch.

Verlegen stehen wir da, in einem halbdunklen Restaurant ohne Gäste und schauen uns an. Er trägt Jeans und ein schwarzes Hemd, dessen obere Knöpfe lässig aufgeknöpft sind und das ihm ziemlich gut steht. Schwarz geht auch immer, denke ich, besonders bei blonden Männern. Dieser Typ bringt mich total aus der Fassung. Ich bin unsicher, irritiert, aufgeregt – keine Ahnung, was ich bin, aber es macht mich stumm. Und das ist gar nicht gut, denn aus dieser lächelnden Sprachlosigkeit wird ein hilfloser, unkontrollierbarer Redeschwall.

«Hallo, Herr Andresen. Ja, es war alles etwas stressig heute. Aber jetzt bin ich ja da, und das ist auch gut so, denn wir treffen uns ja hier nicht zum Spaß, weil, der Abi-Ball ist sehr wichtig, und das hier muss wirklich gut werden, sonst …» Stopp!

Immer wenn ich unsicher bin oder mein Gegenüber nicht einschätzen kann, rede ich. Zu viel. Das ist nicht sehr lässig, aber ich kann es nicht steuern, obwohl es mir absolut bewusst ist. Ich fühle mich, als ob ich neben mir stehe und mir selbst beim Quatschen zusehe, was mein quatschendes Ich animiert, noch mehr zu quatschen. Grausam wie eine Lawine, die kaum aufzuhalten ist. Weiter!

«… und sogar noch halbwegs pünktlich, aber ich kann Ihnen sagen … fast hätte ich es nicht geschafft. Ein Termin hat den nächsten gejagt, und erst dann …»

«Kommen Sie!» Gott sei Dank! Endlich unterbricht er mich! Ich schweige augenblicklich und hole tief Luft. Paul Andresen legt seine Hand sanft auf meine untere Rückenpartie und führt mich mit leichtem Druck durch den Gastraum, was in meiner Lendenwirbelgegend Gänsehaut auslöst.

«Dann sollten wir den Abend langsam angehen lassen.»

Wir gehen durch eine Hintertür hinaus in den Hof, der mit einer Leine bespannt ist, an der bunte Lampions hängen. In der Mitte steht ein aufgemotzter und mit viel Liebe restaurierter großer amerikanischer Imbisswagen aus den 50er Jahren in Hellblau und Beige. Seine blank polierten Chromteile blitzen und spiegeln die bunten Lichter. Er ist wunderschön. Ich bin beeindruckt. Mit offenem Mund gehe ich um das Schmuckstück herum, fahre mit der Hand über den Lack und bewundere jeden Zentimeter.

«Unglaublich!», staune ich. Jetzt erst bemerke ich den Mann in dem Imbisswagen. Er trägt ein rot-weiß kariertes Geschirrtuch lässig über der Schulter seiner weißen hochgeschlossenen Kochjacke und strahlt mich an.

«Frau Odermann, stimmt's? Willkommen in *Harry's Diner.*» Sein ansteckendes Lachen legt die Sicht auf eine große Zahnlücke zwischen den oberen Schneidezähnen frei.

«Hallo», ich lache automatisch zurück. «Dann sind Sie vermutlich Harry.»

«Jep!» Er nickt und ist mächtig stolz auf seinen prächtigen Wagen. «Gut kombiniert. Schön, dass Sie da sind. Der Paul hat ja nur Gutes erzählt.» Dabei zwinkert Harry mir übertrieben zu.

«Soso, hat der Paul das?» Was Blöderes fällt mir gerade nicht ein. Verliebt schaut Paul den Imbisswagen an.

«Harry und ich haben das gute Stück vor ein paar Jahren ersteigert und renoviert. Stand jahrzehntelang in der Lagerhalle einer US-Kaserne.»

Harry ist knapp vierzig, hat schütteres Haar, strahlend blaue Augen, und sein Gesicht besteht fast nur aus Lachfalten. Er erinnert mich an den großartigen Schauspieler Robin Williams, der immer, wenn er lachte, gleichzeitig tragisch aussah. Ich mag Harry sofort. Er gehört zu der Sorte Mann, die mir schlechte Witze, aber Boden unter den Füßen geben. Harry ist charmant, ehrlich und hilfsbereit, offen und geradlinig. Typen wie Harry müssen nicht schön sein, auch nicht besonders klug. Harrys geben ein gutes Gefühl. Jeder, der einen Harry zum Freund hat, kann sich glücklich schätzen. Ich bin froh, dass er da ist und dass er Paul Andresens Freund ist, der in mir einiges durcheinanderbringt.

Vor dem Wagen stehen kleine Bistro-Tische mit Stühlen und hohe Stehtische mit Hockern, dazwischen Pflanzenkübel mit Kräutern und Wildblumen. Außerdem eine Sitzecke mit echtem Diner-Mobiliar. Der Tisch ist für zwei Personen eingedeckt.

«Wo sind denn die anderen Gäste?», frage ich und schaue mich um.

Harry und Paul wechseln einen verschwörerischen Blick und grinsen. Harry zieht das Geschirrtuch von der Schulter und beugt sich zu mir.

«Wir sind ganz allein», flüstert er. Sein Gesicht wirkt dabei etwas unheimlich.

«Klingt beängstigend», gebe ich zu.

Paul Andresen beruhigt mich. «Keine Sorge. Was Harry sagen will, ist, dass er sich ganz auf dieses Testessen konzentrieren möchte und deshalb die Restaurantküche heute geschlossen bleibt.»

«Oh, ich will nicht schuld sein, wenn Ihr Restaurant pleitegeht, nur weil ich Ihre Tofuwurst kosten soll.»

«Nicht nur meine Tofuwurst, hoffe ich, Gnädigste.» Harry zieht eine Augenbraue hoch und grinst unverschämt.

Na großartig! Pubertistenhumor von erwachsenen Männern. Kann peinlich sein, muss es aber nicht. In diesem Fall gibt es Harry etwas Jungenhaftes, und ich verzeihe ihm den kleinen Ausrutscher sofort. Paul Andresen geht dazwischen. Ist das etwa ein Anflug von Eifersucht?

«Der Laden ist sowieso bald pleite, wenn du nicht langsam in die Pötte kommst.»

«Alles klar, Chef!» Harry steht kurz stramm, dann macht er sich ans Werk. Paul Andresen führt mich zu dem eingedeckten Tisch. Wir setzen uns. Er zündet die Kerzen an. Linkshänder.

Ich muss schmunzeln. Er scheint's echt drauf anzulegen.

«Is' das nicht ein bisschen zu dick für ein Testessen?»

«Hab' ich auch zu Harry gesagt. Aber er wollte unbedingt alles perfekt machen. Seine Idee.» Ja klar, wer's glaubt.

«Ich vermute, Harry und Sie sind seit frühester Jugend Freunde?», frage ich, um irgendwas zu sagen.

Paul Andresen nickt. «Er ist mein ältester und bester Freund. Eine Art großer Bruder, von dem ich viel gelernt habe.» Dabei schaut er sentimental zu Harry rüber und hat plötzlich ganz weiche Gesichtszüge. Männerfreundschaften – intensiv, treu, vielsagend, ohne große Worte. Faszinierend.

«Wir haben mal in einer WG gewohnt.»

«Und er hat vermutlich gekocht.»

«Sehr scharfsinnig!. Was möchten Sie trinken?»

Ich entscheide mich für alkoholfreies Bier, um einen klaren Kopf zu behalten, denn ich habe nicht vor, heute Abend irgendwas mit Paul Andresen anzufangen – aber ausschließen würde ich es auch nicht unbedingt. Schließlich bin ich auf alles vorbereitet. Er entscheidet sich für Bier und holt die Getränke selbst, um Harry, der in seinem Wagen brutzelt, nicht zu stören.

Währenddessen knete ich nervös meine Hände und lege mir die nächsten Gesprächsthemen zurecht, um unangenehme Schweigemomente zu vermeiden. Dabei wird mir wieder bewusst, dass ich zum Testessen hier bin und sonst nichts. Alles Weitere läuft unter der Rubrik Smalltalk, und da fallen mir nur zwei Themen ein: Abi-Ball und Feuerland. Fehlt nur noch, dass ich mir Stichwortnotizen mache. Was ist nur los mit mir, der ungekrönten Meisterin des Smalltalks? Wo ist mein lockeres Mundwerk? Wieso kann ich mit Harry, den ich noch weniger kenne als Paul Andresen, einfach drauflosquatschen, aber nicht mit ihm? Er kommt zurück, und ich werde wieder nervös.

«Wie … Ich meine, wie oft waren Sie denn in Südamerika?» Fange ich jetzt auch noch an zu stottern?

Statt zu antworten, hält er mir sein Bier hin und schaut mich auffordernd an.

«Wollen wir nicht *Du* sagen? Das macht die Dinge etwas unkomplizierter.»

Die Dinge? Welche Dinge? Und müsste ich als Ältere nicht ihm das Du anbieten? Spielt das heutzutage überhaupt noch eine Rolle? Wieso reagiere ich jetzt so? Schließlich bin *ich* es, die jedes Mal zusammenzuckt, wenn sie von den Freunden ihrer Tochter gesiezt wird. Klar, das hat etwas mit Respekt zu tun, aber was ist mit Anerkennung? Was will ich von Paul Andresen überhaupt? Was will er von mir? Und was passiert hier gerade? Aber ehe ich meine Gedanken zu Ende sortieren kann, lächele ich und stoße mit ihm an.

«Vera.»

«Paul.»

Während unsere Flaschen aneinanderklirren und Paul mich mit festem Blick fixiert, kann ich gar nicht anders, als ihm ebenfalls starr in die Augen zu schauen, und spüre dabei eine ausgeprägte warme Welle durch meinen Körper wandern. Was passiert hier? Bevor der Moment kippt und peinlich wird, kommt Harry dazu und stößt ebenfalls mit uns an.

«Harry.» Und dann haut er tatsächlich diesen Pubertisten-Spruch raus, den ich seit meiner Schulzeit nicht mehr gehört habe, und freut sich diebisch.

«Flaschen und Frauen stößt man immer unten.» Dabei klopft er Paul kumpelhaft auf die Schulter. Ich verschlucke mich und pruste das Bier gleichzeitig aus Nase und Mund. Sehr unangenehm! Auch für Paul, den ich dabei anspucke. Er klopft mir auf den Rücken, reicht mir eine Serviette und schüttelt den Kopf.

«Tut mir leid, Harrys Intellekt ist auf dem Niveau eines Vierzehnjährigen.»

«Aber ich koche besser», grinst Harry und lässt seine Zahnlücke blitzen.

In den nächsten zwei Stunden analysiert Paul mich und mein Essverhalten, während sein Freund Harry uns eine Auswahl an Speisen kredenzt, die meine Erwartungen übertreffen und meine Geschmacksnerven positiv überraschen, teilweise sogar explodieren lassen. Harry nennt es Flexi-Food, und irgendwie ist es das auch.

Zugegeben, ich habe fades Öko-Food und langweiligen Fleischersatz erwartet. Aber weil ich hungrig bin und mir das Essen seit dem Frühstück verkniffen habe wie Scarlett Johansson bei der Oscar-Verleihung, probiere ich alles und teste mich ungeniert mit zunehmendem Genuss durch Veggi- und Bio-Burger, Bio-Steak und -Döner, Currywurst in verschiedenen Varianten mit Bio-Fleisch, ganz ohne Fleisch, aus Tempeh und Tofu, gekocht und gebraten, frittierte Seitan-Nuggets, außerdem Tofu-Salat, Tofu geräuchert, süß, sauer, süß-sauer und dazu bunte Salate, grüne Salate, rote Salate, gegrilltes Gemüse, rohes Gemüse, mariniertes Gemüse und zum Abschluss Kirsch-Crumble, Aprikosen-Tofu-Schaum, laktosefreie Schoko-Tarte, veganes Eis und Espresso. Und das alles mit gutem Gewissen.

Trotz der kleinen Portionen bin ich pappsatt. Ich muss zugeben, selten so abwechslungsreich, gut und dazu gesund gegessen zu haben, inklusive Völlegefühl und positiver Ökobilanz. Es hat sich gelohnt. Nicht nur wegen des Essens. Ich lerne auch viel über Paul Andresen, der mit geschlossenem Mund isst, nicht schlingt, nicht schmatzt und Messer und Gabel nicht wie Schraubendreher und Zange einsetzt, der nicht spuckt, wenn er isst und gleichzeitig redet, der gerade sitzt und nicht über dem Teller hängt.

Nein, ich bin weder pedantisch noch kleinkariert, sondern ich mag ganz einfach Menschen, die bei Tisch unkompliziert sind. Für jeden potenziellen Beziehungspartner – jetzt mal rein hypothetisch – sollte es doch wichtig sein, gern angeschaut zu werden und vorzeigbar zu sein. Und wenn in einem frühen Stadium bereits Defizite erkennbar sind, ist abzuwägen, ob der mögliche Partner Optimierungspotenzial hat oder die Anstrengung nicht lohnt. Problematisch wird es nur, wenn an dem Mann, der einem gegenübersitzt, nichts auszusetzen ist. Das kann bedeuten, dass er entweder perfekt ist oder dass es einen schon erwischt hat, was jede Objektivität unmöglich macht. Beides schließe ich zum jetzigen Zeitpunkt absolut aus.

Obwohl wir hauptsächlich über Ernährung, Lebensmittel und ihre Zubereitung reden, unterhalte ich mich wirklich gut. Ich rede, höre, lerne und staune, was Paul wiederum freut. Er ist ein absolut angenehmer Gesprächspartner, der nicht nur zuhören kann, sondern auch auf das Gesagte eingeht und selbst Fragen stellt, was heute nur noch selten der Fall ist, weil sich jeder immer selbst gerne darstellen möchte. Paul geht allerdings noch etwas weiter, denn als es um mein Essverhalten geht, wird er plötzlich persönlich – zumindest kommt es mir so vor.

Mein Essverhalten ist seit frühester Kindheit traditionell sozialisiert. Kohlenhydrate, Eierspeisen, Gemüse, Salat, Fleisch mit zunehmender Tendenz zu Fisch und Grünzeug. Seit Greta erwachsen ist, zumindest auf dem Papier, und ich keinen Mann mehr bekochen muss, ernähre ich mich bewusst bewusster. Es liegt wohl irgendwie auch an Alter, Stoffwechsel und verändertem Hormonhaushalt und, wie Paul betont, auch am Lifestyle. Gut, ich verschließe sicher nicht die Augen vor dem aktuellen Zeitgeist, aber es nervt mich, dass immer alles kategorisiert und in Schubladen gesteckt werden muss.

Und nun kommt dieser Paul daher und nennt mich einen Flexitarier. Einfach so.

«Klingt gefährlich und nicht sehr schmeichelhaft», wende ich ein, denn ich weiß nicht, wie ich das finden soll.

«Muss es nicht. Du gehörst zu einer Konsumgruppe, die zunehmend Fleisch ablehnt, aber nicht komplett darauf verzichten will.» Paul legt den Kopf schief, kneift die Augen zusammen und fährt mit seinen Überlegungen fort.

«Genau genommen bist du eine typische Lohas.»

«Eine was!?», rutscht es mir heraus. Was bezweckt er nur damit, mich zu beleidigen?

«Nein, das ist was total Schickes und bedeutet ‹Lifestyles of Health and Sustainability.›» Oh bitte! Wie konnte ich nur einen Moment glauben, dieser Paul wäre ein toller Typ?

«Aha?» Ich bemühe mich, lässig und interessiert zu wirken, dabei sind mir alle Arten von Klugscheißer-Attitüden zuwider. Paul lässt den Lehrer raushängen, gepaart mit etwas Werbe-Blabla. Unerträglich. Habe ich mich in ihm getäuscht?

«Lohas», wiederhole ich abschätzig. Er nickt begeistert.

«Das Leben der Lohas ist komplett auf Gesundheit und Nachhaltigkeit ausgerichtet.»

Als Nächstes wird er mir wahrscheinlich den Aufnahmeantrag für eine neue Sekte unter die Nase halten, die, angeführt von Gwyneth Paltrow, den Welthunger durch Low-Carb-Diäten besiegen will.

«Ein typischer Lohas ist weiblich, über dreißig, gebildet und kaufkräftig.» Treffer! Das klingt schon besser. Da erkenne ich mich tatsächlich wieder, genauso wie in zwanzig anderen Konsumgruppen, auf die diese Beschreibung zutrifft.

«Dann bin ich wohl eine Lohas», hauche ich provozierend.

Paul beugt sich über den Tisch. «Und du bist zudem noch gutaussehend.»

Bäng! Getroffen! Er flirtet mit mir – eindeutiger geht es nicht. Wir schauen uns über Kerzen und Dekoblumen gebeugt einen sehr, sehr, sehr langen Moment an, bis er beginnt, sein Kinn zu befummeln, wobei ich bemerke, dass er keinen Ehering trägt, was nicht ganz unwichtig ist, mich allerdings daran erinnert, dass Sven seinen Ring sicher abgenommen hat, bevor er sich mit seinen Gespielinnen traf. Nein, nein, nein! Ganz ungünstiger Moment! Jetzt bloß nicht an Sven denken!

Ich schaue Paul tiefer in die Augen, bis ich mir fast die Haarspitzen über der Kerze ansenge und die Anspannung nicht mehr aushalte. Was mache ich denn?! Ich kann doch nicht mit dem Quasi-Vorgesetzten meiner Tochter was anfangen! Ich muss reden und drohe, mir selbst den entscheidenden Moment kaputt zu machen.

«Was wird das, Herr Andresen?»

«Ich weiß auch nicht, Frau Odermann. Sagen Sie's mir. Es passiert immer, wenn ich Ihnen begegne.»

«Was denn, Herr Andresen?»

«Dass ich ... dass Du ... dass Sie mich verwirren.»

Jetzt flüstert er wieder mit seiner sexy Stimme, und alles in mir wird hypersensibel und wachsweich. Mein Widerstand schmilzt dahin. Ich will, nein, ich muss ihn unbedingt küssen, anfassen, spüren. Irgendwas. Aber ich traue mich nicht, bin unsicher, und mein Ego versteckt sich tief in mir. Dabei sind doch die Zeichen, die er sendet, mehr als eindeutig! Mir ist heiß.

Mit einem Ruck lehne ich mich zurück.

«Tut mir leid. Ich wollte niemanden verwirren. Wir sind schließlich nicht zum Spaß hier.» Hab' ich das wirklich gerade gesagt? Ich fasse es nicht! Schnell nehme ich einen Schluck Bier, um mich abzukühlen, und höre es geradezu in mir zischen. Das kann alles nicht sein. Jetzt bin *ich* verwirrt. Wieso sollte dieser junge, gutaussehende, intelligente und nette Typ, den alle Schülerinnen anhimmeln – wieso sollte der auf mich stehen?

Paul lehnt sich auch zurück und nimmt einen Schluck Bier. Der magische Moment ist dahin.

«Ja, und … und total viele Lohas verzichten ja auch aus Diätgründen auf Fleisch. Die sind ganz einfach zu dick.»

Wie bitte? Völlig durcheinander, schaue ich ihn an. Okay, das war's, wir hatten unsere Chance. Immerhin war das Essen gut, und das Catering für den Abi-Ball ist gesichert, vorausgesetzt, Harry macht mir einen guten Preis. Ist sowieso schon spät.

«Oh Gott, hast du das jetzt auf dich bezogen? So war das doch gar nicht gemeint. Ich Idiot!»

«Quatsch, natürlich nicht», lüge ich und nehme meine Jacke. Ich verstehe selbst nicht, warum ich die Flucht ergreife. Der Abend war schön, und es hat irgendwie gefunkt. Wovor habe ich also Angst? Wieso kann ich mich nicht einfach mal fallen lassen?

Ich verabschiede mich von Harry, bedanke mich und bitte ihn, mir einen Kostenvoranschlag für 250 Personen zu machen. Er garantiert mir, dass diese Größenordnung kein Problem für ihn sei. Im Gegenzug garantiere ich ihm, dass ich über die Agentur bestimmt noch mehr für ihn tun kann, wenn er auf dem Abi-Ball einen guten Job macht. Paul bringt mich zur Tür. Er will Harry später noch beim Aufräumen helfen. Schweigend gehen wir durch das dunkle Restaurant.

«Jetzt haben wir gar nicht über Feuerland geredet», sagt er.

«Ja, schade», und das meine ich absolut ernst, denn Ursel und Bea werden mich verfluchen. Ich krame in meiner Tasche nach dem Autoschlüssel, als Paul, der mich um einen Kopf überragt, überraschend meine Schultern fasst, mich zu sich zieht und mir einen Abschiedskuss auf die Wange gibt. Dabei haucht er mir ins Ohr, was mich fast wahnsinnig macht. Ich schließe die Augen und atme schwer.

«Dann haben wir ja einen Grund, uns bald wiederzusehen.»

Unsere Gesichter sind jetzt ganz nah beieinander. Seine rasierte Wange reibt sich sanft an meiner. Ich spüre die kleinen nachwachsenden Stoppeln an meiner Haut und inhaliere eine dezente Aftershave-Note aus Bergamotte und Zitrone. Ganz leicht drängt sich sein Körper an meinen. Wir schmiegen unsere Gesichter aneinander und schließen die Augen, er reibt seine Nase sanft an meiner, ich atme schneller, mein Herz schlägt mir bis zum Hals, und wir sind kurz davor, uns zu küssen, als … lautes Topfscheppern vom Hof zu uns dröhnt, gefolgt von Harrys verzweifeltem Aufschrei.

«Scheiße!»

Wir schauen beide erschrocken Richtung Hof und müssen lachen, wobei sich unsere Körper voneinander lösen. Paul öffnet mir die Tür und küsst mich auf die andere Wange.

«Fahr nach Hause. Ich mach das hier.»

«Ja, okay. Dann … Bis dann», erwidere ich unsicher, weil ich keine Ahnung habe, was ich sagen soll und was wird. Also drehe ich mich um, gehe langsam weg und warte dabei auf ein Zeichen, ein Wort, dass er mich wiedersehen will. Irgendwas. Nichts. Erst nach zwanzig endlosen Metern höre ich seine Stimme hinter mir.

«Ich bin zwei Wochen auf Klassenfahrt. Aber dann ruf ich dich an. Okay?»

«Ja, klar», sage ich kaum hörbar und weiß nicht, ob das wirklich okay ist. Und trotzdem atme ich die klare Luft tief ein und lasse sie mein Bauchkribbeln durcheinanderwirbeln.

8

IN DEN NÄCHSTEN TAGEN fühle ich mich um dreißig Jahre zurückversetzt, wie ein verliebter Teenager. Dieser Abend mit Paul hat mich verwirrt. Ich kann ihn nicht einschätzen. Weder den Abend noch Paul. Es ging alles viel zu schnell. Sollte man nicht erst reden, ins Kino gehen, sich besser kennenlernen, bevor man schmust und sich küsst? Dabei haben wir uns ja gar nicht geküsst. Will ich das überhaupt? Warum kann ich mich nicht einfach treiben lassen, den Moment genießen, alles auf mich zukommen lassen? Aber ich traue meinem Bauchgefühl nicht und benehme mich lieber wie eine Idiotin. Eigentlich hat sich an diesem Abend doch alles gut angefühlt. Dennoch bin ich misstrauisch. Bewusst. In meinem Alter sollte ich wissen, dass ein Mann, der vierzehn Jahre jünger ist, nicht anruft, wenn er sagt, er ruft an. Wozu also starre ich ständig auf mein Handy? Ja, wieso eigentlich? Schließlich hat er gesagt, er meldet sich nach der Klassenfahrt, und die dauert noch zehn Tage. Ich sollte mir also gar keine unnötigen Gedanken machen, denn wenn er ernsthaft an mir interessiert ist, wird er sich melden. Bloß, wieso so lange warten? Braucht er die Länge einer Klassenfahrt, um darüber nachzudenken, ob er mich anrufen will? Er könnte doch auch von unterwegs aus anrufen. Seit wann haben Lehrer oder Referendare Handyverbot auf Klassenfahrten? Zumindest könnte er mir eine Nachricht schicken, dass er an mich denkt oder so. Wenn man an jemanden denkt, dann macht man doch so was. Vorausgesetzt, Paul denkt an mich. Aber vermutlich denkt er gar nicht an mich, weil ich ihm egal bin, und deshalb meldet er sich nicht. Allerdings schicke ich ihm ja auch keine Nachricht, obwohl ich ständig an ihn denke. Aber das ist auch etwas anderes, denn ich habe ja nicht gesagt, dass ich ihn anrufen werde, sondern er. Deshalb muss er den nächsten Schritt machen.

Ich werde ihm jedenfalls nicht hinterhertelefonieren. Die Erde dreht sich weiter, und ich mache wie immer mein Ding. Um meinen Kopf und meinen Bauch frei von kribbeligen Gedanken an einen Mann zu bekommen, der gerade völlig irreal und Lichtjahre entfernt zu sein scheint, brauche ich Ablenkung. Daher mache ich das Beste, was ich kann, und organisiere eine Party. Außerdem bin ich immer noch nicht geschieden, und wie's aussieht, kann das noch dauern, weil bei Gericht momentan ein Grippevirus umgeht. Toni wartet noch auf einen Termin, hat sie mir heute gesimst. Paul simst mir nichts. Leider.

Sogar meine Mitarbeiter registrieren seit dem Tofu-Date mit Paul eine Wesensveränderung an mir. Sie finden mich ungewöhnlich gut gelaunt und freundlich, was mich zu dem Schluss führt, dass ich sonst offenbar ein Drachen bin. Und weil ich so nett bin und sie so nett hinter meinem Rücken tuscheln, gebe ich ihnen Arbeit in einer Disziplin, die sie gut beherrschen. Denn in einer Sache, die vor allem Männer lieben, bin ich richtig gut und habe meine Mitarbeiter darauf eingeschworen: dem Ausrichten von zünftig deutschen Grillpartys und amerikanischen BBQs, die seit Jahren zu den Spezialitäten meiner Agentur zählen. Die schier ausufernde BBQ-Welle kommt mir da sehr entgegen, weshalb wir sogar im Winter für Grillfeste gebucht werden. Auch Vegetarier und Veganer kommen bei meinen Partys auf ihre Kosten. Und weil ich das so liebe, schmeiße ich für meine Tochter Greta und ihre Schulfreunde an ihrem allerletzten Abitur-Prüfungstag eine lockere Grillparty im Garten meiner Agentur.

Mit viel Glück und Überredungskunst habe ich vor ein paar Jahren den Zuschlag für die Büroräume im Parterre einer kleinen Jugendstilvilla erhalten. Das Haus gehört einer eleganten älteren

Dame, die in Zürich lebt und die nach anfänglicher Skepsis einen Narren an mir gefressen hat. Zuerst wollte sie keinen *Partyservice*, wie sie sich ausdrückte, in ihren schicken Räumen als Mieter haben. Dann schlug ich ihr ein persönliches Treffen vor und flog kurz entschlossen nach Zürich. Meine Hartnäckigkeit imponierte ihr. Und als sie dann auch noch erfuhr, dass ich den *Partyservice* zu einer umfassenden Service-Agentur für Veranstaltungen ausbauen wollte, um mich von meinem Mann unabhängig zu machen, biss sie an. Sie hatte ein Leben lang vom Geld ihres Mannes leben müssen, der sie ständig betrogen hatte. Ihn zu verlassen, wäre für sie der Weg in die Armut gewesen, weil sie nie etwas gelernt hatte. Bevor ich den Mietvertrag unterschreiben durfte, sollte ich ihr aber beweisen, dass ich mehr draufhatte, als Lachshäppchen zu schmieren. Ich sollte ihren 70. Geburtstag ausrichten, der für uns beide ein Fest war – ein rauschendes Gartenfest am Zürichsee. Seither sind wir befreundet und telefonieren unregelmäßig miteinander. Die Miete hat sie noch nie erhöht, mir dafür aber den einen oder anderen lukrativen Kunden vermittelt.

Erschöpft, aber unendlich erleichtert kommt Greta nach ihrer letzten Prüfung nach Hause, lässt sich müde aufs Sofa fallen und nimmt die Einladung zu ihrer eigenen Party kaum noch wahr, die ich ihr an der Wohnungstür in die Hand gedrückt habe. Mit verzögerter Reaktion springt sie in einer Hundertstelsekunde auf und mir um den Hals, um anschließend in wenigen Minuten und mit den schnellsten Fingerbewegungen aller Zeiten via Smartphone dem ganzen Abi-Jahrgang Bescheid zu sagen. Beeindruckend. Was konnte ich in dem Alter so gut und so fingerfertig? Da fällt mir nur eine Sache ein. Ich konnte einhändig Joints drehen. Natürlich nur für andere.

Für dieses Fest habe ich das Paket BBQ *mit Selbstbeteiligung* gewählt. Es besteht aus Speisen, Soft Drinks, Bier und Wein. Grillen müssen die Herren und Damen schon selbst. Harte Drinks und Cocktails werden von Mama nicht gesponsert, und bedient wird auch niemand. Ich halte das für ein faires Angebot. Eltern und Lehrer sind ebenfalls tabu – wofür mir alle Gäste unter zwanzig dankbar sind. Einzige Ausnahme bin natürlich ich. Ich darf und muss bleiben, schon allein, um die Villa im Blick zu behalten. Außerdem sind noch nicht alle der Abiturienten volljährig.

Der Abend läuft gut an. Viele Mitschüler von Greta bedanken sich artig bei mir – *Frau Odermann.* Weshalb ich mich jedes Mal alt fühle und es auch bin, wenn ich die hübschen Mädels beobachte, denen die Welt offensteht. Und die gutaussehenden Jungs, von denen ich mir den einen oder anderen sehr gut in zwanzig Jahren vorstellen kann. Nur dass ich dann auch zwanzig Jahre älter bin. Ach, lassen wir das.

Zwischendurch beobachte ich verliebte Pärchen, die händchenhaltend beieinanderstehen, und schweife mit meinen Gedanken ab. Immer wieder musste ich in den letzten Tagen an meinen Abend mit Paul denken, und jedes Mal habe ich dieses irre Bauchgefühl. Am liebsten würde ich ihn stündlich anrufen, um seine Stimme zu hören, oder ihn treffen, um mir meinen Kuss endlich abzuholen. Nicht das kleinste Handyzeichen hat er mir geschickt, was mich von Tag zu Tag mehr verunsichert. Je öfter ich darüber nachdenke, desto eher glaube ich, dass das alles nur eine Spielerei war. Ursel hatte ja von Anfang an Zweifel. Möglicherweise hat sie recht, und er wollte nur versuchen, seinen Charme an einer älteren Frau zu testen. Bea hält mich für eine Pessimistin. Solange nichts klar sei, solle ich auch keine falschen Schlüsse ziehen – weder in die eine, noch in die andere Richtung. Es sei schließlich noch alles drin. Und egal, wie die Sache mit Paul und mir ausgeht, in einem sind sich Bea und Ursel einig: Ich darf auf keinen Fall den Kontakt zu Paul abbrechen, weil wir doch noch Tipps und Infos über Feuerland von ihm brauchen. Wie auch immer … Ich werde ihn jedenfalls nicht anrufen. Wenn er wirklich Interesse an mir hat, soll er sich gefälligst melden.

Die Gäste trudeln ein, und ich gehe umher, begrüße Gretas Freunde und Mitschüler und halte Smalltalk über Berufswünsche. Zwischendurch lasse ich die eine oder andere Mutter grüßen, esse, trinke, beobachte und langweile mich mehr oder weniger, bis ich ein mir vertrautes Gesicht entdecke. Das darf nicht wahr sein! Ich kann es nicht glauben, schnappe mir Greta und verlange eine Erklärung.

«Keine Erwachsenen, war die Abmachung. Was macht der hier?!»

«Mama, entspann dich. Schon vergessen?», sie verzieht das Gesicht zu einer düsteren Grimasse, atmet rasselnd wie ein Kettenraucher tief ein und aus und verstellt ihre Stimme.

«Er – ist – mein – Vater.»

Ich verdrehe die Augen. «Glaub mir, keiner weiß das besser als ich.»

Greta geht ihn begrüßen, umarmt und küsst ihn, was mich doch sehr überrascht. Aber sie hat auch einen Schwips. Und, ja, sie ist seine Tochter. Aber da muss noch etwas anderes dahinterstecken, dass sie ihn eingeladen hat. Ich verstecke mich hinter einem jungen Mann, den ich vom Sehen her kenne und den ich schon immer unvorteilhaft proportioniert fand. Jetzt finde ich es sehr vorteilhaft, dass er so dick ist. Er bietet einen guten Sichtschutz, während ich Sven beobachte, der Gretas Freunde begrüßt und besonders herzlich Gretas Freundinnen. Und dann sehe ich, dass er etwas in der Hand hält. Eine Tasche, die ihm Greta sorgsam abnimmt und wegbringt. Vermutlich hat sie ihn deshalb so herzlich begrüßt. Er muss sie bestochen haben. Ansonsten hätte sie ihm doch die Tür vor der Nase zugeschlagen. Irgendwas läuft hier. Was immer in der Tasche ist – Hauptsache, nichts Hochprozentiges! Greta weiß, dass sie sich besser daran hält. Ich habe keine Lust, später die Schnapsleichen im Garten einzusammeln. Kennt man ja.

Dann sehe ich, wie Sven mit Greta tuschelt, sich beide in meine Richtung umdrehen und Greta auf mich zeigt. Ausgerechnet jetzt muss der Dicke zum Klo, und ich bin gut sichtbar. Sven winkt mir zu.

Ich rette die Situation und fische mir im Vorbeigehen zwei Bier vom Eisblock, den ich, effektvoll beleuchtet, zur Kühlung der Flaschen auf der Terrasse habe aufstellen lassen, und gehe zu Sven, der Gretas Freundinnen gerade zum Abi gratuliert. Mit dem natürlichen Lächeln einer Standardtänzerin umarme und begrüße ich meinen Ehemann und reiche ihm wohlwollend mit großer Geste ein Bier. Wir stoßen an.

«Sven, wie schön, dich wohlauf zu sehen. Was macht deine Diarrhö?»

Die Mädchen schauen uns entsetzt an. Er hasst mich.

«Vera, danke für die Einladung.» Schnell nimmt er mich zur Seite, um mir keine weitere Chance zu geben, ihn bloßzustellen.

«Deine Tochter hat dich eingeladen. Nicht ich! Von mir aus kannst du in der Hölle verrecken», säusele ich lächelnd und tätschelte dabei liebevoll seinen Arm.

«Hör mal, ich kann verstehen, wenn du sauer bist. Und es tut mir echt leid mit dem Termin. Aber mir ging es gar nicht gut an dem Morgen. Wirklich! Piet wollte mich schon in die Klinik einliefern lassen. So schlimm stand es.»

Ich nehme einen großen Schluck aus der Flasche, bevor mir die Tränen kommen.

«Wirklich so schlimm?», frage ich gespielt mitleidig. Er nickt. Ich halte diesen Schwachsinn nicht länger aus. «Du und Piet – ihr seid das Allerletzte …»

Gerade will ich weiter austeilen, da drängelt sich Greta zwischen uns und hakt sich auf beiden Seiten unter.

«Könnt ihr für heute mal das Kriegsbeil begraben? Mir zuliebe? Wenn ihr euch unbedingt zanken müsst, dann bitte woanders. Okay?» Sie schaut uns beide mit ihren großen braunen Augen an und zwingt uns, einander die Hände zu reichen. Sven nutzt den Moment und tischt mal wieder den harmoniesüchtigen und verständnisvollen Papa auf, um mich wie eine Furie vor unserer Tochter dastehen zu lassen.

«Komm schon, Vera, lass gut sein. Tun wir unserer Süßen den Gefallen.» Das macht mich noch wütender. Als ob ich schuld an allem bin. Aber so ist er: ein Tatsachenverdreher stets zu seinen Gunsten. Mir reicht's. Ich brauche Abstand.

Mein Mund ist trocken, mein Bier aber schon leer, und ich bin um eine Erfahrung reicher, denn ich hätte doch die größeren Flaschen ordern sollen statt der kleinen. Also befreie ich mich aus der Gegenwart meines Mannes, um mir ein neues Fläschchen zu holen. Damit setze ich mich an den Rand des Geschehens und beobachte das Treiben. Dann schnorre ich mir eine Zigarette vom Schülersprecher und entspanne mich langsam.

Ich gehöre zu den Gelegenheitsrauchern, die nicht rauchen müssen, aber können, wenn sie Lust dazu haben, ohne Gefahr zu laufen, immer mehr zu rauchen. Ich kann tatsächlich ohne Entzugserscheinungen Tage und Wochen nicht rauchen. Oft werde ich gefragt, warum ich dann überhaupt rauche, aber darauf gehe ich nicht ein. Ähnlich wie bei der Fleischdiskussion. Dass das Rauchen nicht gut für die ewige Jugend ist, weiß ich wohl. Aber es tut manchmal wirklich gut.

Ich verliere Sven aus den Augen, als sich ein paar leicht bekleidete Girlys bei einem Song von Falco (!) tanzend auf die Terrasse schieben und mir die Sicht versperren. Unglaublich, wie wenig Alkohol die Mädels vertragen.

Rings um den Eisblock sammeln sich immer mehr junge Menschen. Der Garten ist recht groß, aber niemand sitzt in den schicken Lounge-Möbeln, die wir letztes Jahr nach einem großen Outdoor-Event für wenig Geld übernommen haben, um den Garten mehr zu nutzen. Seither gibt es tatsächlich Meetings unterm Sonnenschirm, und das Arbeiten macht dann sogar Spaß. Jetzt ballt sich alles ums Bier und den Grill. So war das schon immer. In die kleinsten Küchen passten Unmengen an Bier, Kartoffelsalat, Baguette und Partygäste, notfalls gestapelt. Das Gegröle wird lauter, denn immer mehr Gäste versammeln sich um den Eisklotz, wo die Stimmung ausgelassen ist. Weil mein Fläschchen seltsamerweise schon wieder leer ist, habe ich einen Grund nachzusehen, was da los ist. Ich drängle mich zuerst durch die Tanzenden auf der Terrasse, danach durch die Reihen am Eisblock. Dann erst sehe ich, was da so viel Spaß verursacht. Die Wodka-Rutsche!

Irgendwie haben es ein paar Jungs geschafft, eine etwas abschüssige Rinne von einem halben Meter Länge in den Eisblock zu fräsen. An der oberen Seite steht ein Typ mit einer offenen Wodkaflasche und kippt auf Ansage langsam den Alkohol in die Rinne. Am unteren Ende der Rutsche hängt Greta wie eine Limbo-Tänzerin mit offenem Mund und lässt sich den Kartoffelschnaps unter Begleitung eines lauten, ansteigendes Ohhhhhs aus dem Publikum in die Kehle rinnen, so lange, wie die Meute den Ton halten kann. Es folgt Beifall und kreischendes Gejohle. Dann wechseln die Teams. Ich überlege kurz, ob ich mir zuerst Sven, der vermutlich den Schnaps angeschleppt hat, oder Greta vorknöpfen soll, als mich links und rechts Hände packen und nach vorne schieben. Greta ist auch dabei und lacht mich breit an. Sie hat offenbar großen Spaß und hing gerade vermutlich nicht zum ersten Mal unter der Wodka-Rutsche.

«Wodka! Wodka!», schreit der Mob und klatscht dazu im Takt in die Hände. Nun sehe ich, dass auch Sven nach vorn geschoben wird. Der Kreis hinter uns schließt sich, und ich ahne, dass wir aus dieser Nummer nicht mehr rauskommen. Wer sich in Gefahr begibt, kommt darin um, heißt es. Da ist was dran. Greta legt einen Arm um meine Schultern und gibt mir Instruktionen, wie ich am besten das Zeug mit dem Mund auffange. Dann schaut sie mich flehend an, als wollte sie sagen: *«Bitte verdirb mir nicht den Spaß.»* Sven wird oben an der Rutsche platziert und wartet auf das Zeichen. Er scheint, im Gegensatz zu mir, diebischen Spaß an der Sache zu haben. Also gut. Sie fordern mich heraus – das können sie haben. Ich positioniere mich, wie von Greta angeraten, unter der Rinne und öffne meinen Mund, stets darauf bedacht, das Eis nicht mit den Lippen zu berühren, um mir keinen Herpes einzufangen. Wer weiß, wer hier schon alles dran hing.

Also los. Ich hebe meinen Daumen, und Sven kippt den Wodka in die Rinne. Das Desaster nimmt seinen Lauf. Mir rinnt der eiskalte Alkohol nicht nur die Kehle herunter, sondern auch übers Kinn und in den Ausschnitt. Zum Glück stinkt Wodka nicht. Sven meint es gut mit mir und gießt ordentlich ein – zwei, drei, vier große Schlucke. Ich resigniere und mache eindeutige Handzeichen. Die Meute feiert mich und hilft mir in den Stand. Greta ist beeindruckt. Ich höre, wie jemand zu ihr sagt: «Deine Mudda is' echt cool!»

«Ich weiß», antwortet Greta stolz und wippt dabei im Takt zu den Elektro-House-Beats, die vom Laptop durch die großen Standboxen auf der Terrasse gedrückt werden. Na wenigstens etwas, denke ich und schaue zu Sven, der mich breit angrinst. Eine einzige Provokation, die nach Rache schreit!

Seitenwechsel. Der Mob tobt. Sven platziert sich. Ich setze die Flasche an und schütte langsam Wodka in die Rinne. Nichts soll verlorengehen. Wieder stimmen alle in ein melodisches Ohhhhhh wie bei einer Stadion-La-Ola ein. Sven trinkt Schluck um Schluck, bis er den Kopf wegzieht und sich schüttelt. Die Zuschauer toben vor Spaß und Alkohol. Ich mittendrin. Ich wüsste zu gerne, wie viele Flaschen Sven mitgebracht hat.

Als aus den Boxen *Saturday Night Fever* von den Bee Gees ertönt, ist kein Halten mehr, und Gretas Freunde schieben Sven und mich auf die Tanzfläche, wo wir den Wodka ordentlich im Körper verteilen. Es fühlt sich großartig an, und ich habe schon lange nicht mehr so ausgiebig getanzt. Erst recht nicht mit so vielen jungen Männern. Greta beobachtet ihren Vater und mich genau, und auch auf die Gefahr hin, dass ich peinlich sein könnte, flirte ich hemmungslos mit Gretas Schulfreunden. Diese Jungs sind noch keine zwanzig Jahre alt, und es macht großen Spaß. Ich fühle mich so lebendig wie schon lange nicht mehr.

Alex, der rothaarige Schülersprecher, den ich sogar noch aus Grundschulzeiten kenne, baggert mich eindeutig an. Seine Mutter ist ebenfalls im Abi-Komitee und war jahrelang Elternsprecherin. Er tanzt mich von der Seite an, umfasst meine Hüfte und will sich gerade im Eintakt an mich drücken, da befreit mich Sven aus dieser bizarren Situation, nimmt meine Hand und zieht mich zu sich, um mich im nächsten Moment wieder wegzuschleudern, ohne dabei meine Hand loszulassen.

Sven und ich sind ein perfektes Tanzpaar. Er hatte schon immer ein erstaunlich gutes Rhythmusgefühl. Ich gebe zu, das hatte ich vergessen.

Sven macht mir den John Travolta und spart nicht an Hüftschwüngen und Pirouetten. Es macht Spaß, mit ihm zu tanzen. Vielleicht hätten wir in unserer Ehe mehr tanzen sollen. Wir finden kein Ende. Ein Song jagt den anderen. Ich müsste Wasser trinken, um klar zu bleiben und keinen Kater zu riskieren, aber ich will auf keinen Fall aufhören zu tanzen. Der berauschende Tanz soll nie vorbeigehen. Irgendwann ist mir egal, mit wem ich tanze, solange der Beat stimmt und die Bässe durch meinen Körper wummern. Mit geschlossenen Augen und einem breiten Lachen im Gesicht lasse ich mich vom Sound der Musik über die Terrasse treiben. Bis die Musik lahmer wird und sich meine Blase meldet.

Erst allein auf dem Klo, wo alle Umgebungseinflüsse mit einem Mal verschwunden sind und ich mich völlig auf mich selbst konzentriere, fällt mir auf, wie angeschlagen ich bin. Allein den Schlüssel vernünftig umzudrehen, fällt mir schwer, weil ich mich gleichzeitig wankend daran festhalte, um nicht umzufallen, denn mein Gleichgewicht ist irgendwie aus dem Lot. Als ich endlich sitze, kann ich mich tatsächlich entspannen und schließe einen kurzen Moment die Augen.

Böser Fehler! Denn jetzt geht das Schiffschaukelgefühl los, das sich normalerweise erst im Bett bemerkbar machen sollte. Ich puste die Luft aus und konzentriere mich darauf, ein Stück Klopapier abzuwickeln. Aber ausgerechnet jetzt hängt die Rolle falsch rum, mit dem Papier an der Wand. Es gibt nur wenige Dinge, die mich rasend machen, dazu zählt das unkorrekte Aufstecken einer Klopapierrolle auf dem Abrollbügel. Der Erfinder oder die Erfinderin dieser Konstruktion hat sich doch sicher dabei etwas gedacht. Nämlich: Wie ergibt meine Erfindung am meisten Sinn? Antwort: Dann, wenn die Rolle so aufgesteckt wird, dass das Papier vorne herunterhängt und somit ganz einfach zu greifen und abzurollen ist. Es ergibt absolut keinen Sinn, den Anfang der Rolle hinten an der Wand zu suchen, dann friemelig herunterzuziehen, um am Ende nur ein mickriges Stück Papier zu ergattern. Das ist unbefriedigend und frustrierend, erst recht im alkoholisierten Zustand. Während ich den Anfang der Rolle suche, daran scheitere und die Rolle richtig herum aufstecke, beschließe ich, den Verantwortlichen fristlos zu feuern.

Als ich von der Toilette komme, erwartet mich Sven schon vor der Tür mit einem Glas Eiswasser. Genau das brauche ich jetzt. Ich nehme einen großen Schluck und habe dabei das Gefühl, als würde mich das Wasser nicht nur erfrischen, sondern auch erneuern. In mir vermischt sich der Wodka mit dem klaren, kalten Wasser, und ich würde jetzt am liebsten kopfüber in einen Bergsee springen. Sven lacht mich an, greift meine Hand und zieht mich hinter sich her in den Garten.

«Komm mit!»

Ich weiß nicht, ob ich das gut finde, aber ich weiß, dass wir ein spitzenmäßiges Tanzpaar sind, dass wir viele Jahre zusammen verbracht und sogar eine gemeinsame Tochter haben. Mit gewissen Abstrichen kann ich ihm also vertrauen.

«Was wird das?»

«Ich habe uns einen Logenplatz reserviert», flüstert er geheimnisvoll und führt mich zum Strandkorb. Dieser weiße Strandkorb mit den blau-weiß gestreiften Bezügen ist das Lieblingsstück meines Mobiliars. Sven hat ihn mir zum vierzigsten Geburtstag geschenkt, weil ich mir seit Jahren sehnlich einen Original-Strandkorb, wie man sie an Nord- und Ostsee findet, gewünscht hatte. Früher, als wir noch eine glückliche Familie waren, sind wir mit Greta so oft an die weißen Ostseestrände gefahren, dass ich mich in dieses skurrile, schwere und unhandliche, aber dennoch unendlich praktische Strandmöbel verliebt hatte. Es bietet Wind- und Sichtschutz, vor allem aber auch bei größtem Gedränge im Hochsommer bequeme Privatsphäre. Im Garten unseres gemeinsamen Hauses war der Strandkorb meine ganz persönliche Oase. Bei Wind und Wetter bot er mir Schutz vor Sonne und Regen. Und wenn im Haus dicke Luft war, konnte ich im Strandkorb unbeobachtet durchatmen.

Sven hat an alles gedacht. Wolldecke, Champagner inklusive Kühler und natürlich Gläser. Mir wird mulmig, denn ich ahne, dass da was im Busch ist.

«Was ist los?», frage ich beunruhigt. «Was willst du?»

«Setz dich!», befiehlt er und drückt mich in das Polster. Dann schenkt er uns Champagner ein, reicht mir ein Glas und setzt sich neben mich.

«Schau genau hin», sagt er und deutet auf die Tanzfläche vor uns, auf die wir einen perfekten Blick haben. Ich weiß immer noch nicht, worauf er hinauswill. Vor uns tanzen die Abiturienten. Ja und? Dann entdecke ich Greta unter ihnen. Völlig ausgelassen tanzt sie im Kreis ihrer Freunde. Lacht, reißt die Arme hoch, dreht sich und springt mit ihren Mädels kreischend auf und ab. Sven stößt mit mir an.

«Auf uns! Und auf Greta. Das haben wir doch ganz gut hinbekommen!»

«Immerhin etwas», stimme ich Sven zu. Wir trinken und beobachten unsere Tochter, der wir eine großartige und spannende Zukunft wünschen, auf die wir erneut anstoßen. Sven füllt die Gläser nach und legt dann einen Arm um mich, als sei es das Normalste von der Welt.

«Ich weiß doch, wie schnell du frierst», erklärt er sein Verhalten. Und ich merke, wie sich der Champagner peu à peu mit dem Wodka vermischt. Daher kann ich nicht genau ausmachen, ob ich seine Umarmung angenehm oder unangenehm finden soll. Vermutlich ist es mir egal. Wir beobachten unsere Tochter und scheinen die gleichen Gedanken zu teilen.

«Weißt du noch, wie klein sie bei ihrer Geburt war?», fragt mich Sven, und ich höre mich tatsächlich darauf antworten.

«Winzig. Sie war winzig und still. Aber dafür umso aufmerksamer.»

«Ich hatte solche Angst, sie zu zerquetschen, wenn sie zwischen uns im Bett lag», erinnert sich Sven und sieht dabei sehr sehnsüchtig aus. So, als würde er die Zeit gerne noch einmal zurückdrehen. Ich stoße ihn in die Rippen.

«Hey, warte mal ab, demnächst kannst du deinen Enkeln die Windeln wechseln.»

Er macht eine abwehrende Geste. «Bloß nicht. Ich fühl mich noch nicht wie ein Opa. Greta soll sich mal schön Zeit lassen.»

«Ja, unserer Tochter steht die Welt offen. Hoffentlich macht sie das Beste draus», sage ich, und darauf stoßen wir wieder an. Ich beneide mein Kind, weil Greta am Beginn einer Zeit steht, in der sie sich und ihre Umwelt entdecken kann und wird. Es wird sie prägen, sie wird erwachsener werden und Erfahrungen sammeln. Sie wird glückliche und traurige Momente haben, und wir werden nicht immer dabei sein und diese Momente mit ihr teilen können. Wir werden sie nicht vor Kummer bewahren können und nicht jedes Glück mit ihr teilen. Das tut einerseits weh, andererseits macht es mich unendlich stolz, dass wir unser kleines Mädchen zu einer selbstbewussten Frau heranwachsen lassen haben. Es war bis hierhin nicht immer leicht, aber große Sorgen hat uns Greta nie bereitet. Eher wir ihr.

In Erinnerung versunken, sitzen wir sentimental im Standkorb, und hängen irgendwo in Gretas Kindheit fest, als aus Svens Sakko ein Vogel zwitschert. Irritiert schaue ich ihn an, während er nach seinem Handy sucht. Er fischt das Telefon aus der Jacke, schaut auf das Display und verzieht unschlüssig das Gesicht. Er weiß nicht, was er machen soll: annehmen oder wegdrücken oder klingeln lassen. Es zwitschert weiter.

«Was ist los? Warum gehst du nicht ran?»

«Weil … weil das hier jetzt unser Moment ist. Weil es um Greta geht … Weil wir ihre Eltern sind.»

Da ist er wieder. So kenne ich meine Mann: verlogen wie eh und je. Bin ich froh, wenn diese Ehe bald vorbei ist.

«Das hat dich auch nicht gestört, als du mit deiner Assistentin gevögelt hast. Oder musstest du da auch an Greta und mich denken?» Das Zwitschern hört auf. Sven rückt ein Stück von mir ab.

«Vera, ich dachte, diese Phase hätten wir hinter uns.»

«Diese Phase wird niemals vorbei sein. Du wirst niemals die Absolution von mir bekommen, weil …» Völlig überraschend steht Alex Schülersprecher vor uns mit einem Tablett voll Kuchen und Keksen.

«Wie wär's mit einem kleinen Mitternachtssnack? Von Herzen gebacken.»

Greta kommt dazu und strahlt uns übers ganze Gesicht an.

«Die müsst ihr probieren! Alex hat sie selbst gemacht. Greift zu!» Sie drückt jedem von uns zwei riesige Schokokekse in die Hand. Statt zur nächsten Sitzgruppe weiterzuspringen, glotzen uns Greta und Alex mit ihren strahlenden, faltenfreien Gesichtern erwartungsvoll an wie zwei Fünfjährige beim Kuchenbasar im Kindergarten. Um sie nicht zu enttäuschen, probieren wir die Kekse sofort, und sie schmecken tatsächlich phantastisch – nussig, schokoladig, saftig, lecker! Zufrieden ziehen Greta und Alex weiter. Wieder zwitschert Svens Handy, aber er ignoriert es.

«Was ist los? Stress mit Julia?»

«Keinesfalls, wir sind noch in der Phase, in der wir telefonieren, wenn wir nicht zusammen sind.»

«Verstehe, deshalb gehst du auch nicht ran, wenn sie anruft.» Die Kekse sind einfach großartig.

«Was ist mit dir? Hast du einen Romeo?», fragt Sven mit vollem Mund.

«Ich glaube nicht, dass dich das etwas angeht.»

«Oh, also nicht. Das tut mir leid.»

Bitte! Kein Mitleid! Das ist das Letzte, was ich von meinem Exmann in spe haben möchte.

«Ach du ... es gibt da jemanden, aber wir lassen es langsam angehen.» Und das ist nicht mal gelogen. Jetzt wird Sven hellhörig.

«Ach! Wer ist es? Kenn ich ihn?»

«Glaub ich nicht. Er ist ja auch deutlich jünger als du. Aber lassen wir das.» Ich winke ab und stopfe mir das letzte Stückchen Keks in den Mund. Dabei spüre ich, wie Svens Blicke mich durchbohren und sein Gehirn Schwerstarbeit leistet. Ich fühle mich super, muss mich bewegen. Meine Beine zappeln zum Takt der Musik.

Leicht und beschwingt greife ich nach Svens Hand und ziehe ihn schwungvoll auf die Tanzfläche.

«Komm, Travolta! Tanz mit mir!» Das lässt er sich nicht zweimal sagen.

Die Stimmung ist grandios. Wir mischen uns unter die tanzende Menge, und ich frage mich einen klitzekleinen Moment, ob das wirklich alles Gretas Mitabiturienten sind, denn es kommen immer mehr Gäste, je später der Abend wird. Aber meine Sorge, die Party könnte aus dem Ruder laufen, verfliegt mit den schnellen Beats des Electro-Sounds, der mich von Takt zu Takt immer mehr in sich aufsaugt. Die Musik strömt durch meinen Körper, der die Bässe absorbiert, mich in Schwingung versetzt und schließlich entmaterialisiert. Ich fühle mich leicht, schließe die Augen und lasse mich einfach mitreißen. Alles um mich herum löst sich auf. Nichts ist wichtig. Nur die Musik. Ich sehe psychedelische Farben und Formen, die mich an die Lavalampe erinnern, die ich zum sechzehnten Geburtstag bekommen habe.

Ich merke, wie Sven ab und zu meine Hand zu nehmen versucht, aber ich will frei sein und werfe die Arme in die Luft. Niemand soll mich festhalten oder stoppen. Es geht mir gut. Ab und zu öffne ich die Augen und sehe um mich herum gut gelaunte Menschen, die genauso enthusiastisch tanzen wie Sven und ich, der mich und alle ringsum übers ganze Gesicht anstrahlt und eine unglaublich positive Ausstrahlung hat. So entspannt habe ich ihn zuletzt ... Nein, ich glaube, so entspannt, so losgelöst habe ich ihn noch nie gesehen. Oder liegt es an mir? Irgendwas passiert mit mir – nichts Unangenehmes, aber etwas sehr Spannendes.

Ich spüre beim Tanzen, wie ich mit wenigen Bewegungen und leichten Schritten aus meiner Haut schlüpfe und die Perspektive wechsele. Ich stehe nun mitten auf der Tanzfläche zwischen den vielen im Takt zuckenden Körpern und schaue mir selbst beim Tanzen zu. Ich finde mich schön und wirke eins mit mir und der

Welt – das fühlt sich phantastisch an. Dann drehe ich mich zur Seite und schaue zu Sven, der mein tanzendes Ich anstrahlt. Und das tanzende Ich strahlt zurück, wie ich merke. Seit unserer Trennung haben wir uns nicht mehr angelächelt. Darüber muss ich vergessen haben, wie süß er lächeln kann. Und mir ist gerade total egal, was war und was wird. Ich bin jetzt hier, und es gefällt mir im Hier und Jetzt. Ich verschmelze meine Beobachter-Rolle wieder mit meiner feierlaunigen, strahlend glücklichen Persönlichkeit, um mit Sven gemeinsam im Takt unter lautem Gesang auf und ab zu springen. Es fühlt sich großartig an. Ich könnte die ganze Nacht so weitermachen. Es ist der absolute Wahnsinn. Die Musik. Das Gefühl. Der Rausch. Die Lust. Der Kontrollverlust …

9

NUR WENIGE STUNDEN später erwacht mein dumpfes Hirn aus dem komatösen Schlaf einer verschwommenen Nacht. Ich lebe noch, das ist gut. Zuerst nur der Kopf. Stück für Stück fährt meine Schaltzentrale hoch. Langsam, sehr langsam kehrt Bewusstsein in meine leblose Hülle zurück. Ich liege. Auch das ist gut. Meine Augen sind noch geschlossen. Jetzt bloß kein Licht! Ich rege mich nicht und versuche, mich zu sortieren und zu verorten, ohne meinen Körper bewegen zu müssen. Es würde mich zu sehr anstrengen. Nur mein Kopf arbeitet, aber auch das ist zu viel, denn ich spüre, dass ein dumpfer Dauerschmerz ganz langsam in mein Bewusstsein kriecht, um sich dort auszubreiten und hämmernd einzunisten.

Unmöglich herauszufinden, wo ich bin. Ich fühle eine Decke auf meinem Körper. Mir ist warm. Ich brauche Frischluft, aber ich kann die Decke nicht heben, um mir Abkühlung zu verschaffen. Zu anstrengend. Es ist egal. Alles ist so egal. Erschöpft vom Erwachen, liege ich weiter reglos unter der Decke und lasse die Augen einfach zu. Dann schlafe ich wieder ein. Wunderbar.

«Scheiße, was ist denn hier los?!» Gretas Stimme dringt dumpf zu mir durch. Ich öffne mühsam die Augen, nur einen Spalt weit. Geblendet von der Helligkeit, sehe ich sie in der Tür stehen. Das ist gut. Ich bin also zu Hause, in meinem Schlafzimmer. Aber irgendwas stimmt nicht. Ist es Gretas Stimme, die mich irritiert? Oder ist es das, was sie sagt? Oder ihr Gesichtsausdruck? Oder alles zusammen?

Ich will gerade etwas sagen, als mich völlig unerwartet von

hinten ein behaarter Arm umfasst und gleichzeitig ein ebenso behaarter Körper an meinen Rücken robbt. Ich erschrecke. Plötzlich kehrt Energie in meinen Körper zurück. Mir stockt der Atem. Ich drehe mich langsam um und blicke direkt in Svens schlafendes, unrasiertes, verknautschtes, leicht gerötetes Gesicht, das fünf Zentimeter Luftlinie vor mir liegt. Und ich rieche seinen alkoholgeschwängerten Atem. Reflexartig schrecke ich zurück, ziehe die Decke hoch und befühle meinen Körper. Ich bin nackt.

«Fuck!», rutscht es mir vor Entsetzen heraus, und meine Stimme klingt nach 500 Zigaretten, Schnaps und schrägem Gegröle in einer Piratenspelunke mit Captain Jack Sparrow und seinen Saufkumpanen. Vermutlich stinke ich auch so. Sven hat die Augen noch geschlossen und grinst dämlich.

«Genau! Und du warst richtig gut, Julchen.»

Ich halte meine Decke fest und strampele hysterisch mit den Beinen, um ihn aus dem Bett zu treten. Meinem schönen, teuren, jungfräulichen Boxspringbett, das ich mir nach der Trennung von Sven zum Einzug in die gemütliche Dachwohnung gegönnt hatte. So ein Boxspringbett wollte ich schon immer haben, aber Sven sah darin keine Notwendigkeit. Er sei noch nicht bereit für ein Rentnerbett, war sein Hauptargument. Dieses Bett war mein ganz persönliches Symbol des Neuanfangs, das nun ausgerechnet von diesem Mann entweiht wurde. Wie konnte das passieren?! Wie konnte es so weit kommen? Wie konnte ich es so weit kommen lassen?!

«Raus! Rauuuuus!»

Ich schiebe Sven an den Bettrand, sodass er rücklings von der Kante fällt. Nackt, denn die Decke halte ich fest. Ich kneife die Augen zusammen, will das nicht sehen.

«Aua, was …», stammelt er desorientiert und erschrickt, als er mich sieht.

«Ihhhh, das ist so … widerlich!» Mit ekelverzerrtem Gesicht

verschwindet Greta aus meinem Schlafzimmer, wie ein Kleinkind, das gerade gezwungen wurde, eine lebende Nacktschnecke zu essen. Vermutlich erhalte ich bald eine fette Therapeuten-Rechnung über zehn Stunden Traumatherapie, weil unsere Tochter sehr lange braucht, um zu verarbeiten, was sie gerade gesehen hat: ihre nicht mehr ganz so knackigen Eltern gemeinsam nackt im Bett nach einer sündigen Nacht. Das ist wirklich hart.

Auch Sven begreift langsam, dass ich nicht sein Julchen bin und er nicht im Bett seiner Freundin liegt, sondern in meinem. Dem Bett seiner Frau, mit der er in Scheidung lebt und die ihn hasst. Eigentlich. Vor allem aber hasse ich mich selbst für die letzte Nacht. Die letzte Nacht ... Krampfhaft versuche ich mich zu erinnern, aber Kopfschmerzen machen mir das Denken nicht gerade leicht: Da war die Wodka-Rutsche, wir haben getanzt, der Champagner, diese leckeren Schoko-Kekse und die gute Musik und ... DIE KEKSE! Es müssen die Kekse gewesen sein. Oder ist es normal, dass auf einer Abiturienten-Party Kekse und Kuchen gereicht werden? Natürlich nicht, es sei denn, das Backwerk wurde mit Gras oder Haschisch oder irgendwelchen anderen Drogen versetzt.

«Die Kekse», sage ich.

Sven versucht wie ich, einen klaren Kopf zu bekommen.

«Die Kekse?», wiederholt er. Dann grinst er wieder dämlich. «Stimmt, die Kekse waren echt super!»

Langsam setzt er sich auf und schaut mich über die hohe Bettkante an.

«Du hast ein neues Bett?»

«Was dachtest du denn? Dass ich auf dem Boden schlafe?»

«Ganz schön hoch.»

«Boxspring», sage ich und nicke zufrieden.

«Teuer», dann wieder blödes Grinsen. «Aber hat sich gelohnt, was? Von wegen Rentnerbett!»

Ich schließe kurz die Augen und hoffe, dass alles nur ein Albtraum ist. *Bitte, bitte, lass mich aufwachen, lieber Gott!* Aber ich werde nicht erhört. Sven kniet nun auf dem Boden neben dem Bett und legt seinen Oberkörper gemütlich auf meiner neuen Matratze ab. Ich will das nicht!

«Hör mal», sage ich, «das hier war so nicht geplant und ist nicht gut. Lass uns das klarstellen und sofort vergessen, um …»

«Mach doch kein Drama draus. Es bleibt natürlich unter uns, um dir und mir jede Peinlichkeit zu ersparen», fällt er mir ins Wort. Wie früher. Ich hasse es, wenn er mit mir redet wie mit einem Schulkind.

«Peinlich wohl eher für dich als für mich. Julia wäre nicht begeistert.» Ich habe schließlich niemanden betrogen. Schon verrückt: Er hat die Frau, mit der er mich betrogen und wegen der er mich verlassen hat, nun mit mir betrogen. Eigentlich witzig, wenn es nicht so furchtbar wäre.

«Da irrst du dich. Sie ist da überhaupt nicht engstirnig, schon gar nicht eifersüchtig.»

Klar, denke ich, und gleich erzählt er mir die Mär der offenen Beziehung.

«Weißt du, wir führen nämlich eine sehr offene Beziehung, Julia und ich. Und …»

Ich ertrage das nicht und muss das beenden. «Tu uns den Gefallen und geh jetzt! Bitte! Lass uns diese Nacht einfach vergessen. Ich kann mich sowieso an nichts erinnern.»

Er schaut auf und schmollt. «Schade, dabei warst du wirklich …»

«Stopp! Raus jetzt! Verschwinde!»

Ich will das nicht hören, ziehe mir die Decke über den Kopf und warte darauf, dass er geht. Jetzt fühle ich mich tatsächlich wie ein kleines Mädchen, das sich schämt, nachdem es von der Torte genascht hat. Es dauert ewig, bis Sven seine Klamotten zusammengerafft hat. Ich höre, wie er von einem Bein auf das andere taumelt, um sein Gleichgewicht zu halten, während er sich Socken und Hose anzieht. Restalkohol. Bevor er verschwindet, hebt Sven kurz die Decke, um mir den Rest zu geben.

«Du warst 'ne Granate!» Dann schließt er die Tür von außen.

Zwei Minuten später steht Greta wieder im Zimmer, völlig aufgelöst.

«Mama, du willst mir jetzt nicht etwa sagen, dass du mit diesem, diesem ...»

«Gestern hast du ihn noch *Vater* genannt.»

«Hast du mit ihm ... ich meine ... hattet ihr ... habt ihr ... du weißt schon.»

Ich bin erschüttert. Bislang dachte ich tatsächlich, ich hätte mein Kind frei und ungezwungen, natürlich, tolerant und offen erzogen. Stattdessen steht mir hier eine verklemmte Endpubertistin gegenüber, die offenbar keine Ahnung hat, wo die Babys herkommen und sich nicht im Geringsten vorstellen kann oder will, dass Menschen jenseits der vierzig, noch dazu die eigenen Eltern, tatsächlich Körperflüssigkeiten austauschen. Das ist Diskriminierung in Reinform. Offenbar haben wir in der Erziehung auf ganzer Linie versagt – Sven und ich.

«Jetzt sag schon, dass das nicht wahr ist!» Greta steht wie ein Feldwebel in der Tür, bereit, mich hundert Liegestütze machen zu lassen, wenn ich nicht richtig antworte. Langsam wird mir das alles zu viel.

«Vielleicht, vielleicht auch nicht. Keine Ahnung.»

Greta wirft mir einen vorwurfsvollen Na-toll-Blick zu, wie ihn nur eine Achtzehnjährige werfen kann. «Und jetzt?»

Ich schaue unter meiner Decke hervor und seufze tief.

«Jetzt brauche ich eine Kopfschmerztablette, ein großes Glas Wasser, und du brauchst starke Nerven, mein Fräulein, weil diese Keks-Nummer ein Nachspiel haben wird. Und es wird euch alle betreffen, das schwöre ich!»

«Aber ich hab doch gar nichts ...»

«Und diese Geschichte mit Papa bleibt unter uns. Klar?!»

«Schon klar», murmelt sie und verzieht sich reumütig.

Ich ziehe mir wieder die Decke über den Kopf, als könnte ich mich damit für immer vor der Welt da draußen verkriechen und die Vergangenheit löschen. Angestrengt versuche ich mich zu erinnern. Schwierig.

Ich verstehe gar nichts mehr. Schon gar nicht Sven. Ich dachte, er ist glücklich mit seiner Julia. Wieso baggert er mich dann so an? Ich hätte ihn rauswerfen sollen. Was hat sich Greta nur dabei gedacht, ihn einzuladen? Sie weiß doch ganz genau, dass das mit Sven und mir nicht funktioniert.

Normalerweise.

Und was hab ich mir nur dabei gedacht?! In nüchternem Zustand hätte ich mich doch niemals mit ihm eingelassen. Okay, wir hatten Spaß, und die Musik war gut, und wir haben getanzt, aber deshalb musste ich doch nicht gleich mit ihm in die Kiste springen.

Dann fällt mir zu meinem großen Schreck ein, dass wir ja in Scheidung leben, und ich hoffe, dass er die vergangene Nacht nicht zum Anlass nimmt, die Scheidung zu torpedieren. Moment mal: Vielleicht war ja genau das sein Ziel! Das würde zu seiner bisherigen Verzögerungstaktik passen. Er versucht absolut alles, um unsere Scheidung zu verhindern. Ich verstehe bloß nicht, wieso? Wir sind nicht wie Bea und Volker. Uns verbindet außer Greta absolut nichts mehr. Er muss doch clever genug sein zu begreifen, dass er damit nicht durchkommt. Was will er noch von mir? Und was ist mit seiner Julia? War sie nicht seine große Liebe? Seine letzte Chance?

Mein Handy piept. Wahrscheinlich braucht Sven Bestätigung und will wissen, ob er auch gut war letzte Nacht. Zuzutrauen wäre es ihm. Wieso kann er es nicht einfach bei diesem Ausrutscher belassen? Wieso muss er noch mal nachtreten? Ich bin sauer auf ihn, aber noch mehr auf mich selbst, denn diese Nacht hätte niemals passieren dürfen.

Ich taste nach meinem Handy auf dem Nachttisch und ziehe es unter die Decke. Hell erleuchtet das Display die Dunkelheit ringsum.

«Ich denk an dich! Paul.»

10

«ENTSETZLICH!», stöhnt Ursel auf, während Bea zustimmend nickt und bei Pavel per Handzeichen drei Willis bestellt. Diesmal sitzen wir an der Bar von *Müllers Büro* und besprechen die Lage, denn sie ist ernst.

«Dieser Paul hat ein beschissenes Timing», findet Pavel, schenkt nach und wir kippen den Birnenschnaps runter und nicken zustimmend wie drei Wackeldackel auf der Hutablage eines Opel Rekord, Baujahr 1985.

«War's denn wenigstens gut? Muss sich ja gelohnt haben.» Bea denkt in solchen Dingen pragmatischer als Ursel.

«Keine Ahnung. Kann mich an nichts erinnern. Filmriss.»

«Ist vielleicht auch ganz gut so. Wer weiß, was ihr im Rausch so alles getrieben habt, Sven und du.» Ursel ist gnadenlos.

Ich winke ab. «Will niemand wissen. Schon gar nicht ich.»

«Ihr seht das zu negativ», wendet Bea ein. «Möglicherweise hast du mit Sven endlich mal guten Sex gehabt.»

«Umso blöder, wenn sie sich nicht erinnert.» Ursel schaut mich mitfühlend an.

«Kaum vorstellbar», sage ich, schließe den Gedanken aber gar nicht aus. Vielleicht hat Bea recht. All die Jahre, die wir zusammen waren, hatten wir keinen sehr experimentierfreudigen Sex, schon gar nicht unter Drogen. Dafür war Sven einfach zu spießig und zu rechtschaffen. Als wir jung waren, gehörte er keiner Szene an. Wie und wo hätte er da an irgendeinen Stoff kommen sollen? Bei mir war's genauso. Obwohl ich in den Anfängen meines Studiums viel gekifft habe, musste ich das Zeug nie selbst besorgen. Irgendwer hatte immer Gras dabei und teilte. In der Beziehung mit Sven hab' ich mir das Kiffen abgewöhnt. Da waren meine wilden Zeiten dann vorbei.

Anfangs hatten wir noch viel Sex, wie in jeder frischen Beziehung. Aber die Leidenschaft der ersten Monate verflog schnell. Es wurde mit der Zeit immer weniger, immer seltener, immer kürzer. Bis uns beiden spätestens nach Gretas Geburt jegliche Lust aufeinander fehlte.

Aber jetzt ist alles anders. Wir leben getrennt, er hat eine Neue, und die beginnt offenbar, ihn zu langweilen, sonst wäre er nicht in meinem Bett aufgewacht. Ich hoffe für mich, dass die Nacht mit Sven gut war, um meinem Spiegelbild wieder in die Augen sehen zu können. Ja, ich könnte mir vorstellen, dass Bea recht hat. Unter Einfluss von Rauschmitteln fallen bekanntermaßen sämtliche Hemmungen, und was zählt, ist der Moment, nicht die Verletzungen und der Groll, die in klarem Zustand zwischen Sven und mir stehen.

«Und bäng, wie durch eine rosarote Brille, ist der Mensch, den man sonst abstoßend und widerwärtig findet, anziehend und sexy», bringt Bea meine Gedanken auf den Punkt.

«Außerdem sind wir älter geworden. Und erfahrener», füge ich hinzu.

«Bist du sicher?» Ursels Blick spricht Bände. «Das klingt alles nicht sehr erwachsen. Du musst dich doch an irgendwas erinnern!»

Jetzt habe ich das Gefühl, meine Mutter steht vor mir, aber zum Glück nimmt Bea mich in Schutz.

«Vera hatte ein Blackout. Na und? So was passiert.»

«Mir nicht», murmelt Ursel. Bea, Pavel und ich lassen das ausnahmsweise unkommentiert. Dann kommt Ursel mit einer neuen Theorie um die Ecke.

«Vielleicht hat Sven dir ja K.-o.-Tropfen gegeben.»

«Sei bitte nicht albern! So gut solltet ihr ihn kennen. Ich … bin da bestimmt nicht ganz unschuldig bei der ganzen Sache. Wenn ich mich bloß erinnern könnte!»

«Was sagt Sven denn überhaupt dazu?», fragt Bea. Ich schließe die Augen und lasse resigniert den Kopf auf den Tresen fallen.

«Können wir nicht das Thema wechseln?», flehe ich, denn mir ist gar nicht wohl, wenn ich nicht weiß, worüber ich rede.

«Wieso denn? Deshalb sind wir doch hier. Ich habe extra für dein Sexabenteuer mein Muskeltraining abgeblasen.»

Bea und ich schmunzeln. Sosehr Ursel den Ausdauerlauf liebt, so sehr hasst sie das dazugehörige Muskeltraining und nutzt jede sich bietende Gelegenheit, dem zu entkommen.

«Sag schon! Was sagt Sven?» Bea will es wirklich wissen. Ich druckse herum und erinnere mich an das, was er am Morgen danach gesagt hat. «Er fand's wohl ganz gut.»

«Wie, *ganz gut*? Klingt wie *ganz nett*. Nicht sehr schmeichelhaft», wundert sich Ursel.

Ich verdrehe die Augen. «Nein, *ganz gut* wie *granatengut*. Oder so ähnlich. Hat er zumindest gesagt.»

«Na dann ist doch alles bestens», findet Ursel und schlürft den letzten Tropfen Schnaps aus ihrem Pinnchen. «Vielleicht versucht ihr's einfach noch mal nüchtern.»

«Nur über meine Leiche», protestiere ich energisch.

Offenbar zu energisch, denn Ursel schaut mich prüfend an.

«Kann es sein, dass es dir wieder gefällt mit Sven? Ich meine, jetzt unter den neuen Bedingungen?»

Bea schaut auf. «Klar! Du drehst den Spieß einfach um und rächst dich an seiner Neuen, die ihn dir weggenommen hat.»

«Quatsch. Ich räche mich nicht an ihr. Sie hat ihn mir auch nicht weggenommen, sondern er hat mich mit ihr betrogen. Bewusst und zum wiederholten Mal.»

Während ich das ausspreche, wird mir klar, dass ich diese Julia in Schutz nehme, obwohl sie ein rotes Tuch für mich ist. Aber es stimmt. Nicht sie ist schuld, sondern er. Schließlich hätte er ihre Anmache auch ignorieren können.

Bea winkt ab. «Auch gut, aber die Situation ist nun eine andere. Neulich war ich mit Volker auf so einem Charity-Empfang. Todlangweilig. Aber er konnte seine kleine Russin nicht mitnehmen, weil er mit mir eingeladen war. Und …»

Ich horche auf. «Moment! Er hat jetzt 'ne Russin? Seit wann?»

«Ein paar Monate. Egal. Jedenfalls war der Abend wirklich eine Zumutung für alle unter siebzig. Aber nach ein paar Gin Tonic hatten wir beide richtig Spaß. Und ich kann euch sagen, schon im Taxi ging es zur Sache.»

Ursel und ich tauschen verwunderte Blicke.

«Was?!», fragt Bea unschuldig.

«Volker und du? In einem Taxi?» Ursel gibt sich schockiert.

«Und seit wann habt ihr überhaupt wieder Verkehr?», fragt Pavel neugierig.

«Es geht dich zwar nichts an, aber seit wir uns vor ein paar Monaten mal wieder klar zueinander positioniert haben.»

Pavel, Ursel und ich sind jetzt richtig neugierig.

«Bitte etwas detaillierter», fordere ich, und Bea holt tief Luft.

«Na ja, ihr wisst doch, dass Volker diese schlimme Angina hatte nach Silvester. Seine Russin war gerade bei ihrer Familie in Moskau, und ich hab ihn gepflegt. Da wurde uns beiden mal wieder klar, dass wir uns niemals scheiden lassen wollen, weil wir uns lieben, aber dennoch jeder sein Leben lebt. Er war so dankbar für mein Verständnis, dass er mir ein neues Auto gekauft hat.»

Deshalb das schicke Cabrio im Winter, denke ich. Trotzdem kann ich ihr nicht folgen.

«Und deshalb habt ihr wieder Sex?»

«Genau. Wir sind emotional nicht mehr aneinander gebunden. Frei von Eifersucht und Erwartungen. Spielt alles keine Rolle mehr, versteht ihr? Und genauso ist es jetzt bei Sven und dir. Die Fronten sind klar, die Gefühle abgekühlt. Jetzt könnt ihr endlich den Sex haben, den ihr nie hattet! Ist doch toll!»

«Ganz großartig», sage ich weniger begeistert.

Sexperten wie Erika Berger und Dr. Sommer sind Stümper, verglichen mit meiner Freundin Bea.

«Da könnte was dran sein», gibt Ursel ihren Senf dazu, und ich glaube fast selbst, dass es so war: spontan, hemmungslos, gut. Wir schweigen einen Moment, den Pavel nutzt, um uns drei Wassergläser hinzustellen, wahrscheinlich, damit wir klarer denken können. Dann schaut er mich fragend an und holt Luft, um seine Gedanken auszusprechen.

«Und was machst du jetzt mit diesem Paul?»

Ich nehme einen großen Schluck Wasser und schüttele den Kopf.

«Keine Ahnung.» Bea und Ursel schauen mich ratlos an. Dann stelle ich Pavel die Gegenfrage. «Was meinst du?»

«Kommt drauf an», sagt Pavel und wischt die Theke.

«Worauf?»

«Was du von ihm erwartest.»

Ich stoße einen tiefer Seufzer aus. Wenn ich das nur wüsste. Ich habe auf seine Nachricht nicht geantwortet. Nicht nach der Nacht mit Sven. Es fühlte sich nicht richtig an. Ich sollte erst das eine klären, bevor ich mich auf das Nächste einlasse. Sonst herrscht am Ende nur noch Gefühlschaos. Es bleibt dabei: Erst die Scheidung, dann alles andere.

11

«WIR MÜSSEN REDEN!» Mit Schwung stelle ich Greta ein Glas O-Saft neben ihre Müslischüssel. Sie ahnt Fürchterliches, schaut demonstrativ auf ihre Uhr, schlingt ihr Müsli hinunter, um dann sofort vom Hocker aufzuspringen und ihre Sachen zusammenzuraffen. Die pure Panik steht ihr ins Gesicht geschrieben.

«Sorry, Mama, aber ich muss los. In die ... die Bibliothek.»

Ich versperre ihr den Weg und verschärfe den Ton. «Sicher nicht.»

«Können wir nicht später reden? Ich muss meine Bücher abgeben. Bin schon über der Verlängerungsfrist.»

«Meine Zeit ist auch knapp. Bringen wir's hinter uns.»

Greta weiß, dass es sinnlos ist, nach einem Ausweg zu suchen, denn es gibt keinen. Widerwillig setzt sie sich wieder, und ich lasse die Spiele beginnen:

«Hast du von den Keksen gewusst?»

«Natürlich nicht. Wie kannst du mir das unterstellen!»

«Was?»

«Wie, was?» Greta ist irritiert. Hier greift die gute alte Verwirrungstaktik, die schon meine Mutter gut beherrschte.

«*Was* unterstellen?», frage ich unschuldig und habe das Gespräch schon einmal gedreht.

«Na, die Space-Cookies.»

«Du hast also gewusst, dass Drogen in den Keksen waren.»

Greta überlegt kurz und zögert. «Natürlich nicht! Ich hab sie ja nicht gebacken. Das war Alex. Weißt du doch.»

«Torheit schützt vor Strafe nicht.»

«Wieso das denn jetzt?» Greta mimt das Unschuldslamm.

«Ihr habt auf der Party, die ihr von mir geschenkt bekommen habt, Drogen konsumiert und gegen die Absprache Wodka in Mengen gesoffen.»

«Du auch.»

«Das ist was ganz anderes!»

«Wieso? Du hättest auch nein sagen können.»

«Weil ... weil ich euch nicht den Spaß verderben wollte. Und das mit den Keksen wusste ich nicht.»

«Mama, bist du wirklich so naiv?» Verdammt, jetzt hat sie das Gespräch gedreht. Sie lernt zwar schnell, aber das geht zu weit.

«Ganz dünnes Eis, mein Fräulein!»

«Mama, ich bin achtzehn. Was willst du machen? Mir Hausarrest geben? Papa ist da echt cooler als du.»

Das hätte sie nicht sagen sollen. Großer Fehler.

«Wo du ihn schon erwähnst – du hast deinen Vater benutzt, um an den Wodka zu kommen. Du weißt genau, dass er alles für dich macht. Nur deshalb hast du ihn eingeladen. Das ist berechnend und widerlich. Gib es wenigstens zu.»

Jetzt sucht sie nach Argumenten und wird frech. «Du spinnst ja!»

«Und *mein* Vertrauen hast du auch missbraucht. Diese Party fand unter meiner Aufsicht statt, und du schleppst Drogen an. Da hätte wer weiß was passieren können.»

«Ist es aber nicht. Und wieso unter deiner Aufsicht? Wie im Knast oder was?»

«Ich hatte die Verantwortung. Es waren auch Minderjährige dabei, schon vergessen?»

Greta verdreht die Augen und stöhnt: «Mach dich doch nicht lächerlich. Du hattest doch auch deinen Spaß, oder?»

Jetzt werde ich wirklich sauer und laut, obwohl ich das nicht will. «Nein! Hatte ich ganz und gar nicht, klar? Und es ist überhaupt nicht witzig, dass ihr uns das Zeug einfach so untergejubelt habt. Greta, das ist kriminell! Ich hatte die Verantwortung, und ich hätte dafür geradestehen müssen, wenn irgendwas passiert wäre. Nein, das war nicht witzig!»

Greta lässt sich leider gar nicht einschüchtern und bleibt die Ruhe selbst.

«Das hab ich aber anders in Erinnerung.» Dann springt sie wieder vom Hocker und will gehen. «Noch was? Ich muss los!»

Okay, jetzt reicht's. Die schnallt es nicht, und ich habe keine Lust mehr, mich von meiner Tochter vorführen zu lassen, und ziehe das Ass.

«Wie du meinst», ich mache eine rhetorische Pause und wende Greta den Rücken zu, um mir einen Kaffee zu machen und ihr ganz nebenbei mein Vorhaben zu schildern.

«Ihr seid zu weit gegangen. Der Abi-Ball fällt dieses Jahr aus. Ich werde Eltern und Lehrer informieren, dass es keine Garantie dafür geben kann, dass der Abend frei von illegalen Drogen verlaufen wird, die von Abiturienten gedealt und konsumiert werden.»

Ich höre, wie Greta nach Luft schnappt. Punktgewinn für mich!

«Nicht dein Ernst! Das kannst du nicht machen. Die Karten sind alle verkauft. Bestellungen gemacht. Mama!» Es klingt fast hysterisch. Wie Norman Bates in *Psycho* drehe ich mich ganz langsam um, nur dass ich kein Messer, sondern einen Kaffeelöffel in der Hand halte.

«Ich kann noch ganz anders, Liebes! Wenn ihr glaubt, mich hintergehen zu müssen, dann fällt eben alles ins Wasser. Das kostet mich ein paar läppische Anrufe, und das Geld für die Eintrittskarten gibt es zurück.» Ein denkwürdiger Moment, den ich ausgiebig genieße, denn es könnte das letzte Mal sein, dass ich meiner erwachsenen Tochter gegenüber Macht demonstrieren kann. Und es fühlt sich gut an. Aber sie gibt nicht so einfach klein bei, meine Greta. Aus zusammengekniffenen Augen blitzt sie mich auf Rache sinnend an, und ich erahne das Böse in ihr.

«Das bestimmst sicher nicht *du*!», sagt sie langsam mit fester Stimme. Und es klingt tatsächlich etwas beängstigend.

Und dann macht sie etwas, womit ich niemals gerechnet hätte, was mir einen eiskalten Schauer des Grauens über den Rücken laufen lässt. Sie zückt ihr Handy wie Darth Vader sein Laser-Schwert und hält es mir drohend und gleichzeitig triumphierend vors Gesicht. Ich schaue, begreife und werde blass. Alle Macht ist dahin. Es ist schrecklich. Ich sehe ein Filmchen. Sven und ich knutschend und fummelnd im Strandkorb. Uhrzeit: 1.34. Das ist Folter.

Selbstsicher baut sich Greta vor mir auf, wissend, dass die Machtverhältnisse sich zu ihren Gunsten geändert haben.

«Noch kennen nur wir beide dieses Video, aber es könnten ein paar mehr werden – auf Facebook.»

Verzweifelt schüttele ich den Kopf. «Das machst du nicht!»

«Willst du's drauf ankommen lassen?»

Das reicht. Ich gebe nach. Mir fehlen die Argumente. Meine Tochter erpresst mich, was mir endgültig beweist, dass meine Erziehung auf ganzer Linie versagt hat. Die Trennung ihrer Eltern muss einen größeren Schaden in Gretas kleiner Seele angerichtet haben als bislang vermutet. Ich weiß nicht, ob ich ein kaltherziges Monster vor mir habe oder ein verletztes kleines Mädchen, das hilflos versucht, den Höhepunkt seiner Schullaufbahn zu retten. In letzterem Fall wäre ich das Monster. Ich schließe kurz die Augen, um mich zu sammeln, und muss erkennen, dass unser Streit zu nichts führt. Diese Partynacht bleibt ein nachhaltiger Albtraum. Jetzt kann nur noch Diplomatie helfen.

Ich schlage ihr einen Deal vor und bitte sie darum, alle Fotos und Filme von mir aus dieser Nacht zu löschen – aus Respekt vor ihrer Mutter und weil sie mich vielleicht auch ein kleines bisschen liebt. Meine Argumente sind lausig, aber überzeugend. Als Gegenleistung werde auch ich Stillschweigen bewahren über die Drogenvorkommnisse derselben Nacht, und Greta muss mir sagen, ob sie das mit den Hasch-Keksen schon öfter gemacht hat und wie oft sie überhaupt irgendwelche Drogen nimmt.

Wir setzen uns zusammen, und sie versichert mir glaubhaft, dass sie ab und zu kifft, aber nur auf Partys und nur mit Leuten, die sie gut kennt. Was soll ich dazu sagen? Ich selbst habe es früher genauso gemacht. Ich erkläre ihr die Gefahren – rechtlich und gesundheitlich – und ermahne sie, nichts zu übertreiben, zu riskieren oder zu beweisen. Danach löscht Greta alle diffamierenden Film- und Fotodateien vor meinen Augen, und wir geben uns die Hand, um uns schließlich in die Arme zu fallen, weil wir beide uns nicht lange böse sein können. *Miststück*, denke ich. *Alte Kuh*, denkt sie vermutlich. Wir sind eben doch aus dem gleichen Holz geschnitzt. Und während ich sie umarme und ganz fest an mich drücke, wird mir einmal mehr klar, dass ich mein erwachsenes Kind nicht vor allem Unheil beschützen kann, sosehr ich es mir auch wünsche.

Bevor sie in die Bibliothek geht, muss Greta doch noch etwas loswerden.

«Eigentlich habt ihr ganz süß zusammen ausgesehen auf der Party – Papa und du. Fanden meine Freunde übrigens auch.»

Na super. Genau das wollte ich nicht hören.

«Und wieso warst du dann so schockiert?», wundere ich mich.

«Weil ihr meine Eltern seid!»

Um die Vorkommnisse dieser nachhaltigen und grauenhaften Partynacht endgültig zu deckeln, besiegeln Greta und ich unser Schweigegelübde mit einem Akt weiblicher Gefühls-Kompensation. Wir verabreden uns für den Nachmittag zum Kleiderkaufen. Schließlich müssen wir bald auf einem Ball glänzen. Außerdem brauche ich dringend Ablenkung, um nicht ständig an Paul zu denken, den ich tatsächlich etwas vermisse.

Seit Wochen freue ich mich darauf, mit meiner Tochter die

Garderobe für den Abi-Ball zu kaufen. Eigentlich geht sie lieber mit ihren Freundinnen, was ich verstehen kann. Mir ging es früher ähnlich. Das Kleid für den Abi-Ball habe ich allerdings auch mit meiner Mutter gekauft, und so wird jetzt vielleicht eine Tradition daraus, vorausgesetzt, ich werde irgendwann Großmutter.

Greta wollte mein Kleid von damals unbedingt sehen, bevor wir losziehen. Also zeigte ich ihr Fotos von damals, wobei wir feststellen mussten, dass die frühen 90er Jahre des vergangenen Jahrhunderts modisch gesehen eine ziemliche Geschmacksverirrung waren. Die Mädchen trugen fast alle lange Taftkleider mit üppigen Rüschen oder unvorteilhaften Drapierungen, Raffungen, Schleifen oder alles zusammen in Lila, Petrol, Pink oder Rot. Das kleine Schwarze muss zwischen 1970 und 1995 vorübergehend verlorengegangen sein. Bei meinem Abi-Ball jedenfalls war die Devise: Je mehr, desto besser, und das betraf auch die Frisuren – kapriziös gebunden oder geflochten, hochgesteckt oder wild toupiert oder gleich alles zusammen. Grandios grässlich. Greta und ich hatten unseren Spaß. Und dann entdeckte sie mich auf dem Gruppenfoto: Ich fiel damals nicht aus der Reihe und trug ein bodenlanges, schulterfreies, weinrotes Taftkleid mit großen Rüschen am Dekolleté, dazu eine haarspray-toupierte Cindy-Lauper-Frisur mit eingearbeiteten Tüllfetzen. Das Kleid rauschte beim Gehen, und damit war ich glücklich. Wir Abiturientinnen fühlten uns wie Prinzessinnen, ganz gleich, ob wir in diesen Outfits aussahen wie unsere Großmütter, die das vermutlich als Beleidigung empfunden hätten.

Nach diesem Ausflug in die Vergangenheit ist völlig klar, was wir nicht wollen. Unklar bleibt, was wir wollen. Unschlüssig ziehen wir durch die Einkaufsmeilen von einem Kaufhaus zum nächsten, von einer Boutique zur nächsten und nach drei Stunden An- und Ausziehen wird mir wieder bewusst, was ich eigentlich schon längst weiß: Ich liebe Online-Shopping! Wissend, dass mein

Verhalten den mittelständischen Einzelhandel in den Ruin treibt und die Angestellten der Logistikbranche in die Sklaverei, kann ich die Vorteile des Home-Shoppings nicht leugnen. Im Internet aussuchen, kommen lassen, anprobieren, zurückschicken, was nicht passt oder nicht gefällt. Ich finde das äußerst praktisch, seit ich festgestellt habe, dass mich das Real-Shoppen stresst, nervt und viel zu viel Zeit kostet. Wozu von Laden zu Laden zig Kilometer durch Stadt oder Einkaufszentren latschen, mich an- und ausziehen, vor überfüllten und nach Schweiß und Käsefuß riechenden Kabinen warten, mich in miserablen Spiegeln bei noch miserableren Lichtverhältnissen begutachten, nur um am Ende festzustellen, dass ich fett geworden bin und mir deshalb von einer inkompetenten Verkäuferin einen teuren Frustkauf aufschwatzen lasse, weshalb ich anschließend unendlich deprimiert zu Hause auf der Couch liege und Schokolade in mich hineinstopfe? Das ist gesundheitsschädigend, kontraproduktiv, verzichtbar und reine Zeitverschwendung.

Doch nun sind wir einmal unterwegs, und das soll nicht ergebnislos enden. In einem schicken Kaufhaus mit sehr gut ausgestatteter Festmodenabteilung schauen Greta und ich uns nach Abend- und Cocktailkleidern um. Vieles von dem, was da auf der Stange hängt, sieht dem Look meiner Jugend verdächtig ähnlich. Greta steht voll auf 80er und 90er Jahre und trägt sogar Hochwasser-Bundfalten-Jeans, die in der Taille eng geschnürt werden. Ironischerweise heißen diese angeblich so trendigen Hosen Mom-Jeans, als Reminiszenz an die Mütter. Vielleicht hätte uns damals mal jemand sagen sollen, wie bescheuert wir darin aussahen. Zum Glück hält das Kind wenigstens von Taftkleidern Abstand. Ich sowieso.

«Kann ich Ihnen helfen?», spricht uns eine Verkäuferin von hinten an, ohne dass wir ihr Näherkommen bemerkt haben. In der Tat, das kann sie, denn weil wir nicht wissen, was wir wollen, könnte sie den Einkaufsbummel möglicherweise vorantreiben. Und schon nach wenigen Minuten weiß ich, dass dies zu glauben ein Fehler war, denn sie liebt ihren Job offenbar und hat heute ihre Abteilung schon dreimal ein- und umsortiert, weshalb sie nun die Herausforderung sucht. Da kommen wir ins Spiel. Ein schneller und geschulter Damen-Oberbekleidungs-Fachverkäuferinnen-Körper-Scan verrät ihr alle wichtigen Erstinformationen über uns auf einen Blick: Alter, Stil, Konfektionsgrößen, Kaufkraft.

«Wenn Sie bitte einen Moment Geduld haben …» Mit diesen Worten verschwindet sie einige Minuten in ihrer Abteilung, wo sie zwischen den einzelnen Labels herumhuscht, um mit einem vollen Kleiderständer und breitem Siegeslächeln zurückzukehren.

«Voilà! Wenn ich Sie zu den Kabinen begleiten darf?» Sie macht eine einladende Geste, und wir folgen der Verkäuferin, sie heißt übrigens Frau Krause, also wir folgen Frau Krause wie eine japanische Minireisegruppe ihrer Stadtführerin. Frau Krause teilt die Kleider auf der Stange in zwei Hälften, und skeptisch begutachtet Greta ihre Hälfte.

«Mama, die Klamotten sind schlimm», flüstert Greta mit Blick auf ein silbernes Pailletten-Oberteil.

«Jetzt lass doch mal», zische ich zurück, denn ich bin Gretas Genöle langsam leid. Egal, was sie heute anprobierte – irgendwas stimmte immer nicht. Zu kurz, zu lang, zu weit, zu eng, zu grell, zu schwarz, zu sexy, zu bieder … Ich kann nicht mehr! Soll sich doch die kompetente Frau Krause mit den Bedenken der jungen Dame auseinandersetzen. Ich bin nicht länger bereit, den Mangel an Kompromissbereitschaft hinzunehmen. Jugend hin oder her – irgendwann muss jeder beginnen, Kompromisse im Leben einzugehen. Bei Greta kann das gerne hier und heute sein. Aber ich ahne, dass dies nicht geschehen wird.

Ich habe für mich beschlossen, Schluss zu machen. Ich teile Frau Krause nach schneller Durchsicht der Kleider auf meiner

Hälfte mit, dass ich darunter nichts sehe, was mein Blut in Wallung bringt. Außer vielleicht ein himmlisches hellgraues Kleid von Armani, ein Traum, den ich aus reinem Eigenschutz nicht anprobiere. Ich bin sicher, es würde passen und mir sogar gut stehen, daher lasse ich lieber die Finger davon und beschließe, ein Kleid aus meinem Bestand anzuziehen. Ich weiß nur noch nicht welches. Frau Krause hat trotz allem ein gutes Auge. Auch bei Greta, denn einiges von dem, was die Verkäuferin zusammengesucht hat, sieht super aus.

Denke ich und denkt Frau Krause.

Greta denkt da anders, denn ihr Gehirn funktioniert ja auch anders – mit den ganzen Synapsen, Hormonen, Fehlschaltungen und dem vielen unnützen Wissen, das sie in den letzten Wochen für ihr Abi hineingedrückt hat und das da jetzt vor sich hin dümpelt. Nur ist Gretas Speicher momentan eben noch zu voll – so, dass modische Entscheidungsprozesse noch nicht zu bewältigen sind. Armes Kind. Und arme Frau Krause. Sosehr sie sich den Mund fransig redet, Greta bleibt unentschlossen.

Ich wäre sogar bereit, mehr Geld als geplant auszugeben, nur um dem Ganzen ein Ende zu setzen. Aber auch das ist Greta keinen Kompromiss wert. Als Mutter sehe ich mich nun in der Pflicht und spreche ein Machtwort, um Frau Krause zu erlösen, denn sie wirkt erschöpft, scheint aber nicht zu merken, was ich längst weiß: Sie wird keinen Erfolg haben. Ich befreie uns aus der Situation, worüber Frau Krause, die nun endlich Feierabend machen kann, glücklich ist. Immerhin haben wir ihr ein wenig die Zeit bis zum Ladenschluss verkürzt.

Auf dem Weg zum Auto rede ich auf Greta ein, dass es das, was sie sucht, von der Stange nicht gibt, und mache ihr klar, dass ich ihr sicher kein Maßkleid anfertigen lasse. Aber sie hört mir gar nicht zu, sondern klebt mit der Nase vor dem Schaufenster eines Secondhandladens und zeigt auf ein wirklich sehr hübsches, schlichtes Kleid im Audrey-Hepburn-Stil, das genau dem Wesen meiner Tochter entspricht. Die Ladenbesitzerin will gerade abschließen, doch sie ist gnädig und lässt Greta das Kleid anprobieren. Sitzt, passt, wunderschön. Ich bezahle 25 Euro, Greta ist glücklich, und wir sind beide froh, dass sie keinen Kompromiss eingegangen ist, denn jetzt bin ich mir sicher, das falsche Kleid hätte sie unglücklich und hässlich gemacht.

Kompromisse entpuppen sich oftmals eben doch nur als unbefriedigender Ersatz einer unerfüllten Sehnsucht. Nicht nur bei Kleidern. Auch bei Schuhen. Und Männern.

Ich bin erleichtert, dass wir die Kleiderfrage schon mal geklärt haben. Jetzt fehlt nur noch der Rest, denn die Vorbereitungen für den Abi-Ball sind in der Endphase.

Paul kommt in zwei Tagen von seiner Klassenfahrt zurück, hat aber seit der einen Nachricht vor über einer Woche nichts mehr von sich hören lassen. Zum Glück, weil ich einfach nicht weiß, wie ich reagieren soll. Ab und zu greife ich schon zum Handy und überlege, ihm eine Nachricht zu schreiben. Aber ich weiß nicht, wohin das führen soll. Deshalb lasse ich es lieber. Sven hat seit unserer Nacht übrigens auch nichts mehr von sich hören lassen, und das ist ebenfalls gut so. Es kann doch nicht angehen, dass diese beiden Männer mein Leben durcheinanderbringen, bevor ich es für mich neu geordnet habe.

Dafür hat Harry sich gemeldet und mir für den Abi-Ball ein wirklich gutes Angebot gemacht. Dass ich mich auf ihn verlassen kann, hatte ich von Beginn an im Gefühl. Wir treffen uns nachmittags bei ihm im *Mille Fleurs* auf einen Kaffee, und dazu serviert er mir von seiner Oma selbst gebackenen Bio-Apfelkuchen mit Walnüssen und Schlagsahne. Ich liebe diesen Kuchen und will seine Oma sofort in meine Lieferantenliste aufnehmen. Aber Harry hebt mahnend den Finger, schüttelt den Kopf und zeigt mir sein sympathisches Zahnlückengrinsen.

«Meine Oma backt nur für mich!»

Das kann ich sehr gut verstehen, aber es war einen Versuch wert. Der Kuchen ist Sünde! Mit so einer Oma würde ich vermutlich das Doppelte wiegen. Wir sprechen sein Angebot durch, bestimmen die Speisenauswahl genauer und reduzieren auf je zwei Fleisch-, Fisch-, Veggi- und Vegan-Varianten plus Salat nach Wahl. Dazu Obst und selbstgemachtes Eis. Ich lasse mir von dem Kuchen zwei Stücke einpacken, dann fahren wir gemeinsam los, die angemietete Location inspizieren.

Es ist ein Art-déco-Ballsaal aus den 20er Jahren, der erst kürzlich teilsaniert wurde. Die Investoren erhoffen sich durch Vermietungen ein paar Extra-Einnahmen, um die Sanierung voranzutreiben. Ich mag den Saal, so unfertig, wie er jetzt ist, sehr gern, weil seine Patina einen Hauch der damaligen Eleganz versprüht. Harry begutachtet die Küche wohlwollend und überlegt, wo er den Imbisswagen aufstellen könnte, an dem Kaffee und Dessert ausgegeben werden sollen Das ist schwierig, aber nachdem wir die ebenerdige Terrasse entdecken, ist schnell klar, wo das Prachtstück aufgestellt werden muss. Wir einigen uns auf eine ähnliche Terrassen-Deko wie in seinem Restaurant, denn das Budget lässt noch ein paar Extras zu. Ich bin mir sicher, dass Ball-Gäste und Organisatoren begeistert sein werden. Während wir hinausgehen, rufe ich im Büro an, um meinen Leuten entsprechende Anweisungen zu geben. Sie sollen sich darum kümmern und Harry mit dem Wagen helfen.

«Paul ist ja hin und weg von dir», sagte Harry völlig aus dem Zusammenhang gerissen.

«Ach, wirklich?», kokettiere ich und weiß jetzt, dass Männer also doch über Frauen reden.

«Logisch! Ich ja auch», grinst Harry zweideutig.

«Wieso, was hat er denn gesagt?»

«Nicht viel. Muss er auch nicht. Dazu kenn ich ihn zu gut.»

Na danke für die Info. Männer reden also doch nicht. Aber Harry ist eine Ausnahme – ein Klatschweib, das nichts für sich behalten kann, und so erfahre ich doch noch mehr.

«Ihn hat's erwischt. Als ich euch zusammen gesehen hab, war mir das so was von sonnenklar. Das hätte 'n Blinder gecheckt.»

Ich bin innerlich hin- und hergerissen zwischen Riesenfreude und Verzweiflung.

«Dafür hat er aber wenig von sich hören lassen», hake ich nach und klinge etwas zickig dabei. Harry schaut mich nachdenklich an.

«Ach … Moment … er ist doch auf Klassenfahrt. Hat er dir das nicht gesagt?»

«Doch, klar», sage ich und habe auf einmal das Gefühl, Paul das Herz gebrochen zu haben, bevor wir uns überhaupt näher gekommen sind. Da ist ein junger, wirklich netter Typ in mich verliebt und ich kann damit nicht umgehen und gehe bekifft mit meinem Ex ins Bett. Wie bescheuert muss man eigentlich sein?!

«Alles okay?», fragt mich Harry, der offenbar bemerkt, dass mir tausend Dinge durch den Kopf gehen. «Tut mir leid, ich wollte dir keine Angst machen. Das alles sollte dir Paul wohl besser selbst sagen. Aber …»

Ich setze mich auf eine der Treppen und versuche, mir vorzustellen, wie der Saal wohl dekoriert und geschmückt aussieht. «Komm, setz dich kurz», bitte ich Harry und ziehe ihn an der Hand zu mir.

«Weißt du, die Sache mit Paul ist … etwas komplizierter.»

Harry schaut mich neugierig an.

«Ich meine … ich bin gerade dabei, mein Leben in … wie sagt man … ruhiges Fahrwasser zu bringen und zu ordnen. Und jetzt kommt Paul und bringt alles durcheinander, glaub ich.»

«Ich dachte, du lebst in Scheidung!»

«Schon, aber mein Mann macht mir … wie soll ich sagen … Schwierigkeiten. Lange Geschichte.»

«Was immer das bedeutet», sagt Harry, ohne mich anzuschauen.

«Weißt du, ich mag Paul wirklich, aber ich bin noch nicht so weit und …»

«Stopp, stopp, stopp!» Harry reißt schützend die Arme hoch und schaut mich an. «Ich glaube, ich bin nicht der richtige Adressat für deine Ansprache. Das solltest du meinem Kumpel lieber selbst sagen. Und zwar bald, bevor du ihm das Herz brichst. Denn danach sieht's aus, meine Gnädigste.» Jetzt steht Harry auf und nimmt Abstand von mir.

«Und das wäre gar nicht gut, weil …» Enttäuscht schaut er mich an und ich bemerke erstmals eine dicke Dackelfalte auf seiner Stirn.

«… weil es ihm vor einiger Zeit erst gebrochen wurde. Und das hat er nicht verdient. Außerdem muss ich ihn dann wieder wochenlang aufbauen, und darauf hab ich echt keinen Bock.»

Jetzt stehe ich auch auf.

«Ich hab gar nicht vor, ihm weh zu tun, aber ich will einfach nichts überstürzen.»

«Das ist das Problem. Paul überstürzt gerne alles. Er ist ein Chaot, der sich Hals über Kopf ins Abenteuer stürzt – und sich wundert, wenn er hart aufschlägt.»

Harry kommt ganz nah zu mir und schaut mich mit besorgtem, aber festem Dackelblick an.

«Ich mag dich, Vera. Und ich glaube, Paul hat eine top Wahl getroffen. Er ist einer von den Guten. Und er ist mein Freund. Ich will nur …», er schließt kurz die Augen und holt tief Luft. «Verarsch ihn nicht. Okay? Bitte.»

Ich nicke wortlos und lasse Harrys Worte sacken. Auf dem Nachhauseweg wirken sie noch nach, und ich bin froh, dass wir geredet haben. Aber es macht alles noch viel komplizierter. Ich möchte endlich wieder klarsehen.

Ja, ich habe mich auch in Paul verliebt und war überglücklich, über seine SMS. Aber sie kam zu spät, denn die Nacht mit Sven und dieses Gespräch mit Harry haben mir einmal mehr klargemacht, dass eine Beziehung mit Paul keine gute Basis hätte und zu Verletzungen und Verwirrung führen würde.

Also erst die Scheidung, und dann sehen wir weiter. Vor allem muss ich Toni Dampf unterm Kessel machen, damit sie endlich einen neuen Termin bekommt.

Ein paar Tage sind vergangen. Paul ist endlich zurück von seiner Klassenfahrt und hat sofort versucht, mich auf allen Kanälen anzurufen. Ja, er hat tatsächlich angerufen, kaum dass er seine Reisetasche zu Hause abgestellt hatte. Genau das hatte ich mir nach unserem romantischen Tofu-Abend gewünscht. Und genau das ist eingetreten – doch es ist die reine Folter. Denn nach dem Gespräch mit Harry habe ich beschlossen, die Sache zu beenden, bevor sie richtig begonnen hat. Und jetzt geht's mir gar nicht gut damit. Ich ignoriere Pauls Anrufe und die Nachrichten, die er hinterlässt. Sie klingen anfangs irritiert, dann zunehmend verzweifelt. Zuerst macht er sich noch Sorgen, mir könnte etwas zugestoßen sein. Dann gibt er sich die Schuld, zu aufdringlich gewesen zu sein. Dann fragt er sich, ob ich von ihm enttäuscht sei oder mehr Zeit bräuchte. Weil ich nicht zurückrufe, vermutet er schließlich, dass ich nur mit ihm gespielt habe.

Meine Strategie scheint aufzugehen. Wenn ich seine Anrufe ignoriere, wird er begreifen, dass ich keinerlei Interesse mehr an ihm habe, und es dabei belassen. Es scheint mir für alle Beteiligten das Beste zu sein. Je früher es vorbei ist, desto weniger schmerzt es, denn ich will ihn nicht verletzen und mich nicht quälen. Das klingt doch alles sehr vernünftig. Theoretisch. Was ich bei meiner

Strategie leider außer Acht gelassen habe, ist die Tatsache, dass ich Paul zwangsläufig begegnen werde. Und zwar heute.

Denn einen Tag vor dem Abi-Ball versammeln sich Schüler, Lehrer und Eltern in der großen Schulaula zur feierlichen Zeugnisübergabe. Die Aufregung ist groß, Eltern, die sich seit Jahren kennen, aber noch immer nicht den entsprechenden Kindern zuordnen können, halten einen letzten Smalltalk, andere Eltern, die sich sehr gut kennen, verabreden sich für den Ballabend, wo sie an einem Tisch sitzen werden.

Ich bin schon den ganzen Vormittag total angespannt, versuche aber, mir nichts anmerken zu lassen.

«Was ist los, Mama? Entspann dich mal», zwitschert Greta mir beim Betreten der Aula zu, nachdem wir unsere Jacken im Foyer aufgehängt haben. Nervös vor Aufregung schaut sie sich um. Ich dagegen schaue mich nicht um, weil ich glaube, dann auch nicht gesehen zu werden. Wie ein Kind, das die Augen schließt, um unsichtbar zu sein. Und es sind gleich zwei Dinge, die mich beunruhigen, denn ich werde hier nicht nur Paul begegnen, sondern auch Sven. Es sei denn, sie sind beide plötzlich krank geworden, überraschend ausgewandert, untergetaucht oder gemeinsam durchgebrannt. Keine der Varianten scheint mir wahrscheinlich.

Sven hat mich heute Morgen angerufen, um zu fragen, wann genau er wohin kommen muss. Ich hätte meinen Hintern darauf verwettet, dass er anruft, um genau das zu fragen, weil er ein Mann ist und diese Dinge weder lang- noch kurzfristig abspeichern will oder kann. Ich habe ihm kurz und knapp geantwortet und das Gespräch nach weniger als einer Minute beendet. Seit unserem Party-Rausch hatten wir keinen Kontakt mehr. Ist auch besser so, weil die ganze Situation mir unendlich unangenehm ist. Umso schlimmer, dass er heute ausgerechnet anrief, als ich unter der Dusche stand. Ich hatte dabei das Gefühl, von ihm beobachtet zu werden. Gruselig. Es wäre mir lieber gewesen, er hätte mir eine

Nachricht geschickt, dann hätte ich gar nicht mit ihm reden müssen. Nur heute musste ich sichergehen, dass er pünktlich kommt – für Greta.

«Und du hast Papa wirklich die richtige Uhrzeit genannt?»

«Ungerne, aber ja. Ich traue ihm durchaus zu, die Zeugnisvergabe deines Abiturs ernster zu nehmen als seine Scheidung.»

Das scheint Greta keineswegs zu beruhigen. Mich ehrlich gesagt auch nicht. Um mich abzulenken, unterhalte ich mich mit Kirsten, der Mutter von Alexander Schülersprecher-Drogenbäcker, die mir stolz erzählt, dass ihr Alex Jura studieren wird. Fast hätte ich ihr geraten, ihn doch lieber eine Lehre zum Konditor machen zu lassen, aber das würde sie vermutlich nicht verstehen. Und während Kirsten so über ihren tollen Sohn redet und Greta Ausschau nach ihrem Vater hält, entdecke ich Paul, der gerade mit einer Kollegin spricht. Diesmal trägt er ein dunkelblaues Sakko zu Jeans und einem hellblauen Hemd. Steht ihm.

Mein Herz überschlägt sich fast. Dabei will ich ihn doch vergessen! Doch wie soll das gehen? Er ist so attraktiv, gebildet, witzig, gutaussehend, sportlich, nett und verdammt sexy. Als könnte er meine Blicke spüren und meine Gedanken hören, schaut er plötzlich quer durch die Aula gezielt zu mir rüber. Sofort wende ich mich wieder Kirsten zu, die schon das Thema gewechselt hat, ohne dass ich das gemerkt habe, und werde rot. Paul bringt mich völlig aus dem Konzept.

«Was meintest du?», frage ich Kirsten und schau über ihre Schulter hinweg zu Paul. Der ist jedoch verschwunden.

«Ihr scheint ja ordentlich auf den Putz gehauen zu haben auf eurer Grillparty, hat Alex erzählt.»

Ich wusste gar nicht, dass Alexander so ein gutes Verhältnis zu seiner Mutter hat. Dieser kleine Heuchler.

«Ja, war ganz okay», untertreibe ich und frage mich, was Alex tatsächlich mitbekommen hat und wie viel davon nun seine Mutter weiß. Anscheinend nicht viel, denn Kirsten schaut mich erwartungsvoll an. Ich dagegen entdecke Paul, der nun ein paar Worte mit Rektor Hövelmann wechselt. Als Kirsten merkt, dass ich das Thema Grillparty nicht weiter bediene, ist sie enttäuscht, weil sie offenbar von mir ein paar delikate Mehrinformationen erwartet hatte. Sie versucht es ein weiteres Mal.

«Na ja, den Kindern scheint's jedenfalls gefallen zu haben.» Den Kindern, dass ich nicht lache! Offenbar haben wir jahrelang völlig unwissend den Drogenkonsum unserer Brut mitfinanziert, und Kirstens Sohn Alexander scheint der Durchtriebenste von allen zu sein.

Als sei das sein Stichwort gewesen, betritt Sven die Aula. Die ganze Zeit hatte ich gebetet, dass er unterwegs von einem Gully verschluckt wird, doch meine Gebete wurden leider nicht erhört. Kirsten sieht ihn sofort und winkt ihn zu uns. Ich wusste schon immer, dass sie seit der Trennung von ihrem Mann ein Auge auf meinen geworfen hat. Sven sieht uns und kommt rüber. Ich atme tief durch. Aus dem Augenwinkel sehe ich, dass Paul uns beobachtet. Was für ein Albtraum.

«Mensch, Papa, immer auf den letzten Drücker», begrüßt Greta ihren Vater, der ihr sofort den Wind aus den Segeln nimmt.

«Ich bin so stolz auf dich, Kleines.»

Greta strahlt. Dann begrüßt er mich mit einem fast zärtlichen Wangenkuss, dem ich nicht ausweichen kann, weil Sven mich an den Schultern festhält wie sein Eigentum. Also halte ich die Begrüßung so flüchtig wie möglich. Kirsten starrt uns verwirrt an, und ich bin mir fast sicher, dass sie brisante Details über die Grillparty kennt, denn sie weiß, dass Sven und ich getrennt leben.

«Hallo, meine Liebe», begrüßt Sven Kirsten. Offenbar hat er ihren Vornamen vergessen, obwohl wir ein paarmal nach den Elternabenden zu viert im Biergarten waren, als sie noch verheiratet war. Allerdings fällt mir der Name ihres Exmannes auch nicht mehr ein.

«Hallo, Sven», begrüßt ihn Kirsten demonstrativ. Ich baue Sven eine Brücke und ärgere mich sofort darüber, weil ich ihn eigentlich auflaufen lassen müsste.

«Kirsten hat gerade erzählt, dass Alex Jura studieren wird.» Als ich den Namen Alex ausspreche, weiß ich, dass das ein Fehler war.

«Alex, der so gut backen kann. Hat er das von seiner Mutter?», lacht Sven und zwinkert Kirsten verschwörerisch zu, die nun gar nichts mehr versteht. Ich könnte ausflippen. Dieser Idiot! Damit er nicht noch mehr Unsinn redet, kneife ich ihn in die Seite, was ihn zu einem überraschten «Was denn?!» veranlasst. Das Ganze beginnt peinlich zu werden, als genau im richtigen Moment ein lautes, dumpfes Klopfen aus den Lautsprechern zu hören ist. Paul steht am Rednerpult und verschafft sich Gehör, während hinter ihm der Schulchor seine Position einnimmt.

«Wenn Sie dann bitte Ihre Plätze einnehmen würden, damit wir beginnen können», fordert Paul ruhig die Anwesenden auf, und seine Stimme macht mich nervös – wie immer. Wir schauen uns an, aber diesmal halte ich seinem Blick stand und spüre dabei ein stärker werdendes Bauchkribbeln, das ich jetzt leider gar nicht gebrauchen kann. Sven, dem mein Blick offenbar nicht verborgen geblieben ist, beugt sich zu mir rüber, während der Chor anstimmt.

«Wer ist der Typ?»

«Keine Ahnung, irgendein neuer Referendar oder so», antworte ich, und Sven weiß sofort, dass ich lüge, denn er kann in meinem Gesicht lesen wie ich in seinem. Das ist der Nachteil einer jahrelangen Beziehung. Man kennt sich zu gut.

Die Angehörigen nehmen ihre Plätze ein, die Schüler setzen sich in die ersten zwei Reihen, und bevor Rektor Hövelmann ans Rednerpult tritt, gibt der Schulchor zwei Lieder zum Besten. In einer kurzen, aber sehr herzlichen Rede über das Ende der Schulzeit, den Ernst des Lebens und die Zukunft im Allgemeinen wendet sich Rektor Hövelmann ein letztes Mal an seine Abiturienten, um schließlich jeden einzeln aufzurufen, nach vorn zu bitten und mit guten Wünschen und einem kräftigen Händedruck sein Abiturzeugnis zu überreichen. Die Eltern zücken ihre Handys und halten diesen großen Moment für die Festplatten fest. Auch Sven macht eifrig Fotos von Greta.

Nach der Zeremonie begutachten Sven und ich das Zeugnis unserer Tochter und sind sehr zufrieden. Im Gegensatz zu ihr waren wir beide keine Superschüler, weshalb uns Gretas wirklich gute Noten überraschen. Offenbar haben wir ihren Ehrgeiz unterschätzt. Spät in der elften Klasse wurde ihr endlich klar, was viele ihrer Mitschüler längst ahnten: dass sie ein gutes Abi machen muss, um sich ihr Studienfach aussuchen zu können und nicht vom Numerus clausus ausgesiebt zu werden, um dann aus reiner Panik und Verzweiflung irgendein Fach zu studieren oder jahrelang orientierungslos durch die Welt zu tingeln. Natürlich hatten wir ihr diese gewagte Theorie zuvor mindestens hundertmal nahegelegt, aber wer hört schon auf seine Eltern. Doch irgendwann muss unsere Botschaft doch bei ihr angekommen sein. So beschloss sie vor einem Jahr, ein möglichst gutes Abi zu machen, und ging ungewöhnlich zielstrebig dabei vor.

«Wenn sie etwas will, schafft sie es auch», brüstet sich Sven und drückt Greta an sich. «Das hast du von mir.»

Klar, von wem sonst, denke ich. Wenn du eine andere Frau willst, nimmst du sie dir einfach. Ich kann nur hoffen, dass Greta nicht so wird. Ich umarme sie auch und sage ihr, wie stolz ich bin, dass wenigstens eine in der Familie ein vorzeigbares Abi hat. Da sehe ich hinter Gretas Rücken Kirsten zu uns kommen. Da sich die Veranstaltung sowieso auflöst, beschließe ich schnell, meine Jacke zu holen, die noch im Foyer hängt, und ergreife die Flucht.

Ich möchte Kirsten nicht erklären müssen, worüber sie vermutlich die ganze letzte Stunde gegrübelt hat – Alexanders Talent fürs Backen – und verschwinde im Foyer.

Gerade als ich mich durch einen Haufen Jacken und Mäntel wühle, unter dem ich meinen Blazer vermute, nimmt eine helfende Hand die anderen Jacken zur Seite.

«Das ist nett, danke», nuschele ich, während ich meinen Blazer vom Haken fische.

«Gerne», sagt Paul, und ich zucke zusammen, während in meinem Inneren alles durcheinandergerät und ich spüre, wie das Adrenalin durch meinen Körper schießt. Langsam drehe ich mich um und blicke in sein Gesicht.

Aufgeregt. Durcheinander. Konfus.

«Schön, dich zu sehen», sagt er und hilft mir in die Jacke. «Ich hab zigmal versucht, dich anzurufen. Warum meldest du dich nicht? Was ist los?»

Er steht direkt vor mir, zum Anfassen nah, und wartet auf eine Reaktion oder eine Erklärung, die ich ihm nicht geben kann. Nicht jetzt, nicht hier. Ich hole tief Luft, schließe die Augen und suche nach Worten.

«Ich … es … tut mir leid.» Ich kann ihm wohl kaum sagen, dass ich mit meinem in Trennung lebenden Mann geschlafen habe, obwohl ich ja eigentlich in ihn, Paul, verliebt bin, ihn aber nicht verletzen will und daher den Kontakt abbreche. Das klingt absolut nicht überzeugend.

«Was?» Paul ist verwirrt.

«Es ist schwierig … Ich …» Oh Gott, was sage ich nur?

«Okay, dann erklär es mir. Es ist wichtig!»

«Ich weiß nicht … Es ist eine blöde Situation».

«Warum?»

Ja, warum eigentlich? Warum mache ich alles komplizierter, als es ist? Ich muss doch bloß offen und ehrlich sein. Warum mache ich so ein Drama daraus? Es ist doch fast gar nichts passiert zwischen uns. Wenn er mir wichtig ist, dann … Ja, das ist es. Paul bedeutet mir etwas, und deshalb kann ich nicht einfach so tun, als wäre nichts geschehen. Und dann schaue ich zur Tür und weiß den Grund.

«Hier steckst du! Komm, wir wollen los!»

Sven kommt näher und schaut Paul und mich an, als habe er uns in flagranti erwischt. Dann reicht er Paul die Hand.

«Hallo, Odermann, Gretas Vater und Veras Mann.»

Arschloch, denke ich und stelle Paul vor.

«Das ist Herr Andresen, Gretas Französischlehrer.»

Ich Idiotin! Nach dieser dämlichen Steilvorlage zieht Sven eine Augenbraue hoch und taxiert Paul.

«Ach so, Gretas Französischlehrer?»

«Noch nicht ganz. Ich bin Referendar», korrigiert Paul, die Zweideutigkeit souverän ignorierend.

«Ah, Lehrer in Ausbildung also», lächelt Sven von oben herab. Ich kann geradezu hören, was in seinem widerlichen Hirn abläuft, schließlich kenne ich ihn seit über einem Vierteljahrhundert. Ich schaue auf die Uhr und beende das Theater.

«Tut mir leid, Herr Andresen, wir müssen los», sage ich ganz unpersönlich und weiche Pauls festem Blick aus.

Wir verabschieden uns und lassen Paul im Foyer zurück. Bevor Sven den Mund aufmacht, warne ich ihn, auch nur einen einzigen, noch so winzigen Kommentar auszusprechen.

«Was ist denn hier das Problem?», wundert sich Sven.

«Du», zische ich, obwohl ich genau weiß, dass das nicht ganz stimmt. Eigentlich bin ich das Problem.

Greta und ich kommen nach Hause, und während ich mir die Schuhe abstreife, hört Greta den Anrufbeantworter ab, der durch wildes Blinken auf sich aufmerksam macht. Weil wir über unsere

Handys fast immer und überall erreichbar sind, wirkt ein Festnetz-Anrufbeantworter geradezu altmodisch und überflüssig. Nur ganz selten verirrt sich eine Nachricht darauf, was wiederum spannend ist, denn man fragt sich, wer das sein könnte, der unsere Handynummern nicht kennt. Mit dem ersten Ton weiß ich es, und Greta weiß es auch.

Paul.

«Hallo, Vera, keine Ahnung, was hier läuft, aber ich brauche Klarheit. Ruf mich an! Bitte!»

Neugierig schaut mich Greta an, während sie ihre Jacke auszieht.

«War das etwa Andresen? Wieso ruft der hier an und nennt dich Vera?»

«Wieso nicht? Er ist doch auch im Abi-Ball-Komitee, und sein Kumpel macht das Catering, schon vergessen? Ach ja, den muss ich auch noch kurz anrufen, weil er das Servicepersonal noch briefen muss.»

Ich versuche beiläufig zu klingen, was mir offenbar nicht so gut gelingt.

«Mama, läuft da was zwischen euch?»

«Quatsch!»

Ich bleibe äußerlich ganz ruhig, während sich in mir die Gedanken überschlagen, weil ich so spontan keinen Ausweg aus diesem Gespräch finde. Kein Paketbote klopft, kein Telefon klingelt, kein Wasserrohrbruch, kein Erdbeben, kein Meteoriteneinschlag. Greta hört die Nachricht erneut ab.

«Und er klingt irgendwie auch verzweifelt.»

«Ach was! Der ist nur leider kein großes Organisationsgenie und hat Angst, dass beim Ball was schiefgeht.»

Gretas Blick verrät mir, dass ich absolut nicht überzeugend bin. Ich muss das Gespräch drehen.

«Wieso eigentlich Andresen? Ich dachte, du nennst ihn Paul?»

«Ja, wenn man sich zufällig irgendwo trifft. Auf Partys oder in der Kneipe oder so. Sicher nicht in der Schule. Du scheinst ihn ja besser zu kennen.»

«Meine Güte! Wir haben uns um euren Abi-Ball gekümmert, mehr nicht.»

Als ich Gretas Blick ausweiche, ist ihr alles klar. Sie atmet schwer aus und schüttelt den Kopf wie eine weise Schamanin, die böses Unheil aufkommen sieht.

«Mama, bitte tu mir den Gefallen und fang nichts mit dem Andresen an.»

Ich schaue meine Tochter prüfend an und überlege mir, ob *sie* vielleicht in ihn verschossen ist.

«Nein! Allerdings … Ich glaube nicht, dass ich dich, bei wem auch immer, um Erlaubnis fragen muss, Liebes.»

Ich klinge wie meine Mutter und hasse mich dafür.

«Soll das etwas heißen, dass …»

«Nein, natürlich nicht. Aber wo wäre das Problem? Du bist jetzt nicht mehr seine Schülerin!»

«Genau.»

«Was soll das nun wieder heißen?»

«Dass *ich* jetzt ohne Konsequenzen was mit ihm anfangen könnte.»

Mir wird ganz übel. Die Sache mit Paul wird immer komplizierter, bevor sie überhaupt richtig begonnen hat.

«Ich dachte, du hältst ihn für einen Langweiler», erinnere ich meine Tochter.

«Ist er auch, aber wenn du was mit ihm anfängst, ist das irgendwie komisch. Und außerdem dachte ich, dass Papa und du wieder zusammenkommt.»

Daher weht der Wind. Mir wird noch übler. Diese Art von Gespräch ist genau das, was ich nicht mehr will. Ich will meiner Tochter nicht Rede und Antwort über mein Liebesleben stehen müssen. Ich bin erwachsen und kann machen, was ich will. Und wenn ich mit Paul Andresen etwas anfange, dann ist das ganze allein meine Sache. Basta. Und ganz sicher will ich nicht wieder mit meinem Mann zusammenkommen, nie wieder mit ihm schlafen oder von ihm verletzt werden. Auch basta. Ich muss das jetzt klären. Ordnung schaffen und aussprechen.

«Greta, ich habe nichts mit Paul Andresen. Wir hatten einen sehr netten Abend – mehr nicht. Mit deinem Vater hatte ich auch einen … sagen wir interessanten Abend, aber das wird ganz sicher nichts mehr.»

Skeptisch, sehr skeptisch schaut Greta mich an.

«Mama, ich hab gesehen, wie Paul dich anguckt.»

«Wie denn?»

Ich versuche, trotzig zu wirken.

«Wie ein verliebter Dackel. Und jetzt diese Nachricht. Für wie blöd hältst du mich?!»

Und damit hat Greta ins Schwarze getroffen. Ich weiß nicht, was ich kontern soll, aber sie ist schon einen Schritt weiter.

«Mensch, Mama, ich hab dafür jetzt echt keinen Kopf. Ich muss mich auf den Ball morgen vorbereiten.»

Anscheinend braucht Greta in ihrem jungen Alter etwas länger für derartige Vorbereitungen als ich. Bevor sie sich für die nächsten 24 Stunden einer intensiven Schönheitsprozedur hingibt und in ihrem Zimmer verschwindet, schaut sie mich keck an.

«Außerdem glaub ich dir absolut kein Wort.»

Ich mir auch nicht. Denn ich fühle mich schlecht und habe Gewissensbisse, weil es mir so vorkommt, als sei ich fremdgegangen – noch dazu mit meinem Mann. Das klingt absurd, aber ich habe das Gefühl, etwas zu zerstören, das gerade erst im Entstehen ist. Ich mag diesen Möchtegernlehrer nämlich. Diesen Abenteurertyp mit der unverschämt tollen Stimme, der so wahnsinnig gut riecht, sich gut anfühlt und überflüssigerweise auch noch witzig und klug ist. Und ausgerechnet jetzt, wenn ich dabei bin, mich Hals über Kopf endlich wieder zu verlieben, grätscht mein Mann dazwischen, der mich verletzt und enttäuscht hat. Ich könnte Sven umbringen, obwohl ich natürlich selbst schuld bin ... das heißt, eigentlich waren es die Kekse, die meine Sinne benebelt haben. Sicher nicht mein Mann!

24 Stunden später hat Greta einen tiefen Pfad zwischen ihrem Zimmer und dem Bad getreten, dabei mit ihren Freundinnen per Handy Make-up-Tricks für Smokey Eyes ausgetauscht und zwischendurch ausgesehen wie ein Nachtgespenst auf Drogenentzug.

Schließlich kommt sie wie Cinderella in mein Schlafzimmer, wo ich seit Stunden darauf warte, endlich ins Bad zu dürfen. Das Secondhand-Kleid, das ich in der Öffentlichkeit nicht als solches benennen darf, ist ein absoluter Hingucker – eine Mega-Super-Schnäppchen! Schlicht und ergreifend. Weil meine Tochter mit ihrer natürlichen, jugendlichen Schönheit unbegreiflicherweise mehr Zeit im Bad verbracht hat als eine fünfköpfige Travestie-Kombo, bleibt mir nur noch knapp eine Stunde, um mich aufzuhübschen. Das kann nur schiefgehen! Zum Glück plagt mich keine Kleiderwahl, weil ich auf bewährtes Schwarz zurückgreife. Doch irgendwie fehlt mir der Antrieb, denn ich ahne, dass der heutige Abend schwierig werden könnte, weil ich den Dingen beziehungsweise den Männern nicht aus dem Weg gehen kann. Hier ist Diplomatie gefragt. Allerdings ist jede Diplomatie dahin, wenn sich kein Fluchtweg anbietet.

Der Abi-Ball ist DAS Ereignis, das die Schulzeit meiner Tochter und folglich auch meine als Mutter einer Schülerin mit einem Höhepunkt beenden wird. Ich freue mich mindestens genauso auf dieses Finale, das ich übrigens niemals abgesagt hätte, schließlich habe ich viel Zeit, Nerven und Erfahrung in Vorbereitung und Organisation investiert, um mir das durch ein paar übermütige, kiffende Teenager verderben zu lassen.

Natürlich bin ich stolz auf meine Tochter und ihr großartiges Abitur. Das muss man erst mal nachmachen. Und ich bin froh, endlich nicht mehr um sechs Uhr in der Frühe aufstehen zu müssen, um dem Kind Schulbrote zu schmieren und Apfelschnitze zuzubereiten, was ich wirklich aufopfernd jahrelang bis zum letzten regulären Schultag durchgezogen habe, um mir niemals anhören zu müssen, dass mein Kind gelitten hat, weil es morgens immer ohne Frühstück und selbstgemachte Schnitten im Dunkeln allein zur Schule gehen musste. Ich kenne diese Vorwürfe. Und meine Mutter kennt sie auch.

Weil wir nur das Beste für unser einziges Kind wollten, haben Sven und ich uns damals für ein Gymnasium entschieden, das eine besondere Ausrichtung auf Sprachen und Kunst hat, leider aber auch dreißig Autominuten entfernt liegt bzw. knapp eine Stunde mit öffentlichen Verkehrsmitteln. Bald stellte sich unglücklicherweise heraus, dass Greta weder künstlerisch noch sprachlich ausgeprägte Talente vorzuweisen hatte und wir völlig unnötig jeden Tag um sechs Uhr aufstehen mussten. Ein Gymnasium in der Nähe wäre völlig ausreichend gewesen. Sechs Uhr aufstehen, fünf Tage die Woche, 20 Tage im Monat und abzüglich der Ferien ca. 200 Tage im Jahr, siebeneinhalb Jahre lang. Für mich die Hölle, weil ich abendaktiv bin und häufig viel Arbeit, die tagsüber liegen bleibt, in den Abendstunden erledige, weshalb ich nicht vor Mitternacht ins Bett gehe. Um länger schlafen zu können, geben viele Eltern ihren Kindern Geld, damit sie sich Frühstück und Schulproviant unterwegs beim Bäcker kaufen. Das hat zur Folge, dass die Kinder in der Schule hungern, weil sie das Geld in alles Mögliche investieren, nur nicht in Nahrung. Das kam für Sven und mich nie in Frage. Jeden Morgen ein kurzes gemeinsames Frühstück, danach hat Sven unsere Tochter auf dem Weg zur Arbeit an der Schule abgesetzt. Bis zur Trennung. Dann war Schluss mit dem Fahrdienst, was für Greta einer der Hauptgründe war, auf ihren

Vater sauer zu sein, denn sie musste fortan Bus oder Fahrrad nehmen und entsprechend früher aufstehen.

Seit sieben Jahren sehne ich das Ende von Gretas Schulzeit herbei. Doch die Tatsache, dass das Kind erwachsen ist und ich sieben Jahre älter geworden bin, macht diesen Abschied nicht gerade leicht. Aber wie heißt es bei Hermann Hesse so schön: *Jedem Abschied wohnt ein Zauber inne.* Und deshalb kann ich es kaum erwarten, denn nun beginnt meine große Zeit der Unabhängigkeit.

Kein Zauber.

Und deshalb wird dieser Abi-Ball nicht nur Gretas, sondern auch meine Party.

12

WIR GEBEN UNSERE Mäntel ab, und ein prüfender Blick in den Garderoben-Spiegel gibt uns ein gutes Gefühl für heute Nacht. Greta strahlt neben mir, und da sie meine schwarzen Zehn-Zentimeter-Pumps trägt, überragt sie mich noch mehr als sonst. Fünfzehn Jahre lang hat sie auf diesen magischen Moment gewartet, den fast alle kleinen Mädchen – manchmal auch kleine Jungs – herbeisehnen, die in Mamas Pumps auf Pfennigabsätzen durch die Wohnung staksen und dabei tiefe Macken ins Parkett rammen. Nun ist der Moment da, an dem meine Kleine meine Schuhe endlich in der Öffentlichkeit tragen darf. Großzügig habe ich ihr die zeitlosen Hacken überlassen, damit ich einen Grund hatte, mir neue zu kaufen, was extrem dämlich war, denn ihre Schuhe sind eingetragen und bequem, während meine absolut jungfräulich sind. Ein Kardinalfehler, wie sich später zeigen wird. Auch wenn sie todschick sind und aus meinen strammen Beinchen Linda-Evangelista-Stelzen zaubern. Ich schaue in den Spiegel und wirke neben Greta wie ein unförmiger Zwerg, nehme es aber gelassen, denn es macht mich stolz zu sehen, was man mit Liebe, Aufopferung, Apfelschnitzen und selbstgeschmierten Schnittchen alles bei seinen Kindern erreichen kann.

Wir betreten den ovalen Ballsaal über einige Stufen und gelangen auf eine großflächige Galerie, die den Blick auf die gegenüberliegende Bühne freigibt. Wie ein eingelassener See liegt dazwischen die Tanzfläche, gesäumt von großen, indirekt beleuchteten Kübelpalmen. Die komplette Galerie ist bestückt mit runden, eingedeckten Achtertischen, in deren Mitte dezente Blumendekos und niedrige Kerzenhalter positioniert sind, damit man sich über den Tisch hinweg unterhalten und sehen kann, ohne dabei Feuer zu fangen. Sechs heruntergedimmte Art-déco-Lüster geben der Szenerie eine elegante Aura. Alles ist in den Farben der Schule gehalten – Lindgrün und Weiß. Auf der Bühne hängt das große Wappen der Schule, die auf eine 300-jährige Tradition zurückblicken kann. Eigentlich ein konservativer Laden, aber für Greta war es das Beste, und sie hat sich dort immer sehr wohl gefühlt.

Ich schaue mich prüfend um und bin zufrieden – genauso sollte es sein. Meine Mitarbeiter haben ausgezeichnete Arbeit geleistet. Weil ich mich in den letzten Tagen um einen wichtigen Kunden kümmern musste, der langfristig mit uns arbeiten will, habe ich die Abi-Ball-Endphase in die Hände von Karo und Felix gelegt und ihnen klargemacht, dass ich sie foltern und feuern werde, wenn irgendwas schiefgeht. Mein süßer Praktikant Felix und die gute Karo, Agenturmitarbeiterin der ersten Stunde, waren sich der Tragweite ihrer Aufgabe absolut bewusst, haben sich aber eher für Greta als für mich ins Zeug gelegt. Karo war schon Gretas Babysitter, bevor ich die Agentur überhaupt hatte, und Felix ist seit Beginn seines Praktikums vor sechs Monaten unsterblich in Greta verliebt. Der Arme, denn seine Chancen sind gleich null. Greta steht auf Bad Boys, und Felix ist einfach viel zu nett für sie. Schade.

Wir schauen auf unsere Eintrittskarten und suchen Tisch Nummer elf. Während wir durch den Saal gehen, halte ich vergebens Ausschau nach Paul, entdecke dafür aber einen Kellner, der Jeans trägt, statt der geforderten schwarzen Stoffhose. Das geht gar nicht. Ich frage ihn – er trägt zudem Dreadlocks, was ich persönlich grauenhaft finde, weil verfilzte Haare per se etwas Ungepflegtes mit sich bringen – ich frage den Dreadlock-Kellner also, ob er keinen Dresscode erhalten habe. Er grinst mich breit an, nickt und grinst Greta noch breiter an, die plötzlich rot und ganz unruhig wird.

«Doch, klar, schwarzes Hemd.» Dabei zeigt er mit beiden Händen auf seine Brust und zwinkert Greta zu.

«Und schwarze Hose. DAS sieht nicht so aus», sage ich und deute auf seine blaue Jeans.

«Absolut richtig», sagt er selbstsicher und über jeden Zweifel erhaben. «Aber ich verrate Ihnen etwas», damit beugt er sich zu mir herüber und flüstert: «Niemand wird es bemerken.»

«Außer mir», gebe ich ungeduldig zu bedenken, denn das Gespräch beginnt mich zu nerven, weil ich den Eindruck habe, der Klugscheißer will mich hochnehmen.

«Nur weil Sie's jetzt wissen, aber Sie werden es auch nicht sehen.»

«Okay, Sie wollen doch diesen Kellnerjob hier und heute machen, oder? Dann besorgen Sie sich eine schwarze Hose!»

Aber der Rastamann schüttelt den Kopf und grinst mich unverschämt an. Greta muss kichern, womit sie mir eindeutig in den Rücken fällt.

«Ich verrate Ihnen was: Ich will den Kellnerjob nicht.»

Gleich platzt mir der Kragen. Der Typ ist so ätzend, dass ich ihn am liebsten rauswerfen lassen würde.

«Warum tragen Sie dann ein schwarzes Kellnerhemd?»

«Weil ich der Barkeeper bin und den ganzen Abend hinter der Theke stehe. Niemanden interessiert meine Hose. Ich könnte ohne Hose Drinks rausgeben – würde gar nicht auffallen, Gnädigste.»

Hat er Gnädigste gesagt? Der Rastamann grinst mich breit an, und ich weiß sofort, woher ich dieses Grinsen kenne – Harry. Als könnte er Gedanken lesen, hält mir der junge Mann mit der ungepflegten Haarpracht die Hand hin.

«Tobi – Neffe von Harry, der den Laden hier heute Abend mit Nahrung versorgt.»

Greta ist hin und weg von Tobi, während sich meine Begeisterung in Grenzen hält. Ich will mich heute nicht aufregen und lasse ihm seine Jeans und seinen Spaß. Das ist der erste Minuspunkt für Harry. Das fängt ja gut an.

Wir finden unseren Tisch, und angesichts der Tischnachbarn verspricht dieser Abend wenig vielversprechend zu werden. Kirsten und ihr großartiger Sohn Alex, der Drogenbaron, sind natürlich schon da.

«Hallo, Vera», begrüßt mich Alex, als wären wir zusammen zur Schule gegangen. Ich werfe ihm einen warnenden Blick zu.

«Für dich immer noch Frau Odermann», stelle ich unmissverständlich klar.

Gerne lasse ich mich von Gretas Freunden duzen und freundschaftlich begrüßen. Schließlich sind sie alle jahrelang bei uns ein und aus gegangen. Sie sind mir im Laufe der Zeit ans Herz gewachsen. Alle, außer Alex, der es sich mit mir seit der Keks-Affäre verscherzt hat.

«Alex!», zischt Kirsten ihren Sohn an und wendet sich mir zu. «Tut mir leid, Vera. Ich weiß nicht, wie er darauf kommt, dich zu duzen. Vielleicht wegen der Party bei euch.»

Warum grinst sie jetzt so blöd? Egal. Ich ignoriere das und begrüße ein Elternpaar am Tisch, das ich nur flüchtig kenne, weil ihre Tochter erst kürzlich an die Schule gekommen ist. Die Eltern sind Juristen und angenehme Mitmenschen.

«Das haben Sie großartig organisiert, Frau Odermann. Kompliment! Wirklich schön hier», sagt die Juristin, und ihr Juristen-Mann nickt begeistert.

Nette Menschen, denke ich, bedanke mich und erzähle ihnen ein paar Fakten über die Location. Die Juristentochter sitzt mit ihrem Juristenfreund am Nebentisch. Zwei Plätze sind noch frei. Einer für Sven und einer für Kirstens Exmann, dessen Name mir noch immer nicht eingefallen ist. Offenbar auch so ein Typ, der immer auf den letzten Drücker kommt.

Auftritt Sven. Im schwarzen Smoking und wie aus dem Ei gepellt kommt er mit ausgebreiteten Armen auf Greta zu und strahlt sie an, begeistert vom Anblick seiner wunderhübschen Tochter.

«Meine Süße! Lass dich anschauen! Du siehst phantastisch aus. Ich möchte so oft wie möglich heute Abend mit dir tanzen, Prinzessin!» Greta freut sich, bleibt aber cool.

«Mal sehen, was sich machen lässt.»

Dann gibt mir Sven zwei fette Begrüßungsküsschen auf die Wangen, schiebt mich theatralisch von sich und mustert mich wie ein Auktionsrind.

«Greta kommt eindeutig nach dir. Ist das nicht das Kleid aus Rom, das ich dir gekauft habe? Steht dir immer wieder gut.»

«Nein, dieses Kleid habe ich mir in München gekauft. Das aus Rom ist in der Reinigung grau geworden.»

Sven überhört das und begrüßt nun auch Kirsten und Alex, dem er verschwörerisch ein Auge zuknipst. Bitte nicht, denke ich und gehe sofort dazwischen.

«Wo bleibt dein Exmann?» Ich versuche, den Smalltalk in seichte Gewässer zu führen. Aber Kirstens Gesicht wird starr.

«Wieso? Der kommt doch gar nicht. Ist mit seiner Neuen auf Kuba.»

«Aber für wen habt ihr denn den Platz …», aber ehe ich den Satz zu Ende sprechen kann, sehe ich den Grund auf mich zuwackeln. Julia.

«Svenni-Bär, hier bist du! Ich suche dich überall. Du wolltest doch vor der Toilette auf mich warten!»

Das ist jetzt nicht wahr! *Svenni-Bär* hat seine kleine Schlampe mitgebracht. Zum Abi-Ball unserer Tochter! Ich fasse es nicht! Bin sprachlos über so viel Dreistigkeit. Wie kann er nur! Ich muss mich sehr zusammenreißen, um jetzt bloß keine Szene zu machen, und hole mehrmals tief Luft. Greta will mich gerade beruhigen, da wird sie auch schon von Julia völlig übertrieben umarmt. Ich sehe meiner Tochter deutlich an, dass sie mit der Situation genauso überfordert ist wie ich und dass ihr diese Umarmung äußerst unangenehm ist.

«Hallo, Greta, und Gratulation zum Abi. Svenni ist so stolz auf dich. Er redet nur noch von dir.»

Dann sieht sie mich und lächelt mehr als falsch.

«Vera, grüß dich. Ich hab gehört, du hast das alles hier organisiert. Wirklich ganz toll.»

Ihre Worte klingen wie das mitleidige Lob für einen alten Hund, der nach drei Tagen endlich das Stöckchen gefunden hat. Ich kann gerade nicht so falsch lächeln wie Julia, weil meine Gesichtsmuskeln starr vor Schreck sind, und verziehe daher nur einen Mundwinkel krampfhaft nach oben. Wenigstens hab ich versucht, nett zu sein.

«Ich muss dir Sven kurz entführen, um die Getränke zu bestellen.»

Ich hake Sven unter und ziehe ihn brutal vom Stuhl, mit dem er fast umkippt.

«Komm mit! Wir müssen reden», zische ich ihn an.

In einer Ecke an der Garderobe stelle ich ihn zur Rede.

«Was soll DAS denn? Das hier ist Gretas Abi-Ball, und du schleppst deine Uschi hierher? Geht's noch?!»

«Ihr Name ist Julia, und sie wollte unbedingt mit. Ich wusste nicht, dass das eine geschlossene Veranstaltung ist.»

«Dieser Ball ist für die Abiturienten, ihre engsten Verwandten und Freunde. Seit wann gehört Julia zu Gretas engsten Verwandten und Freunden?»

«Seit sie meine … seit wir zusammen sind.»

«Aber so geht das nicht! Wie kannst du nur so unfassbar unsensibel und … und respektlos sein!»

«Was hätte ich denn machen sollen? Sie wollte unbedingt mitkommen.»

Armer Sven. Es klingt tatsächlich wie eine Entschuldigung,

und wie er so dasteht, habe ich fast Mitleid mit ihm. Aber eben nur fast, weil ich es unverzeihlich finde, dass er den Grund unserer Trennung zum Abi-Ball unserer Tochter mitgebracht hat. Ich könnte ausflippen vor Wut, bleibe aber äußerlich ruhig und gehe schnaubend und kopfschüttelnd zur Bar, um irgendwas Sinnvolles zu machen.

«Ach äh … Tobi, stimmt's?», spreche ich den jeanstragenden Rastamann an. Manchmal wundere ich mich über mich selbst, dass ich in den seltsamsten Momenten unwichtiges Detailwissen abrufen kann und deute das als Ablenkungsmaßnahme zur Rettung meines Egos. Tobi freut sich, dass ich mich an seinen Namen erinnere und lächelt anerkennend.

«Womit kann ich dienen, Frau Odermann?»

Ich kann ihn nicht ausstehen.

«Können Sie bitte veranlassen, dass eine Flasche Wasser, eine Flasche Chardonnay und eine Flasche Merlot an Tisch Nummer elf gebracht werden – das wäre nett!»

«Natürlich», versichert mir Tobi.

«Danke … Ach, und … ich *sehe* Ihre Hose», flüstere ich und gehe zu meinem Platz. Nun bin ich etwas ruhiger. Dummerweise sehe ich Sven und Julia genau vor mir in einer Ecke stehen. Sven redet auf sie ein, erklärt ihr offenbar etwas, aber sie schaut ihn traurig an und küsst ihn. So ein Miststück. Sven ist Wachs in ihren Händen. Sofort bin ich wieder auf hundertachtzig und denke tatsächlich kurz darüber nach, den Ball aus Protest gegen Julia zu verlassen. Aber das kann ich erstens Greta nicht antun, und zweitens werde ich Julia sicher nicht ein weiteres Mal das Feld überlassen, worauf sie wahrscheinlich spekuliert hat. Das hier ist mein Revier, und ich zeige größtmögliche Präsenz, schließlich kennt man mich – im Gegensatz zu Julia.

Weil ich innerlich aufgewühlt bin, schaue ich nicht nach links und rechts und stoße auf der Treppe zur Galerie mit jemandem zusammen, dessen Glasinhalt sich quer über mein Kleid ergießt. Na super! Ich scheine heute die Arschkarte gezogen zu haben, schließe kurz die Augen und atme tief ein, um ruhig zu bleiben.

«Vera!»

«Paul!» Ich öffne die Augen und bin so überrascht, erleichtert und überglücklich, Paul zu sehen, dass mit einem Mal alle Wut von mir abfällt. Wow, im Anzug sieht er wirklich extrem gut aus. Zugegeben, ich gehöre zu den Frauen, die Männer in gut sitzenden Anzügen und Uniformen sexy finden, dem Anlass entsprechend. Zum Glück trägt Paul keine Krawatte zum weißen Hemd, das einfach oben offen ist. Lässige Eleganz – das strahlt er aus. Fasziniert starre ich ihn an, während Paul bemüht ist, mein Kleid ungeschickt mit einer Serviette abzutupfen, ohne mich dabei zu berühren, was technisch unmöglich ist.

«Tut mir echt leid, Vera. Das … das war keine Absicht. Wirklich! Ist außerdem nur Wasser und …»

So unsicher habe ich ihn noch nicht erlebt, und es gefällt mir zu sehen, dass Paul in Stresssituationen auch nicht perfekt ist. Ich nehme ihm die Serviette ab und berühre dabei seine Hand.

«Nicht schlimm. Sieht man nicht auf Schwarz.»

«Schön, dass du da bist», sagt er, und ich weiß, dass er das ernst meint. Ich strahle ihn an und habe plötzlich ein ganz starkes Bauchkribbeln und überhaupt kein schlechtes Gewissen mehr, weil ich mit Sven … Schwamm drüber.

«Ja, das finde ich auch.»

Jetzt stehen wir also da, mitten im Gedränge von Menschen umgeben, die ihren Platz suchen, ihren Partner, ihre Kinder, mitten auf der Treppe dieses unglaublich schönen Ballsaals, und wissen beide nicht, was wir sagen sollen. Ein wenig erinnert die Situation an den Untergang der Titanic. Ein Liebespaar findet sich, während ringsum alle durcheinanderrennen.

«Ich hab nachgedacht – über uns und dich und …», beginnt Paul.

«Jedenfalls ... Tut mir leid, wenn ich aufdringlich war. Ich lass dich ab jetzt in Ruhe und ruf auch nicht mehr an. Kommt nicht wieder vor. Vergiss alles.»

Ich soll was?! Moment mal! Was soll das denn jetzt? Hier läuft gerade alles in die völlig falsche Richtung. Nein, stopp! Ich öffne den Mund und will so viel auf einmal sagen, dass ich nichts davon herausbekomme. Wortstau! Ausgerechnet jetzt!

Paul schaut mich einen Moment lang erwartungsvoll an, und ich weiß genau, dass ich diesen Moment jetzt auf keinen Fall verstreichen lassen darf. Doch ehe ich etwas erwidern kann, senkt Paul enttäuscht den Blick, dreht sich um und geht weg. Und ich stehe einfach nur da und fühle mich wie eine Idiotin.

Ich hab's vermasselt. Ein Ton hätte genügt, um ihm zu verstehen zu geben, dass alles ganz anders ist. Ich hätte nur sagen müssen, dass ich mit ihm zusammen sein will, denn das will ich doch. Jetzt mehr denn je. Warum nur wird jemand erst interessant, wenn die Person sich einem entzieht? Warum müssen Menschen so furchtbar kompliziert sein, wenn alles so einfach sein könnte? Warum kann ich mich nicht einfach auf dieses Abenteuer einlassen? Es wäre so leicht und so schön gewesen.

Ich ahne, dass diese Ballnacht unvergesslich wird, und habe das Gefühl, die Titanic beginnt zu sinken.

Paul verschwindet in der Menge der Eltern, Lehrer und Schüler. Ich weiß nicht, wie lange ich in der Schockstarre verharre, ob Sekunden, Minuten oder eine Ewigkeit, aber irgendwann begebe ich mich wieder zu unserem Tisch, wo mittlerweile das Essen serviert wird. Ich versuche krampfhaft, mir nichts anmerken zu lassen, und halte ständig Ausschau nach ihm. Fast vermute ich schon, dass Paul den Ball verlassen hat, und habe eine blasse Ahnung, wie sich der Prinz gefühlt haben muss, nachdem sein Aschenputtel fort war. Nur im Gegensatz zu mir hat der Prinz nichts unversucht gelassen, seine Auserwählte wiederzufinden.

Eine junge, hübsche Kellnerin, kaum älter als Greta, serviert das Wildkräuterschaumsüppchen mit gebackenem Landei, nachdem ich das Amuse-Gueule – Avocado-Tofu-Tatar auf Vollkorntalern – verpasst habe. Das Essen ist wirklich gut. Harry hat sich deutlich übertroffen und die Messlatte für die kommenden Abitur-Jahrgänge sehr hoch gelegt. Er ist offenbar perfekt vorbereitet, hat Küche und Personal im Griff, und ich staune darüber, dass die Kellner und Kellnerinnen – überwiegend Studenten – tatsächlich in der Lage sind, den Gästen zu erklären, was sie gerade auf dem Teller haben. Ich freue mich, dass Harrys Kochkünste so gut ankommen.

Nach dem Essen flaniere ich umher, ohne mir hoffentlich anmerken zu lassen, was in meinem Kopf und vor allem in meinem Herzen alles los ist. Harrys Imbisswagen steht draußen auf der Terrasse, wo Felix und Karo ihn phantastisch inszeniert haben. Dort werden ausschließlich Desserts und Kaffee angeboten, damit sich die Gäste etwas auflockern, bewegen und vielleicht auch rauchen können, bevor das Showprogramm beginnt. Von Paul ist weit und breit nichts zu sehen. Und was passiert, wenn ich ihn sehe? Dann werde ich ihm sagen, was ich wirklich für ihn fühle. Aber er scheint tatsächlich schon gegangen zu sein. Lustlos halte ich Smalltalk mit Eltern, Schülern und Lehrern, die mich zum guten Gelingen des Abi-Balls beglückwünschen. Rektor Hövelmann umarmt mich sogar, erleichtert darüber, dass alles so gut läuft. Vermutlich hat er schon mehr als ein Glas Wein intus. Wie ich ihn beneide, während ich mich an einem Glas Wasser berausche.

«Ach Frau Odermann, hätten wir das gewusst, hätten wir Ihnen den Abi-Ball schon seit Jahren anvertraut.»

«Bloß nicht!», scherze ich und lasse mich in seinen Arm fallen, denn Rektor Hövelmann hat keine Ahnung, wie gut mir seine Umarmung in diesem Moment tut.

«Ich gebe das gerne weiter ans gesamte Organisations-Komitee», sage ich bescheiden. Aber der Rektor winkt ab.

«Ach was! Wir wissen doch beide, dass die alle unfähig sind und sich gerne reden hören. Die sollten lieber in die Politik gehen», lacht er und greift nach dem Arm von jemandem, der gerade vorbeieilt. «Außer der junge Kollege Andresen hier.»

Wie ein Zauberer, der ein Kaninchen aus dem Zylinder zieht, zieht Rektor Hövelmann nun den überraschten Paul zu uns aus der Menge heran und freut sich, während ich staune und meine Gefühle ordne. Ich bin überrascht, erleichtert und überglücklich, dass Paul noch hier ist.

«Das war doch eine tolle Idee mit Ihrem Freund. Was?! Das Essen ist ausgezeichnet, und nicht mal die Elternvertreter haben was zu meckern.»

Paul nickt zustimmend und lächelt mich an.

«Glauben Sie mir, ich habe schon viele Veranstaltungen dieser Art erlebt. Da steht und fällt alles mit dem Essen.»

Rektor Hövelmann angelt sich geschickt ein Glas Rotwein vom Tablett einer vorbeieilenden Kellnerin, die abrupt bremst und sich uns zuwendet. Er macht eine Geste, mir auch ein Glas zu reichen, aber ich winke ab und zeige auf mein Wasserglas, dessen Inhalt schon pipiwarm geworden ist, so sehr halte ich mich daran fest. Paul und ich wechseln immer wieder unsichere Blicke und sind ganz froh, dass Hövelmann so gesprächig ist.

«Wussten Sie, dass ein Großteil der Gnadengesuche von Todeskandidaten erfolgreich abgenickt wird, wenn die Richter zuvor gut gegessen haben?» Klingt wie eine Story aus dem Lexikon für unnützes Partywissen. Paul und ich schütteln verblüfft die Köpfe. Rektor Hövelmann nimmt einen Schluck Wein und nickt.

«Sehen Sie! Die Schüler wissen so was. Deshalb beginnt das Showprogramm auch erst nach dem Dessert. Clever, unsere Jugend!»

Rektor Hövelmann wird vom Vorsitzenden des Fördervereins der Schule begrüßt und entschuldigt sich.

Während ich mit Paul schweigend dastehe und wir uns einfach nur ansehen, das Kribbeln in meinem Bauch wieder zunimmt, meine Hände feucht werden und ich kurz davor bin, irgendeinen Unsinn zu sagen, nur um irgendwas zu sagen, wird im Saal das Licht gedimmt und die Bühne erleuchtet. Tatsächlich, die Show beginnt, und ich bin erleichtert über die Ablenkung. Alle nehmen ihre Plätze wieder ein, nur wir bleiben stehen und schauen uns an. Gerade erst hat Paul mich abserviert, nachdem ich ihm signalisiert habe, kein Interesse mehr an ihm zu haben. Dann dürfte doch eigentlich alles gesagt sein zwischen uns. Niemand schuldet dem anderen etwas, denn glücklicherweise haben wir es gar nicht erst zu mehr kommen lassen. Wir könnten also einfach wie zwei Erwachsene auseinandergehen. Dennoch stehen wir hier völlig paralysiert voreinander. Ich kann nicht denken, weil mein Körper durchdreht. Mein Puls rast und pumpt in einer Affengeschwindigkeit Unmengen an Adrenalin durch meine Blutbahnen. Am liebsten würde ich ihn jetzt küssen, aber … Nein, nein, nein! Nicht jetzt und schon gar nicht hier. Und wieso überhaupt?! Absolut tabu! Mein Gehirn arbeitet auf Hochtouren und versucht, dem in Wallung geratenen Körper ein wenig Lebenssaft abzutrotzen, um wieder zu funktionieren. Ich muss die Situation in den Griff bekommen, gehe einen Schritt auf Paul zu und drängele mich an ihm vorbei.

«Tut mir leid», sage ich, ohne ihn anzuschauen und lasse ihn stehen, um so schnell wie möglich auf die Damentoilette zu verschwinden. Ich muss nachdenken, einen klaren Kopf bekommen. Mit beiden Händen schöpfe ich mir kaltes Wasser ins Gesicht, ohne an mein Make-up zu denken, was ein Fehler ist, denn die Wimperntusche ist nicht wasserfest. Als ich wieder aufschaue und im grellen Neonlicht mein Gesicht im Spiegel sehe, wird mir bewusst, dass Paul mich aus meiner Komfortzone drängt. Er bringt mich völlig durcheinander, und ich verhalte mich wie ein fehlgeleiteter Teenager.

Das kann ich jetzt gar nicht gebrauchen. Gerade jetzt, wo mein Leben kurz davor ist, unbemannt und daher unkompliziert zu werden.

Ich halte mich am Waschbecken fest, schaue mir tief in die Augen und fälle einen Entschluss: Vergiss Paul! Offenbar hat er ja begriffen, dass ich mich von ihm distanziere. Ich darf jetzt nur nicht einknicken und ihm die falschen Signale geben. Schon gar nicht heute Abend, denn das wäre total kontraproduktiv, weil er dann glauben könnte, es sei mir ernst mit ihm, weil ich mich in aller Öffentlichkeit zu ihm bekenne. Nein, nein, nein, sicher nicht! Die Sache mit Paul muss im Keim erstickt werden, damit ich wieder zur Ruhe komme. Das ist der Plan.

Ich bringe mein Gesicht in Ordnung und gehe fest entschlossen zurück in den Saal, wo die Bühnenshow läuft und alle Aufmerksamkeit auf sich zieht. Langsam gehe ich zur Galerie und schaue mich nach Paul um, der zum Glück nirgendwo zu sehen ist. Ich will gerade einen Abstecher zur Bar machen, als jemand mein Handgelenk packt und mich hinter einen Vorhang zieht, der die Galerie vom Foyer trennt.

Paul.

Er umarmt mich und küsst mich. Einfach so im Schutze der Dunkelheit. Ganz sanft. Ich will mich zuerst wehren, aber dann spüre ich seine warmen, weichen Lippen und lasse mich auf ihn ein, schließe die Augen und erwidere seinen Kuss. Er küsst so gut, dass jeder Widerstand zwecklos ist. Wahnsinnig gut. Galaktisch gut. Mir wird schwindelig, und ich vergesse alle meine Vorsätze und alles um uns herum und will nie mehr aufhören, ihn zu küssen. Nach gefühlten zehn Minuten Dauerknutschen öffne ich kurz die Augen und bemerke, dass uns jemand beobachtet. Sven. Na klar, wer sonst sollte mich in diesem unwirklichen Moment ins Hier und Jetzt zurückkatapultieren, wenn nicht mein Mann – Noch-Ehemann.

Bevor wir auch anderen auffallen, beende ich schweren Herzens unseren Knutschrausch. Ich küsse Paul zart hinters Ohr, was mich fast mehr antörnt als ihn. Ich bin völlig durcheinander und Lichtjahre von meiner Komfortzone entfernt. Aber mir ist nach diesem Kuss alles egal.

«Wir werden beobachtet.»

«Dann lass uns hier abhauen», flüstert er.

Ich spiele ganz kurz mit dem Gedanken, mit Paul durchzubrennen. Ohne Ziel und ohne Skrupel, wie Bonnie und Clyde, gemeinsam gegen den Rest der Welt. Aber meine romantischen Gedanken werden durch einen Seitenblick auf Sven, der uns geradezu anstarrt, in die Realität geholt.

«Wir sollten das später fortsetzen», flüstere ich hastig und kann's jetzt schon kaum erwarten. Alle Pläne, meine Gefühle für Paul im Keim zu ersticken, sind dahin.

«Unbedingt!» Er küsst mich auf den Hals und drückt mich dann ganz fest an sich, sodass ich sein schnell schlagendes Herz spüre. Mir geht es ähnlich, und ich sauge gierig alle Gefühle, Gerüche und Gesten in mir auf, bevor ich mich von Paul löse.

Im Saal wird ein aufreizender Cancan angekündigt, dargeboten von der Herrentanzgruppe der Physik-, Mathe- und Informatik-Leistungskurse, und schon stürmen sechs junge Männer feixend auf die Bühne und lassen behaarte Beine und gestärkte Unterröcke fliegen.

«Ich warte auf dich!», flüstert Paul. Ein letzter Kuss, dann schäle ich mich aus seiner Umarmung, die er nur widerwillig löst, atme tief durch und schwebe völlig aufgewühlt zu meinem Tisch. Mit gemischten Gefühlen, aber vollgepumpt mit Glückshormonen, setze ich mich und genieße Svens irritierte Blicke und Julias angestrengt disziplinierten Gesichtsausdruck, sich nichts anmerken zu lassen. Sie ist eine grandios schlechte Mimin. Niemand sonst am Tisch hat von Paul und mir etwas bemerkt, denn die Bühnen-Show ist wirklich gut. Greta feuert die Jungs euphorisch an, und auch ich klatsche begeistert Beifall und fordere, wie einige andere Frauenstimmen im Saal, eine Zugabe der Herrentanzgruppe, die tatsächlich ein Einsehen mit den Fans hat und zum absoluten Höhepunkt des Abends ansetzt: dem immer noch großartigen Selbstumarmungs-Klammerblues zum Schmuse-Hit *Je t'aime* von Jane Birkin & Serge Gainsbourg. Zuerst lassen die sechs Jungs, von denen vier einen Dreitagebart tragen, unter Kreischen und Pfiffen aus dem Publikum ihre Röcke fallen, um sich dann völlig übertrieben auf der Bühne zu rekeln und im langsamen Takt des französischen Stöhn-Songs lasziv mit dem Befummeln ihrer eigenen Körper abzumühen – in langen Spitzenhöschen.

Großes Kino! Das Publikum tobt!

Ich pfeife durch die Finger und klatsche wie verrückt. Sven dagegen sieht nicht so aus, als würde er sich sehr amüsieren.

«*Das* ist er?» Sven hat mehr als zehn Minuten gebraucht, um seine Frage zu stellen. Ich tue, als hätte ich ihn nicht verstanden, weil es so laut ist im Saal und weil ich ihn gerne quäle. Er holt Luft, beugt sich zu Julias Entsetzen näher zu mir rüber und setzt neu an.

«Dein Neuer? *Das* war er gerade?»

Ich nicke begeistert und pfeife den von der Bühne abgehenden Jungs hinterher wie eine Straßengöre. Sven lässt nicht locker. Mit besorgter Miene beugt er sich noch weiter zu mir rüber.

«Bis du verrückt?! Das ist Gretas Lehrer!»

Ich schüttele den Kopf und lächele Sven beruhigend an.

«Er ist erst Referendar, Lehrer in Ausbildung, schon vergessen? Außerdem …» Ich umarme Sven spontan und küsse ihn auf die Wange, zu Julias offensichtlicher Empörung. «Außerdem hat unsere Tochter Abitur! Ist das nicht toll?!»

«Ja, toll. Aber … Vera, mach dich nicht lächerlich! Du könntest seine Mutter sein.»

Dieser Arsch versucht gerade, mir meine Glückshormone abzutöten.

«Ach, und was ist mit dir?»

Mütterlich lächele ich Julia zu, die vermutlich ahnt, dass es um sie geht. Dafür braucht man auch kein Abitur.

«Jetzt fang doch nicht wieder damit an. Das ist was ganz anderes», verteidigt sich Sven.

«Wieso?»

«Weil … weil … weil es ernst ist. Aber dieser junge Kerl da, der bindet sich doch nicht an eine, eine …»

Moment mal, jetzt wird's interessant. Ich vervollständige Svens Satz, und meine Stimmung kippt langsam.

«Milf?»

«Ach, das wollte ich doch gar nicht sagen.»

Sven eiert und rudert durch strudelreiches Gewässer auf den Abgrund zu.

«Was denn?», hake ich nach, in der Hoffnung, meinen Noch-Ehemann vollends zu Fall zu bringen.

«Was ich meine, ist, dass du einen reifen Mann brauchst, der dir was bieten kann, aber nicht so einen.»

Sven greift nach seinem Weinglas und trinkt wie ein Verdurstender.

«Ach, du meinst einen wie dich, ja? Nein danke, das ist mir zu langweilig. Wer will schon immer das Gleiche essen? Und ich steh übrigens auch nicht auf Gammelfleisch.»

«Ach, das hab ich aber anders in Erinnerung!»

Sven lässt sich tatsächlich so einfach provozieren und wird jetzt laut, so dass Julia und Greta hellhörig werden und uns neugierig beobachten. Bevor mir die Galle hochkommt, stehe ich auf, um mich an der Bar zu beruhigen. Wäre ich doch bloß mit Paul durchgebrannt. Aber Sven durchkreuzt meinen Plan, hält mich am Arm fest und kneift die Augen zusammen. Diesen Blick kenne ich. Gleich feuert er seine Giftpfeile ab.

«Fängst du jetzt an, wild durch die Gegend zu vögeln, oder was?!»

Bevor er sich noch mehr Luft macht und ich ihm eine Ohrfeige verpassen muss, befreie ich mich aus seinem Griff und zische ihn an.

«*Du* wolltest doch ein neues Leben anfangen. Dann mach das und werde glücklich. Aber halte dich aus meinem raus!»

Dann wende ich mich an Julia. «Besser, du bringst deinen Traummann nach Hause, bevor er peinlich wird.»

Greta steht überraschend auf und schaut Sven und mich enttäuscht und mit Tränen in den Augen an.

«Ihr seid *beide* so peinlich. Scheiß Egos!»

Dann verlässt sie unseren Tisch. Der Untergang der Titanic nimmt nun doch seinen Lauf.

Auch der Rest des Abends verläuft ganz anders als erwartet. Svens Verhalten hat bei Julia offenbar echte Zweifel an ihm und ihrer Beziehung aufkommen lassen, denn die beiden haben eine ernsthafte und lange Auseinandersetzung. Ich beobachte sie aus sicherer Entfernung und sehe, dass Julia Sven eine Standpauke hält, und obwohl ich nicht hören kann, was sie sagt, kann ich ihre Worte problemlos mitsprechen – sogar lippensynchron.

«Wie konntest du mich so vorführen? Das ist das Letzte! Wie stehe ich denn jetzt da?! Das war so erniedrigend für mich! Wieso bist du eifersüchtig? Hängst du noch an ihr? Wie kann ich dir vertrauen? Du liebst mich nicht mehr! Blablabla …» Seinem bedröppelten Blick nach zu urteilen, fühlt er sich schuldig und versucht, sie mit allen möglichen Beteuerungen und Erklärungen zu beruhigen. Seine Worte kann ich noch besser synchronisieren, weil ich das alles schon gehört habe.

«Mach dich nicht lächerlich! Das bildest du dir ein! Es geht nur um Greta! Du spinnst ja! Natürlich liebe ich dich! Blablabla.»

Das Showprogramm ist vorbei, und der DJ macht seinen Job. Väter, Töchter, Söhne und Mütter erstürmen die Tanzfläche und amüsieren sich. Auch Greta. Ich nicht. Und das liegt nicht daran, dass ich keinen Sohn habe, der mich zum Tanz auffordern könnte. Ein Kind ist völlig ausreichend. Vielmehr liegt es daran, dass ich Greta den Abend versaut habe, obwohl ich daran sicher nicht alleine schuld bin. Mir ist einfach nicht nach tanzen.

Sven redet so lange auf Julia ein, bis sie sich demonstrativ unter die Tanzenden mischt. Er folgt ihr, um allen zu zeigen, dass er's noch draufhat und ein toller Hecht ist. Noch immer wütend auf ihren Vater, verlässt Greta die Tanzfläche. Ich lehne unauffällig im Hintergrund an einer Säule und beobachte das Treiben im Saal. Dabei halte ich Ausschau nach Paul.

Greta geht mit ein paar Freundinnen an die Bar von Harrys Neffen Tobi mit den stinkenden Dreadlocks. Ich bin so froh, dass sie sich auf ihre Freundinnen verlassen kann. Am liebsten würde ich mich jetzt und hier sofort bei ihr entschuldigen, aber ich kenne sie gut genug, um zu wissen, dass das sinnlos wäre, weil sie meine Entschuldigung aus Trotz nicht annehmen würde. Würde ich auch nicht.

Vielleicht sollte ich einfach nach Hause gehen, jetzt, wo ich es mir mit Greta verscherzt habe.

«Darf ich bitten, Vera?», höre ich da eine mir bekannte Stimme hinter mir und muss mich kurz sammeln, bevor ich mich umdrehe.

«Alex, ich hatte dir doch deutlich zu verstehen gegeben, dass ich nicht möchte, dass du mich duzt.»

«Aber was war denn auf der Grillparty? Da hast du wild mit mir getanzt, und es hat dir sehr gefallen, das weiß ich.»

«Nichts war auf der Grillparty! Klar?! Und jetzt bin ich wieder

Frau Odermann für dich – ein für alle Mal! Und solltest du das nicht endlich kapieren, werde ich dich und deine kleine Keksbäckerei auffliegen lassen.»

Ich wende mich von Alex ab, damit er sich verdünnisiert. Aber der Knabe lässt sich nicht abwimmeln und umfasst fordernd meine Hüften von hinten – wie auf der Party. Na warte! Ich drehe mich um und verpasse ihm eine saftige Ohrfeige.

Zu spät bemerke ich meinen Fehler. Völlig überrascht von meiner Attacke, hält sich Paul seine puckernde Wange und versteht die Welt nicht mehr. Ich wiederum halte mir vor Schreck beide Hände vor den Mund und suche nach Worten.

«Paul! Oh Gott, es tut mir leid! Das wollte ich nicht. Das heißt, eigentlich doch, aber ich dachte, du wärst ein anderer. Ich meine …!»

Mein Gestammel macht es nicht besser. Was ist das nur für ein katastrophaler Abend heute? Ich nehme Pauls Gesicht in meine Hände, küsse ihn, und es ist mir mit einem Mal völlig egal, wer uns alles sieht und beobachtet.

«Schon gut. Nicht so schlimm. Kein Blut. Muss auch nicht genäht werden. Was um Himmels willen hat derjenige verbrochen, dem diese Ohrfeige galt?»

Pauls Wange ist knallrot, und ich kann meinen Handabdruck darauf erkennen.

«Er hat mit mir getanzt, und jetzt will er mehr», antworte ich unschuldig. Sofort nimmt Paul seine Hände von meiner Hüfte und hält sie wie ein überführter Gauner in die Höhe.

«Ich habe nichts getan und keine schmutzigen Gedanken, hohes Gericht! Ich bin unschuldig!»

Ich führe seine Hände zurück an meinen Körper.

«Das, Angeklagter, sollten wir unter Ausschluss der Öffentlichkeit klären. Lass uns bitte ganz schnell hier abhauen», höre ich mich sagen und habe keinen Zweifel daran, dass das die mit Abstand beste Idee des Abends ist.

Ich will mich von Greta verabschieden, aber als sie mich auf sich zukommen sieht, wendet sie sich demonstrativ von mir ab. Kann ich sehr gut verstehen. Schließlich habe ich ihr den Abend versaut und sie lächerlich gemacht. Denn mit Sicherheit hat Greta direkt oder indirekt mitbekommen, dass ich mit Paul rumgeknutscht habe. Da würde ich meiner Mutter auch die kalte Schulter zeigen. Und das tut mir auch aufrichtig leid. Ich habe wirklich versucht, Paul auszuweichen. Und ich habe auch versucht, mich heute nicht mit Sven zu streiten. Nichts davon ist mir gelungen. Diesen verkorksten Abend wird Greta mir noch in zwanzig Jahren nachtragen, da bin ich sicher.

Daher werden wir uns heute Abend wohl nicht wieder versöhnen, und das fühlt sich nicht gut an. Schon meine Mutter hatte immer darauf bestanden, dass nach jedem Donnerwetter immer eine Versöhnung folgt, damit kein Tag traurig oder wütend endet. Am Ende des Tages musste alles wieder gut sein, um einen ruhigen und glücklichen Schlaf zu finden. Ich habe dieses Ritual an meine Tochter weitergegeben. Nie schliefen wir nach dem noch so kleinsten Zank ein, ohne uns vertragen zu haben. Trotz unserer Sturköpfe hielten wir es nicht aus, ohne Gutenachtkuss einzuschlafen. Und jetzt gehen wir am Ende eines Tages ohne Aussicht auf Versöhnung auseinander, und das tut weh.

Draußen hat es angefangen zu regnen. Das passt ja wunderbar zum Gesamt-Arrangement des Abends. Ich ziehe meine Schuhe aus und lasse den kühlen Regen über die nackten Füße prasseln. Das tut so gut, dass ich vor Erleichterung leise aufstöhne. Paul nimmt meine Hand.

«Alles okay? Wir können auch noch bleiben, wenn dir das lieber ist.» Er meint das wirklich ernst, so, wie er mich anschaut. Aber ich schüttele den Kopf.

«Nein, nichts ist okay. Aber es wird nicht besser, wenn wir bleiben. Im Gegenteil. Vielleicht kann Greta ihre Ballnacht ohne mich doch noch genießen.» Und dann fange ich an zu heulen, denn es tut mir wirklich aufrichtig leid, dass ich meiner Tochter diese einzigartige Nacht verdorben habe. Paul nimmt mich in den Arm und tröstet mich.

«Mit Sicherheit. Wenn wir Erwachsenen weg sind, geht da drin die Party erst richtig los. Du machst dir zu viele Gedanken.»

«Aber wir haben uns nicht mal verabschiedet», heule ich.

Dann sehe ich über Pauls Schulter hinweg Sven und Julia aus dem Gebäude kommen. Sie geht zielstrebig zum Auto, während Sven versucht, die Ruhe zu bewahren. Er schaut zu uns rüber, als habe ihm eine geheime Stimme geflüstert, dass es hier etwas zu sehen gibt. Noch immer umarmt mich Paul, streichelt mir über den Rücken und beginnt, meinen Hals zu küssen, während ich Svens Blick standhalte. Warum kann Sven nicht einfach Ruhe geben?

Dann höre ich Pauls leise Stimme in mein Ohr flüstern: «Vielleicht sollten wir heute Nacht auch noch auf unsere Kosten kommen.» Ich schließe automatisch die Augen und beende damit das Blickduell mit Sven, während Paul mir die salzigen Tränen vom Mundwinkel küsst.

«Klingt gut», sage ich, und als er mich noch enger an sich zieht, spüre ich, wie scharf er ist. Paul küsst so phantastisch, dass ein Schauer von meinen Lippen durch Hals, Brustkorb und Magen durch den Körper strömt und sich im kompletten Unterleib warm und kribbelnd ausbreitet. Ich werde feucht – oben, unten, innen, außen, überall. Dann höre ich zwei Autotüren knallen und Svens Wagen hupend davonfahren. Typisch.

Es regnet jetzt immer stärker, und ich mache mir plötzlich Sorgen um meine frisch gefärbten Haare, denn ich bin mir mit einem Mal sicher, dass der Regen das warme Herbstbraun ausspülen und schon bald meinen Kopf in sein natürliches Senioren-Silbergrau tauchen wird. Das darf ich nicht zulassen. Nicht, wenn ich die nächsten Stunden mit diesem jungen Mann verbringen möchte. Paul will ein Taxi rufen, aber weil ich den ganzen Abend nur Wasser getrunken habe, schlage ich vor zu fahren.

«Dann brauche ich wohl nicht die romantischste aller Fragen zu stellen?»

«Welche?»

«Zu mir oder zu dir?»

«Klären wir das im Auto. Wer zuerst an dem roten Wagen da ist!»

Wir spurten durch den Regen quer über den Parkplatz zu meinem Auto, und ich verfluche einmal mehr meine kaputte Zentralverriegelung, weil ich erst den Wagen umständlich aufschließen muss, bevor wir ins Trockene gelangen. Völlig durchnässt, lache und küsse ich Pauls tropfendes Gesicht mit den unglaublich weichen Lippen.

«Natürlich zu dir. Es sei denn, du bist scharf darauf, morgen früh meiner Tochter im Bad zu begegnen.»

Paul ist zuerst erleichtert, dann sieht es so aus, als überlege er.

«Wenn du mich so direkt fragst ... also, ich hätte nichts dagegen Mutter *und* Tochter ...»

Ich boxe ihn auf den Arm und starte den Wagen.

«Denk nicht mal dran!»

Zwanzig Minuten später parke ich den Wagen in einer kleinen Seitenstraße, nicht weit entfernt von Harrys Restaurant, und spüre, wie ich von Minute zu Minute unsicherer werde. Schon die Fahrt war eine einzige Tortur, eine Mischung aus Begierde und Angst. Ich fühle mich wie eine Sechzehnjährige und stelle mir die gleiche Frage wie damals: *Bin ich wirklich bereit für das, was gleich geschehen wird?* Und gerade als Paul sich zu mir beugt, geschieht das Unvermeidliche. Ich sitze starr hinterm Steuer, schaue stur geradeaus und beginne zu reden.

«Die Gegend hier ist echt schön. Wohnst du hier schon lange? Wie sind die Mieten hier? Du hast bestimmt nette Nachbarn. Ich mag die vielen kleinen Läden. Dort hinten habe ich sogar einen Puppendoktor gesehen. Dass es das überhaupt noch gibt ...»

Er küsst mich. Endlich halte ich den Mund.

«Komm!»

Dann lösen wir uns voneinander und steigen aus. Der erste Stein fällt mir vom Herzen: kein Gefummel im Auto. Dafür bin ich echt zu alt und zu ungelenk.

Paul nimmt ganz selbstverständlich meine Hand, als wären wir seit Jahren ein Paar. Tatsächlich fühlen sich seine Hände schon sehr vertraut an. Bevor er die Tür des Gründerzeithauses aufschließt, schiebt er mir eine tropfende Strähne aus dem Gesicht.

«Du siehst toll aus, weißt du das?!»

Er kann so charmant lügen, denn ich habe das Gefühl, braune Haarfarbe rinnt mir über die verschmierte Wimperntusche und sammelt sich in den Falten. Sehr hübsch.

Wir gehen rauf in den dritten Stock, und seltsamerweise macht es mir nichts aus. Keine Atemnot, kein hoher Puls, keine Erschöpfung, keine Arthrose im Knie. Ich habe ganz einfach andere Dinge im Kopf. Wichtigere. Ich bleibe bewusst auf der Treppe hinter Paul, damit er mir beim Hinaufgehen nicht auf meine strammen Beine schauen kann. Obwohl ich es kaum erwarten kann, mit ihm ungestört in seiner Wohnung ungehemmten Sex zu haben, frage ich mich, ob ich wirklich, wirklich vorbereitet darauf bin. Zum Glück habe ich neulich dieses sündig-schöne Victoria's-Secret-Schnäppchen ergattert, das heute Premiere hat. Als hätte ich es geahnt, habe ich mir seit langem mal wieder neue Unterwäsche gegönnt, die ausnahmsweise nicht warm und praktisch ist. Das wiegt mich in Sicherheit. Und die Bodylotion, die ich zum Geburtstag geschenkt bekommen habe, duftet noch immer blumigfrisch auf meiner Haut. *Alles gut,* beruhige ich mich.

Paul schließt seine Wohnungstür auf und macht eine einladende Geste.

«Fühl dich wie zu Hause.»

«Das willst du nicht», scherze ich unsicher, trete ein und bemerke zuerst den Duft von frischer Wäsche, dann Zwiebeln und Knoblauch.

«Wohnst du alleine?»

Paul schaut mich skeptisch an. «Natürlich nicht. Ich habe eine Mitbewohnerin.»

Ich wusste, dass irgendwo ein Haken ist und verkrampfe, bevor ich mich richtig entspannt habe.

Der Korridor wird von einer Glühbirne beleuchtet, die vermutlich seit Jahren auf einen Lampenschirm wartet. Über den Türen hängen frisch gewaschene Bettbezüge und Laken zum Trocknen, was der Wohnung eine neapolitanische Note gibt.

«Ah, frische Bettwäsche. Hast du gewusst, dass ich komme?» Ich weiß selbst nicht, ob ich das als Scherz oder ernst meine.

«Nein, aber nach drei Jahren war's mal fällig», grinst er.

Auch ein Witzbold, denke ich und bleibe mit der Jacke am Lenker eines Fahrrades hängen, das im Flur zwischen Bad und Küche steht. Zumindest kann ich unter der getrockneten Matschschicht erahnen, dass es ein Fahrrad sein soll.

«Willst du 'n Bier?», fragt Paul und geht in die Küche vor.

«Warum nicht?», antworte ich, obwohl mir nicht nach Bier ist. Ich folge ihm, und Paul nimmt zwei kalte Bier aus dem alten Kühlschrank, an dem die üblichen Magnete Postkarten aus aller Welt festhalten. Pärchenfotos suche ich vergebens – das ist schon mal gut! Wir stoßen an, und ich nippe kurz an der Flasche, während ich mich neugierig umschaue. Es ist einigermaßen ordentlich und aufgeräumt. Vermutlich durch die Mitbewohnerin. Er verschwindet kurz, um mit einem Handtuch zurückzukommen. Zum Glück ist es dunkel.

Er rubbelt mir behutsam, wie einem kleinen Kind, die Haare trocken und rückt dabei immer näher an mich heran. Dann zieht er mir die Jacke aus und hebt mich auf den Küchentisch, wo wir erst eine Müslischüssel und eine Kaffeetasse zur Seite schieben, bevor wir knutschend übereinander herfallen. Gerade als wir uns auf der Eichentischplatte in die Horizontale begeben, höre ich ein Geräusch neben mir und schaue zur Seite. Da sehe ich sie.

«Darf ich vorstellen: Mimi, meine Mitbewohnerin. Vorsicht, sie kann sehr eifersüchtig werden.»

Mit funkelnden Augen schaut mich eine kleine, rot getigerte Katze neugierig an, und ich bin erleichtert, dass es diese Art von Mitbewohnerin ist, obwohl ich eine Katzenhaar-Allergie habe.

«Mimi ist eine Spannerin. Komm! Im Schlafzimmer sind wir ungestört», flüstert Paul mir direkt ins Ohr, sodass ich eine Gänsehaut bekomme. Einmal mehr wird deutlich, wie fordernd er ist. Paul gehört definitiv zu den Jungs, die nichts anbrennen lassen, und ich gehöre zu den Mädchen, die sich das gefallen lassen.

«Unbedingt», schnurre ich fast so schön wie Mimi, denke aber schon darüber nach, wie ich meinen Bauchspeck am besten verstecken kann. Im Schlafzimmer ziehen wir uns gegenseitig aus und lassen unsere Klamotten einfach fallen, was gar nicht weiter auffällt, da Paul offenbar den Inhalt seines Kleiderschrankes lieber im Raum verteilt statt im Schrank. Und ich bin froh, dass ich keine umständliche Strumpfhose unter dem Kleid trage. Strumpfhosen sind fast so unsexy wie Ski-Unterwäsche. Paul zieht mir behutsam das Kleid über den Kopf, danach ziehe ich sein Hemd aus der Hose und knöpfe es langsam auf. Er fühlt sich so wahnsinnig gut an. Muskulös und weich zugleich. Warm und vertraut. Etwas haarig auf der Brust, nicht viel, angenehm. Es gefällt mir, darüberzustreichen. Paul lässt seine Hände über meinen Körper gleiten, während wir uns küssen. Ich ziehe den Bauch ein und strecke mich etwas, um schlank und rank zu wirken. Schließlich soll er mir bitte nicht in die Speckringe greifen. Das wäre mir unangenehm.

«Entspann dich», flüstert er.

Ja sicher. Er hat gut reden – jung und knackig, wie er ist. Ich dagegen im Vorhof zur Hölle kurz vor dem Klimakterium, weißhaarig, unförmig und vor allem unsicher. Erst vor ein paar Tagen habe ich beim Stutzen meiner Schamhaare ein schneeweißes Drahthaar entdeckt. Der Schock sitzt heute noch tief. Ich habe es sofort mit einer Pinzette ausgerissen und erstmals über ein Komplett-Waxing nachgedacht. Aber der Gedanke, untenherum wie ein kleines Mädchen auszusehen, hat mich befremdet. Zumal ja das ganze Ausmaß der Folgen natürlicher Erdanziehung dann erst richtig sichtbar wird. Auf keinen Fall! Ich stehe zu meinen Haaren – zumindest im Intimbereich. Mit all diesen wirren Gedanken im Kopf soll ich mich also jetzt entspannen und mich voll und ganz auf dieses Abenteuer einlassen. Das ist … schwierig.

Würde ich mich selbst beobachten, hätte ich nur ein verständnisloses Kopfschütteln für mich übrig. Erbärmlich, wie ich mich selbst fertigmache. Unmöglich! Eine gestandene Frau, die so viel geschafft hat in ihrem Leben und längst über den Dingen stehen sollte. Die sich Gedanken über ihre Figur und ein einziges weißes Schamhaar macht, obwohl sich der Mann, in dessen Armen sie heute Nacht liegt, ganz bewusst für sie entschieden hat. Auch wenn er jünger ist – wieso sollte er sie nicht toll finden, unabhängig von ihrer subjektiven Sicht auf ihren Körper. Denn er sieht sie doch ganz anders. Ja, das würde ich mir sagen, wenn ich mich so von außen betrachten würde. Stimmt ja auch alles, und dennoch bleibt die Unsicherheit. Ganz subjektiv gesehen.

Paul will zur Sache kommen und drückt mich sanft auf sein frisch bezogenes Bett. Ja, das ist gut. Sehr gut sogar. Rückenlage ist besser als Vierfüßlerstand – was den Hängebauch angeht. Am dankbarsten ist da wirklich die Missionarsstellung. Sie garantiert einen flachen Bauch und bietet nur wenig Angriffsfläche für jeden möglichen peinlichen Fauxpas. Ich würde das gerne noch mit Paul ausdiskutieren, der jetzt aber meinen BH öffnet und sich gleichzeitig meinem Ohr und meinen Brüsten zuwendet. Neue Gedanken schießen mir durch mein krankes Hirn. Vielleicht steht er nur auf Riesenmöpse. Oder er gehört zu den Männern, die kleine, androgyne Brüste bevorzugen. Hoffentlich ist Paul nicht von meinem Busen enttäuscht. Dabei ist mein Busen eigentlich noch okay – finde ich. Gut, er hängt etwas, aber alles im Rahmen und nicht in Bodenfrostgefahr.

Es ist schrecklich. Ich habe den Kopf nicht frei, will perfekt aussehen, alles richtig machen. Was ist nur los mit mir? Wieso kann ich mich nicht einfach fallen lassen? Warum bin ich nur so … und dann flüstert mir Paul schwer atmend ins Ohr, wie geil er mich und meinen Busen findet, und streichelt dabei meine Nippel und küsst meinen Körper und rutscht immer tiefer und tiefer, und ich lasse endlich los und tauche ab in diese unglaubliche Nacht.

Ein paar Stunden später liege ich in Pauls Arm, bin tiefenentspannt, verschwitzt, erschöpft und glücklich.

«Könntest du dir vorstellen, das öfter zu machen?»

«Was?», frage ich.

«Das hier», sagt er, und wir starren beide an die Decke seines Schlafzimmers, aus der ein Lampenkabel ragt.

Ich wende mich ihm zu.

«Vielleicht?», sage ich, unsicher darüber, ob das eine Fangfrage war. Möglicherweise will er nur herausfinden, ob ich was Festes mit ihm anfangen will. Und möglicherweise will er genau das nicht. Also bleibe ich vage. Nun wendet er sich auch mir zu.

«Vielleicht ja oder vielleicht nein?», fragt er.

«Und du?»

Er zögert mit der Antwort.

«Warum nicht?», sagt er und blickt wieder zur Decke.

«Klingt nicht überzeugend», sage ich.

«Du auch nicht», sagt er.

Ich wende meinen Blick von ihm ab und überlege einen Moment. Dann schaue ich ihn wieder an. Sein Profil gefällt mir. Besonders die markante Kinnpartie und der Hals.

«Ja, kann ich. Sehr gut sogar», sage ich. Er schaut mich an, lächelt erleichtert, und alles beginnt von vorn. Nur besser.

13

«ERZÄHL!» Ursel platzt fast vor Neugier.

Aber der Genießer schweigt. Und die Genießerin sowieso. Meistens. Aber Frauen sind per se kommunikativer als Männer, was ja auch gut so ist, sonst würden sich alle Menschen nur durch Brummen, Nuscheln, Gesichtszuckungen (nicht zu verwechseln mit Mimik), Anschubsen und derbes Schulterklopfen unterhalten. Das möchten wir Frauen nicht. Daher reden wir. Viel. Und das ist gut so. Doch jetzt schweige ich und genieße den Moment, in dem mich drei Augenpaare neugierig anstarren. Pavel findet zuerst die richtigen Worte.

«Und, war er so gut, wie er aussieht?»

Ursel horcht auf. «Woher weißt du denn, wie er aussieht?»

«Ihr habt euch ja oft genug lang und breit über ihn ausgelassen», betont Pavel, um klar zum Ausdruck zu bringen, dass *er* Paul noch *nicht* zu Gesicht bekommen hat.

«Beruhige dich, Hase, deine Frage ist absolut berechtigt», nimmt Bea den Barmann in Schutz, der ihr sofort ein Lächeln und einen Averna auf Eis schenkt. Bea hat's am Magen.

«Ich nehme noch 'ne Cola, Pavel. Fühl mich so unterzuckert heute.»

Es macht mir einen riesigen Spaß, meine Freundinnen auf die Folter zu spannen. Aber ich sollte vorsichtig sein, denn sie sind meine einzigen, und damit sollte ich es mir nicht verscherzen. Pavel macht mir eine Cola, wie ich sie mag. Mit einer Scheibe Zitrone, ohne Eis.

«Komm schon! Erzähl!», fordert Ursel und schaut ungeduldig

auf die Uhr, als hätte sie heute noch etwas vor, was natürlich nicht der Fall ist, abgesehen von ihrer abendlichen Gassirunde mit Herbert.

«Also gut, was soll ich sagen … Es war … okay.»

Enttäuschte Gesichter. Das war wohl die falsche Antwort. Bea findet tröstende Worte.

«Das tut mir leid, Schatz. Du hast es anscheinend nicht mehr drauf. Ich habe dir immer gesagt, dass du dir einen Lover suchen sollst. Aber nein! Stattdessen steigst du wieder mit deinem Mann in die Kiste.»

Das ist nicht das, was ich hören wollte.

«Das hatten wir doch schon. Seit Tagen versuche ich, dieses Trauma aus meinem Bewusstsein zu löschen. Aber danke, dass du mich daran erinnerst.»

Wie gesagt: wahre Freunde!

Bea und Ursel spielen *good cop, bad cop* und Ursel setzt das Verhör entsprechend fort.

«Jetzt lass doch mal, Bea!», zischt sie und verlangt Detailinformationen.

«War es jetzt gut oder nicht so gut mit diesem Knilch?» Dafür mag ich Ursel. Sie benutzt so herrlich altmodische Wörter. Ich glaube, meine Mutter hat Sven einmal Knilch genannt, als wir noch nicht verheiratet waren. «Was machen denn die Eltern von diesem Knilch?», hat sie mich damals abschätzig gefragt. Ich wusste es nicht, und es war mir auch egal. Später wurde das Thema noch einmal aufgegriffen, als es darum ging, wer welchen Anteil der Hochzeit übernimmt. Aber das ist eine andere Geschichte.

Paul ist kein Knilch. Er ist ein wirklich toller Mann.

«Es war … traumhaft», gebe ich schließlich zu.

Bea, Ursel und Pavel lächeln zufrieden. Pavel drückt wohlwollend meinen Arm und haucht mir über den Tresen ein Küsschen zu.

«Wir freuen uns so für dich. Das hast du endlich mal verdient!»

Seine Äußerung verwundert mich, denn ich wusste nicht, dass meine Freunde hinter meinem Rücken so großes Mitleid mit mir hatten, dass sie heimlich einen Hilfsfonds «Für sitzengelassene Ehefrauen ohne Verkehr» eingerichtet haben. Offensichtlich habe ich sehr große Verzweiflung ausgestrahlt.

«Wie viele?», fragt Bea, und ich habe mal wieder keine Ahnung, was sie meint. Also versucht sie's noch mal.

«Wie viele Orgasmen hattest du? Wie viele Nummern hattet ihr? Wie viele …».

«Stopp, stopp, stopp!», unterbreche ich sie und stelle eine Gegenfrage. «Wie oft?»

«Wie oft was?», hakt Bea nach und verdreht die Augen.

«Wie oft habe ich dir schon gesagt, dass es von mir keine schmutzigen Details gibt?»

«Verdammt», murmelt Ursel und nimmt jetzt auch einen Averna auf Eis. «Dann muss es richtig gut gewesen sein.»

Ja, das war es in der Tat, denke ich, und dabei durchflutet ein wohliger Schauer meinen Körper, wie immer, wenn ich an die erste Nacht mit Paul zurückdenke. Paul hat es geschafft, mir alle Ängste zu nehmen und mich von allen Verkrampfungen zu befreien. Wir hatten einfach nur Lust aufeinander, und alles andere um mich herum habe ich ausgeblendet. Alles, was ich mit meinen Sinnen wahrgenommen habe, waren wir beide. Paul und ich. Berauscht haben wir uns treiben lassen. Ich kann mich nicht erinnern, wann ich zuvor so empfunden habe. Vielleicht nie. Jetzt bin ich süchtig danach. Wie zwei ausgehungerte Wölfe fallen wir jedes Mal übereinander her, wenn wir allein sind. Und jedes Mal ist es unglaublich intensiv und wahnsinnig schön.

«Dann genieße es, solange du kannst», rät mir Bea.

«Und vergraule ihn nicht. Schließlich brauchen wir deinen Toyboy noch für unsere Feuerland-Vorbereitungen», mahnt Ursel.

«Ich werde mir Mühe geben», versichere ich.

Die mit Abstand interessanteste Frage an diesem Abend in *Müllers Büro* stellt mir Pavel, dem es offenbar nicht nur um Sex geht.

«Und seid ihr jetzt ein Paar? Ich meine: Geht ihr miteinander?»

Pavel ist so ein Romantiker.

Ich überlege, denke an Paul und lächele.

«Glaub schon.» Dabei erwische ich mich bei dem Gedanken, noch viel mehr Zeit mit Paul verbringen zu wollen. Sehr viel mehr Zeit. Ja, das wäre schön. Ich denke, ich bin verliebt.

14

EIN PAAR TAGE nach dem Abi-Ball werden Sven und ich zurechtgestutzt. Bei unserem Lieblingsitaliener und vor Publikum. Ganz großes Kino sozusagen.

«Unmöglich!»

Greta steht wütend auf, sodass andere Gäste in der *Osteria Casa Nova* neugierig zu uns rüberblicken.

«Du hast ja recht, Schatz, aber bitte setz dich wieder!»

Sven hasst es, in der Öffentlichkeit aufzufallen. Ich sowieso. Es ist Dienstag, und der kleine Laden ist zur Mittagszeit rappelvoll, wie immer. Wir können von Glück sagen, dass wir noch einen freien Tisch ergattert haben, aber weil wir seit Jahren Stammkunden sind, hat der Patron seinen neuen Kellner angewiesen, uns einen Tisch zu geben, der bereits reserviert war. Außerdem verlegt Sven viele Arbeitsessen hierher, wofür sich der Patron nun erkenntlich zeigen konnte.

Ich habe nicht viel Zeit und hoffe, dass Greta versöhnlich ist. Sie hat uns hierherzitiert, um über das Abi-Ball-Desaster zu reden. Seit Samstag war sie nicht zu Hause und ist erst heute Morgen wieder aufgetaucht, kurz bevor ich die Polizei alarmieren wollte. Ich hatte mir Vorwürfe und Sorgen gemacht und immer wieder versucht, sie anzurufen. Vor diesem Treffen hat Paul mir die Teenager-Seele aus seiner Sicht erklärt und mich beruhigt. Er bezeichnete Greta und ihre Clique als normal impulsiv und explosiv. Eine offenbar gefährliche Mischung, die aber zu bändigen sei, meinte Paul und empfahl mir, immer gut zuzuhören, ab und zu beizupflichten und Verständnis zu zeigen. Reue käme auch gut.

«Wer widerspricht, riskiert Diskussionen. Das solltest du unbedingt vermeiden», mahnte Paul. Seine Tipps sind sehr hilfreich, denn Paul ist erstens (fast) Lehrer und zweitens viel näher dran – altersmäßig. Ich bin mir sicher, dass er ein verdammt guter Lehrer wird. Ich befolge also seine Ratschläge.

«Ihr seid solche Egoisten! Habt ihr 'ne Ahnung, wie ich mich gefühlt habe?! Vor all meinen Freunden?! Das war MEIN Abend! Nur meiner! Nicht eurer! Meiner! Warum könnt ihr nicht einmal was für MICH machen?!»

Greta ist wirklich aufgebracht. Ich versuche, sie zu beruhigen und durch Diplomatie milde zu stimmen.

«Schätzchen, du hast ja absolut recht! Wir wollten nicht …»

Aber Greta will sich nicht beruhigen lassen.

«Dass ihr euren beschissenen Scheidungskrieg ausgerechnet an meinem Abi-Ball ausfechten musstet, ist echt das Letzte!»

«Prego?» Der Kellner, der sicherlich genauso wenig Italiener ist wie ich Jungfrau, wartet ungeduldig auf die Bestellung, wofür Sven ihm sichtlich dankbar ist.

«Wir nehmen die große Antipasti-Platte, zwei Insalata Mista mit Parmesandressing und eine Pizza Bresaola. Habt ihr sonst noch Wünsche?» Sven schaut Greta und mich an, als hätten wir uns tatsächlich nur zum Essen hier verabredet. Wir zeigen keinerlei Reaktion, und Sven nickt dem Kellner dankend zu, der mit einem slawisch klingenden *Grazie* abzieht.

«Ich habe nur einen Wunsch …» Greta hebt das Kinn und schaut uns an wie Fräulein Rottenmeier persönlich. Wir ahnen, dass nun schwere Geschütze aufgefahren werden, und schenken Greta unsere volle Aufmerksamkeit.

«Ich verlange von euch, dass ihr eine schnelle und saubere Scheidung hinlegt, die endlich ein Ende findet. Keine Beschimpfungen in der Öffentlichkeit, keine verschobenen Termine, keine Schuldzuweisungen …»

Ich will etwas sagen, aber Gretas mahnender Blick lässt mich schweigen. Sie fährt fort: «Und hört auf, euch gegenseitig eifersüchtig zu machen. Das ist kindisch. Eine unauffällige, würdevolle Scheidung für alle – auch für mich! Keine peinlichen Szenen. Ihr seid erwachsene, intelligente Menschen. Benehmt euch auch so.»

Der Kellner stellt Brot und Knoblauchbutter auf den Tisch, was Sven und mir eine kurze Pause verschafft. Aber Greta ist noch nicht fertig, nur dass sie sich nun ausschließlich ihrem Vater zuwendet.

«Ganz ehrlich: Dass du deine Julia mitgebracht hast, das werde ich dir nie verzeihen! Das war einfach nur ätzend!»

Jetzt wird es Sven zu bunt.

«Na, Fräulein! Vergreif dich nicht im Ton, ja! Julia ist meine Lebenspartnerin, ob es dir passt oder nicht.»

«Aber was hab ich denn damit zu tun?!»

«Da hat Greta absolut recht», sage ich und nicke zustimmend, was Sven sofort zum Anlass nimmt zurückzufeuern. Allerdings nicht sehr erwachsen, sondern eher wie ein Zehnjähriger, der die Schuld an der kaputten Scheibe auf seinen Kumpel schiebt.

«Aber vor aller Augen mit dem Lehrer deiner Tochter rumzumachen ... Das ist okay, oder wie?»

Er legt es also wirklich drauf an. Greta will gerade etwas sagen, aber jetzt bin ich dran. Meine Geduld hängt am seidenen Faden.

«Er ist nicht mehr Gretas Lehrer, kapier das endlich!»

«Wahrscheinlich habt ihr nur bis zum Abi-Ball gewartet, um euch dann endlich zu outen. An deine Tochter hast du wohl gar nicht gedacht?!»

«Du bist ja völlig irre!»

«Ach ja?! Ich hab doch gesehen, wie ihr euch schon vorher angeschmachtet habt!»

«Na und?! Ich bin dir doch keine Rechenschaft schuldig!»

«Aber vielleicht Greta! Du hast in aller Öffentlichkeit ihren Lehrer abgeschleppt, wie eine verzweifelte Alte. Einfach geschmacklos.»

Unser Treffen eskaliert, und auch Greta wird es jetzt zu viel.

«Papa, spinnst du?!»

Ich muss mich sehr zusammenreißen, aber ich will mich jetzt und hier nicht von diesem Idioten provozieren lassen. Auf gar keinen Fall! Ich atme tief durch … Und dann sehe ich Paul draußen vor dem Restaurant, der mich abholen kommt. Zum Glück ist er zu früh.

«Lass mal, Greta», sage ich, stehe auf, ziehe meine Jacke über und wende mich Sven zu. «Ich bin sicher nicht verzweifelt, sondern sehr glücklich mit Paul. Und daran wirst du nichts ändern. Außerdem geht es dich absolut nichts an.»

«Und ob! Solange wir verheiratet sind!» Typisch! Sven muss immer das letzte Wort haben.

Ich wende mich schwungvoll ab, um zu gehen, als ich mit dem Kellner zusammenstoße, der überraschend hinter mir steht und gerade die Bestellung bringt. Er versucht noch, die Teller auszubalancieren, scheitert aber, und zwei gemischte Salate und eine Antipastiplatte landen krachend auf dem Boden. Alle Gäste schauen zu uns rüber.

Von mir aus. Mir ist hier gar nichts peinlich.

«'tschuldigung, aber mir ist der Appetit vergangen», sage ich, steige mit einem großen Schritt über die Vorspeisen und gehe durch das Restaurant hinaus zu Paul. Die Blicke in meinem Rücken fühlen sich an wie Speere, und dennoch verlasse ich hocherhobenen Hauptes das Schlachtfeld, auf dem ich einen weiteren Sieg für mich entschieden habe.

Viel zu spät merke ich, dass ich mich schon wieder von Sven habe provozieren lassen. Es tut mir für Greta leid, denn ihre Eltern haben offenbar absolut überhaupt nicht verstanden, worum sie sie gebeten hatte. Nämlich um eine saubere, unauffällige und würdevolle Scheidung ohne Peinlichkeiten und Kränkungen. Das kann doch nicht so schwer sein. Arme Greta!

15

DIE NÄCHSTEN TAGE bleibe ich zu Hause. Ich fühle mich nicht wohl, irgendwie kraftlos, schlapp und müde. Wahrscheinlich habe ich mich in der verregneten Abi-Ball-Nacht doch erkältet. Ich lege ein paar Home-Office-Tage ein, um niemanden anzustecken, einen klaren Kopf zu bekommen und ein paar Dinge zu regeln.

Zuerst bespreche ich mit Toni die Scheidungsstrategie, und zu meiner Überraschung erfahre ich, dass sie sich bereits mit Svens Anwalt Bruno getroffen hat. Mehrmals. Erst zur Besprechung der Scheidung, dann privat zum Abendessen und dann zum Theater. Sex gab es noch nicht – sie lassen es wohl langsam angehen.

Toni überrascht mich immer wieder. Sie findet tatsächlich Gefallen an Bruno, der nun wirklich kein Fraueneroberer ist. Vielleicht sieht sie ihn als große Herausforderung, denn Bruno ist speziell und ewiger Single. Und weil er sehr klug ist und ihm sämtliches Knigge-Wissen mit der Muttermilch eingeflößt wurde. Das gibt es in Tonis Welt nicht. Bea hat zwar immer versucht, ihre Tochter in die Geheimnisse von Kunst, Kultur und Gesellschaft einzuführen, aber Toni kommt nach ihrem Vater. Sie wird ungeduldig, wenn sie nicht sofort bekommt, was sie will. Ein Mann wie Bruno imponiert ihr, macht sie neugierig, und sie muss ihn haben. Tonis Ungeduld kommt mir bei meiner Scheidung zugute, denn sie hat keineswegs vor, Svens Spielchen mitzumachen. Der Schlachtplan gegen Sven lautet daher: bedingungslos, erbarmungslos und vor allem schnell. Sie wartet nur noch auf die Terminbestätigung vom Gericht.

Punkt zwei auf meiner Home-Office-Liste ist ein längst überfälliger Anruf bei meiner Mutter, die ich in den letzten Wochen sehr vernachlässigt habe. Mein schlechtes Gewissen wuchs von Tag zu Tag, aber ich hab's immer wieder verschoben, weil wirklich Wichtiges dazwischenkam und weil Paul und ich ja noch in der heißen Kennenlernphase sind, was naturgemäß auch viel Zeit beansprucht. Also rufe ich sie jetzt endlich an.

«Du?!», fragt sie erstaunt. «Liebes, ist was passiert?»

«Nein», wundere ich mich über diese Begrüßung. «Ich wollte mich einfach mal wieder melden, weil ...»

«Prima. Hast du ja nun. Ich kann jetzt aber nicht. Hab ein ... Date.» Ihr triumphaler Unterton ist kaum zu überhören.

«Ein Date? Du?! Mit wem denn?», rutscht es mir heraus, als sei meine Mutter eine unattraktive alte Hexe mit Haaren auf den Zähnen, was nur bedingt stimmt. Auf Fremde kann sie ganz sympathisch wirken. Zuweilen sogar attraktiv.

«Mit einem Richter a. D.» Sie könnte den Herrn auch einfach beim Namen nennen, aber im richtigen Moment die richtige Berufsbezeichnung fallen zu lassen, macht viel mehr her. Ich kann geradezu sehen, wie meine kleine, zierliche Mutter um mindestens fünf Zentimeter gewachsen ist, seit sie mit mir redet.

«Aha, und woher kennst du den Herrn Richter a. D.?»

«Du meinst Götz?»

«Ach, ihr duzt euch schon! Na, wenn er so heißt, dann meine ich wohl ... Götz. Woher kennst du ihn?»

«Ich parshippe jetzt», sagt meine Mutter voller angeberischer Überzeugung, als habe sie geradezu darauf gewartet, mir diese Information mitzuteilen, und ich muss mich sehr zusammenreißen, nicht laut loszulachen.

«Ach», rutscht es mir heraus.

«Was dagegen, Liebes?»

«Nein! Nein, find ich super. Und ... ist das was Ernstes mit dir und Götz a. D.?» Hoffentlich merkt sie nicht, dass ich mich über sie lustig mache. Aber sie dreht den Spieß um.

«Sei nicht albern!», sagt sie vorwurfsvoll. «Wir kennen uns erst seit ein paar Tagen. Außerdem hab ich noch einige andere Herren in der Warteschleife, die ich erst testen muss, bevor ich mich entscheide. Und du, Liebes?»

Ich will gar nicht wissen, was sie mit *testen* meint. Doch ich bin zugegebenermaßen beeindruckt und will jetzt meinerseits auftrumpfen.

«Ich? Ach, ich hab da auch jemanden kennengelernt, mit dem ich ...», aber meine Mutter lässt mich nicht ausreden.

«Draußen hupt jemand. Ich muss los. Götz wartet mit dem Cabrio. Tschüs!»

«Ja, tschüs dann», sagte ich verblüfft, aber sie hat schon aufgelegt.

Was war das denn? Meine Mutter surft im Internet durch Partnerbörsen und trifft sich mit wildfremden Männern, die Götz heißen, im Cabrio? Womöglich Verbrecher? Vielleicht sogar Heiratsschwindler oder Triebtäter oder Perverse oder alles zusammen? Unmöglich! Nicht meine Mutter, die stets darauf bedacht war, ein perfektes und vorzeigbares Leben zu führen. Allerdings scheint sie ja eine zweite Persönlichkeit zu haben, die mir bis vor kurzem verborgen blieb und die meine Mutter mir nun offenbart. Hätte sie's mir nicht gesagt, hätte ich ihr nie zugetraut, andere Männer als meinen Vater gehabt zu haben. Nachdem meine Mutter mir aber ihre Seitensprünge unter die Nase gerieben hat, habe ich viel über diese Frau nachgedacht. Offenbar gibt es einiges, was ich nicht über sie weiß, und ich nehme mir fest vor, meine Mutter besser kennenzulernen, bevor es zu spät ist, denn sie ist immerhin schon über siebzig. Ich sollte mehr mit ihr reden. Vorausgesetzt, sie hat Zeit für mich. Meine Mutter ist nämlich immer sehr beschäftigt.

Seit dem Tod meines Vaters ist sie ständig unterwegs. Wenn sie nicht durch die Welt reist oder Sprach- und Computerkurse belegt, hat sie mit dem Um- und Ausbau von Haus und Garten immer gut zu tun. Und wenn sie damit fertig ist, fängt sie von vorn an. Außerdem hat sie einen großen Bekanntenkreis, ist sehr kunstinteressiert und wird entsprechend viel eingeladen oder besucht Ausstellungen, Biennalen und Vernissagen. Und alles, was sie über Kunst weiß und auf ihren Reisen erlebt, gibt sie weiter an sozial vernachlässigte Kinder, denen sie vorliest oder erzählt. Wichtiger noch als die Bestätigung und Anerkennung, die sie dadurch erfährt, ist die Tatsache, dass meine Mutter auf keinen Fall zur Ruhe kommen will und darf. Denn dann beginnt sie zwangsläufig, über sich selbst nachzudenken, und das ist absolut schädlich und endet im einsamen Rotweinrausch oder in Depressionen oder schlimmstenfalls in beidem. Dann meldet sie sich nicht, kapselt sich ab und schwimmt in Selbstzweifeln. Eine Eigenart, die ich übrigens von ihr geerbt habe. Jedenfalls sollte ich künftig meiner Mutter mehr Aufmerksamkeit schenken, obwohl ich bezweifle, dass sie das auch so sieht.

Als Nächstes steht am Abend ein klärendes Gespräch mit Greta an. Wir müssen uns endlich aussprechen. Paul hat mir auch dringend dazu geraten, weil er gemerkt hat, wie sehr mich die schlechte Stimmung zwischen Greta und mir belastet. Ich habe also einen großen Topf Spaghetti bollo gekocht und dazu eine Flasche Chianti geöffnet. Skeptisch hat Greta sich auf den Abend eingelassen. Ihre Begeisterung gilt dabei wohl eher der Pasta als mir.

Ich entschuldige mich bei ihr für den verdorbenen Abi-Ball und das Theater mit ihrem Vater beim Italiener. Doch bevor ich noch mehr sagen kann, unterbricht mich Greta, während sie den Parmesan über ihre Nudeln raspelt.

«Was läuft da jetzt mit Andresen und dir?»

Ich fülle unsere Gläser und erkläre ihr, was da mit Paul läuft.

Und dabei wird mir immer klarer, wie gerne ich mit ihm zusammen bin und wie wichtig mir Paul ist und dass es mir ernst ist.

«Ihm auch?», fragt Greta. Ich nehme einen Schluck Wein.

«Glaub schon.»

«Wie, du glaubst?» Greta schaut von ihrem Teller auf und blickt mich vorwurfsvoll an. Ich stelle mein Glas ab.

«Na ja, wir verbringen viel Zeit miteinander, haben guten Sex …»

Jetzt hebt Greta abwehrend die Hände. «Wow, bitte verschone mich mit Details. Das will ich echt nicht wissen.»

«Schon gut. Ich meine ja bloß, dass ich für mich sagen kann, dass ich mich seit der Trennung von deinem Vater nicht mehr so begehrt gefühlt habe. Oder darf ich das auch nicht sagen?»

Jetzt lächelt Greta milde und wird locker. «Natürlich. Und das freut mich wirklich für dich. Aber ausgerechnet der Andresen!»

«Ausgerechnet der Andresen, ja», nicke ich. «Tut mir leid für euch Mädels, aber er scheint auf ältere Frauen zu stehen.»

«Na ja, so übel bist du gar nicht.» Sie hält ihr Glas hoch, und wir stoßen versöhnt miteinander an. «Ist nur irgendwie komisch. Dann ist er so was wie mein Stiefvater, oder?»

«So weit würde ich nicht gehen. Schauen wir mal.»

«Bist du verliebt?», fragt sie, und ich nicke.

«Aber lass dich nicht von ihm verarschen, okay?»

«Okay!»

Dann muss ich Greta genau erzählen, woran ich merke, dass ich tatsächlich in Paul verliebt bin. Ich erzähle ihr von unserer Beziehung, die mit jeder Begegnung wächst, aber auch von meinen Zweifeln und dem Hin und Her. Und dass Paul und ich über alles reden können. Und dass Paul sich für alles interessiert, was ich so mache und wie ich denke und lebe. Und dass wir einander zuhören und miteinander lachen und voneinander lernen. Und dass sich alles so neu und unentdeckt anfühlt mit Paul. Und während ich so erzähle, fällt mir auf, dass ich mich selbst auch völlig neu entdecke durch Paul. Mit jeder Begegnung höre ich zunehmend auf, mich selbst zu hinterfragen, und lasse alles einfach auf mich wirken, öffne mich meinen Gefühlen und gewinne immer mehr den Eindruck, während meiner Ehe viel verpasst zu haben.

Greta hört sich das alles interessiert an, schiebt den Teller zur Seite und füllt die Gläser neu auf.

«Ich hab auch jemanden kennengelernt», eröffnet sie mir beiläufig. Im Gegensatz zu meiner Mutter unterbreche ich mein Kind nicht, sondern will alles ganz genau wissen.

«Erzähl!»

Und dann erzählt sie mir mit leuchtenden Augen von diesem spannenden Typen, der schon durch die halbe Welt gereist sei und voll die Ahnung habe. Ich wage nicht zu fragen, wovon. Jedenfalls ist Greta sehr beeindruckt von Max. Sie hatte bislang nicht so viele Freunde. Zwei, um genau zu sein. Der erste hat ihr das Herz gebrochen. Dem zweiten hat sie das Herz gebrochen. Greta schwärmt geradezu von dem Neuen. Dann erfahre ich, dass er Internationale Politologie studiert und demnächst für sein Examen ins Ausland geht. Ich lächele zufrieden, denn das klingt tatsächlich nach einem interessanten Typen.

«Und? Bist du verliebt in Max?», frage ich, und Greta kneift ihre Lippen zusammen und kräuselt die Nase.

«Glaub schon.»

«Aber lass dich nicht verarschen! Okay?», mahne ich.

«Okay!»

Ich bin froh, dass wir das geklärt haben. Dennoch sehen Greta und ich uns seitdem kaum. Tagsüber schläft sie lange, trifft sich mit Freundinnen oder geht zu ihrem neuen Lover, der mir bislang noch nicht vorgestellt wurde. Wenn wir uns doch zufällig begegnen, knallt es oft, denn Greta macht zu Hause keinen Finger krumm, seit sie nicht mehr zur Schule geht. Und wenn sie nicht schläft oder das Bad blockiert oder wir streiten, geht sie abends zur Arbeit. Sie jobbt neuerdings bei Harry im Restaurant als Kellnerin, was ich gut finde, denn ich weiß, dass er ein Auge auf meine Kleine hat.

Manchmal sehen Greta und ich uns dort, wenn ich mit Paul bei Harry essen gehe. Dann geben wir ihr ein Extra-Trinkgeld, und sie gibt sich besonders viel Mühe, nett zu sein. Ab und zu sitzen wir sogar alle noch kurz zusammen und reden. Als Paul sie allerdings einmal nach ihren Studienplänen fragt, reagiert sie sofort genervt, wirft uns vor, sie unter Druck zu setzen, weil Sven sie das auch permanent frage, und verlässt wütend das Restaurant. Harry und ich strafen Paul mit vorwurfsvollen Blicken ab, die er reumütig erträgt.

Dass Sven seiner Tochter Stress macht, kann ich mir lebhaft vorstellen, denn er selbst ist vom Ehrgeiz getrieben. Von mir aus kann Greta sich Zeit lassen. Ihre Zukunft steht in den Sternen, während die Welt ihr zu Füßen liegt. Studieren in Berlin, flanieren in Paris, hospitieren in New York, Freiwilligendienst in Delhi, Praktikum in Tokio, Schafzucht in den Anden, Babysitten in Island, Weinernte in Südafrika – es gibt tausend Möglichkeiten, sich nach dem Abitur die Zeit zu vertreiben. Manche studieren auch einfach nur Jura in Heidelberg oder heiraten gleich einen Herzchirurgen. Auch schön.

Zugegeben, ich bin neidisch. Auf ihre Jugend, ihre Freiheit, auf die Abenteuer, die ihr bevorstehen, und auf ihren Lebenshunger, während ich mich trotz meiner neuen Beziehung schlapp fühle und damit abfinden sollte, dass ich vermutlich gerade ins Klimakterium rutsche. Vieles deutet jedenfalls darauf hin. Meine Regel kommt und geht, wann sie will, ähnlich wie meine Stimmungsschwankungen, die mich selbst meist genauso überraschen und nerven wie meine Mitmenschen. Aber ich bin zuversichtlich, denn ich habe ja Paul.

16

ZWISCHEN DEN miesepetrigen Schlechte-Laune-Tagen blitzt ab und zu die Sonne durch. Heute ist so ein Tag, denn endlich kam heute die erlösende Zusage für die zweitägige Konferenz zum Thema *Gleichstellung im Alltag* inklusive Organisation des Rahmenprogramms.

Frau de Bryn, eine gute Kundin, die im Vorstand einer Frauenorganisation sitzt, war so begeistert von unserer Präsentation, dass die überwiegend weibliche Geschäftsführung uns die Organisation eines mehrtägigen internationalen Kongresses in Aussicht stellt, wenn die Konferenz überzeugend läuft. Und das muss sie einfach, dafür werde ich persönlich sorgen. Wir machen ein erstes Meeting, ich verteile Aufgaben, und da wir nur zu dritt in der Agentur sind, ist es für mich ein Leichtes, diesen Auftrag zur Chefsache zu ernennen. Chefsache!

Gut gelaunt komme ich nach der Arbeit nach Hause. Mein Knie, das ich seit Wochen mit Schmerzgel und Bewegung gegen die beginnende Arthrose behandele, ist kaum noch spürbar. Im Treppenhaus bereite ich mich schon mal seelisch auf das Chaos vor, das mich unterm Dach erwartet, weil ich, wie immer in letzter Zeit, davon ausgehen muss, dass Greta nicht aufgeräumt hat. Meistens übernachte ich sowieso bei Paul, denn er lebt allein, und ich muss dort nicht aufräumen oder mich über das Chaos ärgern, weil es nicht meine Wohnung ist. Ich bin nur Gast und genieße alle Vorzüge, die damit verbunden sind. Einziger Nachteil an Pauls Wohnung ist Mimi. Wegen meiner Katzenhaarallergie wird sie während meiner Anwesenheit aus der Wohnung verbannt. Das tut mir zwar leid, aber Mimi ist Freigängerin und nachts sowieso draußen unterwegs. Manchmal aber beklagt sie sich morgens im Hof so laut, dass Paul sie auf mein Bitten reinholen muss. Dann nämlich, wenn sie eine anstrengende Nacht mit einem oder mehreren Katern hinter sich hat oder ihr Revier bis aufs Blut verteidigen musste. Dass sie dann hungrig und müde ist, kann ich gut verstehen.

Einmal in der Woche kommt eine Putzfrau zu Paul, Frau Müller, die nicht nur putzt, sondern auch spült und aufräumt. Ab und zu bügelt sie sogar, wenn Paul sie nett darum bittet. Paul erzählte mir, Frau Müller habe schon bei seinen Eltern geputzt, weshalb er ein echtes Vertrauensverhältnis zu ihr habe. Einmal bin ich Frau Müller begegnet, als ich gerade gehen wollte. Ihr kritischer Blick sprach Bände. Ich konnte darin lesen wie in einem offenen Buch. Für *ihren* Paul bin ich eindeutig zu alt, nicht gut genug und sowieso nicht die Richtige. Sie hasst mich. Paul sieht das natürlich ganz anders. Auf Frau Müller lässt er nichts kommen. Er ist ein Chaot und auf sie angewiesen, weil er sonst in Unordnung ersticken würde. Solange ich den Rückzug antreten kann und nicht häufiger mit Frau Müller konfrontiert werde, ist mir das egal.

Paul sagt, er habe keine Zeit zum Aufräumen, und außerdem sei Frau Müller der einzige Luxus, den er sich leiste. Neben mir. Wie süß.

Heute lassen mich alle negative Gedanken über Unordnung und Chaos, die mich vermutlich in meiner Wohnung erwarten, kalt. Kaum steckt mein Schlüssel im Schloss, reißt Greta von innen die Tür auf, nimmt mir die Einkäufe ab und zieht mich in die Wohnung.

«Was ist passiert?» Ich wittere, dass etwas Großes im Busch ist. Schnell erkenne ich, dass mein Kind unverletzt ist und die Wohnung nicht abgebrannt oder dem Vandalismus einer zwölfköpfigen Punkband zum Opfer gefallen ist. Das ist schon mal äußerst beruhigend. Außer uns beiden ist sonst niemand da. Also formuliere ich eine viel wesentlichere Frage: «Was willst du?»

Greta platzt fast vor Aufregung und zappelt ungeduldig auf der Stelle, wie ein kleines Mädchen an Heiligabend, das auf den Weihnachtsmann wartet.

«Ich ziehe aus!»

Halleluja! Meine Gebete wurden erhört! Heute ist wirklich mein Glückstag, denke ich und freue mich. Kurz. Denn die Skepsis überwiegt leider sehr schnell, und irgendwie traue ich der Sache nicht, weshalb ich weitere Fragen stelle, um mehr Details zu erfahren.

«Wohin? Mit wem? Wie kommt's?»

«Das erfährst du alles, wenn du mitkommst. Ich zeig's dir. Los! Wir fahren gleich hin.» Mit diesen Worten schiebt sie mich direkt wieder in den Hausflur zurück, und ich realisiere, dass ich mich völlig umsonst die Treppen hochgequält habe.

Erst im Auto wird mir bewusst, dass ich nun also tatsächlich mitten im Feierabendverkehr meiner Freiheit entgegenfahre. Im Schneckentempo. Das ist hoffentlich kein schlechtes Zeichen. Im Stau stehend erfahre ich zumindest, dass es sich um ein WG-Zimmer handelt, in einem Haus, das im angesagten Studenten-Viertel liegt, wo sich Kneipen, Clubs und Imbissbuden dicht aneinanderreihen. Ob ich das gut finden soll, weiß ich noch nicht. Erste Abzüge gibt es schon bei der Parkplatzsuche, denn ich kurve eine Ewigkeit durch die nervigen Einbahnstraßen, bevor ich eine Lücke finde. Und dann werde ich beim Aussteigen fast von einem militanten Fahrradfahrer mit Kinder-Anhänger platt gefahren, der mich zur Krönung als «Auto-Nazi» beschimpft. Wie nett! Allenfalls mit einem solarbetriebenen Carsharing-Mobil stößt man als Autofahrer hier auf Akzeptanz, vorausgesetzt, es klebt ein Peace-Aufkleber drauf. Allerdings wundere ich mich, wer dann die ganzen parkenden Autos fährt? Ach ja, die Radfahrer, die ihre

Autos wegen des Parkplatzmangels nicht von der Stelle bewegen wollen. Klar!

Wir gehen vorbei an einem Biobäcker und einem Secondhandshop für Kinderklamotten, einer Fahrradwerkstatt und einem Strick- und Häkellädchen, vor dem eine Sitzbank mit Stricküberzug steht. Handarbeit, versteht sich. Daneben ein Fish'n'Chips-Imbiss, gegenüber ein Späti neben dem *Fairen Coffee-Shop* für den täglichen Koffeinrausch. Außerdem gibt es einen Live-Club mit Kneipe, ein Lesecafé mit Biergarten und Antiquariat und einen Plattenladen, der ausschließlich Vinyl verkauft und an den Wochenenden wechselnde DJs im Keller-Club empfängt.

Tolle Mischung. Mir gefällt die Gegend auf Anhieb. Die Menschen sind bunt, tragen ganzjährig Mützen und Babys im oder auf dem Bauch.

Unser Ziel ist das Haus mit dem Plattenladen. Fast alle Häuser hier sind hässlich beschmiert oder unprofessionell besprüht. Diese Fassade ist beides. Die Haustür knarzt, und im Hausflur schlägt mir ein beißender Geruch von Erbrochenem entgegen, vor dem vermutlich die kleine schwarze Katze flieht, die zwischen unseren Beinen hindurch auf die Straße rennt. Die hässlichen Metallbriefkästen sind alt, grau und verbogen und mehrfach mit Namensschildern und Antifa-Aufklebern versehen – immerhin gibt es eine politische Message. Vermutlich wurde das Mehrfamilienhaus um die Jahrhundertwende gebaut, wie die meisten hier, die vom Bombenhagel des Zweiten Weltkrieges verschont blieben. Die Wohnung ist gleich im Hochparterre, was ich sehr begrüße, und an dem schwarzen Eimer vor dem Eingang erkenne ich, dass hier tatsächlich noch mit Kohle geheizt wird. Das gibt es nicht mehr oft.

«Toll, oder?! Das ist voll Vintage», begeistert sich Greta, die ich offenbar viel zu sehr verwöhnt habe in ihrem bisherigen Leben. Aber sie wird sich noch wundern über die wahre Romantik der

Kohle im Winter. Greta klingelt bei *Pina, Kruse, Dombrowski* – eine Dreier-WG. Die Tür geht auf, und ich erschrecke.

«Sie?!»

Der junge Mann vor mir strahlt mich an.

«Ich freue mich auch, Sie zu sehen, Frau Odermann.»

Fragend schaue ich zwischen ihm und Greta hin und her.

«Aber wieso denn der?!», rutscht es mir heraus.

«Wen hatten Sie denn erwartet? Den Papst?»

«Jedenfalls nicht Sie!»

Greta verzieht schuldbewusst das Gesicht. «Na ja, ich dachte mir schon, dass du nicht begeistert sein würdest.»

«Aber ich denke, er heißt Max», sage ich und gebe zu, dass ich entsetzt bin. Und verwirrt.

«Stimmt. Tobias Max Dombrowski», sagt er und hält mir die Hand hin, die ich aber nicht nehme.

«Ist ja auch egal. Nennen Sie mich einfach T.»

«Ist nicht egal.» Ich fühle mich verarscht, und das ist keine gute Basis für eine langfristige Partnerschaft.

«*Max* nennen ihn eigentlich nur seine Eltern», sagt Greta und schmiegt sich verliebt in seinen Arm. Ich kann gar nicht hinschauen. Außerdem stinken seine Dreadlocks noch immer. T. lässt uns in die Wohnung.

«Hereinspaziert!»

Das ist also der geheimnisvolle Freund, den Greta mir seit Wochen vorenthält! Niemand Geringeres als Harrys Neffe, der vermeintlich farbenblinde Dreadlock-Tobi, der bei Gretas Abi-Ball Drinks gemixt hat und mir eine blaue Jeans für eine schwarze Stoffhose vormachen wollte. Ausgerechnet dieser Typ, dessen verfilzte Haare einen bestialischen Gestank ausdünsten und vermutlich einer Myriade Sechs- und Achtfüßlern ein Zuhause bieten, hat das Herz meiner Tochter erobert und dabei vermutlich ihren Verstand geraubt.

«Tee?»

«Ja, ich hab's ja verstanden. T. für Tobias.» Was will er denn?

«Ich mein, möchten Sie Tee?»

Ich verdrehe genervt die Augen und nicke, obwohl mir ein Schnaps lieber wäre. Die Wohnung ist ein WG-Klassiker: bunte Wände, zusammengewürfelte Möbel, Bierkästen, schmutziges Geschirr, Matratzen statt Betten, Kleiderständer statt Kleiderschränke, Regale statt Küchenschränke, Europaletten statt Bettgestelle. Immerhin ist es halbwegs sauber, abgesehen von offenbar tagelang gesammelten Brotkrümeln unter dem alten Küchentisch, die eine Spatzen-Großfamilie drei Tage lang satt machen würden.

Wir trinken Kräutertee mit Honig, und ich erfahre, dass Tobias gar nicht Harrys leiblicher Neffe ist, sondern der Sohn der Freundin von Harrys Stiefschwester. Oder so ähnlich. Ist mir auch egal.

«T. geht nächste Woche für ein Jahr nach Tansania», erzählt Greta stolz, und T. sonnt sich in der Begeisterung seiner Freundin. Er lässt angeben, statt selbst auf die Kacke zu hauen. Das ist noch viel widerlicher, als selbst anzugeben! Ich mag ihn nicht. Mein Eindruck wird leider nicht besser.

«Und was machen Sie dort – Tobias?»

«Praktikum in der Entwicklungspolitik.»

Das macht ihn für mich nicht sympathischer. Ehrlich gesagt will ich das Gespräch gar nicht vertiefen, und der Tee schmeckt sowieso scheußlich. Neulich habe ich im Radio gehört, dass ein Großteil industriell gefertigter Kräutertees vergiftet ist. Ich wollte die Tasse sowieso nicht leer machen. Nur gut, dass dieser Typ demnächst irgendwo im afrikanischen Busch verschwindet.

Greta kann Tobias' Zimmer übernehmen und mit den anderen beiden Mitbewohnern ist offenbar auch schon alles geregelt. T. und Greta zeigen mir die Wohnung und das Zimmer, um das es geht. Es ist klein, aber gemütlich und kostet nur 300 Euro inklusive W-LAN. Mehr muss ich nicht wissen. Schnell verabschiede ich mich und wünsche T. ein schönes Leben.

«Und? Was sagst du, Mamsi?» Wir sitzen im *Fairen Coffee Shop* und trinken Milchkaffee. Greta schaut mich erwartungsvoll an und wackelt nervös mit einem Bein.

«Der Kaffee hier ist ganz gut.»

«Nicht der Kaffee!»

«Was denn? Das Zimmer oder dein Freund?»

«T.»

Ich weiche aus, denn ich kann so schlecht lügen.

«Also die Wohnung gefällt mir, und der Preis ist auch okay. Was sagen denn die anderen Mitbewohner dazu, dass du dort einziehen willst?»

«Die sind voll in Ordnung und freuen sich.» Greta nimmt die große Milchkaffee-Tasse in beide Hände und stützt sich beim Trinken auf ihre Ellenbogen. Dabei schaut sie mich über den Tassenrand an wie eine Sechsjährige und hat danach einen Milchbart wie eine Sechsjährige. Am liebsten würde ich die Zeit zurückdrehen.

«Du hättest ehrlich zu mir sein können», sage ich.

«Wie denn?! Ich wusste doch, dass du ihn nicht ausstehen kannst. Was hätte ich denn machen sollen?»

«Es mir einfach sagen, statt so 'ner blöden Überraschungsnummer.»

«Tut mir leid.» An ihrem Tonfall höre ich, dass es ihr ernst ist.

Ich runzele die Stirn. «Mein Typ ist er jedenfalls nicht», und das ist absolut die Wahrheit. Trotzdem muss sie sofort kontern.

«Stimmt. Du stehst ja mehr auf langweilige, glatte Typen wie Andresen.» Darauf gehe ich gar nicht erst ein.

«Wie soll das denn mit euch weitergehen, wenn er die Welt rettet?»

Verdammt, ich wollte nicht spotten. Aber Greta kennt das schon von mir.

«Keine Ahnung. Lass ihn das erst mal erledigen, und dann werden wir sehen.»

«Ich dachte, du bist verliebt?» Ich wundere mich über Gretas Gelassenheit.

«Ja, und? Deshalb muss ich ja nicht gleich ins Wasser gehen. T. und ich sehen das sehr entspannt.»

«Allerdings», staune ich. «Und wann willst du umziehen?»

«In ein paar Tagen. Sobald T. ausgezogen ist.»

Ich sehe meiner Greta an, wie sehr sie sich dieses WG-Zimmer wünscht, um von zu Hause wegzukommen. Kein Wunder. Schließlich habe ich sie ja vergrault. Und jetzt habe ich mein Ziel erreicht, aber es fühlt sich nicht richtig an. Kein Grund zum Triumphieren, denn mir wird klar, dass ich meine Tochter verliere. Mit wem soll ich dann künftig streiten, essen, kochen, meckern? Wer soll mich trösten, wenn es mir schlecht geht? Wer pflegt mich, wenn ich krank bin? Und mit wem kann ich hemmungslos herumalbern, wenn mir danach ist? Wem erzähle ich meine Geheimnisse? Und wie kann ich überhaupt wissen, wie es ihr geht? Wie soll ich nun vorausschauend Gefahren erkennen und beseitigen? Ihr Ratschläge und Tipps geben? Sie beschützen und belehren? Wie soll ich abends einschlafen, ohne zu wissen, dass es ihr gut geht? Wie soll das gehen?

Nein! Ich will nicht, dass sie auszieht. Ich will mein Kind nicht gehen lassen. Meine Laune ist dahin. Man soll den Tag eben doch nicht vor dem Abend loben.

Doch der Plan steht. Vier Tage später zieht T. aus der WG aus, um sein Zeug bei seinen Eltern zwischenzulagern und dort noch ein paar Tage bis zum Abflug nach Afrika in seinem alten Kinderzimmer zu verbringen. Er ist Mitte zwanzig, und ich wundere mich, wie lange Eltern ein Kinderzimmer für ihre erwachsenen

Sprösslinge frei halten und warum. Für den Fall, dass die Kinder Heimweh bekommen? Oder scheitern? Oder pflegebedürftig werden? Oder vielleicht doch nur für sich selbst und ihre persönliche Sehnsucht nach früher? Bin ich eine schlechte Mutter, wenn ich für Greta kein Zimmer frei halte?

«Du musst das positiv sehen», sagt Paul. «Wenn ein Kind geht, können sich die Eltern wieder entfalten.» Kluger Mann, der mich daran erinnert, dass ich eine Liste gemacht habe, die es endlich abzuhaken gilt.

- Gretas Abitur
- Scheidung
- Gretas Auszug & neue Wohnung
- neue Liebe
- mehr Sex
- mehr Drugs (ungewollt)
- mehr Rock 'n' Roll
- mehr Zeit für mich
- mehr Erfolg
- Feuerland

Das sieht doch schon mal ganz gut aus. Die Liste wurde in nur wenigen Wochen halbiert, die Prioritäten neu verteilt:

1. Scheidung
2. neue Wohnung
3. mehr Zeit für mich
4. mehr Erfolg, und der krönende Abschluss bleibt
5. Feuerland – womit auch der Zeitrahmen gesetzt wäre, denn die Flüge gehen im kommenden Februar, also in knapp zehn Monaten.

Paul sieht ganz andere Vorteile in Gretas Auszug, denn nun können wir uns öfter bei mir treffen, und Mimi darf wieder die ganze Wohnung benutzen.

Greta und ich haben jetzt ein paar Tage Zeit, um ihr neues WG-

Zimmer herzurichten. Nachdem sie die Wände zunächst allein streichen wollte, aber keine Ahnung hatte, wie anstrengend das sein würde, hat Paul sich angeboten, ihr zu helfen. Keine schlechte Idee, denn so konnten sich die beiden etwas besser kennenlernen. Meine Aufgabe bestand darin, sie mit Nahrung zu versorgen. Das klappte ganz gut, und das Ergebnis ist nicht unbedingt schön, aber schön bunt.

Nun streifen Greta und ich durch Schnickschnack-Läden, Kaufhäuser und Ikea, um ein paar Möbel, Vorhänge, Lampen, Bettwäsche und eben Schnickschnack zu besorgen, was trotz großem Spaß auch anstrengend ist. Erschöpft, aber erfolgreich beenden wir unsere Tour und gehen zum Abschluss in Gretas Lieblingseisdiele. Seit ihrer Kindheit kommen wir traditionell samstagnachmittags nach dem Stadtbummel hierher ins *Eiscafé San Remo*. Hausgemachtes italienisches Eis, ausschließlich aus Naturprodukten hergestellt und garantiert ohne Geschmacksverstärker. Ein Paradies für Eltern und Kinder. Viele Kinder. Große und kleine Kinder. Und Babys. Und je mehr ich mich umschaue, desto mehr Kleinkinder und Babys bemerke ich um uns herum. Irgendwie unheimlich. Wo kommen die plötzlich alle her?

Neben unserem Tisch streitet eine Mutter mit ihrem pubertierenden Sohn, und ich bin wirklich froh, dass ich das hinter mir habe. Greta übrigens auch.

«Ätzende Zeit», sagt sie und kann sich nicht vorstellen, noch mal vierzehn zu sein.

«Bloß nicht!», rufe ich aus, glücklich darüber, dass Greta und ich uns heute so gut verstehen, was nicht immer der Fall war. Wir bestellen beide Spaghettieis, denn hier ist es am besten. Die Frau am Nachbartisch mit dem Pubertistensohn, der total nervig ist, weil er auf seinem Handy ein Ballerspiel macht und permanent zuckt, scheint auf jemanden zu warten, denn sie schaut abwechselnd auf ihr Handy und die Eingangstür.

Greta und ich essen unser Eis und sind ins Gespräch vertieft. Wir reden über eine neue Wohnung für mich: ein Loft. Sie ist begeistert von der Idee und will mich ganz oft besuchen kommen, ihre Wäsche bei mir waschen und meine Blumen gießen, wenn ich im Urlaub bin. Dabei habe ich gar keine Pflanzen. Außerdem könnte ich doch gleich mit Paul zusammenziehen, werfe ich ein, aber diesen Gedanken findet Greta völlig daneben und überlegt stattdessen, welcher Stadtteil für mich am besten wäre, als neben uns ein Baby laut zu schreien beginnt. Mittlerweile hat sich zu der Pubertistenmutter eine Frau gesellt, die ungefähr in meinem Alter ist, aber deutlich mehr graue Haare hat. Sie hat das schreiende Baby auf dem Schoß und legt es nun zum Stillen an die Brust. Greta ist entzückt, während ich mehr oder weniger entsetzt bin.

«Süß, wenn sie so klein sind. Dann sind sie noch so … unschuldig und folgen nur ihren Instinkten.»

«Süß sind sie ja, aber muss man sich unbedingt seine eigenen Enkel machen?», rutscht es mir heraus, und ich finde mich selbst ätzend und gemein in diesem Moment.

«Mama!»

«Was denn?! Warum tun sich Frauen in meinem Alter das noch an? Ist doch von der Natur auch gar nicht so vorgesehen. Steckt doch meistens sowieso künstliche Befruchtung dahinter.»

«Sei doch nicht so intolerant! Ist doch cool. Vielleicht hat sie ja schon drei ältere Kinder, und das ist ein Nachzügler. Auf jeden Fall ist es mutig!»

«Oder egoistisch. Stell dir mal vor, ich wäre jetzt 64 statt 46. Nicht so cool.»

Greta schaut zu einem anderen Tisch, an dem eine Oma mit Tochter und Enkel sitzt. Das Baby am Nachbartisch fängt wieder an zu schreien. Die Frau knöpft sich zu und versucht, es durch gutes Zureden und Schaukeln zu beruhigen, wodurch das Baby anfängt zu spucken.

«Diese Frau hat sicher noch keine Kinder», sage ich und habe Mitleid. Aber das Baby ist wirklich süß.

Es dauert dann doch noch eine Woche, bis Greta schließlich bei mir aus- und in die WG einzieht. Für die WG-Küche habe ich einen modernen Kühlschrank spendiert, weil der alte enorm viel Strom verbraucht hat und dabei sehr klein und sehr verschimmelt war. Gretas neue Mitbewohner Elisa aus Italien und Ole aus Hamburg haben sich natürlich darüber gefreut und machen einen sehr netten Eindruck. Ganz nebenbei haben sie einen guten Einfluss auf Greta, die immer mehr Interesse an einem Lehramtsstudium entwickelt, denn Elisa studiert Germanistik und Anglistik und will später an einer internationalen Schule arbeiten. Nie im Leben wäre Greta von selbst auf die Idee gekommen, Lehrerin zu werden. Es geschehen noch Wunder!

Sogar Sven hat beim Umzug und Möbelzusammenbauen mitgeholfen und am Ende die ganze WG und mich zum Essen eingeladen. Das alles natürlich erst, nachdem er erfahren hat, dass Paul Gretas Zimmer gestrichen hat. Vor ihren neuen Mitbewohnern hat Greta Sven und mich als *Die beiden, die kein Ende finden* vorgestellt. Frustrierend. Tatsächlich war der Abend sehr nett und das Essen gut. Sven hat sich von seiner besten Seite gezeigt, statt über Berufswünsche und Zukunftspläne zu reden. Auch das Thema Scheidung hat er komplett außen vor gelassen. Ersatzweise haben wir uns über Politik und Filme und das Universitätswesen im Allgemeinen unterhalten. Greta war dankbar und happy, dass wir so umgänglich und nett zueinander waren und uns ihre Worte doch noch zu Herzen genommen haben. Nichts wäre für sie schlimmer gewesen, als ihr neues WG-Leben mit Eltern-Peinlichkeiten zu beginnen. Sven hat mich nach Hause gefahren und wollte mich noch nach oben begleiten, damit mich nicht die Wehmut überkommt, weil Greta weg ist. Ich habe dankend abgelehnt.

Aber er hatte recht. Das Heimkommen ist ernüchternd. Kein Chaos, keine Musik, keine Greta. Eigentlich sollte ich jetzt die seit Monaten geplante «Willkommen-im-neuen-Leben-Party» schmeißen, die ich mit Bea und Ursel geplant hatte. Aber mir ist gar nicht danach zumute. Im Gegenteil. Um zu vermeiden, die halbe Nacht mit überflüssigen Gedanken wach zu liegen und wehmütig in alten Familienalben zu blättern, mache ich auf dem Absatz kehrt und fahre zu Paul.

Völlig verwirrt steht er in der Tür, die er nicht bereit ist, mehr als einen Spalt zu öffnen, und hat offensichtlich ganz und gar nicht mit mir gerechnet.

«Vera? Du? Um diese Uhrzeit?»

«Und? Kann ich … reinkommen?»

«Das … ist schwierig. Heute. Warum hast du nicht angerufen? Ich mein … du rufst doch sonst immer an. Meistens jedenfalls.»

Ich ahne Schlimmstes und bin auf alles gefasst. Das hat mir gerade noch gefehlt. Ausgerechnet heute, wo ich mich sowieso schon beschissen fühle, muss ich mir das hier geben. Ich habe das Gefühl, im falschen Film zu sein, und atme genervt aus.

«Paul, was ist los? Willst du mir irgendwas sagen?»

«Na ja … also … Es ist schwierig …»

Mir reicht's. Ich bin zu alt für diese blöden Spielchen.

«Hör mal, ich hab da echt keinen Nerv für. Wenn du eine Frau in deiner Wohnung hast oder von mir aus auch einen Kerl, dann mach nicht so ein Theater, sondern sag, was los ist, und die Sache mit uns ist erledigt. Kurz und schmerzlos. Gar kein Problem. Ich werde dir keine Szene machen. Versprochen.»

Paul reagiert nicht, sondern glotzt mich ratlos an. Ich wende mich zum Gehen, als er die Tür schließlich öffnet und ich sehe, was los ist.

«Frau Müller ist krank.»

Er fängt an zu lachen, kann kaum mehr aufhören, und ich auch nicht. Mal wieder hat er mich hochgenommen. Und ich bin drauf reingefallen. Dieser Mistkerl.

Tatsächlich sieht seine Wohnung diesmal besonders schlimm aus. Frau Müller war schon letzte Woche krank. Also helfe ich Paul beim Aufräumen, bevor wir uns in sein Bett kuscheln und ich ihm von meinem neuen Allein-leben-Gefühl erzähle. Paul fragt mich in dieser Nacht, ob wir nicht vielleicht zusammenziehen sollten nach zwei Monaten voller Harmonie, Spaß und erfülltem Sex. Und das gemeinsame Aufräumen klappe ja nun auch ganz gut. Ich lasse die Frage erst mal so stehen, schmiege mich in seine Arme und spüre seine warme Haut. Das alles fühlt sich richtig gut an.

17

MEIN NEUES LEBEN beginnt also nicht mit einer Party, sondern mit Leibesübungen, denn eine wichtige Neuerung, an der ich bislang gescheitert bin, wird dank meinem Personal Trainer Paul endlich auch regelmäßig umgesetzt. Mehr Sport! Mit der Akzeptanz des eigenen Körpers ist das nämlich so eine Sache, vor allem, wenn der Partner angehender Sportlehrer ist und vierzehn Jahre jünger. Da kann Paul noch so sehr beteuern, dass er mich liebt, wie ich bin. Und ich kann mir noch so oft einreden, dass mein Körper zweitrangig ist, ich glaube nichts davon! Und am Ende ist der Grund auch egal, denn was zählt, ist, dass ich sportlicher, aktiver, gesünder und damit länger haltbar werde. Schulterbeschwerden hin, Arthrose her. Und die lauernden Wechseljahre ignoriere ich einfach. Eine bessere Strategie fällt mir gerade nicht ein.

Es ist ja nicht so, dass ich unsportlich wäre oder unmotiviert. Keinesfalls! Ich bin einfach nur faul. Daher jogge und walke ich nun im Wechsel dreimal die Woche vor der Arbeit durch den Park, wobei ich alle fünf Minuten den Laufstil ändere. Wer mich genau beobachtet, fühlt sich vermutlich an einen Stolpervogel erinnert, aber mein Knie lässt längere Laufstrecken nicht zu. Und um ganz ehrlich zu sein, ist es nicht nur mein Knie, denn das hat sich tatsächlich etwas gebessert, seit ich regelmäßiger durch den Park schlappe. Seit ein paar Wochen bin ich nun mit Paul zusammen, und fast genauso lange bin ich wieder mehr in Bewegung – auch außerhalb des Schlafzimmers. Theoretisch müsste meine Ausdauer doch größer werden, was praktisch aber nicht passiert. Im Gegenteil. Ich werde mit jedem Lauf ungeduldiger, kurzatmiger und die Dauer der immer gleichen fünf Kilometer wird von Mal zu Mal länger. Ganz abgesehen von den Seitenstichen, die mich erbarmungslos plagen. Wie kann das sein? Sollte ich noch immer diese Grippe in den Gliedern haben?

Nach dem Sport gehe ich dann duschen und fahre ohne Frühstück in die Agentur. Obwohl ich weiß, dass ich ohne Essen unausstehlich bin, gehe ich in die Öffentlichkeit und setze meine geschätzten Mitarbeiter mir gnadenlos aus. Das ist nicht fair, ich weiß, aber es ist unvermeidbar, denn ich bin die Chefin. Es ist schrecklich, neben mir zu stehen und meinem ätzenden Ich dabei zuzusehen, wie ich den süßen Felix zusammenstauche, nur weil er etwas falsch abgeheftet hat. Längst habe ich mitbekommen, dass Karo und Felix mich hinter meinem Rücken *Cruella* nennen, wie die schreckliche Alte aus *1001 Dalmatiner*, die aus niedlichen Hundebabys Pelzmäntel nähen lässt. Dünnhäutig und schlecht gelaunt in der einen Sekunde, reumütig und freundlich in der nächsten.

Manchmal weiß ich nicht, wo mir der Kopf steht. Dabei sollte ich im siebten Himmel schweben, die Welt umarmen und der glücklichste Mensch auf Erden sein, aber selbst Paul ist vor mir und meiner Launenhaftigkeit nicht sicher. Nur kann ich ihm aus dem Weg gehen, sobald ich merke, dass ich eine tickende Zeitbombe bin, denn zum Glück leben wir nicht zusammen. Das Thema steht zwar im Raum, wurde aber bislang nicht vertieft. So bekommt er auch nicht immer mit, wie sehr ich manchmal nachts schwitze, außer, wir hatten kurz zuvor ausgiebigen Sex.

Paul sagt, ihn interessiere das Gesamtpaket aus Charakter, Geist und Körper. Ihm ist wichtiger, dass ich witzig und gescheit bin, als gutaussehend. Je nachdem kann man das als Frau wie ein Kompliment aufnehmen oder eine Beleidigung. Hängt ganz davon ab, wie frisch die Beziehung ist. Ich habe an Paul noch nichts bemerkt, was mich stört. Ehrlich. Außer vielleicht genau das: dass er keine

Ecken und Kanten hat, was irgendwie ja auch beängstigend ist. Aber das kann und will ich ihm nicht vorwerfen. Allerdings schaffe ich es neuerdings völlig grundlos, ihm irgendwas vorzuwerfen.

So wie letztes Wochenende, als wir ins Kino wollten. Seit Tagen freute ich mich auf den neuen Bond. Jedes Kind weiß, dass in den ersten Wochen jede Bond-Vorstellung ausverkauft ist. Daher war uns beiden klar: rechtzeitig reservieren oder zuvor Tickets kaufen. Online war es diesmal nicht möglich, weil das Ticketsystem unseres Lieblingskinos ausgerechnet an diesem Wochenende zusammengebrochen war. Wir trafen uns also zur verabredeten Zeit vor dem Kino, froh, uns nicht an einer der langen Kassenschlangen anstellen zu müssen, denn das hätte wahlweise Genickstarre oder vergeudete Zeit bedeutet. Wir waren ja cleverer und vorbereitet. Wir gingen also direkt zum Ticket-Check, aber Paul machte keine Anstalten, die Tickets aus seinen Taschen zu ziehen. Wie zwei Vollidioten standen wir vor der jungen Ticket-Kontroll-Frau und schauten einander auffordernd an.

«*Du* hast die Karten», sagte ich, aber Paul schüttelte den Kopf.

«Nö, du hast doch gesagt ...»

Weil hinter uns schon eine Schlange stand, zog ich ihn weg, um ihn ohne Publikum zusammenzustauchen, denn ich war kurz davor zu explodieren.

«Das ist jetzt nicht dein Ernst, oder?! Sag, dass das nicht wahr ist! Du wolltest dich um die Tickets kümmern! Schon vergessen?! Ich fasse es nicht! Seit Tagen reden wir über diesen Kinoabend, und Monsieur vergisst die Karten! Na super! Toll! Danke für den versauten Abend!»

Ja, zugegeben, ich steigerte mich sehr in meine Rolle der Anklägerin hinein. Das war aber auch Pauls Schuld, der mich schimpfen ließ und keinen Ton sagte, sondern mich nur irritiert ansah, was mich immer weiter zetern ließ. Seine Ruhe brachte mich auf die Palme.

«Jetzt sag doch mal was dazu!», forderte ich ihn schließlich auf und wartete vorwurfsvoll auf eine Erklärung.

«Gerne. Vielleicht erinnerst du dich, dass ich dir angeboten hatte, nach dem Schulsportfest in die Stadt zu fahren, um Tickets zu besorgen.»

Ich nickte und ließ ihn weiterreden.

«Aber weil du sowieso mittags in die Stadt wolltest, um einem Kunden etwas zu bringen, wolltest *du* dich darum kümmern. Schon vergessen?»

Schon während er redete, durchfuhr mich ein flaues Magengefühl. Verdammt! Das hatte ich total vergessen. Der Tag war so voll mit Terminen und Telefonaten, dass ich die Kinokarten völlig ausgeblendet hatte. Ich seufzte, schloss die Augen, lehnte meine Stirn schuldbewusst an seine Brust und holte tief Luft, um mich zu entschuldigen. Er machte mir keine Vorwürfe, der Gute, und es wurde dann doch noch ein schöner Abend ohne Kino, obwohl ich so ätzend zu ihm gewesen war.

Jedenfalls beschloss ich an diesem Abend, etwas zu ändern, um die *Cruella* in mir zum Schweigen zu bringen.

18

«HORMONE?!»

Ursel schaut mich an, als hätte ich ihr gerade gesagt, ich wäre nach unbefleckter Empfängnis mit Drillingen schwanger – völlig schockiert. «Vera, geht's noch?! Du weißt doch, was das heißt.»

Ich verdrehe die Augen. «Du wirst es mir sicher gleich aufzählen.»

«Krebs, Thrombose, Herzinfarkt. Mehr muss ich ja wohl nicht sagen. Das lässt du mal schön bleiben!»

Ursel redet mit mir wie eine Kitaerzieherin mit einer Vierjährigen.

«Ach was, jetzt lass sie doch!», nimmt mich Bea in Schutz. «Also ich kann dir nur dazu raten, Vera-Schatz: Mach dir das Leben nicht unnötig schwer.»

«Es geht dabei ja nicht nur um mich. Ich bin ständig gereizt, und wenn ich so weitermache, ist Paul bald weg. Wäre ich an seiner Stelle auch. Ich kann mich selbst nicht leiden. Aber leider kann ich nicht vor mir davonlaufen.»

«Aber du solltest die Risiken nicht ignorieren.» Jetzt hebt Ursel sogar den Zeigefinger, während sie sich ein wenig zu mir beugt und mich dabei mit aufgerissenen Augen anschaut wie eine Priesterin, die vor dem Bösen warnt. Bevor sie mich mit einem Fluch belegt, sollte ich mich besser erklären.

«Also, ich hab da einiges gelesen über Hormontherapien und neueste Studien und so. Das ist alles gar nicht mehr so schlimm, wie man früher dachte …»

«Früher? Das war vor zehn, zwölf Jahren! Nicht im Mittelalter!»

Ursel macht es mir aber auch schwer!

«Na jedenfalls weiß man heute: Je früher mit der Zugabe von Hormonen angefangen wird, umso ungefährlicher, damit der Östrogenmangel sich gar nicht erst auf die Gefäße auswirken kann. So ist das nämlich», sage ich und warte auf Ursels Reaktion. Sie seufzt und hebt die Hände.

«Wirf mir später nicht vor, ich hätte dich nicht gewarnt.»

«Ich kann dir aus Erfahrung versichern, dass eine Hormontherapie auch noch andere, nämlich angenehme Wirkungen hat», grinst Bea und zieht zweideutig eine Augenbraue hoch.

«Und welche sollen das sein, außer Gefäßverengung?», fordert Ursel sie heraus. Bea grinst.

«Eine feuchte Muschi! Schon vergessen, was das war?»

Ursel winkt ab. «Du kannst so ordinär sein, Bea!»

«Das war ich schon immer», freut sich Bea.

«Vertragt euch, Mädels!», mahnt Pavel. «Was kann ich euch Gutes tun?»

«Mir bitte einen Ingwertee», sage ich und ernte dafür verächtliche Blicke, die mir eine Erklärung abnötigen. «Was denn? Ich fühl mich etwas unwohl. Und?!»

«So schlimm war das bei mir nicht. Bisschen schwitzen und schlechte Laune. Aber keine Lust auf einen Drink? Nie!», wundert sich Bea und bestellt einen Gin Tonic.

«Dann scheint es wirklich schlecht um dich zu stehen», findet auch Ursel. «Für mich einen Pinot, bitte!»

Während Pavel sich um die Getränke kümmert, will er's genau wissen. «Was passiert denn da so genau in so einem Frauenkörper, wenn der alt wird?»

«Meine Güte, das klingt, als ob wir bald zur Schlachtbank geführt werden», stöhnt Ursel.

Bea schaut Pavel scharf an. «Glaub mir, Schätzelein, das willst du nicht wissen.»

«Und ob. Also?!»

«Was man halt so hört: Hitzewallungen, schlaflose Nächte, schmerzende Möpse, Wassereinlagerungen, keine Lust mehr auf Sex …»

Ursel fährt fort: «Stimmungsschwankungen, Gefäßablagerungen, Hautprobleme, Gewichtszunahme, Muskelschwund, Haarausfall, Inkontinenz …»

«Schscht! Stopp! Sofort aufhören!», unterbricht Pavel sie und serviert die Drinks, wobei er sich nach allen Seiten umschaut, um sicherzugehen, dass niemand mithört. «Wollt ihr meine Gäste vergraulen? Das ist ja furchtbar! Und dann sitzt ihr noch hier?»

«Wo sollen wir denn sonst hin?», frage ich unschuldig.

«Na, ab ins Heim, wo ihr hingehört! Da könnt ihr dann wehleidig vor euch hin jammern.» Pavel zieht die Stirn in Falten. «Aber vorher berücksichtigt ihr mich gefälligst alle in euren Testamenten!»

Wir stoßen auf Pavel an und versichern ihm, noch ein paar Jahre seine besten Gäste zu bleiben.

Am nächsten Vormittag erzähle ich Paul von meiner Entscheidung für eine Hormontherapie.

«Du übertreibst! Bist du nicht ein bisschen zu jung dafür?», fragt er, während wir Hand in Hand durch die Straßen gehen und ich ihm dabei von meinen Wehwehchen erzähle.

«Lieber früher als später. Du sagst doch selbst, dass ich manchmal ganz schön ätzend bin. Außerdem finde ich meine Mitte nicht mehr.»

«Wenn's nur das ist. Da kann ich dir helfen.»

Paul bleibt stehen und umfasst lüstern meine Hüfte. Allerdings verrät ihm mein genervter Blick, dass seine Hilfe nicht gefragt ist. Er lässt los, und wir gehen weiter.

«Vielleicht arbeitest du zu viel. Wir sollten mal Urlaub machen.

Ein paar Tage raus, das wirkt manchmal Wunder. Deshalb musst du dich nicht gleich mit Hormonen vollpumpen.»

«Mein Körper, meine Entscheidung. Okay?!»

«Nee! Nicht okay! Ich mache mir Sorgen um dich, weil ich dich und deinen Körper nämlich mag. Und deine Mitte ganz besonders. Also schließ mich nicht von solchen Entscheidungen aus! Okay?»

Herrje. So weit ist es nun also. Da sehne ich mich nach Selbstbestimmung und Unabhängigkeit, und kaum habe ich mich dem nächsten Kerl an den Hals geworfen, muss ich wieder jemandem Rechenschaft ablegen. So war das definitiv nicht geplant.

«Hör mal, Paul. Das mit uns ist großartig und toll, aber ich fühle mich in meinem Körper momentan nicht wohl. Und ich mag mich gerade auch nicht besonders. Du bist ein Mann, du kannst das nicht verstehen. Deine Midlife-Crisis kommt in frühestens zehn Jahren. Also lass uns doch versuchen, das hier so lange wie möglich zu genießen. Wenn ich runzelig bin, ist es eh vorbei.»

«Quatsch! Ist mir alles egal», sagt er und umfasst meine Schulter. «Ich steh auf faltige, alte, zeternde Weiber mit breiten Hüften und Hängetitten. Auf den Inhalt kommt es an.»

Ich verpasse ihm blitzschnell einen Fausthieb in den Magen, aber er spannt sein Sixpack rechtzeitig an, packt mich und umarmt mich so fest, dass ich mich nicht mehr rühren kann.

«Mal im Ernst. Wenn es dir nicht gut geht und du diese Hormonsache machen willst, dann machen wir das.» Ich atme erleichtert auf, schaue ihn dankbar an und nicke, froh darüber, dass er so verständnisvoll ist. Dann lässt er mich los, und wir gehen Hand in Hand weiter.

«Ich kann schließlich nur davon profitieren. Die Leute reden dann nicht mehr so viel über den knackigen Typen mit der hässlichen Alten an seiner Seite. Mit der Schönheits-OP musst du allerdings warten, bis ich Oberstudienrat bin, vorher kann ich mir das nicht leisten. Das heißt … wenn du vorher nicht an Altersschwäche gestorben oder mit dem Rollator unter'n Bus gekommen bist.»

Bevor ich ihn wieder boxen kann, küsst er mich schwindelig. Ich möchte ihn niemals wieder loslassen, so sehr gibt er mir das Gefühl, jung und verliebt zu sein. An seiner Seite ist alles ganz einfach und klar.

Wahnsinn!

Am liebsten würde ich jeden hier auf der Straße vor Freude erdrücken, aber dann würde ich wohl in einer Zwangsjacke landen. Ja, vielleicht bin ich verrückt nach Paul. Vielleicht sollte ich es einfach hinausschreien. Vielleicht sollte ich mich nicht so sehr um andere scheren. Aber das kann ich nicht. Es ist nicht so, dass ich es nicht will. Ich bin nur eben keine 25 mehr. Ich bin 46, lebenserfahren, geprägt von positiven wie negativen Erlebnissen und Erfahrungen. Das kann ich nicht einfach abschütteln. Und ich will es auch gar nicht, weil mein Leben mich ausmacht. Paul will das auch nicht, weil er genau deshalb mit mir zusammen ist und eben nicht mit einer 25-Jährigen. Sagt er zumindest.

Unsere Wege trennen sich an diesem Nachmittag, denn ich will das alles mit meiner Gynäkologin besprechen, und wir verabreden uns nach meinem Arzttermin im Park auf einer Bank, auf der wir schon so oft gesessen haben in den letzten Wochen. Unserer Bank.

Eine halbe Stunde später sitze ich im Sprechzimmer von Dr. Isabelle Schön, die bei ihrem Namen besser plastische Chirurgin geworden wäre und über diesen Spruch schon lange nicht mehr lachen kann, wie sie mir bereits beim allerersten Termin anvertraute. Das war vor knapp neunzehn Jahren. Seither ist sie die Frauenärztin meines Vertrauens und führt zusammen mit ihrer Schwester Annabelle Klug die *Gemeinschaftspraxis Schön & Klug.* Kein Scherz! Allein das ist Grund genug für mich, hier Patientin zu sein. Geduldig lauscht sie meinen Ausführungen und nickt schließlich verständnisvoll.

«Na ja, Frau Odermann, Sie sind jetzt in dem Alter, wo's losgeht. Da müssen wir uns nichts vormachen. Was Sie beschreiben, ist symptomatisch. Und wir sollten vermeiden, dass Ihre Mitmenschen Sie irgendwann in den Keller sperren, weil Sie unausstehlich geworden sind. Aber bevor wir über die Art der Therapie reden, mache ich die übliche Kontrolluntersuchung und messe Ihren Hormonspiegel.»

Das mag ich so an ihr: Kein *Ja, aber* oder schwafeliges Herumgerede. Es ist, wie es ist, und basta. Also steige ich auf den Stuhl, und während sie mich untersucht, fragt sie mich dies und das und wann ich meine letzte Regel hatte und macht den üblichen Ultraschall und sagt mir, dass ich schwanger bin. Dann wird alles schwarz.

TEIL 2

1

ES DAUERTE ein paar Minuten, bis ich wieder zu mir kam. Muss man sich mal vorstellen: ohnmächtig auf dem Gynäkologen-Stuhl. Das liest man sonst nur in der *Bild-Zeitung*. Jedenfalls wachte ich auf und hatte das Gefühl, im falschen Film zu sein. Dr. Schön erklärte mir das Ultraschallbild, auf dem der Laie sowieso nichts erkennt, erst recht nicht im Schockzustand. Ich bemühte mich aber, ihr zu folgen und mir nichts anmerken zu lassen. Doch ich nahm nur Wortfetzen wahr. Dann ließ sie mich vom Stuhl herunterklettern und klärte mich über alle Risiken und Nebenwirkungen einer Risikoschwangerschaft auf, dass ich aber ansonsten topfit sei, mich nur in den ersten Wochen etwas schonen und ein paar mehr Tests machen sollte, um sicherzugehen, dass mit dem Kind alles in Ordnung ist. Schließlich beruhigte sie mich, denn es sehe alles sehr gut aus, und gratulierte mir, während sie mir ein paar Rezepte in die Hand drückte, dazu den Mutterpass und das erste 3-D-Ultraschallfoto. Dass Paul auf unserer Bank im Park auf mich wartete, vergaß ich darüber völlig. Ich musste raus!

Ziellos laufe ich nun die Straßen entlang. Ziellos und schwanger.

Wahnsinn! Was für ein Horror!

Ich fühle mich wie ein Teenager mit der gleichen Nachricht, nur dass ich dreißig Jahre älter bin. Aber nicht unbedingt reifer. Die Fragen sind die gleichen: *Was soll ich denn mit einem Kind? Jetzt? In meinem Alter?* Nur dass ich mein Leben schon hinter mir habe und jetzt wieder von vorne anfangen soll? Und mein Job? Die Agentur? Meine Scheidung von Sven? Was ist mit Greta? Und mit

Paul? Hat sich damit unsere unbeschwerte Beziehung erledigt? Das ist doch Wahnsinn! Was soll ich denn mit einen Baby!? Viele Fragen, auf die ich Antworten brauche. Sofort!

Zurück in der Praxis, drängele ich die nächste Patientin schonungslos zur Seite. «'tschuldigung, Notfall …», und schiebe mich an ihrem dicken Babybauch vorbei ins Sprechzimmer von Dr. Schön, die mich verwundert anschaut.

«Und wenn ich's nicht will? Ich meine, ich bin hergekommen, weil ich dachte, in die Wechseljahre zu kommen, und jetzt bin ich schwanger. So war das nicht geplant.»

«Sie stehen unter Schock, Frau Odermann.»

«Das können Sie laut sagen.»

«Aber ich kann Sie beruhigen. Die meisten Schwangerschaften sind nicht geplant.»

«Na, das beruhigt mich jetzt aber sehr», spotte ich und mache einen weiteren Anlauf. «Was ist, wenn ich's nicht will?»

Dr. Schön beugt sich hinter ihrem Designerschreibtisch vor, schaut wohlwollend über den Rand ihrer randlosen Brille und legt beruhigend ihre Hand auf meine verkrampfte Faust, die auf ihrem Schreibtisch liegt.

«Frau Odermann, ich verstehe Sie ja. Ihre Reaktion ist völlig normal. Überdenken Sie alles in Ruhe mit Ihrem Partner …», ich verdrehe die Augen, aber sie lässt sich nicht beirren und nimmt einen Zettel aus ihrer Schublade, auf der ein paar Adressen stehen.

«… und wenn Sie sicher sind, dann suchen Sie eine dieser Beratungsstellen auf, und die geben Ihnen eine Liste von Ärzten, wo Sie einen Abbruch machen lassen können. Oder Sie kommen her, und wir sprechen noch mal alles durch. Ich kann Sie absolut verstehen. Machen Sie sich keine Sorgen. Vor allem aber: Vertrauen Sie sich und Ihrem Gefühl.»

Mit einer Mischung aus Verzweiflung, Angst und Unsicherheit

verlasse ich die Praxis. Draußen setze ich mich auf die Eingangsstufen und heule wie eine verzweifelte Sechzehnjährige.

Erst als mein Handy klingelt, schaue ich wieder auf und wische mir die Tränen aus den Augen, um das Display erkennen zu können. Natürlich ist es Paul, der seit einer Stunde im Park auf mich wartet. Ich starre auf das vibrierende Telefon und habe keine Ahnung, was ich ihm sagen soll. Endlich hört es auf zu klingeln. Dann schreibe ich mit zittrigen Händen eine Notfall-SMS ins Handy und mache mich auf den Weg zu Pavel.

Nachdem Ursel damals von ihrem ersten Mann übel zugerichtet wurde und sich nicht getraut hatte, uns davon zu erzählen, haben wir drei Freundinnen geschworen, uns immer gegenseitig bei Schwierigkeiten zu helfen, ganz gleich, was es ist. Keine von uns sollte jemals allein etwas durchmachen, wenn die anderen beiden sie stützen konnten. Für den Notfall genügt eine kurze Nachricht, um die anderen zu alarmieren.

Als ich bei Pavel eintreffe, sind Ursel und Bea schon dort. Bea kommt direkt und daher ungeföhnt vom Friseur, und Ursel hat Herbert dabei, mit dem sie gerade beim Tierarzt auf die Kastrations-OP wartete, als meine Nachricht kam. Dankbar schaut mich Herbert an, als ich ihn zur Begrüßung streichele. Dann erzähle ich, was los ist, und Ursel, Bea und Pavel sind zunächst sprachlos.

«Entsetzlich!» Bea lässt ihren Gefühlen als Erste freien Lauf. «Das ist ja schrecklich!»

Wie wunderbar mitfühlend meine gute Freundin Bea sein kann.

«Schwanger statt Wechseljahre! Das muss dir erst mal eine nachmachen!»

Ursel legt ermutigend ihren Arm um mich, in der Hoffnung, mich irgendwie aufzumuntern. Doch ich fühle mich elendig. Herbert humpelt auf seinen drei Beinen zu mir und wedelt mit dem Schwanz, als wollte er mich trösten.

Ich und schwanger – das geht gar nicht!

«Kein Wunder, so oft, wie du mit Paul in die Kiste steigst, musste ja mal ein Treffer dabei sein», stichelt Pavel, während er drei geeiste Wodkagläser randvoll macht und sie uns hinschiebt, wobei er meins sofort wieder zurückzieht und selbst trinkt.

«Auf den Schock!», sagt Bea, und die drei stoßen an. Wie gerne hätte ich jetzt auch einen Schnaps.

«Dass du überhaupt noch funktionierende Eierstöcke hast – Respekt!»

Bea meint das völlig ernst, fürchte ich.

«Wieso? Paul ist jung und knackig, seine Samen noch frisch, zielstrebig und schnell.»

Ursel meint das auch ernst. Und ich weiß gar nicht, wo mir der Kopf steht. Sehr empathisch sind meine Freundinnen nicht gerade. Nur Herbert scheint meine Lage wirklich zu verstehen, als er mitfühlend seinen Kopf auf mein Knie legt. Die gute Hundeseele.

Plötzlich hat Bea eine Eingebung. «Was ist mit der Pille danach?»

Aber ich kann nur den Kopf schütteln. «Zu spät.»

«Wie weit bist du denn?», fragt Ursel.

«Ende zweiter Monat.»

Alle schweigen, bis Bea die gefürchtete Frage stellt.

«Und Paul? Weiß er's schon?»

Ich erschrecke.

«Bloß nicht! Ihr müsst mir schwören, es ihm nicht zu sagen! Er darf es nicht erfahren!», flehe ich.

Ursel legt den Kopf schief, wie Herbert, wenn jemand *Leberwurst* sagt. «Heißt das, dass du …»

«Das heißt erst mal gar nichts», unterbreche ich Ursel. «Ich bin völlig durch den Wind. Das ist jetzt erst mal meine Sache, ganz alleine. Klar?!»

Keine Reaktion.

«Außerdem soll Paul nicht denken, dass ich ihn mit einem Kind an mich binden möchte.»

Ursel lacht. «Jetzt klingst du wie eine Sechzehnjährige, die in ihren Lehrer verknallt ist.»

«Nicht witzig!»

«Recht hast du!», springt mir Bea zu Hilfe. «Du alleine entscheidest, wie es weitergeht. Dein Körper, deine Entscheidung.»

Ursel verdreht die Augen. «Nicht diesen alten Spontikram von wegen *Mein Bauch gehört mir* und so. Da sind wir doch heute weiter!»

«Aber es ist doch so. Vera entscheidet, wie und ob es weitergeht.»

Bea ist da ganz klar, obwohl sie Mutter ist. Und Ursel, die nie ein Kind hatte, ergreift Partei für das Ungeborene – und für Paul.

«Du kannst Paul da nicht außen vor lassen, Vera. Es ist sein Recht, von seinem Kind zu erfahren.»

«Bist du überhaupt sicher, dass Paul der Vater ist?», wirft Bea ein.

Aber wenn ich mir bei einer Sache sicher bin, dann bei dieser.

«Und wie! Sven wollte nach Greta nie wieder Kinder und hat schon vor Jahren eine Vasektomie machen lassen. Ohne mich zu fragen.»

«Scheiß Egoist», rutscht es Ursel raus.

«Konsequent», findet Bea.

Genau solche Diskussionen wollte ich nicht, als ich diese Krisensitzung einberufen habe. Alles, was ich wollte, war die Unterstützung meiner Freunde in diesem schweren Moment, aber das Gespräch wird immer absurder. Jetzt wird sogar Pavel neugierig.

«Wie konnte das denn überhaupt passieren? Gummi gerissen?»

Bea schüttelt den Kopf. «Ach komm! Vera ist doch kein Teenie mehr! Oder?»

Ich lächele verlegen und schweige, was mehr sagt als tausend Worte. Doch Pavel lässt es sich nicht nehmen, mein Schweigen zu übersetzen.

«Ihr habt ohne Gummi?! Das ist verantwortungslos!»

Ich senke schuldbewusst den Blick. Er mustert mich genau und wird unsicher. «Du veräppelst uns doch, komm, gib's zu!», fordert er, lacht und stößt mich kumpelhaft an in der Hoffnung, dass ich tatsächlich nur einen Scherz gemacht habe. Aber ich lache nicht, denn mir ist absolut nicht zum Scherzen zumute. Leider hat Pavel recht, schließlich bin ich in der Aids-Ära aufgewachsen und sollte die Risiken kennen. Bea denkt nach und murmelt vor sich hin.

«46 … dann bist du … 64, wenn das neue Kind aus der Schule ist. Das ist … das ist …»

«Gruselig!», sage ich, denn das trifft es am besten. «Und wisst ihr was? Ich habe mein Soll erfüllt, denn ich hab ja schon ein Kind großgezogen, und ich finde …»

«Moment, Moment», unterbricht mich Ursel. «Die durchschnittliche Kinderquote in Deutschland liegt bei 1,56. Du hast dein Soll also noch nicht erreicht.»

«Abgerundet bin ich total im Soll», korrigiere ich Ursel.

«Da hast du völlig recht», pflichtet mir Bea bei. «*Ein* Kind ist völlig okay, und dafür hast du alles gegeben. Das reicht. Du musst ja auch an Gretas Zukunft denken und an die Agentur, die Verantwortung für deine Mitarbeiter, die Klienten. Und was ist mit deiner neuen Freiheit und Unabhängigkeit? Das kannst du doch nicht einfach alles wegwerfen! Das kann niemand von dir verlangen!»

«Was redest du denn da?!» Ursel wirft Bea einen vorwurfsvollen Blick zu, bevor sie auf mich einredet. «Natürlich kann das niemand von dir verlangen. Aber du hast ja selbst gesagt: Nur du entscheidest, was passiert. Sieh's als Chance. Überleg doch mal. Du dachtest, deine fruchtbare Zeit sei vorbei, und jetzt bekommst du ein Kind! Das ist wie ein … wie ein Wunder!»

«Halleluja!»

Bea blickt mit ausgebreiteten Armen zum Himmel, aber Ursel lässt sich nicht aus der Ruhe bringen.

«Jedenfalls ist es ein Wink des Schicksals, dass du und Paul ein Kind bekommt.»

«Bitte, Ursel! *Ich* bin schwanger, nicht Paul. Und mal ganz ehrlich: Ich traue mir das nicht mehr zu. Ich hab nicht mehr die Kraft für ein Baby, schlaflose Nächte, Rumgeschreie und Kindergeburtstage. Die Figur ist danach auch vermatscht. Irgendwann muss auch mal Schluss sein. Was mir zu meinem Glück fehlt, ist kein Baby, sondern die Scheidung. Und wenn die durch ist, will ich endlich auch mal egoistisch sein und nur an mich denken.»

«Wieso endlich?» Ursel spricht aus, was alle denken, und redet hartnäckig weiter auf mich ein. «Wenn es dir ernst ist mit Paul, dann kannst du ihn nicht außen vor lassen, Vera! Das … das ist doch eine so wichtige Entscheidung.»

«Immerhin, ein Gutes hat diese Schwangerschaft ja: Dir bleiben die Wechseljahre erst mal erspart. Ist doch auch was», versucht mich Bea etwas aufzumuntern, was ihr nur mäßig gelingt. Pavel beugt sich mit besorgter Miene zu mir und nimmt meine kalten Hände in seine warmen Pranken.

«Was hast du denn jetzt vor, Schätzelein?»

Ich schaue in die Runde und schüttele den Kopf. «Keine Ahnung. Ich weiß es wirklich nicht.»

«Egal, wie du dich entscheidest – wir werden das Kind schon schaukeln.»

2

ICH KOMME NACH HAUSE, und Paul sitzt vor meiner Wohnung auf der Treppe, die zum Dachstuhl führt.

«Wenn der Prophet nicht zum Berg kommt, muss der Berg eben zum Propheten kommen», sagt er geduldig.

Müde setze ich mich zu ihm.

«Ich hab im Park auf dich gewartet. Ziemlich lange sogar.»

Er sagt das, ohne sauer zu sein. Ich habe ihn stundenlang warten lassen und auf keinen seiner Anrufe geantwortet. Wie kann er da nicht sauer sein? Da wäre doch jeder sauer, oder?

«Ich hab mir Sorgen gemacht.»

«Ich weiß», gebe ich zu, ohne zu wissen, wie das Gespräch weitergehen soll. «Tut mir leid.»

«Was ist los? Was hat deine Ärztin gesagt?»

Ich schaue Paul fragend an und überlege, ob er etwas wissen kann.

«Wegen der Hormontherapie – deshalb warst du doch dort.»

«Ja, ja klar», sage ich. «Sie hat mich untersucht und noch ein paar Tests gemacht und …» Was sage ich nur?

«Und? Alles in Ordnung?», fragt Paul ernsthaft besorgt.

«Ja», nicke ich, schaue in sein unrasiertes Gesicht mit den schönen braunen Augen und frage mich, ob ich schon bereit bin, nach so kurzer Zeit mit ihm eine Familie zu gründen. Jedem Teenager würde man davon abraten, nach einer kurzen Beziehung an die große Liebe zu glauben. Ich bin älter und lebenserfahrener, und ich bin mir noch nicht sicher, ob Paul die neue Liebe meines Lebens ist. Dann schüttele ich den Kopf.

«Nein … Das heißt … Ich mein' … Doch.»

«Okay, was ist los?! Sag's mir! Bist du krank?»

«Nichts Schlimmes. Ein … ein … Pilz. Eine Pilzinfektion. Harmlos. Unangenehm, aber harmlos. Und …»

«Und?»

«Ansteckend.»

«Oh», rutscht es ihm heraus, und ich nicke dazu.

«Es … es gibt eine Inkubationszeit.»

«Muss ich mich irgendwie testen lassen?»

«Nein, nein. Nicht notwendig. Allerdings wäre es wohl besser, wenn wir uns eine Weile nicht sehen.»

Paul schaut mich überrascht an. «Du meinst, kein Sex?»

«Nein, ich meine *nicht sehen*. Weil wir … weil wir dann gar nicht erst Gefahr laufen, die Kontrolle zu verlieren. Über uns, meine ich.»

«Hm», brummt Paul nachdenklich. «Nimmst du was dagegen?»

«Ein Antibiotikum», lüge ich. «Sonst heilt das nie, und wir stecken uns immer wieder gegenseitig an. So pingpongmäßig.»

Paul überlegt. «Macht Sinn», sagt er.

«Hm», sage ich und nicke.

«Küssen?»

«Schon, glaub' ich», sage ich, und wir küssen uns. Zum Abschied.

«Wir telefonieren aber!»

«Versprochen!»

Dann streicht Paul mir sorgenvoll und verliebt durchs Gesicht, und ich lege meine Wange in seine Hand, um eine kurze Sekunde darin auszuruhen.

«Werd schnell gesund!», sagt er traurig und ernsthaft besorgt, und ich fühle mich elend, als ich seine Schritte im Treppenhaus verhallen höre.

Ich habe Paul belogen, und das fühlt sich miserabel an. Aber ich brauche Bedenkzeit, denn mein Zug des Lebens fährt gerade ziemlich schnell auf eine Gabelung zu, deren Weiche noch nicht gestellt ist. Die Zeit läuft, und mir bleiben noch knapp vier Wochen, um über zwei Menschenleben zu entscheiden. Das ist nicht viel. Und das ist nicht einfach.

Kinder sind ein unbeschreibliches Glück. Davon war ich immer überzeugt. Sie machen die Welt etwas besser und uns Erwachsene demütig vor dem Leben.

Leider kommt dieses Kind zehn Jahre zu spät. Damals habe ich mir nichts sehnlicher gewünscht als ein zweites Kind. Und Greta wollte unbedingt ein Geschwisterchen. Nur Sven wollte kein weiteres Kind mehr. Er hatte seiner Tochter gegenüber permanent ein schlechtes Gewissen, weil er kaum Zeit für sie hatte. Und ich glaube, schon damals waren seine Gefühle für mich abgekühlt.

Zwei Kinder waren seit meiner Einzelkind-Kindheit immer mein Traum. Ich hatte alle meine Freundinnen beneidet, die Brüder oder Schwestern hatten, und hätte gerne von meinem Einzelkind-Luxus etwas abgegeben, um einen gleichgesinnten Mitstreiter in meiner Nähe zu haben. Greta wollte ich diese Sehnsucht ersparen, aber zuerst hatten Sven und ich nicht genug Geld, dann hatten wir nicht genug Zeit, und am Ende hatten wir nicht genug Liebe für ein zweites Kind. Schließlich hatte ich nicht genug Mut, um es einfach gegen seinen Willen geschehen zu lassen. Erst recht nicht, mich von Sven zu trennen, um vielleicht mit einem anderen Mann noch mal von vorn anzufangen. Mit wem auch, denn ich wollte ja keinen anderen. Irgendwann habe ich mich damit abgefunden, kein weiteres Kind mehr zu bekommen, und war froh, dass aus Greta eine so tolle junge Frau geworden ist.

Und jetzt bin ich schwanger von einem sehr viel jüngeren Mann, in den ich zwar verliebt bin, von dem ich aber nicht weiß, ob ich ihn liebe und dem es vermutlich ähnlich geht. Klar sollte eine

Frau auch ein Kind allein großziehen können, und das passiert ja auch überall und ständig, dass Frauen freiwillig oder gezwungenermaßen alleinerziehend sind. Aber das ist nicht leicht, und es braucht Mut und Kraft und Geduld. Ich weiß nicht, ob ich das alles mit 46 will und kann. Und ob es gut für ein Kind wäre, bleibt dahingestellt.

In den Medien scheint späte Mutterschaft ein absoluter Trend zu sein. Hat Schauspielerin Geena Davis nicht mit 46 und 48 ihre Kinder bekommen? Und so viele andere Stars? Das liest man doch ständig. Ute Lemper, der Musical Star, war 48, und Ex-Bond-Girl Hale Berry ist mit 45 Mutter geworden. Und was ist mit Gianna Nannini, der italienischen Rockröhre? Sie wurde mit 54 zum ersten Mal Mutter. Ich läge also voll im Trend – wo ist dann das Problem?

Es sind die gleichen Probleme wie damals, scheint es: Es fehlt mir an Zeit, Geld und Mut. Diese Promis können sich permanent selbst verwirklichen, haben ausreichend Zeit, Geld und Nannys, um ihre Kinder gedeihen zu lassen, und sie haben Männer, Chirurgen, Personaltrainer und Therapeuten, um jung und fit zu bleiben oder zumindest so auszusehen. Da muss ich passen. Meine Mutter hat immer gesagt: Glückliche Mütter bekommen glückliche Kinder. Was, wenn ich unglücklich wäre? In mir wächst ein kleines Wesen heran, dem ich nichts versprechen kann.

Ich muss eine Entscheidung treffen. Zu Fuß durchstreife ich die Stadt und schaue mir alle Häuser der aufgelisteten Beratungsstellen an, um sie zunächst nach ihrem Standort und dem Eindruck ihrer Fassaden und Türschilder zu sortieren. Diakonie, Pro Familia, Caritas, evangelische Lebensberatung, Gesundheitsamt, donum vitae, AWO, DRK – ich klappere sie alle ab, ohne hineinzugehen. Der erste Eindruck zählt.

Bei diesen Streifzügen drängt sich mir der Verdacht auf, dass jeder, der mir begegnet, von dem winzigen Konflikt in meiner Gebärmutter weiß und plötzlich alle Menschen mit Babys im Bauch, auf dem Bauch oder im Kinderwagen beschließen, in kurzen Abständen hintereinander meinen Weg zu kreuzen. Noch nie habe ich so viele Schwangere auf der Straße gesehen und erst recht nicht so viele Babys, die noch kein Jahr alt sind. Wie kann das sein? Wo kommen die plötzlich alle her? Dabei heißt es doch immer, unser Land sei überaltert und kinderarm. Oder sollten sich tatsächlich alle Kinder dieser Nation in meinem persönlichen Radius aufhalten, um mir zu suggerieren, dass Kinder etwas Tolles sind und man sie nicht einfach absaugen lassen darf? Möglicherweise ist das aber auch ein abgekarteter Werbefeldzug von Kinderwagen- und Bauchtragenherstellern, die entweder mit sämtlichen Gynäkologen zusammenarbeiten oder deren Patientendateien heimlich hacken. Meine selektive Wahrnehmung überfordert mich und lässt mich zum Verschwörungstheoretiker werden.

Erschöpft stehe ich vor dem Schild von Pro Familia, als eine junge Frau mit Zwillingswagen mühsam von innen die Tür zu öffnen versucht. Klar, Zwillinge – gleich die doppelte Dosis. Ich helfe ihr sofort, wofür sie sehr dankbar ist, denn dieser Kinderwagen ist ein Monstrum, das ohne Ruckeln und Zuckeln durch keine Normtür passt. Im Hausflur weint ein Kind. Die Frau blickt sich um, eine Hand am Kinderwagen, mit der anderen hält sie die schwere Tür auf.

«Bleib oben, Lili, ich hol dich – warte!» Dann wendet sie sich mir zu. «Könnten Sie kurz einen Blick auf meine Jungs werfen?»

Noch bevor ich antworten kann, ist sie im Hausflur verschwunden.

Entzückt schaue ich in den Doppelwagen. Die Jungs schlafen friedlich. Die ganze Welt rotiert und wälzt große und kleine Probleme, und sie schlafen einfach. Ich beuge mich tiefer in den Wagen, um herauszufinden, wie sehr sie sich ähnlich sehen. Beide nuckeln selig an ihren Schnullern, die leider das halbe Gesicht verdecken. Hässliche, braune Riesenschnuller aus echtem Bio-Kautschuk. Dem linken Baby droht jetzt das Ding aus dem Mund zu flutschen – ich seh's schon kommen, schließlich war ich auch mal eine offensiv denkende Baby-Mama. Gerade als ich versuche, den Schnuller durch leichten Druck in Position zu schieben, schreckt der linke Zwilling plötzlich auf, wobei sein ganzer Körper zusammenzuckt, er mit den Armen rudert und mich mit weit aufgerissenen Augen anschaut. Sofort beginnt er zu weinen, wodurch er den Kautschuk-Stöpsel erst recht verliert. Keine Sekunde später wacht auch sein Bruder auf und schreit solidarisch mit. Schließlich sind sie Zwillinge und müssen gegen jede Gefahr zusammenhalten. Ich schrecke zurück und versuche, durch nervöses Ruckeln des Monster-Wagens die Jungs zu beruhigen, was allerdings genau das Gegenteil zu bewirken scheint. Sie brüllen, wie nur Babys brüllen können. Laut! Sehr laut! Ein älteres Ehepaar muss mir und dem breiten Kinderwagen auf dem Bürgersteig ausweichen. Ich ernte mitleidige Blicke und mildes Lächeln von beiden.

«Die ist noch nicht lange Oma», höre ich die Frau leise zu ihrem Mann sagen. Nicht leise genug.

«Entschuldigung, aber das sind gar nicht meine …», versuche ich verzweifelt, das Missverständnis zu erklären. Vergebens. Dabei kann ich ihnen das nicht mal verübeln. Als Außenstehender würde ich wahrscheinlich das Gleiche über mich denken, wenn ich mich so sehen würde. Ich schließe kurz die Augen, um mich zu sammeln und das Geschrei auszublenden. Krude Gedanken rasen mir durch den Kopf: Was, wenn die Mutter der Zwillinge die Chance genutzt hat? Wenn sie durch eine Hintertür abgehauen ist und mich nur benutzt, um mit ihrem Liebhaber nach Neuseeland durchzubrennen? Oder sie verschwindet einfach spurlos – aus welchem Grund auch immer – und ich werde der Kindesentführung bezichtigt. Vielleicht folgt sie auch nur einem natürlichen Freiheitsinstinkt. Im Affekt sozusagen. Oder sie wurde von ihrem

Exmann entführt. Heutzutage kann man nichts mehr ausschließen. Wenn ich noch länger warten muss, drehe ich vermutlich durch.

Endlich kommt sie zurück, an der Hand ein kleines, etwa vierjähriges Mädchen, das die Babys sofort mit wenigen kindlichen Worten beruhigt. Faszinierend. Ich bin wirklich erleichtert.

«Tut mir leid, Lili musste noch mal aufs Klo. Vielen Dank, dass Sie aufgepasst haben.»

«Gerne», lächele ich und versuche souverän zu wirken. «Nur tauge ich als Babysitter nicht viel. Die beiden scheinen mich nicht zu mögen.»

«Liegt nicht an Ihnen. Die kleinen Monster fremdeln total. Wollten Sie zu Pro Familia? Hoffentlich hab ich Sie nicht von Ihrem Termin abgehalten. Die machen nämlich gleich zu.»

«Nein, nein … ich», stammele ich.

«Direkt im Erdgeschoss. Keine Angst, die sind echt nett», sagt die freundliche Dreifachmutter. Dann verabschieden wir uns, denn sie hat es eilig.

Ich schaue auf das Schild neben der Tür und zögere. Wie kann eine Organisation, die Pro Familia heißt, eine neutrale Beratung zum Thema Schwangerschaftsabbruch geben? Die müssen doch naturgemäß für das Leben und gegen den Abbruch sein. Sonst würde der Name keinen Sinn ergeben. Das ist ja so, als würde der Papst plötzlich Kondome an seine Bischöfe verteilen. Unentschlossen und in Gedanken vertieft, stehe ich noch immer vor dieser Tür, als mein Handy klingelt.

Karo ruft aus der Agentur an. Es gibt Neuigkeiten.

3

IN MEINEM BÜRO steht ein sehr großer, sehr präsenter Präsentkorb auf dem Schreibtisch, darin eine Karte.

«Der ist vorhin von Frau de Bryns Assistentin abgegeben worden mit den besten Grüßen», richtet Karo aus und ist selbst ganz aufgeregt. Ich nehme die Karte, klappe sie auf und lese, um dann einen quietschenden Freudenschrei auszustoßen. Schließlich lese ich aufgeregt laut vor:

«Liebe Frau Odermann, ich danke Ihnen für die hervorragende Ausrichtung unserer Managerinnen-Konferenz vergangene Woche. Der Vorstand hat beschlossen, Sie und Ihre Agentur mit der Organisation des Kongresses ECW *– European Cooperating Women in acht Monaten zu beauftragen* ... blablabla ... *Einzelheiten* ... blablabla ... *Terminvereinbarung* ... blablabla ... *mit den besten Wünschen und auf gute Zusammenarbeit, Ihre Constanze de Bryn.»*

Diesmal kreischen Felix, Karo und ich gemeinsam und umarmen uns dabei. Diese Veranstaltung mit mindestens fünfhundert Teilnehmerinnen aus Kultur, Politik und Wirtschaft aus ganz Europa braucht in den nächsten Monaten all meine Zeit, Aufmerksamkeit, Konzentration und Kraft. Da muss einfach alles stimmen – vom Blumenbouquet bis zum Übersetzer, vom Shuttle bis zum Schampus. Das ist der Startschuss für eine neue Größenordnung meiner Agentur und eine absolute Herausforderung für mich. Eine Chance, die ich sicher nicht verstreichen lassen werde.

Die Frage *Kind oder Karriere?* ist damit beantwortet. Um ehrlich zu sein, war mir von Anfang an klar, dass ich keine späte Mutter sein möchte. Diese Möglichkeit, mich international zu profilieren, ist nur ein Grund von mehreren, mich klar zu dem befruchteten Ei in meiner Gebärmutter zu positionieren. Ich muss eigentlich gar nicht lange nachdenken, um zu entscheiden, dass ich in meinem Alter definitiv nicht mehr Mutter werden will. Das mag anderen Frauen anders gehen, mir nicht. Wäre dies meine erste, sehnsuchtsvoll erwartete Schwangerschaft, wäre ich vermutlich der glücklichste Mensch auf Erden. Aber ich habe mein Mutterglück bereits vollends ausgekostet. Ich habe als Muttertier alles gegeben und nichts ausgelassen. Doch mein Leben ist zu kurz, um jetzt noch mal den Rückwärtsgang einzulegen. Ich bin über den Zenit hinaus, was aber nicht heißen soll, dass mein Verfallsdatum abgelaufen ist. Und genau deshalb will ich von nun an alles nachholen, was ich während der Mutterschaft vermisst und verpasst habe. Dieser Ausgleich ist doch nur fair. Die späten Mütter haben doch auch ganz bewusst keine Kinder bekommen, als sie mit Mitte zwanzig in ihrer Fruchtbarkeitshochphase waren, um alles mitzunehmen, was geht. Karriere, Reisen, Männer, Partys, Spaß. Und diese Frauen hatten den Vorteil, dass sie in dieser Phase jung und knackig waren, erfolgreich, begehrt und attraktiv. Das alles jetzt nachzuholen, ist für mich nun viel schwieriger, weil ich ja nicht mehr jung und knackig bin. Aber die Zeiten haben sich zum Glück geändert: Mitte vierzig ist das neue Mitte dreißig. Natürlich möchte ich keine *Milf* sein, aber ich gebe mein Bestes, um jetzt noch mal durchzustarten, meine Karriere anzukurbeln und meinem Leben eine neue Richtung zu geben. Und zwar ohne Baby.

Die berufliche Unabhängigkeit war mir immer sehr wichtig. Während meiner Schulzeit hatte meine Mutter mir ständig eingeschärft, später mein eigenes Geld zu verdienen.

«Liebes, verlass dich nie auf die Männer. Du musst immer in der Lage sein, dich und deine Kinder alleine durchzubringen», hatte sie in regelmäßigen Abständen zu mir gesagt, obwohl an Heiraten und Kinderkriegen noch gar nicht zu denken war. Weil ihr Vater im Krieg vermisst blieb, musste meine Mutter miterleben, wie ihre Mutter sich krumm machte, um für sich und die drei Kinder zu sorgen. Es schien mir daher logisch, den Rat meiner Mutter zu befolgen, um mir meine finanzielle Unabhängigkeit zu bewahren. Im Studium ging ich jobben, danach fand ich eine Anstellung, um dann in die Selbständigkeit zu wechseln. Ich habe noch die warmen Worte meiner Schweizer Vermieterin im Ohr, die mir gut zuredete, als ich die Büroräume in ihrer Villa anmietete.

«Sie machen das genau richtig! Zeigen Sie Ihrem Mann, dass Sie auf ihn pfeifen, Kindchen!»

Ich habe mir seit der Trennung etwas aufgebaut, das endlich Früchte trägt, und darauf bin ich stolz. Wie kann ich das stemmen, wenn ich mich um ein Baby kümmern muss? Kita-Plätze werden einem nicht gerade nachgeworfen, und für eine Nanny wird das Geld nicht reichen. Bea hat recht. Ich habe schließlich auch eine Verantwortung meinen Mitarbeitern gegenüber, meinen Kunden und Partnern. Ich muss Verträge einhalten, Aufträge erfüllen. Endlich bin ich so weit, dass mir große Aufträge anvertraut werden. Das kann ich doch nicht einfach ignorieren. Rational gesehen spricht nichts für das Kind, aber alles für die Karriere.

Nur gut, dass ich Paul noch nichts gesagt habe. Er wäre sicher auch nicht begeistert, nach so kurzer Zeit mit mir ein Kind zu bekommen. Das wäre viel zu früh. Also beschließe ich, Paul weiterhin nichts von der Schwangerschaft zu erzählen. Und eigentlich läuft es doch ganz gut mit uns. Abgesehen von der momentanen Distanzphase. Er setzt mich nicht unter Druck, erwartet nichts und vermittelt mir das Gefühl, dass wir ein gutes Team sind. Natürlich ist mir bewusst, dass unsere Beziehung auf einem wackeligen Fundament steht, wenn ich ihm die Schwangerschaft verschweige. Und ich weiß absolut nicht, wo mich mein Weg mit Paul hinführt und ob er nicht sogar bald endet. Ich weiß das alles nicht. Aber es geht hier um *mein* Leben.

Deshalb entscheide ich mich für die Beratungsstelle, die mir den frühesten Termin gibt.

Jetzt sitze ich hier in einem überhitzten Raum auf einem weißen kunstlederbezogenen Klippan-Sofa und beobachte die etwa zehn Jahre jüngere Frau mir gegenüber mit dem Batiktuch im wildlockigen Haar, wie sie uns beiden Rooibostee eingießt und mir dabei erklärt, welche staatlichen Leistungen mir zustehen und wie ich Kind und Karriere unter einen Hut bekomme. Außer der Sitzgruppe gibt es in dem Raum eine Spielecke für Kleinkinder, einen Zeitschriftenständer und jede Menge Pflanzen, die man aus Arztpraxen und städtischen Ämtern kennt. Gummibäume, Kakteen und ein fast blattloser Ficus, der ums Überleben kämpft. Die Raufaser-Wände sind hellgrün gestrichen, der Boden ein billiges Mahagonilaminat. Obwohl sich hier irgendwer viel Mühe gegeben hat, ein heimeliges Ambiente zu schaffen, ist es nicht gelungen. Ich fühle mich unwohl. Daran ändert auch das Duftlämpchen nichts, das so penetrant Vanillegeruch verbreitet, dass mir übel wird. Schlimmer als ein von Duftbäumchen kontaminiertes Balkan-Raucher-Taxi. Zudem mag ich keinen Rooibostee, weder den Geschmack noch den Geruch. Zugegeben, ich bin da gerade etwas empfindlich.

Freundlich lächelnd nehme ich den mir gereichten Tee entgegen und erkläre der Beraterin, dass meine Lebensplanung in einem Stadium angelangt ist, das nach reiflicher Überlegung mit einem Kind eigentlich nicht mehr vereinbar ist. Dass ich ein gesundes Kind habe, das erwachsen ist und für das ich sehr dankbar bin. Dass ich in Scheidung lebe und auch gar nicht weiß, ob das mit dem neuen Mann Bestand hat. Dass ich mir gerade eine sichere Existenz aufgebaut habe, die ohne mich gefährdet wäre und damit weitere Arbeitsplätze bedroht wären. Dic Beraterin hört sich meine vielen Bedenken geduldig an, lächelt ein wenig und nickt. Ich erwarte, dass sie mir Egoismus und Oberflächlichkeit vorwirft oder mir in irgendeiner Art und Weise zu vermitteln versucht, dass ich ein schlechter Mensch bin. Aber ich kann ihre Mimik einfach nicht deuten. Diese Frau hat ein so professionelles Pokerface, dass sie in Las Vegas die Bank sprengen könnte. Dann macht sie einen überheblich langen Wimpernschlag, der ihren grünlich schimmernden Lidschatten zum Vorschein kommen lässt, nimmt übertrieben genussvoll einen Schluck von ihrem übelriechenden Teegebräu und lehnt sich entspannt zurück, als säßen wir beim Kaffeekränzchen. Ich werde langsam ungeduldig und frage mich, was das Theater soll. Ich bin jedenfalls auf alles gefasst.

«Also, was Sie da schildern, Frau Odermann, ist absolut nachvollziehbar. Ich bin mir sicher, dass Sie alle Pros und Kontras abgewogen haben und Ihre Entscheidung nicht leichtfertig gefällt haben. Ich kann Sie verstehen, in Ihrem Alter, ich meine, in Ihrer Lebensphase.»

Sie stellt die Tasse ab und füllt routiniert den Beratungsschein aus, den sie mir mit ihrer Visitenkarte über den Tisch schiebt.

«Sie können sich jederzeit an mich wenden, wenn ich Ihnen bei allen weiteren Schritten behilflich sein kann. Es ist sicher keine leichte Entscheidung, aber Sie machen einen sehr konsequenten und aufgeräumten Eindruck auf mich, Frau Odermann. Denken Sie an die Zwölf-Wochen-Frist!» Dann gibt sie mir eine Liste von Praxen, die Schwangerschaftsabbrüche durchführen, und wir verabschieden uns.

Nichts von dem, was ich erwartet habe, ist eingetreten. Keine Moralpredigt, kein Gutmenschengequatsche, keine direkten oder indirekten Vorwürfe, keine Verachtung, keine Überredungsversuche. Nichts, woran ich mich irgendwie halten kann. Schon während ich die Beratungsstelle verlasse, spüre ich ein seltsames, bislang unbekanntes Gefühl in mir, das alles andere als «aufgeräumt» ist. Eine Mischung aus Erleichterung, Schuld, Enttäuschung und Wut. Ein unkonkretes Gefühl, das alles bedeuten kann.

Mit dem Persilschein in der Tasche setze ich mich auf Pauls und meine Parkbank und schaue zwei Kindern beim Spielen zu. Der erste Schritt ist nun also getan.

Ausgerechnet jetzt ruft Paul an.

«Hey, Süße, alles klar? Wieder fit im Schritt?»

«Nicht witzig», sage ich und beobachte die Kinder beim Versteckspiel. Ein Geschwisterpaar, vielleicht zwei und fünf Jahre alt. Das jüngere Mädchen hat das Spiel noch nicht verstanden. Sie stellt sich immer wieder vor den Baum statt dahinter und hält sich die Hände ganz fest vor die Augen, um nicht gefunden zu werden. Statt ihr die Regeln zu erklären, freut sich ihr großer Bruder jedes Mal diebisch darüber, dass er sie so schnell findet. Und weil er sich so freut, freut sich die Kleine mit ihm. Die Mutter steht etwas weiter weg und beobachtet ihre Kinder amüsiert.

«Tut mir leid. Wann können wir uns sehen?»

«Es wird. Gib mir noch ein paar Tage.»

«Wieso hab ich das Gefühl, dass du mich nicht sehen willst?»

«Das Antibiotikum schlägt nicht an», lüge ich einmal mehr. Ich kann jetzt nicht mit Paul reden und will ihn auch nicht sehen.

«Kann ich irgendwas tun? Du klingst nicht gut.»

«Nein. Wenn es vorbei ist, sag ich Bescheid. Da muss ich allein durch.» Ich spüre, wie ich innerlich langsam ungehalten werde, und muss mich zügeln. Er kann ja nicht wissen, wie die Dinge wirklich stehen, und meint es nur gut. Paul meint immer alles nur gut.

«Musst du nicht. Ich …»

DOCH, MUSS ICH, möchte ich brüllen und will das Gespräch jetzt beenden, um nicht zu explodieren.

«Bitte, Paul, ich melde mich!» Das klingt nicht gut. Ich höre mich an, als würde ich ihn gerade abservieren. Aber warum klammert er auch so?

«Ich muss los, zu einem Termin», sage ich und drücke erleichtert die Beenden-Taste am Telefon.

4

JA, ICH HALTE PAUL auf Abstand, weil ich erst mal selbst mit der Situation klarkommen will. Auch Bea und Ursel halte ich auf Abstand. Und *Müllers Büro* meide ich, um mich keiner Diskussion mehr auszusetzen.

Ja, rein rational spricht nichts für das Baby. Da bin ich ganz klar dagegen. Nur habe ich eine Komponente nicht bedacht: Ich bin nicht aus Stein. Ich habe Gefühle. Und ich bin eine Mutter. Mal eben so geht das mit dem Schwangerschaftsabbruch bei mir eben doch nicht, muss ich feststellen. Wie so oft, stehe ich mir bei schwierigen Entscheidungen selbst im Weg. Ob das nun gut oder schlecht ist, sei dahingestellt, aber es ist eine Phase, durch die ich durchmuss. Und weil mich das alles gerade total überfordert, setzt ein für mich typischer Verdrängungsprozess ein, bei dem ich in den nächsten Tagen zwei Strategien verfolge, die einander hervorragend ergänzen.

Erstens: Ich arbeite viel, konzentriere mich voll auf den neuen Auftrag, fahre früh in die Agentur und komme spät nach Hause. Zweitens: Wenn ich nicht arbeite, igele ich mich ein und schaue mir endlos amerikanische und britische TV-Serien an, die ich in den letzten zehn Jahren verpasst habe. Und das sind viele. Binge Watching ist ein phantastisches Mittel, um zwischen den Arbeitszeiten nicht über sich selbst oder überhaupt irgendwas nachdenken zu müssen. Ich tauche ab in Welten, die ganz andere Probleme haben als ich. Meine Realität wird ersetzt durch die Welt von Drogenszenarien und Politdramen, Mafiastorys, Serienkillern und Zombiephantasien. Es hilft in meinem Fall tatsächlich, zu glauben, dass es immer noch Schlimmeres gibt als die eigene Misere.

Um ehrlich zu sein, bin ich die ungekrönte Weltmeisterin im Verdrängen und Ablenken. Ich weiß zwar, dass ich schwanger bin, aber sobald ich auch nur ansatzweise daran denke, schiebt mein Gehirn einen anderen Gedanken davor und lenkt mich vom eigentlichen Problem ab. Das ist wie bei der Steuererklärung: Ich weiß, dass ich meine Steuern machen muss, aber sobald ich daran denke, muss ich noch dringender die Fenster putzen, den Kühlschrank abtauen oder Schuhe online bestellen. Alles ist immer wichtiger als das Unangenehme.

Sven gehört eindeutig auch zu den unangenehmen Dingen. Er spricht mir mehrmals auf meinen Anrufbeantworter und will wissen, wie es Greta geht, die sich offenbar seit dem Umzug nicht mehr bei ihm gemeldet hat. Ich soll ihn zurückrufen. Das kann er vergessen, denn wenn ich mit ihm rede, gibt es wieder Streit wegen der Scheidung, und das ist das Letzte, was ich momentan ertragen kann. Toni hat mir in einer E-Mail geschrieben, dass unsere Strategie nicht aufgehe, weil die Terminfindung schwierig sei, weil Svens Anwalt Bruno diesmal einen Termin verschieben musste, blablabla … Billige Ausrede. Toni fällt offenbar darauf rein. Aber ich habe dafür jetzt echt keine Nerven. Ihr Namensvetter, Mafiaboss Toni Soprano, würde mit Typen wie Sven kurzen Prozess machen und ihn an einen Betonpfeiler gekettet im Hafenbecken versenken. Al-Capone-Gegenspieler Nucky Thompson würde ihn vielleicht sogar komplett lebendig einbetonieren. Psychokiller Dexter wäre da deutlich blutiger. Na ja … Nur der smarte Frank Underwood würde ihn wohl mit etwas mehr Cleverness aus dem Verkehr ziehen und Sven über seine eigenen Fehler stolpern lassen. Interessante Gedankenspiele aus anderen Welten.

Zum Glück hat sich Greta auch bei mir nach ihrem Umzug nicht gemeldet. Seit ihrer ersten Klassenfahrt weiß ich, dass es ihr gut geht, wenn ich nichts von ihr höre. Momentan scheint es ihr sehr gut zu gehen, und wahrscheinlich kostet sie ihr neues Leben ohne nervige Eltern in vollen Zügen aus. Die Glückliche.

Obwohl ... *Sie* könnte sich ja auch mal nach *mir* erkundigen, um zu fragen, wie es mir so geht, allein und ohne sie. Sie kann ja schließlich nicht ahnen, in welchem Zustand und in welcher Verfassung ich bin. Wenigstens einmal kurz anrufen und fragen, wie's mir geht. Das ist doch wohl nicht zu viel verlangt! Stattdessen ruft ausgerechnet meine Mutter an und fragt, wann ich ihre Gardinen abnehme. Sie ist der einzige Mensch, den ich kenne, der überhaupt noch Gardinen hat. Zudem lebt sie allein und raucht nicht. Wozu muss sie einmal im Jahr ihre Gardinen waschen? Sinnlos! Nach dem Gespräch entscheide ich mich für eine Staffel *Lie to me* in der Hoffnung, noch etwas dazuzulernen.

Eine SMS von Sven stört mich, lässt mich aber stutzen. *«Ruf mich an. Bitte! Absolut dringend! Bitte!»*

Zweimal *‹Bitte›* in einer Nachricht. Das ist neu. Weil ich neugierig bin und den Grund für ein doppeltes *‹Bitte›* plus einfachem *‹Absolut›* erfahren will, rufe ich tatsächlich zurück. Vielleicht ist ja doch was mit Greta.

«Ich bin so froh, dass wenigstens du dich meldest, Vera. Ich mache mir langsam wirklich Sorgen.»

Ich muss zugeben, dass sich Svens Stimme tatsächlich ungewohnt zittrig und besorgt anhört.

«Was ist denn passiert?»

«Nichts. Das ist es ja! Greta meldet sich überhaupt nicht. Auf keinen meiner Anrufe. Sie ... sie scheint wie vom Erdboden verschluckt zu sein.»

Na, Gott sei Dank!

«Und ich dachte schon, es wäre tatsächlich etwas passiert», sage ich erleichtert. «Sie wird sich schon melden. Wahrscheinlich braucht sie einfach etwas Abstand von uns.»

«Und wenn nicht?! Vielleicht steckt sie in Schwierigkeiten? Was wissen wir denn über die Typen, mit denen sie sich rumtreibt? Diesen T. zum Beispiel?»

«Sven! Sie ist erwachsen! Sie lebt ihr eigenes Leben. Und dieser Typ ist doch längst im afrikanischen Busch verschwunden. Außerdem geht es uns nichts an.»

«Aber sie ist unser Kind, und wenn ich nichts von ihr höre, geht es mich sehr wohl etwas an. Wie kannst du so gelassen bleiben? Du bist doch ihre Mutter!»

Höre ich da einen Vorwurf? Ich könnte ihm jetzt sagen, dass ich überhaupt nicht gelassen bin, aber gerade meine eigenen Probleme habe, die ich lösen muss. Aber es will mir nicht über die Lippen kommen. Zum Glück.

«Ich bin gar nicht gelassen», gebe ich zu und höre mich «Du hast ja recht» sagen, ohne mich daran zu erinnern, wann ich Sven das letzte Mal recht gegeben habe. «Aber wir müssen uns jetzt daran gewöhnen, dass sie ihr Ding macht.»

Schweigen, gefolgt von einem tiefen Seufzer im Hörer.

«Ich will das nicht, Vera.»

Svens Stimme klingt schwer und wahrhaftig. Völlig ungewohnt in meinen Ohren nach all den Lügen, die er mir schon aufgetischt hat.

«Was willst du nicht?»

«Das. Das alles will ich nicht.»

«Du musst schon konkreter werden», fordere ich meinen zukünftigen Exmann auf, obwohl ich doch eigentlich gar nicht mit ihm reden will. Aber er klingt wirklich ehrlich.

Der nächste Seufzer.

«Ich will nicht, dass sie erwachsen ist. Alles geht so schnell. Wenn Greta nicht mehr da ist, dann … dann zerbricht unsere kleine Familie komplett.»

Du meine Güte, denke ich und muss einmal tief Luft holen.

«Sven, du hast damit angefangen. Du warst der Erste, der unsere kleine Familie kaputt gemacht hat, schon vergessen?»

Zack, und schon ist es passiert. Ich wusste, dass dieses Gespräch genau an diesen Punkt führen würde. Und darauf habe ich absolut keine Lust. Nicht jetzt, nicht in meiner Situation. Gerade will ich das Telefonat beenden, als Sven noch etwas sagt.

«Ja, das stimmt. Ich würde es gerne ungeschehen machen, wenn ich könnte.»

Dann legt er einfach auf. Einfach so. Er nimmt mir den Wind aus den Segeln und lässt mich seine Worte nicht mehr kommentieren. Stattdessen lässt er sie einfach so in der Luft stehen. Und ich habe keine Chance, etwas zu erwidern. Das ist … neu, und ich frage mich, ob er das tatsächlich ernst gemeint hat, bevor ich eine weitere Folge von *Lie to me* anschaue.

Verdrängung ist eine Art der Konfliktbewältigung und Arbeit die andere. Tagsüber bin ich völlig eingespannt in die Planung und Organisation des Fachkongresses. Nachts brauche ich meine Serien.

Und dann klingelt es drei Tage nach dem letzten Gespräch mit Paul mitten in der dritten Staffel von *House of Cards* an meiner Tür Sturm. Nicht an der Haustür, sondern an der Wohnungstür, weil wieder irgendwer im Haus vergessen hat, unten abzuschließen. Sofort mache ich Fernseher und Lichter in der Wohnung aus und lausche. Ich erwarte niemanden, habe den Kontakt zur Außenwelt weitestgehend eingestellt. Aber es klingelt weiter. Ich bin gar nicht da! Mein Verhalten ist hochgradig paranoid.

«Vera, mach die Tür auf! Ich weiß, dass du zu Hause bist!»

Es klopft wieder – bum, bum, bum. Paul.

«Komm schon, Vera, mach auf, sonst muss ich die Feuerwehr rufen und ihnen sagen, dass du dir was antust!»

Was redet er denn da? Wie kommt er darauf? Dann klingelt

mein Handy. Laut. Sehr laut. Dummerweise stehe ich direkt hinter der Tür.

«Ich höre dein Handy, Frau Odermann. Lass mich rein!»

Ich resigniere und öffne. Was soll's.

Erleichtert fällt mir Paul um den Hals und drückt mich ganz fest an sich. Das tut gut, ist mir aber irgendwie auch zu viel.

«Geht's dir gut? Alles okay?» Dann mustert er mich skeptisch. «Du hast Augenränder. Siehst müde aus.»

«Paul, es ist zwei Uhr nachts. Was willst du?»

«Hast du einen anderen?»

Oh Gott, das hat mir gerade noch gefehlt. Eine Eifersuchtsszene. Paul folgt mir ins Wohnzimmer und erschrickt angesichts der vielen DVD-Boxen, Fernbedienungen, benutzten Teetassen und Wassergläser, Haribo-Tüten, Brotkrümel und Salatschüsseln.

«Nein, Paul, ich habe keinen anderen. Du kannst gerne alle Schränke durchsuchen.»

Paul entspannt sich etwas. «Tut mir leid, du fehlst mir nur so sehr.» Wieder umarmt er mich, lässt mich wieder los und geht im Wohnzimmer nervös auf und ab.

«Hör mal, ich kann gar nicht mehr vernünftig denken, schon gar nicht arbeiten, weil ich nicht weiß, was los ist. Es macht mich wahnsinnig, dass wir uns nicht sehen. Und ich merke doch, dass irgendwas nicht stimmt. Wenn du also einen anderen hast und Schluss machen willst, dann sag es einfach, statt mich hinzuhalten.»

Ich muss mich setzen und weiß nicht, was ich ihm sagen soll. Gut, dass er wenigstens redet.

«Mir geht's nicht gut, wenn ich nicht weiß, was los ist. Meine Schüler fangen schon an, Witze über mich zu machen, weil ich nicht bei der Sache bin.» Dann stoppt er in der Bewegung und fixiert mich. «Oder ist es wegen Greta? Macht dir ihr Auszug so sehr zu schaffen?»

«Nein, das ist es nicht … Nicht nur. Ich hab' viel zu tun, und wir sind zu wenig Leute in der Agentur. Und es hängt so viel davon ab, weißt du?»

Paul hockt sich vor mich und umfasst meine Knie.

«Absolut, Vera, aber nur sprechenden Menschen kann man helfen. Warum redest du nicht offen mit mir?»

«Weil … weil ich jetzt einen freien Kopf brauche!»

Paul schaut sich die überall verstreuten DVDs an und nickt zweifelnd. «Das sehe ich.»

Ich fühle mich wie ein ertappter Messi und schäme mich plötzlich für meine Seriensucht und mein Verhalten. Paul steht auf und geht in die Küche.

«Hast du 'n Bier?»

«Im Kühlschrank», antworte ich und ertappe mich dabei, nach der Fernbedienung zu greifen, um zu sehen, welche Intrige Underwood auf seinem Weg ins Oval Office als Nächstes plant.

«Junkie!», ermahne ich mich und werfe die Fernbedienung quer durch den Raum auf einen Sitzsack, damit sie bloß nicht kaputtgeht.

Paul kommt zurück und setzt sich zu mir. Er ist plötzlich anders. Blass und mit regloser Miene starrt er mich an. Was ist passiert? Hier stimmt was nicht.

«Du bist schwanger.»

Seine Stimme klingt leise und dünn, fast ängstlich.

Verdammt! Ich konnte doch nicht wissen, dass er hier so hereinplatzt – mitten in der Nacht. Deshalb habe ich nicht an die Info-Broschüren, Adresslisten und Rezepte von Dr. Schön und der Beratungsstelle gedacht. Die liegen seit Tagen unberührt auf dem Küchentisch zwischen Post und Werbung und Zeitungen. Und weil ich mich zum Essen seit Gretas Auszug gar nicht mehr an den Tisch setze, weil ich kaum noch zu Hause esse und noch weniger koche, hab' ich da auch nichts weggeräumt. Shit! Shit! Shit!

Leugnen hilft jetzt auch nicht mehr. Ich nicke und beobachte sein Gesicht genau, um seine Reaktion deuten zu können.

«Ich dachte … Ist das sicher?»

Ich nicke. Er sieht schockiert aus. Nicht sehr glücklich über den Umstand, dass er Vater wird. Eher verwirrt und überfordert. Kraftlos lässt er sich neben mich auf das Sofa fallen. Ich muss diesen schwachen Moment nutzen und hole tief Luft.

«Hör mal, Paul, das ist alles schon so gut wie geregelt. Du musst dir gar keine Sorgen machen. Ich hab' das schon durchdacht, und das ist ja auch nicht zu erwarten gewesen in meinem Alter. Also wir … ich meine, ich habe mich da schon beraten lassen, weil das völlig ausgeschlossen ist. Gerade jetzt. Wo wir doch auch so ein ungleiches Paar sind. Du musst dir da echt keinen Kopf machen. Ich klär das, und dann wird alles wie vorher. Okay?»

Paul starrt mich an, als wäre ich ein Außerirdischer. Er sieht jetzt noch verwirrter aus als vor meinem kleinen Monolog. Ich werte das positiv. Langsam wird sein Blick schärfer, sein Ausdruck klarer. Er greift sich ins Haar, vermutlich um seine rotierenden Gedanken zu beruhigen. Dann steht er auf und schreitet wortlos und nachdenklich im Zimmer auf und ab. Offenbar dringen meine Worte langsam zu ihm durch. Das ist sehr gut. Schließlich bleibt er am Fenster stehen und schaut nachdenklich hinaus. Dann fragt er noch mal nach: «Ganz sicher?»

Ich nicke wieder. Diesmal deutlicher.

Jetzt lässt er den Kopf schwer nach vorn fallen und schüttelt ihn. Das ist es. Er will auch kein Kind. Mir fällt ein riesiger Stein vom Herzen. Ich atme auf.

«Also, Paul, das Ganze ist kein großes Ding und dauert keine Stunde. Ich mache den Termin, und dann ist das erledigt. Du musst dich um nichts kümmern. Okay?»

Ich merke, wie Paul schwer atmet. Er ringt nach Luft, tritt näher ans Fenster, reißt es mit Schwung auf, beugt sich hinaus und schreit mit seiner starken, klaren Stimme in die Dunkelheit: «Ich werde Vater! Wir kriegen ein Kind! Wahnsinn!» Die Antworten aus der Nachbarschaft kommen prompt.

«Schnauze, Idiot!»

«Ruhe!»

«Ich ruf die Polizei!»

Ich fasse es nicht! Mir wird gleichzeitig schwindelig und schlecht, und in letzter Sekunde rette ich mich ins Bad und atme tief durch. Bis es klopft.

«Vera? Alles okay? Komm schon, mach auf!»

Ich öffne die Tür und blicke durch Pauls warme, braune Augen direkt in sein Herz, das sich vor Glück fast überschlägt. Er umarmt mich ganz fest und scheint mich nie wieder loslassen zu wollen, bis ich zu röcheln beginne, weil er mir die Luft abdrückt.

«Und der Pilz?»

«Was für ein Pilz?»

«Na, die Infektion und so? Ist doch schädlich fürs Baby.»

«Ach Paul, das hab' ich mir doch nur ausgedacht, weil …»

«Na Gott sei Dank!»

Ich fühle mich ertappt, und er ist erleichtert. Manchmal frage ich mich, ob wir die gleiche Sprache sprechen.

Eine halbe Stunde später sitze ich mit Paul auf dem Sofa. Mein Kopf liegt auf seinem Schoß und ich lasse mich kraulen wie ein Hund. Paul redet in einer Tour. Er scheint voller Glückshormone zu sein. Im Gegensatz zu mir.

«Ich kann's noch gar nicht glauben. Ich werd Vater! Das ist irre! Ich wusste es! Von Anfang an, als ich dich gesehen habe, hat's wumm gemacht. Weißt du noch, in der Aula bei diesem Abi-Ball-Treffen?»

«Du warst zu spät.»

«Ja, aber so bin ich dir zumindest aufgefallen!»

«Auch 'ne Masche.»

«Keine Masche. Ich hab' dich gesehen und war verliebt. Und jetzt bekommen wir ein Baby. Unglaublich!»

«Macht dir das gar keine Angst?», frage ich skeptisch.

«Nö, wieso? Haben Millionen vor uns auch geschafft. Außerdem kennst du dich damit aus. Ich vertraue dir.» Auch das noch.

«Du stellst dir das alles so einfach vor.»

«Ist es auch! Wir ziehen zusammen und bekommen ein Kind.»

Paul streicht mir die Haare aus dem Gesicht, beugt sich zu mir, und wir küssen uns, und ich spüre jetzt erst, wie sehr ich ihn in den letzten Tagen vermisst habe.

«Ich liebe dich, und ich möchte ein Kind mit dir haben, Frau Odermann.»

Ich lächele, umarme ihn, und der ganze Druck, den ich seit Tagen zu verdrängen versucht habe, fällt von mir ab, und ich fange an zu weinen. Erst ein wenig, dann immer mehr und mehr. Ich heule mir die schwere Entscheidung aus der Seele und habe plötzlich das Gefühl, dass ich zusammen mit Paul alles schaffen kann. Auch ein Kind lieben und großziehen und glücklich werden.

Über Nacht wird alles ganz anders. Euphorisch reißt Paul mich auf seiner Welle der Begeisterung mit, dass mir schwindelig wird. Abgesehen davon, dass mein Kreislauf momentan sowieso untertourig läuft, weil ich unter Appetitlosigkeit leide, hervorgerufen durch Geruchsüberempfindlichkeit, was zu fast ständiger Übelkeit führt. Ich erinnere mich, dass es mir bei Greta damals ähnlich ging – unendliche drei Monate lang. Daher ernähre ich mich momentan ausschließlich von Schnittchen, Rohkost und Obst. Nichts Gebratenes, nichts Gegrilltes, nichts Gekochtes. Es gilt, Gerüche zu vermeiden. Liebevoll schmiert mir Paul morgens Vollkornbutterbrote für die Arbeit, mit Frischkäse, Salat, Gurke und Tomate. Dazu etwas Obst. Ich liebe es, wenn mir nicht gerade übel ist. Sich selbst macht er das Gleiche, wie Lehrer das eben so machen, wenn sie keine Kantine in der Schule haben. Irgendwie schön, wenn mir auch mal jemand morgens Schnittchen und Apfelschnitze mitgibt. Jetzt habe ich eine Ahnung, wie Greta sich gefühlt haben muss in den letzten Jahren. Umsorgt. Bepackt mit unseren Brotbüchsen, trennen sich vor meinem Haus unsere Wege zur Arbeit nach einem Abschiedsküsschen. Und ich gebe zu, ich kann es kaum erwarten, abends wieder nach Hause zu kommen, wenn wir uns mit den Worten «Bis heute Abend» verliebt voneinander verabschieden, als wäre es für Monate.

Seit Paul von seiner Vaterschaft weiß, übernachtet er in meiner Wohnung. Platz ist ja nun genug, nachdem Greta ausgezogen ist. Außerdem ist seine Wohnung kleiner und dient ihm als Rückzugsort, wenn er sich mit seinen Freunden zum Fußballabend trifft oder sich um Mimi kümmert.

Wir beginnen schon nach wenigen Tagen, Alltag zu leben, essen gemeinsam, schlafen miteinander und nebeneinander, kuscheln, schweigen, reden, schauen endlos Serien. Als wäre es nie anders gewesen. Und ich muss zugeben, es fühlt sich ganz gut an. Es scheint, als hätte ich vergessen, dass man mit umgänglichen Männern ganz gut leben kann. Ich erfahre immer mehr über den Vater meines ungeborenen Kindes und lerne ihn von Tag zu Tag besser kennen. Paul erzählt mir von seinen Schülern und Kollegen, von seinen Projekten und Ärgernissen. Er liebt seine Arbeit leidenschaftlich. Er erzählt mir auch von seiner Familie, während wir wieder mal am Kühlschrank stehen und die Magnetbuchstaben zu immer neuen Jungen- und Mädchennamen zusammenschieben. Auf der Jungenseite stehen Henry, Fritz, Ole, Kalle. Und Fabian.

«Fabian?!», fragt Paul abwertend. «Geht gar nicht! Klingt nach Softi. Mein Sohn braucht einen coolen Namen.»

Ich verdrehe die Augen. «Zum Beispiel?»

«Nick oder Ben. Mit Nick und Ben kann man Bier trinken gehen. Nick und Ben sind Kumpelnamen.»

«Schwachsinn!»

«Überhaupt nicht! Der Name ist Programm.»

«Demnach werden Nick oder Ben Alkoholiker, wenn sie groß sind.»

«Unsinn, aber ein Name prägt nun mal den Charakter.»

«Ach was?! Ist mal was ganz Neues. Ich habe ja nicht behauptet, dass unser Kind Romeo heißen soll oder Kevin. Außerdem ... wer sagt, dass es ein Junge wird? Vielleicht eine Chantal oder Julia?»

«Auf keinen Fall! Mädchennamen müssen auch cool sein. So wie ... wie ... Fritzi.»

«Fritzi? Ist doch ein Spitzname.»

«Ja, aber ich glaube, man kann auch die Kurzformen mittlerweile zum Hauptnamen machen.»

«Wozu? Damit ein schöner alter Name wie Friederike unter den Tisch fällt? Finde ich doof. Fritzi klingt mir zu frech. Ich will doch meinem Kind nicht durch den Namen schon mitgeben, dass es frech zu uns sein soll. Der Name ist Programm», lächele ich.

«Fritzi klingt nach kurzen Haaren und Sommersprossen. Genau wie meine Schwester, als sie klein war. Und die war richtig frech!»

Eine seiner Schwestern heißt also Friederike, erfahre ich. Paul ist der Einzige in der Familie, der sie Fritzi nennen darf. Er hat zwei ältere Schwestern und eine jüngere, die er besonders gernhat, weil sie sich am nächsten stehen.

«Wow, eine echte Großfamilie. Deine Eltern müssen sexbesessen gewesen sein. Oder bist du etwa in einer Sekte groß geworden?», scherze ich. Aber Paul lacht nicht, sondern wendet sich von mir ab, als schäme er sich, und nickt.

«Wie jetzt echt? Sekte?»

«Hmm.»

Er seufzt schwer. Ich Idiotin mit meinen blöden Witzen! Kann ich nicht einfach mal die Klappe halten? Ich streichele vorsichtig seinen Rücken und habe ein schlechtes Gewissen.

«Schatz, es tut mir leid. Ich dämliche Kuh konnte doch nicht ahnen, dass du so eine schwierige Familie … ich meine Kindheit … Tut mir leid.»

Paul wendet sich mir zu und kann sich das Lachen nicht verkneifen. Obwohl ich versuche, eingeschnappt und bockig zu sein, ist es so ansteckend, dass wir uns bald vor Lachen auf dem Küchenboden wälzen. Es dauert ein paar Minuten, bis wir uns wieder einkriegen. Dann schaut er mich an und nickt.

«Aber du hattest trotzdem recht.»

«Wieso?»

«Sie waren sexbesessen.»

«Von irgendwem musst du's ja haben», flüstere ich und schiebe meine Hand erst unter sein Hemd und dann in den Bund seiner Jeans. Mit einem Ruck zieht Paul mich zu sich. Wir küssen uns und ziehen uns gierig gegenseitig aus. Wenige Minuten später sind wir beide davon überzeugt, dass wir den Küchenboden öfter putzen sollten, und wechseln ins Schlafzimmer.

Der Sex mit Paul wird immer besser und intensiver, was sicher auch an der Schwangerschaft liegt, die mich sensibler macht. Und ich habe das Gefühl, dass ich ständig Lust habe. Großartig, wenn man dann auch noch einen Partner hat, der nur darauf zu warten scheint. Jedenfalls nehmen Qualität und Quantität meiner Orgasmen zu. Ob das bei meiner ersten Schwangerschaft auch so war, wage ich zu bezweifeln. Ich muss es verdrängt haben. Allerdings … Moment, wie war das mit dem Gedächtnis? Es werden doch meistens nur unangenehme und negative Erfahrungen verdrängt, oder? Lassen wir das.

Die erste Woche mit Paul fühlt sich an, als wäre sie unendlich, so intensiv sind unsere Tage und Nächte. Wir haben beschlossen, noch niemandem von der Schwangerschaft zu erzählen, bevor nicht die ersten drei Monate vorüber sind (ausgenommen Ursel,

Bea und Pavel natürlich, aber das muss Paul ja nicht wissen). Bis dahin sind es noch knapp zwei Wochen, und es kann noch viel passieren, was ich nicht hoffe.

Pauls Fürsorge ist so intensiv, dass alle Zweifel, die ich je an ihm und dem Baby hatte, ausgeräumt scheinen. Ich werde geliebt und respektiert und gründe eine neue Familie mit einem tollen Mann. Wir sind finanziell abgesichert, und weil mein Partner jünger ist, fühle ich mich ebenfalls jung und stark. Alles scheint möglich. Paul inspiriert mich zu neuen, positiven Gedanken: Wir könnten ein Wohnmobil kaufen und damit unserem Baby die Welt zeigen. Paul könnte als Lehrer in einem Entwicklungsland arbeiten, und das Baby und ich würden ihn begleiten. Wir könnten auswandern und ein paar Jahre auf den Fidschis leben oder uns ein Segelboot kaufen und über alle Weltmeere segeln. Oder Paul geht an eine internationale Schule irgendwo, wo's schön ist, und dort leben wir dann, bis das nächste Angebot kommt. Darüber würden wir dann in einem Blog schreiben und unsere Abenteuer später als Buch verkaufen.

WIR – das fühlt sich gut an. Und von guten Gefühlen kann ich momentan gar nicht genug bekommen. Ich bin süchtig danach und fühle mich wie im Rausch. Aber jeder Rausch lässt irgendwann nach.

5

PAUL BEGINNT SOFORT, eine Beziehung zu dem Ungeborenen aufzubauen. Seit er davon weiß, redet er mit meinem Bauch. Das ist schräg, weil ich außer einer kleinen Wölbung noch gar keinen Babybauch habe und bezweifele, dass meine befruchtete Eizelle Pauls Worte wahrnimmt.

Ich selbst habe noch kein sehr intensives Verhältnis zu dem Bewohner meiner Gebärmutter aufgebaut. Das mag herzlos wirken, aber ich bin da vielleicht einfach etwas – sagen wir … sachlicher als Paul. Immer wenn er mit Babytalk anfängt, wechsele ich das Thema oder das Zimmer, weil ich nicht auf meinen Bauch reduziert werden möchte. Wie soll das erst werden, wenn Bauch und Kind wirklich wachsen? Vergisst er dann, dass mein Körper einen Kopf hat? Bin ich dann ein Bauch auf Beinen? Oder nur der Trägerwirt für das heilige Kind? Leider muss ich zugeben, dass ich von Tag zu Tag zunehmend reizbarer werde und die Hormone mir das Leben schwer machen. Und mich Pauls Bauchdialoge mit verstellten Stimmen zunehmend nerven.

In solchen Momenten realisiere ich, wie unterschiedlich wir ticken und dass Paul ein richtiger Kindskopf sein kann. Kaum vorstellbar, dass er Verantwortung für ein Baby übernehmen soll. Während ich mir zwischendurch auch mal Sorgen mache, bleibt er immer gelassen und treibt mich mit seinen Sprüchen in den Wahnsinn.

«Mach dir keine Sorgen, Schatz», «Das wird schon, Schatz», «Entspann dich, Süße», «Wir werden das Kind schon schaukeln», «Komm mal wieder runter».

Das ist nicht sehr konstruktiv, macht mich rasend und gehört offenbar zum ‹Sich-besser-Kennenlernen› dazu, fürchte ich. Meine rosarote Brille schaltet sich dann in Sekundenschnelle ab, und ich habe mit einem Mal eine sehr klare Sicht auf die Dinge. Und was ich sehe, gefällt mir nicht. Ich sehe einen jungen Typen, der sich in meiner Wohnung breitmacht und überall seine Sachen verteilt. Der Küchentisch ist ständig übersät mit Klassenarbeiten, die korrigiert werden müssen. Im Wohnzimmer hat Pauls Playstation Einzug gehalten. Das fand ich zuerst lustig, aber nach ein paar Tagen zunehmend kommunikationsarm und langweilig. Im Schlafzimmer liegen überall Pauls Klamotten verteilt, von denen unklar ist, ob sie sauber oder schmutzig sind. Und dann stellt sich die Frage, warum *ich* das sortieren und aufräumen soll. Sind schließlich seine Sachen. Aber er macht es nicht, und am Ende räume ich ihm alles hinterher, damit *ich* mich in *meiner* Wohnung wohl fühle.

Mir wird langsam klar, was in Pauls Erziehung schiefgegangen ist, wenn er als einziger Junge mit drei Schwestern aufgewachsen ist. Aber ich werde ihn sicher nicht genauso pampern. Gut, Paul macht leckere Schnittchen, massiert mir Nacken und Füße, wenn ich aus der Agentur komme, und wir haben phantastischen Sex, aber es wäre schön, wenn er auch die Wäsche machen würde. Oder staubsaugen. Oder die Spülmaschine ausräumen. (Das Einräumen überlasse ich sowieso niemandem, der im Spülmaschinen-Tetris nicht geübt ist.) «Keine Zeit, Schatz», heißt es dann. Denn neben seinem Referendariat hat Paul auch noch Training, Schulausflüge, Elternsprechtage und natürlich die Fußballabende mit seinen Freunden. Von den spontanen Grillabenden auf meiner Dachterrasse mit wildfremden Mittdreißigern ganz zu schweigen. Wer will da schon Spielverderber sein? Von mir aus. Kann er alles machen. Soll er. Ich wäre die Letzte, die ihm da reinredet. Aber: Es gibt Grenzen.

Als ich an einem verregneten Freitagnachmittag nach Hause komme – müde, erschöpft, mit schweren Füßen und vollem Kopf und der großen Sehnsucht nach einem Bad –, stakse ich einfach erhobenen Hauptes ignorant über Pauls Unordnung hinweg, um mich gar nicht erst darüber aufzuregen. So wie ich es früher bei Gretas Chaos gemacht habe. Ich weiß, Paul ist bei irgendeinem Training, und ich habe den Abend für mich. Nur mit dem einen Ziel, mich in der Wanne behaglich auszustrecken, öffne ich in großer Vorfreude die Badezimmertür und traue meinen Augen nicht. In der Wanne steht Pauls dreckiges, schlammiges Mountainbike auf dem Kopf mit den Rädern nach oben und abgesprungener Kette, tropfend vor Matsch. Auf dem Klodeckel neben der Wanne steht ein rostiger Werkzeugkasten. Jetzt erst fallen mir die Dreckspritzer auf, die überall in der Wohnung zwischen Haustür und Badezimmer verteilt sind. Das Bad ist komplett eingesaut samt Handtüchern und Fliesen. An Baden ist nicht zu denken, erst recht nicht an Entspannung. Vollkommen traumatisiert, gehe ich rückwärts aus dem Raum, schließe die Tür und atme tief durch, um Ruhe zu bewahren. Dann verlasse ich fluchtartig meine Wohnung.

Hektisch wähle ich Gretas Handynummer und bete, dass sie rangeht. Ich habe seit Wochen nichts von ihr gehört. «Kann ich bei dir übernachten? Ausnahmsweise?», flehe ich Greta am Telefon an, glücklich, dass ich sie erreiche.

«Tut mir leid, Mama, aber das ist gerade echt ungünstig. Wir haben die Hütte voll mit Austauschstudenten aus Südamerika, die ein paar Tage hier pennen.»

«Nicht schlimm», lüge ich. «Geht's dir gut, Schatz?»

«Ja, wieso?» Sie klingt ein wenig anders, aber vielleicht bilde ich mir das auch nur ein.

«Weil du gar nichts mehr von dir hören lässt.»

«Hab' halt viel zu tun. Aber ich melde mich. Bald. Versprochen.»

«Okay. Dann noch viel Spaß», sage ich und habe das Gefühl, in ihrer Stimme eine kleine Unsicherheit gehört zu haben. So etwas hören nur Mütter. Oder sie bilden es sich zumindest ein. Aber warum mache ich mir jetzt wieder Sorgen um Greta? Es geht ihr gut. Sie ist jung und offenbar gerade sehr mit ihrem Leben beschäftigt. Sie hat nicht mal gefragt, warum ich bei ihr übernachten wollte. Schließlich bitte ich nicht alle Tage um Asyl in ihrer WG. Es muss also zwangsläufig eine Krise sein, wenn ich bei ihr übernachten will. Aber sie ist da leider nicht so sensibel, wie ich es mir wünschen würde. Ich würde meine Mutter sofort bei mir übernachten lassen, wenn so ein Anruf käme. Aber meine Mutter und ich sind auch schon um einige Erfahrungen älter. Und abgesehen davon würde sie gar nicht anrufen, sondern sich sofort in einem Fünf-Sterne-Hotel einquartieren.

Also will ich gerade Bea anrufen, als mir einfällt, dass sie mit Toni ein paar Tage Wellness macht. In der brandenburgischen Provinz. Dabei sollte Toni sich besser um meine Scheidung kümmern, die nicht vorangeht. Bea steckt gerade in einer kleinen Depri-Phase, weil Volker wohl mehr Zeit mit seiner Russin verbringt, als Bea lieb ist. Daher bot sich ein Mutter-Tochter-Wochenende zur Ablenkung an, zu dem Bea Toni eingeladen hat. Vielleicht sollte ich Greta auch mal zum Wellness-Weekend einladen. Dann würde sie sicher auch Zeit für mich haben. Aber ich will mir Gretas Gegenwart nicht erkaufen müssen.

Zum Glück ist Ursel zu Hause und angesichts meiner Krisensituation sofort bereit, mir eine heiße Wanne einlaufen zu lassen, in die ich mich dankbar gleiten lasse, während Ursel mich auf dem Klodeckel sitzend unterhält. Herbert liegt vor der Badezimmertür und hält Wache.

«Du musst mit ihm reden. Immerhin ist das noch *deine* Wohnung.» Durch das Meer aus Lemongrasschaum, den ich ihr zu Weihnachten geschenkt habe und in dem ich mich regelrecht suhle, nehme ich Ursels Worte nur dumpf wahr. Und einmal mehr wird mir bewusst, wie wichtig es ist, nur Dinge zu verschenken, die man auch selbst mag. Ich tauche unter und würde am liebsten auf der anderen Seite der Erdkugel wieder auftauchen, um mich mit einem australischen Surflehrer am Strand … aber lassen wir das. Also tauche ich langsam aus dem Schaummeer in Ursels 70er-Jahre-Badezimmer mit den altrosa Fliesen wieder auf.

«Und was soll ich ihm sagen? *Mach sauber! Räum auf!*»

«Genau! Wenn er schon bei dir wohnt, kann er sich auch ordentlich benehmen.»

«Aber ich bin nicht Pauls Mutter, und er ist nicht mein Sohn. Ich will ihn doch nicht zurechtweisen wie Greta früher. Und anschließend geh ich mit ihm ins Bett, oder wie? Nee, das … das klingt ja wie Inzest.»

«Um Gottes willen, Vera! Jetzt übertreib nicht so! Er meint es sicher nicht böse. Wahrscheinlich ist ihm gar nicht klar, was er für ein Chaos anrichtet. Du musst es ihm sagen.»

«Meinst du wirklich? Ich will nicht unentspannt klingen.»

«Vera! Du weißt doch, wie Männer sind. Und außerdem klingst du nicht nur unentspannt. Du bist es! Und das aus gutem Grund. Also rede mit ihm!»

«Du hast gut reden, du lebst allein.»

«Zum Glück!»

Ursel lässt mich noch eine Weile das Bad genießen und bestellt währenddessen für uns beide Pizza und Salat. Ihre Wohnung ist klein und gemütlich, und ich beneide sie um ihr unabhängiges Single-Leben, in dem sie keine Kompromisse eingehen muss und das auch gar nicht mehr will. Nach ihren zwei gescheiterten Ehen hat sie abgeschlossen mit Beziehungen und ist damit ganz zufrieden. Nur ihre Kinderlosigkeit bedauert sie ab und zu, aber damit kommt sie klar. An diesem Abend reden wir nicht über meine Schwangerschaft, wofür ich ihr sehr dankbar bin, obwohl das

Thema wie ein Damoklesschwert über mir schwebt. Ursel bietet mir ihre Couch an, aber ich will dem Konflikt nicht aus dem Weg gehen und mache mich am späten Abend auf den Heimweg, dankbar für eine gute Freundin, die mir Zeit, Trost und ein beruhigendes Schaumbad geschenkt hat.

Eine sehr laute Stimme weckt mich mit ihrem sehr nervigen «I will always love yo-uuu-uu.» Ich hasse diesen Song. Habe ihn schon immer gehasst. Ein einziges Gejaule, vor dem sich jeder drei- und vierbeinige Straßenköter verziehen würde. Ich will aufschrecken, aber es geht nicht, weil mich etwas belastet. Ja, regelrecht bedrückt, sodass ich Beklemmungen habe. Ich liege auf dem Rücken, atme schwer und ringe nach Luft. Neben mir schnarcht Paul. Er hat einen Arm und ein Bein auf mir liegen, seinen Kopf an meine Schulter gekuschelt. Er ist ziemlich schwer. Ein großer, ziemlich schwerer halber Mann liegt auf mir wie ein nasser Sandsack. Ich bekomme keine Luft. Außerdem schwitze ich, denn der halbe Mann strahlt eine große Hitze aus, und zu allem Überfluss liegt eine Decke auf ihm und mir. Die Hitze staut sich unerträglich.

Draußen ist Sommer, und fröhlich zwitschern die Vögel. Wenigstens *die* haben gute Laune. Zu allem Überfluss spüre ich tief in mir das mulmige Gefühl, irgendetwas Wichtiges vergessen oder verloren zu haben. Aber ich komme nicht drauf. Paul bewegt sich. Plötzlich habe ich Angst, erdrückt zu werden, und kämpfe mich vorsichtig unter ihm hindurch aus dem Bett, um zuerst das Radio auf meinem Nachttisch abzustellen, bevor der Moderator seine Drohung wahr macht und den nächsten Song spielt. *Atemlos.* Hauptsache, Paul wacht nicht auf. Aber aus Erfahrung weiß ich, dass Musik ihn nicht aus seinen Träumen reißt. Doch ehe ich diesen Gedanken zu Ende bringe, geht ein fürchterlich grelles Piepsen durch den Raum, das ich wochentags normalerweise morgens nicht höre, weil ich unter der Dusche stehe. Es kommt aus Pauls Handy, das auf seiner Seite des Bettes liegt. Intervall und Intensität des Tons werden immer schneller und lauter. Ich befreie mich geschickt, hechte über Paul hinüber zu seinem Telefon und schaffe es gerade noch, die Schlummertaste zu drücken, bevor Paul wach wird. Danach stelle ich die Weckfunktion aus.

Es ist wie ein Déjà-vu. Mit dem neuen Mann hat ein neuer enervierender Weckton Einzug in mein Schlafzimmer gehalten. Beide aus der Verbannung zurückgekehrt, nur durch neuere Modelle ersetzt. Ich habe das Gefühl, nicht klüger geworden zu sein. Wollte ich nicht Radiowecker und Freiheit?

Als ich gestern Abend von Ursel nach Hause kam, lag Paul schon im Bett. Tief schlafend mit einer widerlichen Bierfahne. Immerhin: Das Fahrrad war aus der Badewanne verschwunden und das Badezimmer halbwegs sauber. Kaum hatte ich mich vorsichtig neben ihn ins Bett gelegt, hat er sich grunzend an mich gekuschelt, ohne dabei aufzuwachen. Es dauerte noch eine Weile, bis ich einschlafen konnte, denn meine Gedanken kreisten um Paul und mich und unser Leben.

Jetzt stehe ich im Bad am offenen Fenster und lasse frische Luft herein. In den Raum, in meine Lungen, in meine Seele, in den Kopf. Überall in der Wohnung reiße ich die Fenster weit auf und atme tief durch. Dann ziehe ich mir Sportklamotten über und gehe in den Park.

Um halb sieben sind am Wochenende nur wenige Jogger und Hundehalter im Park unterwegs. Herrlich. Auf den Wiesen glitzert Morgentau, und im angrenzenden Wald zwitschern deutlich mehr Vögel als hinter meinem Haus. In der Nähe höre ich einen fleißigen Specht, der schon bei der Arbeit ist. Keine Autos, keine Stimmen, keine Rasenmäher. Ich schlappe entspannt entschleunigt durch die Grünanlage und genieße den unberührten Tagesbeginn. Allein. Ich kann mich gar nicht erinnern, wann ich das letzte Mal so allein im Park war. Auf meinem Rückweg kommen mir ein paar Väter entgegen, die entweder ihre Kleinkinder auf dem Fahrradsitz haben oder ihre Babys im Kinderwagen schieben. Ein interessantes Phänomen, das mir schon früher aufgefallen ist, wenn ich am Wochenende früh mit Greta auf dem Spielplatz war, dann nämlich, wenn uns der Sandkasten noch allein gehörte und kein anderes Kind sich Gretas Eimer und Schaufel einfach krallte und nicht eher wieder hergab, bis meine Tochter weinte. Ja, vielleicht war ich auch wegen dieser Männer so früh dort. Denn das Wochenende gehört den von den Müttern getrennt lebenden Papas und den Vätern, die ihre Frauen am Wochenende entlasten und auch mal was mit den Kindern machen – wollen oder sollen. Paare sind erst ab dem Vormittag unterwegs, denn die Glücklichen unter ihnen schlafen gemeinsam länger aus und frühstücken zusammen. Mein Mann zog es damals vor, ungestört auszuschlafen.

Als ich zurückkomme, liegt Paul noch im Bett. Ich habe Brötchen mitgebracht, decke den Tisch und mache Tee für mich und Kaffee für Paul. Noch vor kaum drei Monaten wäre ich ohne Kaffee morgens gar nicht in die Gänge gekommen, aber jetzt ist er mir zu bitter. Seit wir zusammen leben, hat Paul das Frühstück gemacht, und ich stelle immer häufiger fest, dass viele Dinge in meiner Küche nicht dort sind, wo sie sein sollten. Paul hat das Besteck in der Schublade neu geordnet und die Schränke für Tassen und Gläser getauscht. Außerdem finde ich meine Frühstücksbrettchen nicht. Ich suche die ganze Küche ab, bis ich sie schließlich in einer Schublade finde. Wieso mischt er sich in meine Küchenordnung ein? Ich würde doch in seiner Küche auch nichts umräumen. Ich bereite das Frühstück vor und gehe dann duschen.

Das Gefühl des frischen, prickelnden Wassers, das Schweiß und Salz von meiner Haut spült, ist wunderbar. Ich schließe die Augen und stelle mich mit dem Gesicht unter die Regenwalddusche, über die ich mich zum ersten Mal freue, denn bislang fand ich das angepriesene Duscherlebnis meiner Tchibo-Errungenschaft eher enttäuschend. Diesmal komme ich mir vor wie in einer Duschgelwerbung, aber das hier ist viel besser: erfrischend, klar, regenerierend, real. Das warme Wasser umschließt meinen Körper und rinnt daran entlang bis zu den Füßen. Ich könnte ewig so stehen bleiben und entspanne mich völlig. Fast spüre und höre ich jeden einzelnen Tropfen auf mich niederprasseln. Kurz blitzt mein Gewissen durch das Regenwaldgefühl hindurch auf und mahnt mich, kein Wasser zu verschwenden. Aber es hat keine Chance. Ich stehe da und genieße die unendliche Entspannung und sich in mir ausbreitende Ruhe.

Plötzlich werde ich von hinten gepackt. Ich schrecke zusammen, schreie fast und schnappe panisch nach Luft.

«Schschsch … entspann dich», flüstert mir Paul ins Ohr, aber diesmal ist es nicht sexy, sondern unheimlich. Nicht wie sonst, wenn wir zusammen duschen. Wie soll ich mich da entspannen?

«Spinnst du?!», schreie ich und schüttele seine Hände ab, schiebe ihn zur Seite und fliehe aus der Dusche.

Im Schlafzimmer liegen Pauls Klamotten überall verstreut auf dem Boden. Ich schließe die Tür, gehe zum offenen Fenster und versuche, mich zu beruhigen. Wieso kann ich nicht allein duschen? Wieso muss er überall seinen Kram verteilen? Ich schmeiße seine Klamotten in eine Ecke und ziehe mir etwas an, bevor ich in die Küche gehe.

Paul sitzt in meinem ihm viel zu kleinen Bademantel am Frühstückstisch, liest irgendwas auf seinem Tablet und tut so, als sei nichts geschehen. Ich warte auf eine Entschuldigung. Vergeblich. Seelenruhig rührt er endlos lange in seinem Kaffee, ohne es zu merken. Immer wieder dreht er mit dem Löffel seine Runden durch die Tasse. Das Geräusch des am Tassenboden kratzenden Löffels macht mich irre. Seit ich Paul kenne, rührt er alles, was gerührt werden muss, übertrieben gründlich. Heute nervt es mich zum ersten Mal. Extrem. Und mir wird sofort bewusst, dass ich Gefühle gegen Paul entwickele, für die andere Paare zwanzig Jahre brauchen. Das ist überhaupt nicht gut. Endlich hört er mit dem unsäglichen Rumgerühre auf, doch statt seinen Kaffee zu trinken, der vermutlich längst kalt geworden ist, schaut Paul von seinem Tablet auf und holt bedeutsam Luft.

«Hör mal, nächste Woche hat meine Mutter Geburtstag, und ich dachte, wir fahren zusammen hin. Dann können wir auch gleich allen sagen, dass ...»

Was soll das denn jetzt? Ich spüre, wie die nächste Panikattacke anrollt und mein Herz nicht weiß, ob es stehenbleiben oder lieber abhauen soll.

«Aber wir wollten doch noch niemandem davon erzählen.»

«Schon, aber nächste Woche ist die Drei-Monats-Frist um, und dann können wir's auch allen sagen. Ist das ein Problem? Außerdem würdest du meine Familie kennenlernen. Wäre doch toll! Meine Schwestern sind schon ganz neugierig auf dich.»

Ja, super, denke ich und spüre ein großes Unwohlsein in der Magengegend. Die Frist! Nächste Woche läuft die Frist ab! Ich soll seine Familie kennenlernen, die endlich erfahren wird, mit wem Paul zusammenlebt. Wer die Mutter seines Kindes ist. Paul redet einfach weiter. Er merkt gar nicht, dass nur noch meine Hülle am Frühstückstisch sitzt. Innerlich bin ich längst abgehauen. Ganz weit weg. Nach Südamerika. Nein, viel weiter. Auf den Mars.

«Das wäre das schönste Geburtstagsgeschenk für meine Mama. Wirst sehen, sie wird dich lieben. Und du sie auch. Ihr seid euch so ähnlich.»

«Aber ich bin keine Gebärmaschine», rutscht es mir heraus.

Paul, der gerade sein Frühstücksei köpfen will, hält inne und schaut mich irritiert an. Dann holt er mit dem Messer aus und teilt das Ei brutal.

«Okay. Was willst du damit sagen?»

«Nichts. Schon gut. Mir geht das alles nur etwas schnell. Ich meine … Können wir nicht noch warten?»

«Das Salz bitte! Womit?»

Ich reiche ihm den Salzstreuer. «Mit … mit … ich weiß nicht … mit allem. Vielleicht.»

Paul streut Salz auf sein Eigelb und verschlingt es. «Bisschen spät, nicht?»

Zwischen uns herrscht mit einem Mal eine ungewohnte Distanz. Schließlich kratzt er die Innenschale seines Frühstückseis mit der gleichen Intensität aus, mit der er seinen Kaffee rührt. Dann leckt er den Plastiklöffel unappetitlich ab.

«Weiß nicht», sage ich unsicher.

Jetzt schaut er mich fragend an und merkt, dass ihm gerade seine Felle davonschwimmen. Mit einem Mal scheint ihm einzufallen, worauf ich die ganze Zeit warte.

«Hör mal. Es tut mir leid wegen vorhin. Ich wollte dich nicht erschrecken. Alles gut?»

«Ja, klar», lüge ich und nippe an meinem Tee. Ich will gerade etwas sagen, da kommt er mir zuvor.

«Und das mit dem Fahrrad gestern Abend im Bad, das war ein Notfall. Ich musste dringend weg, und die Kette war kaputt, aber ich hatte keine Zeit, und … Na ja, lange Rede kurzer Sinn. Ich habe Frau Müller angerufen, und sie gebeten, später mal rüberzukommen, um …» Ich spüre, wie sich meine Nackenhaare aufstellen.

«Das hast du nicht!», höre ich mich vor Entsetzen sagen und lasse meine Teetasse mit Schwung auf den Tisch krachen.

«Wieso? Sie macht das echt gerne. Kein Problem.»

«Weil ich sie nicht hier haben will. Deine Putzfrau.»

«Hast du was gegen Frau Müller? Sie ist absolut vertrauenswürdig.»

«Darum geht's doch gar nicht.»

«Worum denn dann?»

«Um dich!»

«Wie bitte?»

«Das hier ist meine Wohnung, und du führst dich auf wie … wie in deiner Wohnung.»

«Aber du hast doch selbst gesagt, ich soll mich hier wie zu Hause fühlen.»

«Schon, aber das heißt doch nicht, dass du überall deinen Krempel liegenlassen musst. Das Fahrrad in der Badewanne war echt die Krönung. Ich habe keine Lust, dir ständig hinterherzuräumen oder -zuputzen.»

«Ich habe doch gesagt, dass es mir leidtut. Und von mir aus kann Frau Müller statt in meiner Wohnung ab jetzt immer hier putzen.»

«Aber ich will deine Frau Müller hier nicht!»

«Was willst du denn?»

«Ich will, dass du … dass wir … Ich weiß nicht.»

«Anscheinend kann ich dir im Moment nichts recht machen.»

Ich verdrehe die Augen, denn dieses Totschlagargument kenne ich noch von Sven. Und mit einem Mal weiß ich, was das Problem ist. Paul soll mir auch gar nicht alles recht machen, weil ihm das nie gelingen wird. Ich habe mich in ihn verliebt, weil er so ein herrlicher Macho war – eben so ein Zigarettenwerbungstyp – und als Bonus obendrauf auch noch klug und witzig. Ein Traum. Aber seit er weiß, dass ich schwanger von ihm bin, entwickelt er sich zum Albtraum eines chaotischen Supersoftis, der mir alles recht machen will.

Ja, ich weiß, Männer haben es heutzutage echt schwer mit uns Frauen. Vermutlich liegt es auch gar nicht an ihnen, sondern an uns, die wir launisch und sprunghaft, bösartig und gemein sind. Wir wollen nämlich keinen, der uns alles recht macht. Das ist ein altes Missverständnis zwischen den Geschlechtern. Paul hält sich für einen Frauenversteher, weil er mit drei Schwestern und einer

Putzfrau aufgewachsen ist. Aber ich brauche keinen Frauenversteher, dafür habe ich Pavel. Paul hat sich verändert, seit wir zusammenwohnen. Und ich mich sowieso. Vielleicht ist unser Verliebtsein auch einfach nicht genug, um dem Alltag standzuhalten. Das klingt, als wohnten wir schon jahrelang zusammen, dabei sind es nicht mal drei Wochen. Nur drei Wochen! Und schon völlig genervt voneinander.

Paul beugt sich vor und küsst mich flüchtig auf die Stirn. Dabei schaut er mich an wie ein Lehrer seinen Schüler – wohlwollend und von oben herab. Ich könnte ausflippen!

«Ich hab' da neulich in so einem Buch für werdende Väter gelesen, dass Wankelmütigkeit und Launenhaftigkeit in den ersten Monaten der Schwangerschaft völlig normal sind. Ich lass dich jetzt auch in Ruhe. Muss zum Fußball.»

Bevor er geht, dreht er sich noch mal um. «Und das mit meiner Mutter war nur so 'ne Idee.»

«Du kennst *meine* Mutter ja auch nicht!», rufe ich ihm trotzig nach. Herrje! Ich beschwöre das Unheil ja geradezu herauf. Dann höre ich Pauls Stimme durch den Flur hallen.

«Ich würde sie aber sehr gerne kennenlernen, deine Frau Mutter. Lad sie doch mal zum Essen ein!»

Dann fällt die Wohnungstür ins Schloss, und ich atme auf. Endlich allein.

Heute Morgen bin ich mit dem Gefühl aufgewacht, etwas vergessen zu haben. Jetzt weiß ich, was es ist. Ich selbst bin es. Irgendwann habe ich mich irgendwo in den letzten Wochen vergessen oder verloren. Und jetzt weiß ich nicht mehr, wo ich bin und was ich hier eigentlich mache. Ist das überhaupt noch mein Leben? Ich beginne zu zweifeln.

6

PAUL UNTERSTELLT MIR also Wankelmütigkeit und Launenhaftigkeit. Dazu muss ich nicht schwanger sein, denn es gibt eine Eigenschaft an mir, die alle, die mich näher kennen, in den Wahnsinn treibt. Ich kann keine schnellen Entscheidungen treffen. Wer jemals mit mir essen war, kann ein Lied davon singen. Sven habe ich mit meiner Unentschlossenheit zur Verzweiflung getrieben. Ich lese ewig die Karte, und je umfangreicher das Angebot ist, umso schlimmer. Fisch oder Fleisch? Pizza oder Pasta? Suppe oder Antipasti? Bier oder Wein? Whisky oder Wodka? Endlose Entscheidungen müssen getroffen werden, was mich völlig überfordert, weil ich so vieles so gerne mag und am liebsten alles hätte. Jedenfalls war das bis vor ein paar Monaten so. Mal davon abgesehen, dass ich in meinem jetzigen Zustand hauptsächlich weiß, was ich nicht möchte, könnte man meinen, dass ich mit so einem Entscheidungshandicap ja eigentlich geschäftsuntüchtig wäre. Aber weit gefehlt, denn im Job treffe ich schnell und zielgerichtet Entscheidungen, ohne lange abzuwägen. Dann nämlich, wenn ich über Projekte, Etats, Organisations- oder Personalfragen zu entscheiden habe, entscheide ich zügig, klar und rational.

Diese Klarheit und die Ratio fehlen mir aber völlig, wenn es um Privates geht. Mein ganzer Geschäftssinn versagt dann komplett. Als würde ich aus zwei Persönlichkeiten bestehen, die völlig unterschiedlich ticken. Vielleicht meinte Sven genau das damit, wenn er mir vorwarf, ich sei schizophren. Ich fand das immer dramatisch übertrieben, aber möglicherweise hatte er recht. Vielleicht kannte er mich auch einfach nur besser als ich mich selbst.

Am bequemsten für mich war und ist es immer, wenn andere für mich Entscheidungen treffen. Sven wollte mich heiraten, also haben wir geheiratet. Hätte er gewollt, dass wir in wilder Ehe leben, wäre ich auch damit einverstanden gewesen – wenngleich enttäuscht. Weil Sven aus einem konservativen Elternhaus stammt, gehörte auch ein Kind dazu. Also bekam ich ein Kind, und wir wurden eine Familie. Und weil Sven schon immer ein Perfektionist war, wurden Erfolg und Familie später durch eine Geliebte gekrönt. Er hat das immer alles entschieden. Und ich habe es indirekt unterstützt.

Aus meinem Leben an Svens Seite sind zwei große Entscheidungen hervorgekommen, die ich nach vielen Zweifeln selbständig und ausschließlich für mich gefällt habe: die Trennung von ihm und die Gründung meiner Agentur. Beides konnte Sven nicht verhindern, obwohl er beide Male dagegen war. Nun heißt es aber auch: Es gehören immer zwei zum Tango. Absolut. Ich habe mich bequem von meinem Mann einlullen lassen und ihm alle wichtigen Entscheidungen überlassen, bis ich gemerkt habe, dass das nicht immer gut für mich war. Ich habe ihm vertraut. Das war der größte Fehler.

Und jetzt stelle ich zunehmend fest, dass ich wieder dabei bin, die Entscheidungsgewalt über mein Leben aus der Hand zu geben. Diesmal habe ich mich von Pauls Begeisterung mitreißen lassen, weil es sich gut anfühlte. Weil ich dachte, es sei das Richtige, mit Paul ein Kind zu bekommen. Weil Paul es unbedingt will und eine eigene Familie gründen möchte. Und weil ich dachte, Paul sei der Richtige. Aber stimmt das auch? Will ich das alles auch? Bin ich bereit dafür? Kennen wir uns gut genug, um diesen gewagten Schritt zu gehen? Vertraue ich ihm so sehr? Und überhaupt: Kann ich ihm vertrauen?

Zugegeben, die letzten Wochen mit Paul waren wirklich schön. Ich habe mich der Illusion hingegeben, mit ihm noch mal von vorn anzufangen, noch mal eine Familie zu gründen, noch mal jung zu sein. Was für ein Glück, was für ein Geschenk, noch mal eine zweite Chance zu bekommen! Aber unter der ganzen Zuckerguss-Euphorie und den Glückshormonen kommen nun die Zweifel durch. Ich lasse mich von Pauls Gefühlen mitreißen, dabei habe ich mich selbst total verloren. Ich dachte, ich will das, was Paul will. Aber jetzt bin ich nicht mehr sicher, was ich überhaupt will.

Nach unserem Krach verbringt Paul den Rest des Wochenendes in seiner Wohnung, um ein paar Reparaturen durchzuführen und aufzuräumen. In seiner Wohnung scheint ihn die Unordnung offenbar mehr zu stören als in meiner. Auch ich verbringe den Sonntag damit, meine Wohnung in ihren Originalzustand zu versetzen. Dann setze ich mich mit einer großen Tasse Chai in Gretas Zimmer und überlege, was ich mit dem ungenutzten Raum anstellen könnte. Das Nächstliegende wäre natürlich ein Babyzimmer. Aber wie könnte das aussehen? Und ist es Greta gegenüber fair? Würde sie sich nicht wie ein ausgetauschtes Kind vorkommen? Nach dem Motto: Das eine ist aus dem Haus, das nächste bitte! Ich beschließe, das Zimmer zu lassen, wie es ist. Vorerst. Für den Fall, dass Greta kurzfristig zurückkommt – ganz gleich aus welchem Grund. Ich werde sie jedenfalls nicht vor der Tür stehen lassen. Jetzt weiß ich, warum Studenten mit Mitte zwanzig noch ein Zimmer in ihrem Elternhaus haben. Eltern rechnen immer mit dem Schlimmsten und wollen dann vorbereitet sein. Ich auch. Mein Kind fehlt mir. Also rufe ich Greta an, und wir verabreden uns auf einen Spaziergang im Park. Unterwegs hole ich kurz Herbert ab, der sich über jedes Extragassi freut.

«Hast du mit ihm geredet?», fragt Ursel neugierig an der Tür, während sie mir Leckerlis und frische Kacktüten für Herberts Hinterlassenschaft zusammenpackt.

«Allerdings. Wir haben uns ganz schön in die Haare bekommen und reden nicht mehr miteinander.»

«Wie, hat er sich nicht entschuldigt für die Sauerei?»

«Schon, aber da kam einiges zusammen.»

«Herrje, und jetzt?» Ursel leint Herbert an.

«Funkstille. Keine Ahnung. Vielleicht war alles ein Fehler. Vielleicht bin ich wirklich zu alt für das alles.»

«Jetzt triff mal keine voreiligen Entscheidungen. Auch streiten will in einer guten Beziehung gelernt sein. Sonst wird das nichts. Müsstest du doch am besten wissen.»

«Stimmt», sage ich, nehme Leine und Hund und verabschiede mich von Ursel, die Herbert später bei mir abholen will.

Wenn ich mit Ursels Hund unterwegs bin, glotzen uns die Leute frech hinterher oder starren uns ungeniert an, und ich bekomme einen kleinen Eindruck davon, wie sich ein behinderter Mensch fühlen mag. Herbert, dem dreibeinigen, weißen Labrador-Mischling, ist das egal. Er lässt sich gerne bemitleiden und streicheln und füttern. Er findet Mitleid super. Und ich gewöhne mich langsam daran.

Greta begrüßt uns übermäßig freundlich, und ich merke, dass mit ihr etwas nicht stimmt. Natürlich geht sie auf meine Frage nach ihrem Wohlbefinden nicht ein und winkt ab, während sie Herbert ausgiebig streichelt.

«Alles okay. Hatte gestern 'ne lange Schicht im Restaurant. Aber es gab gutes Trinkgeld.»

«Na, wenigstens etwas.»

«Und bei dir so? Siehst auch etwas fertig aus.»

Na vielen Dank auch, aber wie heißt es so schön: Kindermund tut Wahrheit kund.

«Och, der übliche Stress in der Agentur. Der neue Auftrag ist eine echte Herausforderung. Aber das wird schon.»

«Wie läuft's mit Andresen?»

In der Art, wie sie das fragt, schwingt ein betont vorgetäuschtes Desinteresse mit.

«Gut, gut», höre ich mich sagen und klinge nicht sehr überzeugend.

«Klingt nicht überzeugend», sagt Greta und hakt sich bei mir unter, während Herbert an einen Baum pinkelt, was mich jedes Mal fasziniert, weil er ja nur drei Beine hat. Er weiß, dass er nur von einer Seite den Baum anpinkeln kann und hebt das nicht vorhandene Hinterbein trotzdem, was man an seiner strammen Oberschenkelmuskulatur sieht. Ein wahrer Balancekünstler.

«Ach, keine Beziehung ist perfekt», sage ich.

«Das klingt aber sehr desillusioniert. Wo ist deine Euphorie für ihn hin?»

«Keine Ahnung. Es relativiert sich nur gerade alles.»

«Dann sei froh, dass ihr keine Kinder habt!»

Ich bleibe stehen und schaue sie überrascht an.

«Wieso sagst du das jetzt?»

Greta sucht nach Worten. «Keine Ahnung. Vielleicht weil ich bei Papa und dir sehe, wie kompliziert Trennung ist. Wenn Kinder im Spiel sind.»

«Aber du bist kein Kind mehr, und wir haben unsere Trennung nie auf deinem Rücken ausgetragen.»

«Nein, weiß ich doch. Aber ich mein' ja auch nur, dass es mit Andresen und dir schwieriger wäre, wenn da jetzt ein Kind wäre.»

«Aber so lange sind wir doch noch gar nicht zusammen. Wieso sollten wir ein Kind haben wollen?», wundere ich mich über meine Tochter. Weiß sie etwas?

«Nein, so hab' ich das doch auch gar nicht gemeint.»

«Wie denn dann?», frage ich und kann Gretas Gedanken überhaupt nicht einschätzen. Was will sie? Woher weiß sie etwas?

«Mama, jetzt lass mal gut sein! Ich habe das nur so dahingesagt. Vergiss es! Okay?»

«Okay», sage ich, bleibe aber irritiert.

«Wie läuft's denn mit der Scheidung?»

Aha, Themenwechsel. Aber ich kann gerade nicht drauf eingehen, weil Herbert einer Dackelhündin am Hinterteil hängt, die ihn offenbar auch interessant findet, den alten Haudegen.

«Och, der Arme, was ist denn mit ihm passiert?», fragt die Dackelbesitzerin.

«Häckselmaschine» möchte ich sagen, entscheide mich aber für «Kriegsverletzung», worauf die Frau mich fragend anschaut. «Er kommt vom Balkan», füge ich erklärend hinzu, obwohl das völliger Unsinn ist. Ich glaube, er ist als Welpe angefahren worden oder so. Aber das ist langweilig. Herbert hat eine spannendere Geschichte verdient.

«Ah!», sagt die Dackelbesitzerin. Keine Ahnung, was sie jetzt denkt, doch es arbeitet in ihr. «Aber er scheint's ja gut zu verkraften», nickt sie und schaut milde auf die sich im Kreis drehenden Hunde herab, die sich gegenseitig beschnüffeln und deren Leinen sich ineinander verheddern. Als Herbert umständlich versucht, die Dackeldame zu besteigen, ändert sich der milde Blick ihrer Besitzerin, und sie zieht ruckartig an der Leine, vielleicht auch etwas empört darüber, was sich ein dreibeiniger Kriegsveteran so alles herausnimmt. Und nun ärgert sie sich über ihr Mitleid, das sie für Herbert ursprünglich empfand, und fühlt sich vielleicht sogar betrogen von dieser verkrüppelten, sexbesessenen Kreatur. Denke ich und helfe ihr, die Leinen zu entknoten und ziehe Herbert in die andere Richtung. Wollte Ursel ihn nicht kastrieren lassen? Dann verabschieden wir uns höflich und wünschen einander ein schönes Restwochenende. Smalltalk kann so einfach sein. Greta, Herbert und ich gehen weiter.

«Ich hab Papa getroffen», leitet Greta einen neuen Teil unserer Konversation ein.

«Ach! Wie kam's?»

«Er hat mich so lange mit Anrufen bombardiert, dass ich ihn irgendwann zurückgerufen hab.»

«Wir haben uns beide Sorgen gemacht.»

«Aber du bist entspannter.»

Wenn sie wüsste!

«Und? Wie war's?», frage ich und versuche, mindestens genauso beiläufig zu klingen.

«Er sagt, mit den Terminen für die Scheidung gibt's Probleme, weil er in nächster Zeit viel auf Reisen ist und die Gerichte anscheinend viel zu tun haben.»

«Ja, hat Toni mir auch erzählt. Das Ganze geht mir zunehmend auf die Nerven. Ihm wohl nicht?»

«Hatte nicht das Gefühl, dass er es sonderlich eilig hat mit der Scheidung. Aber ich habe ihm Druck gemacht.»

Ich nicke. Dieser Mann ist mir ein Rätsel.

«Gut so. Hat er sonst noch was gesagt?», frage ich neugierig. Greta nickt, ohne mich anzusehen. «Er wollte alles über dich und Andresen wissen.»

«Was?!» Ich schaue sie verwundert an. «Aber du hast ihm nichts gesagt, oder?»

Herbert wittert etwas und zieht jetzt röchelnd an der Leine, weil sein Halsband ihm die Luft abschnürt. Ich habe Mühe, ihn zu halten.

«Wieso? Hast du Geheimnisse?»

«Quatsch!»

«Ich hab ihm gesagt, dass Andresen jetzt bei dir wohnt.»

«Aber woher …?»

«Von Harry. Und der hat's von Andresen.»

Ich verdrehe die Augen und seufze.

«Was!?», fragt Greta vorwurfsvoll.

«Ich möchte eigentlich nicht, dass dein Vater überhaupt etwas über mein Privatleben weiß.»

«Hättest du mir etwas früher sagen müssen. Und wieso?»

«Weil es ihn einfach nichts angeht.»

«Du bist immer noch sauer auf ihn, oder?»

«Richtig! Und das werde ich auch immer sein. Ich möchte ihn komplett aus meinem Leben raushaben.»

«Und ich habe das Gefühl, dass er sich umso mehr für dein Leben interessiert, je mehr du ihn ablehnst.»

Herbert zieht mich schnüffelnd zu einer Wiese, dreht sich zehnmal linksrum, achtmal rechtsrum und hockt sich mehrmals in eine andere Himmelsrichtung, weil der Wind offenbar von der falschen Seite her weht und Herbert sich immer neu ausbalancieren muss, bevor er einen dicken, großen Haufen auf den saftig grünen Rasen setzt, ohne dabei umzufallen.

«Das ist so typisch für deinen Vater. Er glaubt immer noch, er habe Rechte an meiner Person, weil wir verheiratet sind», sage ich wütend und ziehe eine Kacktüte aus meiner Tasche, um den Haufen einzusammeln, während Herbert schon weiterzieht.

«Herbert! Jetzt reicht's! Stopp!», knurre ich den Hund an, und er bleibt tatsächlich sofort stehen. Beeindruckend. Endlich ein männliches Wesen, das mir aufs Wort gehorcht.

«Meinst du, Papa zögert deshalb die Scheidung hinaus?»

Der Haufen ist weicher als erwartet, was das Einsammeln noch unappetitlicher macht. Aber ich schaffe es und verknote die Tüte umständlich.

«Das ist so was von sicher», sage ich. «Aber damit kommt er nicht durch, das verspreche ich dir.»

Mit Schwung werfe ich die volle Tüte in einen Abfalleimer am Wegrand. Greta bleibt überraschend stehen und schüttelt den Kopf.

«Nee, Mama. Ich glaube, da steckt was anderes dahinter.»

«Ach, was denn?» Ich bleibe auch stehen. Herbert wedelt befreit mit dem Schwanz und schaut mich bettelnd an, bis ich ihm ein Leckerli zuwerfe, das er aus der Luft schnappt. Dreibeinig!

«Ganz ehrlich? Ich glaube, Papa liebt dich noch.»

Bitte nicht! Das arme Kind! Wünscht es sich so sehr? Will sie uns etwa wieder verkuppeln?

«Wie kommst du denn darauf? So ein Unsinn!»

«Keine Ahnung. Es ist … die Art, wie er nach dir fragt und … wie er von dir redet. Kommt mir jedenfalls so vor.»

«Da irrst du dich gewaltig, mein Schatz.»

«Jedenfalls hat er gesagt, dass es ihm leidtut, wie alles gelaufen ist.»

«Tatsächlich?», frage ich. Greta nickt. Ich schaue sie prüfend an. Nun hat er's also nicht nur mir, sondern auch seiner Tochter gesagt. In nur kurzer Zeit. Was mag das bedeuten?

«Sag' mal, hat er dich gekauft?»

«Quatsch! Aber falls du's schon vergessen hast: Ich bin auch *seine* Tochter.»

Sven scheint in einer echten Krise zu stecken, nach allem, was er in letzter Zeit von sich gibt. Langsam frage ich mich wirklich, ob das eine Masche ist oder er es vielleicht tatsächlich ernst meint. Aber eigentlich will ich gar nicht die ganze Zeit über Sven reden.

Wir setzen uns auf eine Bank, und Greta stellt ihr Fahrrad, das sie bisher geschoben hat, daneben ab.

«Lass uns nicht streiten. Ich hab' mich so auf den Nachmittag mit dir gefreut. Was passiert denn in *deinem* Leben so? Ist doch bestimmt viel spannender.»

«Nicht viel. Bisschen Stress in der WG, aber den gibt's immer. Das legt sich wieder.»

«Wenn's dir zu viel wird, kannst du jederzeit zurückkommen. Nur dass du das weißt.»

«Und Andresen? Der wohnt doch auch bei dir?»

«Doch nicht in deinem Zimmer.»

Greta gibt mir einen Kuss auf die Wange und lächelt mich dankbar an.

«Lieb von dir, Mama, aber so schlimm ist es nicht. Ich werde sicher nicht mit meiner Mutter und ihrem Lover, der früher mein Lehrer war, zusammenwohnen.»

«Aber es ist doch immer noch dein Zuhause!»

«Komm schon, Vera …»

«Nenn mich nicht Vera!» Wir grinsen uns an, weil das echt albern ist. Themenwechsel: «Was ist mit deinem Liebesleben?»

«Ach, da hab ich gar keine Zeit für. Außerdem hänge ich noch an T. Mal sehen, was passiert.»

«Wieso? Was soll passieren? Kommt er zurück?»

«Nein … Nur so», Greta schaut auf die Uhr. «Ich muss los. Harry hat heute 'ne große Reservierung.»

«Grüß ihn von mir. Sag ihm, wir kommen bald mal wieder, bevor der Sommer vorbei ist.»

«Mach ich!»

Greta schwingt sich sportlich auf ihr Fahrrad und wirft mir einen Kuss zu, den ich mit der Hand aus der Luft einfange und aufesse. So haben wir es immer gemacht, als sie noch klein war. Und so werden wir es hoffentlich immer machen.

7

3 UHR 46. Wolfsstunde.

Völlig grundlos wache ich auf und höre Paul neben mir tief atmen. Der Glückliche. Ich dagegen kann nicht mehr einschlafen. Weil ich denke. Ich denke an Probleme. Viele Probleme, die sich um diese Uhrzeit potenzieren und die demnächst auf mich zukommen. Ich denke an den Auftrag für Frau de Bryn, der nicht so läuft, wie er soll, weil ich dringend einen zusätzlichen Mitarbeiter in der Agentur brauche. Doch jemanden Neues zu finden und einzuarbeiten kostet Zeit, Mühe und Geld, was ich alles nicht habe. Meine Gedanken verselbständigen sich.

Um 3 Uhr 52 befürchte ich ernsthaft, den Auftrag zu verlieren und zum ersten Mal beruflich zu versagen. Die blanke Existenzangst treibt mir Schweiß auf die Stirn. Um 3 Uhr 58 sehe ich mich zuerst Insolvenz, dann ALG II beantragen und in eine kleine Sozialwohnung umziehen.

Meine Gedanken schweifen um 4 Uhr 12 ab zu Paul, dem ich sagen muss, dass das mit der Familie keine gute Idee ist. Um 4 Uhr 19 bin ich mir sicher, dass ich Paul erklären muss, dass meine Existenz auf dem Spiel steht, weil ich die Agentur schließen muss, aus Verzweiflung vermutlich Alkoholikerin werde und unser Kind nicht unter asozialen Bedingungen großziehen will, weil es dann kaum eine gesellschaftliche Chance hätte. Um 4 Uhr 30 bin ich mir sicher, dass unser Kind deshalb auf die schiefe Bahn geraten wird, weshalb ich um 4 Uhr 39 davon ausgehe, mir aus lauter Schuldgefühlen das Leben zu nehmen, nachdem Pauls und mein Kind wegen verschiedener Drogendelikte im Knast landet oder einem Bandenkrieg zum Opfer fällt. Ich wälze mich höchst besorgt im Bett und beschließe, eine Entscheidung zu treffen, um das Schlimmste zu verhindern.

Gegen kurz vor fünf schlafe ich endlich wieder ein, um eine Stunde später völlig gerädert von Pauls irre schrillem Weckton aus einem Traum gerissen zu werden, in dem ich mit Herbert nach Südamerika ausgewandert bin, um eine Surfschule für behinderte Hunde zu eröffnen. Wahnsinn!

Paul ist schon laufen gegangen. Seit unserem Streit wegen des Fahrrads in der Badewanne haben wir kaum miteinander geredet, obwohl wir jede Nacht das Bett teilen. Wir kuscheln zwar miteinander, aber uns beiden fehlt momentan die Lust auf viele Worte. So eine Redepause tut auch mal ganz gut. Und man muss auch nicht alles zerreden, kommentieren oder aussprechen. Wir stehen gemeinsam auf, alles läuft wir immer, nur ohne Worte. Jeder macht sein Ding, wir frühstücken lesend, damit wir nicht reden müssen. Dann verabschieden wir uns mit einem flüchtigen Kuss und atmen auf, sobald wir allein sind. Ehrlich gesagt – es ist unerträglich. Und ich will das nicht.

Um die Stimmung zwischen uns aufzulockern, will ich Paul heute nach seiner letzten Schulstunde vom Sportplatz abholen und etwas mit ihm essen gehen. Jetzt sitze ich hier auf meinem Fahrrad am Rand der Sportanlage und beobachte ihn unbemerkt, wie er von einer Gruppe hübscher Schülerinnen mit sehr langen Beinen und sehr kurzen Shorts umringt wird, die mit ihm flirten. Und er mit ihnen. Ich schaue mir die Szene eine Weile an und habe das Gefühl, mitten in einem 80er-Jahre-Levi's-Spot zu sein. Schöne, junge Menschen, durchtrainierte Körper. Das passt, denke ich und weiß, dass es mit ihm und mir nicht so gut passt. Schon komisch, aber diese Erkenntnis tut gar nicht so weh, wie man vermuten könnte. Kein Stich ins Herz bei dem Anblick, sondern eher nichts. Liegt es vielleicht daran, dass ich ihn gar nicht liebe? Ich will mich gerade unbemerkt davonstehlen, da entdeckt mich Paul und löst sich von seinen Groupies, um mich zu begrüßen.

«Vera! Was machst du denn hier?»

Er küsst mich völlig ungeniert vor seinen Schülerinnen, als wolle er ihnen demonstrativ vorführen, wie verliebt er ist und wen er sich da an Land gezogen hat. Eine ältere Frau. Ich fühle mich wie eine Trophäe. Fehlt nur noch, dass er mich seinem Sport-Leistungskurs vorstellt. Die Spannungen zwischen uns scheinen völlig vergessen zu sein.

«Schön, dass du mich mal abholst.» Paul freut sich wirklich über meinen Überraschungsbesuch. «Was machen wir mit dem angebrochenen Tag?»

«Essen gehen? Bei Harry vielleicht?», schlage ich vor, und Paul findet die Idee gut.

Zwanzig Minuten später begrüßt Harry uns euphorisch und schenkt uns sein schönstes Zahnlückenlächeln.

«Geht's euch gut?», fragt er, während er uns einen Tisch am Fenster gibt. Weil es nach Regen aussieht, setzen wir uns ausnahmsweise ins *Mille Fleurs*, das viel südfranzösisches Flair ausstrahlt mit seinen weißen Holzdielen und den robusten Eichentischen. Auf den weißen Bänken liegen blaue Kissen und Polster, auf den Tischen stehen türkisfarbene Vasen mit bunten Wiesenblumen. Es macht fast den Eindruck, als lege hier eine Frau regelmäßig Hand an, aber Harry schwört auf sein Deko-Talent.

«Alles bestens», lügt Paul und klopft Harry dabei beruhigend auf die Schulter.

«Na dann … Ella kommt sofort.» Verschwörerisch beugt sich Harry zu uns. «Sie ist neu und Bombe!» Ein kurzes Lächeln, und Harry geht in sein Küchenreich.

«Hat er eigentlich 'ne Freundin?», frage ich Paul.

«Harry redet nicht über seine Affären. Mal hier, mal da … Er ist da etwas … unstet.»

«Aha», nicke ich und beobachte Harry, der hinter dem Tresen in der einsehbaren Küche steht.

Greta ist heute nicht hier. Dafür Ella, eine hübsche Brünette mit Pferdeschwanz, ungefähr Mitte zwanzig, freundlich, mit schneller Auffassungsgabe und sinnlichem Mund. Sie hört sich unsere Bestellung an, rät mir zu einer Vorspeise und empfiehlt uns einen guten Wein zum Essen. Sie gibt die Bestellung an Harry weiter, der regelrecht an ihren Lippen hängt und den Blick kaum abwenden kann. Er nickt, lächelt, fasst wie selbstverständlich ihre Hand, im Glauben, es bemerkt niemand. Außer Paul und mir.

Mit hochgezogenen Augenbrauen werfe ich Paul einen vielsagenden Blick zu. Er schmunzelt anerkennend.

«Ist sie nicht etwas jung für Harry?», frage ich ihn.

«Wieso?»

«Sie ist höchstens 24 oder so.»

«Genau richtig», grinst Paul und schaut der Kellnerin auf den Po. Ich folge seinem Blick.

«Für wen? Dich oder Harry?»

«Was soll das denn jetzt?» Paul wirft mir einen vorwurfsvollen Blick zu.

«Na, so wie deine Schülerinnen dich heute angeschmachtet haben ...»

«Angeschmachtet? Du hast sie ja nicht alle!»

«Greta hat mir mal erzählt, dass einige Mädels aus ihrem Jahrgang dich gut fanden.»

«Vera, das sind Schülerinnen! Die sind tabu! Außerdem kann ich doch nichts dafür.»

«Na ja, aber so, wie du die Kellnerin anschaust – würde mich nicht wundern, wenn die Mädels das missverstehen.»

Ich höre mich reden und finde mich völlig bescheuert. Und dennoch kann ich nicht aufhören zu sticheln. Es ist wie ein Fluch, der mich in seinem Bann gefangen hält.

«Spinnst du?»

«Vielleicht gibt's da ja auch gar nichts misszuverstehen.»

Paul nimmt seine blöde Oberlehrerhaltung ein und schüttelt herablassend den Kopf. «Du machst dich echt lächerlich, Vera. Was soll denn das jetzt überhaupt?»

Ich hasse es. Der Ton, die Haltung, der Blick. Ich hasse es und atme tief durch, um nicht zu explodieren.

«Du bist eifersüchtig! Das ist es!» Mit erhobenem Zeigefinger, den er wie einen Taktstock durch die Luft schwingt, glaubt Paul zu wissen, was mit mir los ist, und freut sich darüber. Aber ich muss ihn enttäuschen.

«Sicher nicht!» Ich lehne mich überlegen zurück.

«Wieso denn nicht? Ich bin doch 'n smarter Typ, und meine Schülerinnen stehen auf mich. Hast du selbst gesagt.»

«Paul, du bist ein smarter Chaot, der in den letzten Monaten mein Leben durcheinandergebracht hat. Aber mal ehrlich: Wir passen doch gar nicht zusammen. Wir leben nicht nur in unterschiedlichen Welten, sondern auf unterschiedlichen Planeten. Ich passe nicht in dein Leben und du nicht in meins.» Jetzt ist es raus.

«Dafür finde ich uns ziemlich harmonisch.» Er nimmt mich nicht ernst. Er begreift nicht, worauf ich hinauswill.

«Quatsch! Überhaupt nicht! Mal im Ernst, Paul. Was willst du eigentlich von mir?», höre ich mich sagen. Da ist sie, die Frage, die ich mir seit ein paar Tagen stelle.

Paul schaut mich an, als hätte ich den Verstand verloren. Für einen kurzen Moment ist er sprachlos. Für einen kurzen Moment habe ich das Gefühl, ins Schwarze getroffen zu haben.

«Mit dir leben, eine Familie gründen, alt werden?»

Ich hatte es befürchtet und schüttele den Kopf. Ich muss das richtigstellen, bevor es zu spät ist. «Nein, das willst du nicht. Jetzt vielleicht, aber nicht mehr in zehn Jahren, wenn ich wirklich alt und faltig bin und keine Lust mehr auf Sex habe. Wenn du was mit den jungen Frauen anfängst, denen du jetzt nur hinterherschaust.»

Paul lacht. «Ist das dein Ernst? Davor hast du Angst?»

«Ich habe Angst davor, dass du mich dann einfach austauschst. Das habe ich einmal erlebt und will das nie wieder. Das stehe nicht ein zweites Mal durch.»

Paul nimmt meine Hände. «Aber das wird nicht passieren! Niemals. Ich ... ich will doch keine Frau, weil sie hübsch ist oder einen knackigen Hintern hat. Sie muss auch reich und gut im Bett sein!», scherzt er, bevor er ernst wird. «Komm schon! Was soll das? Deine Panik ist völlig unbegründet. Das weißt du doch, Vera!»

Ich schaue in Pauls Augen und möchte ihm so gern glauben, aber es fällt mir so schwer. «Das wissen wir beide nicht. Du sagst das alles jetzt, aber ... Ich kann das nicht ...», kommt es aus mir heraus, und ich verlasse das Restaurant, gerade, als die hübsche Ella unsere Getränke bringt.

Vor dem *Mille Fleurs* atme ich tief durch und kann die Tränen nicht mehr zurückhalten. Paul hat recht. Ich habe Angst. Ja, ich habe Angst vor einer neuen Bindung. Angst vor zu viel Gefühl. Angst davor, wieder verletzt zu werden.

Aber Paul lässt sich so leicht nicht abschütteln. Er ist Sportler, und Sportler sind Kämpfer.

«Ich weiß doch auch nicht, was in zehn Jahren sein wird. Aber das weiß keiner», höre ich seine ratlosen Worte hinter mir. «Warum können wir es nicht einfach ausprobieren?»

«Weil ich keine zwanzig mehr bin!», höre ich mich schluchzen. Müde drehe ich mich um. Ich habe keine Lust mehr auf dieses Gespräch, obwohl ich es begonnen habe, denn ich weiß nicht, wohin es führt.

«Du bist feige!», setzt er noch eins drauf.

«Ja! Und?»

«Was erwartest du denn von mir?», fragt mich Paul.

«Nichts. Gar nichts.» Wer nichts erwartet, kann nicht enttäuscht werden.

Paul schluckt seine Wut und Enttäuschung herunter und atmet tief durch, sodass ich sehen kann, wie sehr sich sein Brustkorb nach außen wölbt. Er schnaubt aus.

«Okay. Alles klar. Hab verstanden.»

Enttäuscht und wütend steht Paul auf der Straße, unentschlossen zwischen Gehen und Bleiben. Ausgerechnet jetzt schaut Harry durch die Tür.

«Essen ist fertig!»

«Hat sich erledigt!» Damit dreht Paul sich um, schließt sein Fahrrad auf, das mit meinem zusammengekettet ist, und fährt davon. Harry wirft mir einen vorwurfsvollen Blick zu. Er ahnt offenbar, dass ich seinen Rat, Paul nicht zu verletzen, nicht befolgt habe.

«Wieso ist es mit seiner letzten Beziehung auseinandergegangen?», frage ich ihn, aber er schüttelt nur den Kopf.

«Das muss er dir schon selbst erzählen.»

Harry packt mir das Essen ein, und ich fahre nach Hause, wo ich den Rest des Abends auf Paul warte. Es ist meine Schuld, aber ich kann nicht aus meiner Haut. Ich traue mich nicht, Paul in mein Leben zu lassen, auch wenn ich es noch so sehr möchte, denn ich traue dem Leben nicht. Erst als ich fast schon schlafe, kommt er zu mir ins Bett. Ich rühre mich nicht, spüre aber, dass er genauso wenig schlafen kann wie ich.

«Paul?»

«Hm.»

«Wieso ist deine letzte Beziehung gescheitert?»

Paul rührt sich nicht.

Ich rühre mich nicht.

«Sie ist nicht *gescheitert*.»

Ich sage nichts und warte ab.

«Louise ist einfach gegangen.»

Stille. Ich habe tausend Fragen, wage aber nicht, auch nur einen Ton von mir zu geben.

Nach ein paar Minuten dreht Paul sich auf den Rücken.

«Ohne ein Wort, eine Erklärung, einen Grund. Sie verschwand einfach so aus meinem Leben.»

Ich drehe mich auch auf den Rücken und starre an die Decke, die ich kaum erkennen kann, weil es so dunkel ist.

«Ghosting.»

Paul reagiert nicht.

«Hab' ich irgendwo gelesen. Wenn Partner oder Freunde einfach so, wort- und grundlos verschwinden.»

«Vielleicht», sagt Paul und wendet sich wieder von mir ab.

Paul ist von meiner Theorie der «Ungleichheit» nicht überzeugt. Im Gegenteil. Er kämpft in den nächsten Tagen umso mehr um mich. Lieber geht er auf mich ein, als dass er mich verliert. Seit ich weiß, dass ihn seine letzte Freundin ohne jede Erklärung verlassen hat, verstehe ich sein Verhalten. Irgendwie. Er will eine Chance haben, unsere Beziehung positiv zu beeinflussen. Er will involviert werden in meine Gedanken und Gefühle. Will mich verstehen, keine Fragen ungeklärt lassen. Ich würde es wohl genauso machen, wenn ich er wäre, aber ich bin ich, und ich sehe die Dinge anders.

8

AUS MEINEM BÜROFENSTER beobachte ich sehnsüchtig ein Flugzeug am Himmel, das einen weißen Kondensstreifen hinter sich herzieht, und frage mich, wo es wohl hinfliegt. Seychellen? Island? Singapur? Vielleicht ja nach Südamerika? Santiago? Feuerland? Wie gerne würde ich jetzt mitfliegen. Ans Ende der Welt. Einfach weg und alles hier zurücklassen, nur mit Zahnbürste, Pass und Kreditkarte im Gepäck. Weit weg, irgendwohin, wo es schön ist. Tun und lassen können, was ich will, reisen, wohin ich will, bleiben, wo ich sein will. Ein Traum. Ein Tagtraum.

In Gedanken versunken, sitze ich im Meeting mit Frau de Bryn. Wir reden über die Tagesplanung von fünfhundert Besuchern. Nein, eigentlich redet sie mit Felix und Karo über die Planung. Ich sitze da und mache eine Liste über die Vor- und Nachteile des Kinderkriegens, denn mir bleibt nur noch diese Woche, um mich zu entscheiden. Die Möglichkeit einer Entscheidung für oder gegen das Kind lähmt mich in meinem Alltag, in meinem Beruf, in meinem Denken und meinem Sein. Meine Liste ist sehr einseitig, denn mir fallen nur Argumente gegen das Kind ein: Ich bin zu alt. Es wäre eine Risikoschwangerschaft. Gesundheit für Mutter und Kind stehen auf dem Spiel. Ich wäre eine unzufriedene Mutter, müsste meine Agentur aufgeben, wäre alleinerziehend, müsste meine Wünsche und Ziele zurückstecken, wäre wieder abhängig. Ich müsste wieder Verantwortung tragen, hätte schlaflose Nächte, Sorgen, Ängste, Ärger mit nicht vorhandenen Kita-Plätzen, Kinderkrankheiten, Kieferorthopäden, Kopfläusen und mit blöden Lehrern und blöden Eltern blöder Mitschüler.

«… und wir müssten dringend das Kulturprogramm straffer ziehen, Vera.» Frau de Bryn, ihre Assistentin, Karo und Felix schauen mich erwartungsvoll an.

«Vera? Haben Sie schon eine Idee dafür?» Offenbar wartet Frau de Bryn auf eine Reaktion. Ich spüre die Blicke und schaue überrascht von meinem Entscheidungspapier auf.

«Ja! … Ja sicher. Ich … mache gerade eine … Pro-und-Kontra-Baby-Liste», rutscht es mir heraus und erschrecke über meine eigenen Worte.

«Pro und kontra Baby?» Frau de Bryn ist irritiert.

Hilfesuchend schaue ich Felix an, der offenbar genauso überfordert ist wie unsere Klientin. Irgendwie muss ich aus dieser Nummer wieder raus und rede mich um Kopf und Kragen.

«Das Baby. Ich meine … Ich nenne es das Baby … unser Baby, unser Projekt, wissen Sie?!»

Unterm Tisch trete ich Felix gegen das Schienbein, damit er mir endlich zur Seite springt, weil ich keine Ahnung habe, worüber hier die letzten dreißig Minuten geredet wurde. Felix steht aber total auf dem Schlauch. Endlich reagiert Karo, die ich bei nächster Gelegenheit befördern sollte.

«Ja, das ist eine sehr gute Idee, Vera. Unser Baby wird verschlankt … durch … eine Ausschlussliste für das Kulturprogramm, damit wir checken, auf welchen Programmpunkt wir verzichten und welche Punkte wir zusammenziehen können.»

«Dann lassen Sie Ihre Liste doch mal sehen, Vera», fordert mich Frau de Bryn auf. Schnell halte ich beide Hände fest auf meine Liste gedrückt, die sicherlich niemand hier zu sehen bekommt.

«Das … geht nicht … Noch … nicht. Ich meine, liebe Frau de Bryn, das muss doch erst noch ausgearbeitet werden, um sicherzugehen, dass wir die richtigen Punkte zusammenstreichen und die richtigen Entscheidungen treffen.»

«Sie wissen doch, Vera ist da Perfektionistin und lässt nichts ungeprüft aus dem Haus gehen. Schon gar nicht, wenn es um *unser Baby* geht, nicht wahr, Vera?»

Felix ist endlich auch aufgewacht, aber dass er gleich so übertreiben muss …

Frau de Bryn schaut auf ihre Armbanduhr und steht auf, um sich zu verabschieden.

«Also gut, dann schicken Sie mir Ihr geprüftes und geändertes Programm so schnell wie möglich zu, damit wir es einplanen können, Vera!»

«Natürlich», versichere ich und gebe Frau de Bryn die Hand, wobei sie mich seltsam begutachtend anschaut.

«Sie sehen müde aus. Schonen Sie sich etwas und lassen Sie Ihre Leute das machen! Ich brauche Sie noch für wichtigere Aufgaben.»

Dann rauscht sie ab, und ich muss mich erst mal setzen. So kann es nicht weitergehen. Ich muss eine Entscheidung treffen! Nach dem Meeting greife ich zum Telefon, um endlich einen Termin bei meiner Gynäkologin zu machen. Ich habe beschlossen, nicht zu irgendeinem Arzt zu gehen, sondern zu Dr. Schön, denn ihr vertraue ich, und ihr Name steht auch auf der Liste der Ärzte, die Schwangerschaftsabbrüche durchführen. Ich habe gerade die Nummer gewählt und höre das Freizeichen, als meine Bürotür aufspringt und Anne hereinkommt.

Meine Anne. Elternzeit-Anne. Anne, die so viele Beziehungen hatte, weil sie keine Kompromisse eingehen wollte. Sie wollte *den Einen*. Stattdessen ließ sie sich von *irgendeinem* schwängern. Als ich sehe, was an ihrem Arm baumelt, weiß ich, was ich vergessen habe: ihr zur Geburt ihres Kindes zu gratulieren. Denn da hängt kein Gucci-Täschchen, sondern ein Henkelmann mit einem Baby darin, das Anne mindestens genauso elegant in der Armbeuge trägt wie eine Designerhandtasche. Stolz wie eine frisch entbundene Mutter, steht sie in der Tür und strahlt mich an. Sofort lege ich den Hörer auf, um sie zu umarmen.

«Anne! Sag jetzt nicht, das da ist dein …» Ich schaue das Baby genauer an, um herauszufinden, ob es ein Junge oder ein Mädchen ist, was mir aber nicht gelingt. «Dein Baby! Alles Gute euch beiden! Du siehst großartig aus!»

«Danke, aber der Schein trügt. Ich benutze einen neuen Concealer. Was war noch mal Schlaf?»

Anne stellt die Babyschale auf meinen Schreibtisch und nimmt das Baby heraus, das nun wach ist.

«Wie alt ist es denn?», frage ich neugierig und begutachte dabei bewundernd Annes wirklich schlanke Figur, die offenbar nicht sehr unter der Schwangerschaft gelitten hat.

«Vier Wochen. Kann ich mich kurz setzen?»

Und ohne die Antwort abzuwarten, setzt Anne sich auf mein Gästesofa, macht es sich bequem und öffnet routiniert mit einer Hand die Knöpfe ihrer Bluse, um ihr Baby dann ganz selbstverständlich zu stillen. Auf der Suche nach der Milchbar stößt das Kleine leise Schnüffelgeräusche aus und bewegt den Kopf schnell hin und her, um auch bloß richtig anzudocken, während seine Mutter das schwere Köpfchen hält. Dann höre ich leises Schmatzen, und Anne entspannt sich. Und plötzlich weiß ich genau, wie sie sich fühlt. Ich habe Greta sechs Monate lang gestillt und diese Zeit der Nähe unendlich genossen. Ich schaue Anne und ihr Baby an und bin ergriffen von diesem friedlichen Anblick.

«Ihr scheint ein gutes Team zu sein, ihr zwei. Dann hast du alles gut überstanden?» Anne winkt ab und verdreht die Augen.

«Nur gut, dass einem vorher niemand sagt, durch welche Hölle man muss. Ich sage nur: sechzehn Stunden Qual und am Ende ein Blutbad.»

«Keine Details bitte! Verschone mich!»

Anne lacht. «Sei froh, dass du das alles hinter dir hast!»

Ich lache nicht.

«Wann kommst du wieder an Bord? Wir brauchen hier jeden!»

«Hat Karo schon erzählt. Ich könnte stundenweise nächsten Monat wieder anfangen.»

«So früh?!» Ich staune, denn damit hatte ich nicht gerechnet. «Ich meine, du solltest diese erste Zeit wirklich genießen, Anne. Wir kommen auch noch ein paar Wochen ohne dich aus.»

Aber Anne meint es ernst. «Nur ein paar Stunden von zu Hause aus. Dann immer mehr, und irgendwann haben wir auch einen Kita-Platz – hoffentlich. Bitte, Vera! Ich werde sonst verrückt zu Hause.» Und plötzlich bricht sie in Tränen aus.

«Den ganzen Tag nur mit dem Baby!»

«Aber es gibt doch auch andere Mütter ...» Das hätte ich besser nicht gesagt, denn jetzt heult sie noch mehr und ist völlig aufgelöst und verzweifelt.

«Bitte nicht! Überall brabbeln hormongesteuerte Müttermonster in Kursen für Babymassage und Beckenbodengymnastik Babysprache. Bitte, Vera, nimm mich zurück! Lass mich nicht allein in dieser Mütter-Hölle!»

Anne fleht mich geradezu an. Ich hatte völlig vergessen, dass sie keinen Mann hat.

«Das wird schon, Anne. So machen wir das. Du steigst langsam wieder ein.»

Jetzt heult sie vor Erleichterung.

«Ich bin dir so dankbar.»

Dann stoppt der Tränenfluss abrupt, sie dockt das schmatzende Baby ab, tupft sich die Brust mit einem Spucktuch ab und knöpft sich wieder zu.

«Tust du mir noch einen Gefallen, Vera? Ich muss kurz rüber in die Parfümerie. Hier, ich beeil mich.» Dann drückt sie mir ihr Baby in die Hände, legt mir das Spucktuch über die Schulter, und weg ist sie. In der Tür dreht sie sich kurz um und winkt.

«*Es* ist übrigens ein Junge. Pelle.»

Jetzt stehe ich mit Pelle allein da. Ich halte ihn fest mit beiden

Händen in die Luft, und er schaut mich aus seinen großen blauen Augen erstaunt an, als überlege er, ob ich nun für immer seine neue Mutter bin.

«Hallo, Pelle», sage ich vorsichtig mit leiser Stimme, um ihm keine Angst zu machen, falls er noch nicht so gut sieht und noch nicht gemerkt hat, dass ich nicht seine Mutter bin. Ich möchte auf jeden Fall vermeiden, dass er Panik bekommt und anfängt zu schreien.

Er hat blonden Flaum auf dem Kopf und ist warm und weich und duftet nach … Karamell und Calendula. Nur Babys riechen so unvergleichlich. Weil er gerade getrunken hat und ihm die Augen langsam zufallen, lege ich mir den kleinen Kerl über die Schulter, klopfe ihm sanft auf den Rücken und bin verwundert darüber, wie routiniert ich das mache. Kann es sein, dass eine Mutter nie vergisst, wie man ein Baby zum Rülpsen bringt? Ich laufe mit dem erschöpften Pelle auf der Schulter wippend durch den Raum und spüre mit jedem Schritt, wie ich entspannter werde, während wir geduldig auf das Bäuerchen warten, das sich schließlich in Form eines übelriechenden Schwalls saurer Milch auf meine dunkelblaue Designer-Bluse ergießt statt auf das Spucktuch. Es stinkt, und spätestens jetzt weiß ich wieder, dass der Mensch negative Ereignisse aus der Erinnerung verbannt. Vorsichtig wiege ich Pelle auf meinem Arm, und er scheint sich so wohl dabei zu fühlen, dass er noch ein Häufchen in die Windel drückt. Dabei schauen wir aus dem Fenster und warten auf seine Mama, und es fühlt sich gar nicht übel an, so ein Baby im Arm.

Bis die Kacke aus seiner Windel quillt und seinen Strampler durchweicht, was sich nicht nur beschissen anfühlt, sondern auch so riecht. Wieder halte ich den kleinen Mann in die Luft, nur diesmal mit deutlich mehr Ekel. Ich schaue mich um und entdecke zum Glück Annes Wickeltasche, die sie neben der Babyschale abgestellt hat. Mit einem Fuß wische ich die Tageszeitung vom Tisch auf den Boden und lege Pelle vorsichtig auf der Titelseite ab. Sofort saugt das Papier die überschüssige karamellfarbene Flüssigkeit aus Pelles Hose auf. Dann hole ich alles Nötige aus der Wickeltasche und mache mich ans Werk. Wie durch ein Wunder sitzt jeder Handgriff, als hätte ich nichts verlernt.

Routiniert öffne ich die Druckknöpfe von Pelles Strampelanzug und nehme mit einem gekonnten Griff mit der linken Hand seine Beinchen in die Höhe, um die Windel freizulegen. Seine Müdigkeit scheint verflogen, denn jetzt schaut er mich überrascht und ein bisschen vorwurfsvoll an, als wollte er sagen: *Hey, lass das! Ich geh dir auch nicht an die Wäsche!* Ich öffne die Windel und schrecke zurück. Es stinkt so gewaltig, dass ich kurz meine Nase abwenden muss und dabei das Gesicht verziehe. Das findet Pelle offenbar lustig. Also mache ich noch mehr blöde Gesichter, um den Knirps bei Laune zu halten. Mit ein paar Feuchttüchern wische ich ihm den Po ab und stehe nun vor einer Herausforderung. Pelle ist ein Junge. Und mit Jungs kenne ich mich nicht aus – zumindest, was das Windelwechseln angeht. Ganz behutsam mache ich ihn sauber, um bloß nichts kaputt zu machen oder ihm weh zu tun. Alles an ihm ist so winzig. Erleichtert lege ich ihm eine neue Windel an und finde in der Wickeltasche sogar eine Ersatzgarnitur zum Anziehen.

Als Anne zurückkommt, kürze ich gerade die Programmliste von Frau de Bryn ein und bin erleichtert, den kleinen Pelle wieder in die Verantwortung und Obhut seiner Mutter geben zu dürfen. Was für ein Abenteuer!

Nach meinem Kennenlernen mit Pelle geht in der Praxis meiner Frauenärztin nur noch der Anrufbeantworter ran, und ich bin zu meiner Überraschung ziemlich erleichtert darüber. Weil ich mich so durcheinander fühle, nachdem Anne und Pelle gegangen sind, muss ich mir etwas Gutes tun.

Jetzt schlendere ich also seit zwei Stunden durch eine schreckliche Shopping-Mall und bin mal wieder unentschlossen. Weil ich nichts brauche, weiß ich nicht, wonach ich suche oder worauf ich Lust habe. Keine guten Voraussetzungen zum Shoppen. Zwischendurch esse ich ein Eis, wonach mir unendlich übel wird.

Also verlasse ich das Einkaufszentrum, gehe durch die Stadt und schlendere durch eine schicke Einkaufsstraße. Dabei fallen mir die vielen jungen Mütter mit ihren sündhaft teuren Kinderwagen und den top Figuren auf. Fast scheint es, als hätte jede von ihnen mit der Schwangerschaft einen Personaltrainer gebucht. Sie sehen fit, gesund, glücklich und wohlhabend aus. Muss an der Gegend liegen. Nirgendwo sonst laufen freiwillig junge Frauen mit kitschigen, hässlichen und unpraktischen Retro-Kinderwagen im 70er-Jahre-Look durch die Straßen, für die ihre Hipster-Partner übertrieben viel Geld bezahlt haben. Wer denkt sich eigentlich solche geschmacklosen Trends aus? Wenn ich erst mal als Alleinerziehende Sozialhilfe bekomme, kann ich mir sowieso nur noch Secondhandsachen leisten.

Endlich weiß ich, was ich kaufen kann, und nehme mir vor, Anne etwas Hübsches für Pelle zu schenken, weil ich vergessen hatte, ihr rechtzeitig zu gratulieren. Also peile ich den nächsten Baby-Ausstatter an, von dem ich zufällig weiß, dass er nicht weit weg in einer Seitenstraße liegt.

Das Kinderkaufhaus ist groß, unübersichtlich und vollgestopft mit sinnvollen und unsinnigen Dingen für Babys, Kleinkinder, Muttis und Schwangere. Hier gibt es nichts, was es nicht gibt, und wenn man glaubte zu wissen, was man braucht, weiß man plötzlich, dass man keinen Schimmer hatte, was darüber hinaus noch alles unabdingbar ist. Oder eben nicht. Hier können werdende Eltern, Großeltern, Tanten, Onkel und Paten sich hemmungslos dem Kaufrausch hingeben, um Dinge anzuschaffen, die vielleicht sinnvoll, meistens aber überflüssig sind. Abgesehen von den galaktischen Preisen für langweiliges, aber pädagogisch wertvolles Holzspielzeug aus recycelten und garantiert giftfreien Spanplatten, multifunktionelle Kinderwagen, die später kinderleicht zu polyethylenfreien Seifenkisten umgewandelt werden können, und dänische Designermöbel, die so schick sind, dass Mutti beim ersten Hanuta-Aufkleber einen Nervenzusammenbruch bekommen wird, gibt es tatsächlich auch Dinge, die meine Anerkennung verdienen. Wie zum Beispiel ein handgefertigtes Schmusetuch mit einem freundlichen Bärengesicht aus Bio-Baumwolle, das so kuschelig ist, dass ich es kaum noch aus der Hand legen möchte. Neben mir am Regal steht eine Hochschwangere, die das gleiche Produkt prüfend befasst. Sie schaut zu mir rüber und quatscht mich an, als würden wir uns kennen.

«Schon süß und so weich. Aber es hat gar kein Gütesiegel.»

«Was für 'n Gütesiegel?», frage ich.

«Na, ob's geprüft ist. Ich meine, so was muss doch für Babys geeignet sein.»

Ich schaue mir das Schmusetuch genauer an. Ein Siegel der Stiftung Warentest ist nicht dran.

«Immerhin ist es aus Bio-Baumwolle», sage ich.

«Aber wenn die Stiftung Warentest das nicht geprüft hat, dann können Kinder darunter ersticken. Oder sich damit strangulieren. Wenn nämlich was passiert, kannst du keinen dafür verantwortlich machen – außer dich selbst. Mit diesem Ding setzt du dein Kind einem Risiko aus, das vorhersehbar ist.»

Ich wundere mich, denn ich kann mich nicht erinnern, dieser hysterischen Schwangeren, die ungefähr fünf Jahre älter ist als ich, schon mal begegnet zu sein. Wieso duzt sie mich?

«Wahrscheinlich 'n Billigprodukt aus China», fügt sie hinzu und schaut sich den Preis an. Ich mache es ihr nach und finde, dass 24,99 Euro für ein weiches Stück Stoff mit Bärengesicht ein üppiger Preis ist. Aber die Schwangere sieht das anders. «*Was nix kost', is' nix* – hat meine Mutter immer gesagt. Außerdem viel zu gefährlich. Ich nehme lieber was Geprüftes», sagt sie und legt das Schmusetuch zerknüllt zurück ins Regal. Ich schaue mir das Bärengesicht in meiner Hand genauer an und beschließe, es für Pelle zu kaufen, denn *meine* Mutter sagt immer: *Der erste Gedanke zählt.*

Mein Weg führt mich in die Abteilung für Umstandsmode – rein zufällig – und ich bin wirklich positiv überrascht, wie sich die Mode seit meiner Schwangerschaft mit Greta vor 19 Jahren geändert hat. Ganze Kollektionen, die auf wachsende Brüste und Bäuche abgestimmt sind. Nicht einfach nur Blusen in Zeltform oder Schlauchkleider, die zwar superschick waren, aber auch superpeinlich, wenn man mehr als nur am Bauch zugenommen hatte. Ich wusste gar nicht, wie viele Modelabels mittlerweile eigene Schwangerschaftslinien herausbringen, und freue mich. In Erinnerung daran, dass ich meine Jeans in den ersten Monaten durch Haargummischlaufen zwischen Knopf und Knopfloch erweitert habe, bis auch das nicht mehr ging, schaue ich mir schicke, aber bequeme Jeans und Jeansröcke an, die auch jede Übergewichtige sicher gut finden würde. Vertieft in die Durchsicht wirklich hübscher Oversize-Pullis aus Merinowolle, höre ich auf der anderen Seite des Regals ein Handy klingeln und bald darauf eine Stimme, die mir bekannt vorkommt. Sven! Ich schiebe die Bügel vorsichtig auseinander, um durch das Regal schauen zu können, und blicke überraschend in ein kreisrundes Kindergesicht, das mir eine fiese Fratze schneidet. Ich erschrecke und schiebe im Affekt die Bügel wieder zusammen. Aber das Fratzengesicht schiebt sie wieder auseinander.

«Was glotzt du so?», fragt es mich.

«Du hast zuerst geglotzt», verteidige ich mich und wende mich ab. Dieses Kind hat sich aber vorgenommen, mir auf die Nerven zu gehen, weil es in mir vermutlich ein potenzielles Opfer sieht, denn ich werde in Gegenwart fremder Kinder, die mir blöd kommen und die ich nicht leiden kann, unsicher. Kinder spüren das. Ich höre Svens Stimme auf der anderen Regalseite näher kommen und verstecke mich hinter einer dekorierten Schaufensterpuppe, weshalb ich das fremde Kind ignoriere. Aber Fratzengesicht ist es offenbar nicht gewohnt, ignoriert zu werden, und glotzt mich weiterhin an. Als Sven um die Ecke eines Kleiderständers kommt, ducke ich mich weg und binde meine nicht vorhandenen Schnürsenkel. Dann erscheint ein Kinderschuh in meinem Blickfeld.

«Was machst du da?», fragt Fratzengesicht und schaut mich von oben herab an. Ich schaue auf, und als hinter ihm Sven auftaucht und auch verwundert auf mich herabschaut, ist die Situation fast perfekt. Aber nur fast, denn schon eine Sekunde später steht auch Julia über mich gebeugt, um den Blicken der anderen zu folgen.

«Vera! Was machst *du* denn hier?» Sven ist wirklich überrascht.

«Sie versteckt sich!», posaunt Fratzengesicht laut heraus. «Schau, Mama, sie hat gar keine Schnürsenkel!», schreit sie und zeigt demonstrativ auf meine Keil-Pumps.

Ich hasse dieses Kind mindestens genauso wie seine Mutter. Also greife ich das Schmusetuch fester und erhebe mich möglichst anmutig und würdevoll.

«Du irrst dich, mein Kind! Ich habe mich nicht versteckt, sondern den hier aufgehoben. Ein Geschenk für Anne.»

«Anne? Aus der Agentur? Ich wusste gar nicht, dass sie ein Kind hat», wundert sich Sven.

«Seit einem Monat. Einen Sohn.»

«Dann richte ihr bitte Glückwünsche aus! Freue mich für sie. Sie ist bestimmt 'ne gute Mutter.»

«Mach ich.» Ich lächele ihn und Julia an und Julias fratzengesichtiges Kind, das mich mit zusammengekniffenen Augen fixiert wie ein Ninjakämpfer sein nächstes Opfer.

«Und was macht ihr hier?», frage ich beiläufig und hasse Smalltalk. Julia strahlt mich an und hakt sich demonstrativ bei Sven ein.

«Och, wir schauen uns etwas um. Sven und ich haben beschlossen, noch ein Baby zu bekommen, weil sich Scarlett unbedingt ein Geschwisterchen wünscht.»

Scarlett?! Geschwisterchen?! Baby?! Zum Glück kann ich einen Hustenanfall vortäuschen, bevor ich in Gelächter ausbreche.

«Wow! Das ist ja toll!», rufe ich laut, so übertrieben, dass es für Julia fast schon peinlich ist. «Nein wirklich, Julia. Super Entscheidung.» Jetzt beruhige ich mich und wechsele den Ton, der nun eine tragische, fast mitleidige Nuance bekommt. Bewusst nehme ich Julia ein wenig zur Seite.

«Dann hat dir Sven also nicht gesagt, dass er seit über zehn Jahren sterilisiert ist?» Verständnislos schüttele ich den Kopf. «Das tut mir so leid, Julia.»

Dann wende ich mich Sven zu und schüttele vorwurfsvoll den Kopf. «Sven, wie konntest du nur so unaufrichtig sein?!»

Lauernd warte ich eine Reaktion ab. Sven senkt verschämt den Blick. Touché!

Julias Gesicht friert ein. Sie schließt kurz die Augen, vermutlich um sich zu sammeln und ihre Enttäuschung zu unterdrücken. Dann hakt sie sich mit einem tiefen Seufzer bei Sven aus und nimmt mich ein Stück zur Seite, wobei sie sich sanft und fast freundschaftlich an meinen Arm festhält. Sie tut mir fast leid. Wahrscheinlich will sie sich jetzt bei mir bedanken und für alles, was sie mir angetan hat, entschuldigen.

«Danke, Vera, dass du so offen bist.» Es geht runter wie Öl. «Aber weißt du, das ist alles nicht so schlimm. Sven hat dir wohl nicht gesagt, dass er die Vasektomie vor drei Monaten hat rückgängig machen lassen? Mir zuliebe. Er ist so toll! Ist doch großartig, dass so was alles möglich ist, oder Vera? Sven wird ein phantastischer Daddy!»

Das sitzt.

Achterbahn. Herz und Atmung setzen gleichzeitig aus. Meine

Knie werden weich. Mir wird schwindelig. Alles dreht sich. Ich stürze in den Abgrund. Meine Gedanken überschlagen sich. Ich starre in Svens aschfahles, regloses Gesicht und suche nach Antworten. Aber es gibt keine. Sven wendet sich von mir ab, und ich schlage auf dem Boden der Realität auf.

«Kommt, wir müssen weiter und wollen Vera nicht länger aufhalten», höre ich Julias triumphierende Stimme wie durch einen Tunnel nachhallen.

Ich muss hier weg!

Auf dem Heimweg gehen mir tausend Dinge durch den Kopf. Wieso hat Sven das gemacht? Wieso hat er's drauf angelegt? Wieso betrügt er seine Freundin? Und mich? Wozu immer all diese Lügen? Ich halte das alles nicht mehr aus! Am liebsten würde ich schreien! Ich muss mit Paul reden. Muss ihm alles sagen. Mein Leben soll wieder so sein wie zuvor!

Zu Hause erwartet mich Paul schon an der Wohnungstür.

«Wie war dein Tag?»

«Beschissen», sage ich, und das ist absolut nicht gelogen.

«Schließ die Augen. Ich habe 'ne Überraschung.»

Ich schließe meine Augen nur äußerst widerwillig, weil mir absolut nicht nach weiteren Überraschungen zumute ist. Aber ich tue ihm den Gefallen. Paul bindet mir zusätzlich ein Tuch vor die Augen und führt mich dann in einen Raum, wo ich einen unangenehmen Geruch wahrnehme – Farbe. Paul befreit mich von der Augenbinde.

«Tadaa! Voilà!», höre ich seine Stimme, die ich nicht mehr so sexy finde wie zu Beginn unserer Beziehung.

Ich öffne die Augen und erschrecke. Ich stehe in Gretas Kinderzimmer, und das Zimmer ist grün. Nicht lindgrün, nicht apfelgrün, sondern krankenhausgrün. Ich gebe zu, ich mag grüne Wände nicht besonders, aber ein sanftes Limettengrün wäre nett gewesen. Auch ein Grasgrün ist noch akzeptabel. Aber das hier ist … schwierig. Ja, ich weiß. Paul hat es nur gut gemeint. Aber ich finde, er ist schon wieder zu weit gegangen.

Warum nur habe ich das Gefühl, dass die Männer um mich herum Entscheidungen treffen, die massiv in mein Leben eingreifen? Ich setze einen Notruf ab und verlasse wortlos meine Wohnung.

9

«HIER, ICH HAB MIR so 'ne App runtergeladen, und hier könnt ihr's schwarz auf weiß sehen.»

Ich zeige Bea, Ursel und Pavel, was meine Menstruations-App auf dem Handy zuvor bestätigt hat. Nämlich, dass das Datum meines Eisprungs exakt mit Gretas Grillparty übereinstimmt. Nicht im Entferntesten habe ich Sven als Verursacher meiner Schwangerschaft in Erwägung gezogen, denn ich selbst hatte ihn ja damals gegen meinen Willen zum Arzt begleitet.

Pavel nimmt seine Lesebrille von der Glatze und setzt sie sich auf die Nase, um mein Handydisplay besser sehen zu können.

«Das ist ja 'n Ding!», wundert er sich. «Praktisch! So eine App hätte ich auch gerne. Gibt's das auch für …»

«Nein!», rufen Bea, Ursel und ich gleichzeitig.

«Manche Dinge bleiben uns Frauen vorbehalten. Ein schwuler Mann ist und bleibt ein Mann!», stellt Bea klar. «Zumindest rein körperlich.»

Ursel wendet sich besorgt an mich. «Du bist wirklich sicher, dass es von Sven ist?»

Bea schüttelt den Kopf. «Du hast doch gehört, was diese unmögliche Person, diese Julia, gesagt hat. Deutlicher geht's nicht.»

«Männer sind Schweine! Und deiner ganz besonders!»

Diesmal liegt Pavel absolut richtig. Sven hat mir verschwiegen, dass er wieder zeugungsfähig ist. Das war absolut fahrlässig.

«Wieso habt ihr bloß kein Gummi benutzt?!»

Ursels Unterton ist eindeutig vorwurfsvoll, und sie hat recht. Auch das war fahrlässig.

«Das hatten wir doch schon», sage ich gereizt.

«Genau! Und jetzt hör auf! Da konnte nun keiner was dafür. Es waren schließlich Drogen im Spiel», relativiert Bea die Schuldfrage.

Stimmt, hatte ich total vergessen. Alex Drogenbaron ist schuld, dass ich von meinem Mann schwanger bin. Hätten wir das schon mal geklärt. Nur ändert es leider gar nichts an der Tragik und dem Ausmaß des Sachverhalts.

Ursel sieht das mal wieder etwas anders. «Freu dich doch!», lacht sie mich an. «Ich erinnere mich, dass du von Sven immer ein zweites Kind wolltest. Dein Wunsch geht in Erfüllung.»

«Zehn Jahre zu spät! Schon vergessen?»

Meine Freude hält sich tatsächlich in Grenzen, denn wenn ich daran denke, dass ich mir seit meiner Trennung von Sven nichts sehnlicher wünsche, als von ihm geschieden zu werden, verbunden mit Gretas Volljährigkeit, damit es rein bürokratisch keinerlei Verbindung mehr zwischen Sven und mir gibt, ist diese Schwangerschaft genau das Gegenteil von Freiheit, Neuanfang und getrennten Wegen. Eins steht fest:

«Er darf es nie erfahren! Niemals! Ich verlasse mich auf euch! Schwört bei allem, was euch heilig ist!»

Ich meine das völlig ernst und lasse meine Freundinnen mit erhobenen Fingern auf Kai-Uwe Müllers Ehre schwören, der über uns an der Wand hängt. Sie schwören, wirken dabei aber nicht überzeugend. Ich bin mir nicht sicher, ob sie den Ernst der Lage wirklich begreifen. Sven ist unberechenbar und könnte auf dumme Gedanken kommen. Pavel schenkt Ramazotti aus, ich bekomme einen Kirschsaft. Danach schweigen wir und schauen betroffen in unsere Gläser. Die Situation ist schwierig.

«Und Paul?» Herrje, Pavel muss aber auch immer noch eins draufsetzen. Paul hatte ich mal kurz vergessen.

«Ja, stimmt! Was ist eigentlich mit Paul? Schließlich hat er schon das Kinderzimmer gestrichen», muss jetzt auch Ursel ihren Gedanken freien Lauf lassen.

«Grün. Und ohne mich zu fragen», wende ich ein.

Bea wirft mir einen scharfen Blick zu, und ich kann aus ihrem Gesicht lesen, dass sie jeden Moment einen ihrer seltenen Geistesblitze auf mich abschießt. Tatsächlich!

«Oder willst du's ihm unterschieben? Als Kuckuckskind? Würde vielleicht gar nicht auffallen. Und da wärst du nicht die Erste.»

Ich schaue meine alte Freundin Bea genauso scharf an wie sie mich zuvor und frage mich, ob Toni wirklich Volkers Tochter ist. Aber das ist jetzt nicht Thema.

«Unsinn! Du musst es ihm natürlich sagen. Wo er sich so auf *sein* Kind freut.» Ursel lässt einfach nicht locker.

Ich ziehe die Augenbrauen hoch und atme tief durch, um dann in mir zusammenzusacken. Mein Körper verliert jede Spannung.

«Ja, schon, aber es läuft nicht gut mit Paul und mir. Nicht gut genug, um mit ihm ein Kind zu haben. Und schon gar nicht gut genug, um mit ihm ein Kind zu haben, das gar nicht seins ist.»

«Woran liegt's?», fragt Pavel.

«Er geht mir auf die Nerven, ist übergriffig und ... Ach, wir sind einfach zu unterschiedlich. Und ich will auf gar keinen Fall eine alte, alleinerziehende und verzweifelt wirkende Mutter sein. Das ist das Letzte, was ich mir für meine Zukunft wünsche.» Und während ich das ausspreche, wird mir klar, dass es so ist, wie ich es sage, und nicht anders. Ich weiß, was ich nicht will, und das ist schon mal ganz schön viel.

«Ich bin da absolut bei dir, Schätzchen», stimmt mir Bea zu. «Du hast nur dieses eine Leben, und das ist schon zur Hälfte vorbei. Also mach was draus!» Sie legt einen Arm um meine Schultern, drückt mich mütterlich an sich und nimmt einen Schluck auf mein Wohl. Na super, jetzt fühle ich mich gleich noch älter.

Ursel schüttelt den Kopf. «Ist ja alles schön und gut, Vera, aber du musst Paul die Wahrheit sagen!» Ursel ist ein echter Nervtöter.

«Ja, sicher. Ist vielleicht auch ganz gut so. Ich mein … Für Paul bedeutet das: keine Verantwortung und keine Verpflichtungen. Er wird wahrscheinlich erleichtert sein, mit mir kein Kind haben zu müssen. Wäre ich auch.»

Wie ich das so sage, höre ich mich selbst reden und kann kaum glauben, was ich da von mir gebe. Pavel auch nicht und schüttelt vehement den Kopf.

«Das bezweifle ich. Es sei denn, du hast dich in letzter Zeit so danebenbenommen, dass er tatsächlich froh ist, dich los zu sein. Egal, wer der Vater von dem Kind ist – ich glaub ja, der Kleine bleibt hartnäckig, weil er vermutlich wirklich in dich verliebt ist. Warum auch immer …»

Das wiederum kann ich mir kaum vorstellen, denn Paul hat seinen Stolz. Fest steht: Ich muss eine Entscheidung treffen. Für mich. Nicht für Paul, nicht für Sven. Nur für mich. Während wir darüber diskutieren, in welcher Reihenfolge ich welche Entscheidung treffe – also ob ich zuerst mit Paul Schluss mache und ihm dann von Svens Baby erzähle oder ob ich ihm zuerst von dem Baby erzähle und warte, bis Paul Schluss macht, oder ob ich Paul gar nichts sage und einfach die Schwangerschaft beende und Paul über uns entscheiden lasse – während wir uns also die Köpfe heiß reden, piepst mein Handy und erinnert mich an die Gardinen meiner Mutter, die ich auf keinen Fall vergessen darf.

10

UM PAUL AUS DEM WEG zu gehen, stehe ich schon um sieben Uhr morgens in der Altbauwohnung meiner Mutter mit den drei Meter fünfzig hohen Decken auf der Leiter und friemele verschlafen die einzelnen Gardinenröllchen aus der Deckenleiste. Weil ich ein paar sehr wichtige private Angelegenheiten – wie das hier – zu erledigen habe, gehe ich heute nicht ins Büro, wo ich bereits die letzte Nacht verbracht habe, nachdem ich wegen der Wandfarbe in Gretas Zimmer einfach gegangen bin. Kommentarlos.

Nun übe ich mich in Konversation mit meiner Mutter.

«Hast du Papa geliebt?»

Keine Ahnung, warum ich sie das ausgerechnet jetzt frage. Die Sache mit Paul und Sven und dem Kind setzt mir offenbar ganz schön zu.

«Natürlich nicht! Wie kommst du denn darauf», höre ich meine Mutter total selbstverständlich sagen. Plötzlich bin ich hellwach und verliere fast das Gleichgewicht. Meiner Mutter scheint völlig egal zu sein, welcher Gefahr sie mich hier aussetzt, nur, um frische Gardinen zu bekommen.

«Vorsicht, Liebes, sonst muss ich es am Ende noch selbst machen.» Wie mitfühlend, denke ich.

«Schon gut», beruhige ich sie und mich und muss es genauer wissen. «Du hast Papa nicht geliebt?»

«Jedenfalls nicht am Anfang! Das kam erst später und war mehr so eine Freundschaft.»

Ich halte kurz inne, denn mir wird bewusst, dass ich offenbar mein Leben lang in dem Irrglauben verbrachte, dass meine Eltern ein Liebespaar waren – zumindest am Anfang.

«Aber warum hast du ihn dann geheiratet?», frage ich und schaue konzentriert nach oben, wo ich ein Röllchen nach dem anderen aus der Leiste schiebe und die Gardine Stück für Stück zu Boden gleiten lasse.

«Als verheiratete Frau hatte man schon immer einen besseren Stand in der Gesellschaft. Wozu sich das Leben schwer machen. Außerdem …»

Mühsam hebt meine 72-jährige Mutter die Gardine auf. Jetzt will ich es genau wissen und nehme mir die Übergardine vor.

«Außerdem was?», hake ich nach.

Meine Mutter sammelt sich, ihre Gardine und ihre Gedanken, um den Satz wohl inszeniert mit klaren Worten zu Ende zu bringen.

«Außerdem war dein Vater nur meine zweite Wahl.»

Ich staune. Jetzt wird's interessant. Eins von den Röllchen hat sich verhakt und sitzt fest. Ich arbeite über Kopf und muss mich sehr strecken, weil die Leiter etwas zu kurz ist. Allerdings finde ich das Gespräch jetzt viel interessanter als die dämlichen Gardinenröllchen. Also nehme ich die Arme runter und schaue auf meine Mutter herab.

«Das hast du mir nie erzählt.»

«Du hast nie gefragt.»

«Wieso auch, ich hab' so was ja nicht mal geahnt.»

«Du weißt so vieles nicht, Liebes.»

Wohl wahr, das wird mir immer bewusster. Bin schon auf die nächste Neuigkeit gespannt.

«Wer war denn deine erste Wahl?»

«Du solltest dich auf die Gardinen konzentrieren, statt mir Löcher in den Bauch zu fragen.»

Meine Mutter weist mich außerdem darauf hin, dass ich mich

beeilen soll, weil sie schließlich nicht den ganzen Vormittag Zeit für die Gardinen und zum Rumquatschen habe. Aber ich lasse nicht locker, denn das Thema ist viel zu spannend.

«Wer war deine erste Wahl?», frage ich erneut und wende mich wieder meinem Problemröllchen zu. Mit einem schnellen Ruck löst sich das verdammte, verhakte Ding aus der Schiene, und fast gleichzeitig muss ich mich durch den Schwung blitzschnell an der Leiter festhalten, um nicht nach hinten zu kippen. Ich fange mich und atme erleichtert auf, während sich in meinem Körper der plötzliche Adrenalinstoß verteilt und meine Mutter seelenruhig ihren Blick in die Vergangenheit richtet.

Sie seufzt, weil sie sich meinen Fragen nicht mehr entziehen kann, setzt sich in ihren Ohrensessel und erinnert sich mit glänzenden Augen an eine große Liebe, wie es scheint.

«Conni.»

«Conni?! Welcher Conni?», frage ich dämlich, als ob ich ihn kennen müsste.

«Cornelius Mühlenbach, Turner und Oberprimaner, als ich ihn das erste Mal traf. Unsere Eltern waren flüchtig miteinander bekannt.»

Das erklärt meine Schwäche für muskulöse Männer.

«Lass mich raten: Du warst in ihn verliebt, aber er nicht in dich.»

Die Übergardine, wie meine Mutter ihre Vorhänge nennt, ist schwer wie Blei, und der herabhängende Teil zieht an den übrigen Röllchen in der Schiene.

«Unsinn!», empört sich meine Mutter. «Conni und ich waren beseelt von unendlicher Leidenschaft füreinander. Davon versteht ihr heute nichts mehr.»

«Aber?»

«Kein *Aber*! Wir haben uns geliebt und wollten auch heiraten, wenn seine Eltern ihn nicht auf eine Universität in die Schweiz geschickt hätten.»

Aha, das war es also. Conni kam aus besseren Kreisen, und seine Eltern hatten entsprechende Zukunftspläne für ihn. Meine Mutter kam darin offenbar nicht vor.

«Und Papa?»

«War sein bester Freund.»

Ich staune immer mehr. Mein Vater, der Tröster!

«Das heißt, Papa hat auf seine große Stunde gewartet, bis sein Kumpel den Weg frei gemacht hat?»

«Nein, Conni hat mich deinem Vater anvertraut, weil er wusste, dass Franz ein guter Kerl war.»

Es wird wirklich immer besser. Die Übergardine ist jetzt auch raus und fällt zu Boden. Ich beuge mich weit rüber auf die andere Seite des Fensters, um die nächste Gardine zu greifen und sie lässig zum Ende der Schiene zu schwingen. Es klappt, und die Hälfte der Röllchen rutscht wie von selbst aus der Schiene. Eins nach dem anderen.

«Und das hast du mit dir machen lassen?!»

Jetzt bin ich wirklich verwundert, denn ich hatte meine Mutter für selbstbewusster gehalten. Nie hätte ich gedacht, dass sie sich weiterreichen lassen würde.

«Conni hat es gut gemeint. Er wollte nur das Beste für mich. Und seinen besten Freund. Und dein Vater war eine gute Seele. Und am Ende auch mein bester Freund.»

Ja, das war er wohl. Mein Vater starb mit 53 Jahren an Lungenkrebs, wie so viele seiner Generation, die in Helmut Schmidt Vorbilder sahen und dachten, dass nicht das Rauchen einen umbringt, sondern das Leben. Meine Mutter war die Liebe seines Lebens, hat er mir einmal gesagt. Wenige Monate später war er tot.

«Was ist aus Conni geworden? Hast du ihn je wiedergesehen?», hake ich nach.

Meine Mutter zögert und senkt den Blick.

«Nein. Wir sind uns nie wieder begegnet.»

«Schade. Wäre doch interessant zu erfahren, was aus ihm geworden ist.»

Langsam hab' ich den Dreh raus, und der Rest der Gardine fällt zu Boden. Der zweite Vorhang ist schwieriger, weil die Röllchen nicht gut laufen. Man sollte sie alle mal schmieren. Rein theoretisch.

Meine Mutter fängt hektisch an, aufzuräumen und die Gardinen zusammenzulegen. Mit mehreren Anläufen und Ziehen und Zerren lässt sich auch die zweite Übergardine abnehmen, wobei mehrere Röllchen aus der Schiene springen. Sie müssen erneuert werden, was mir momentan egal ist. Hauptsache, die Dinger sind ab.

«Ich mache uns Tee.»

Obwohl ich keine Zeit habe, widerspreche ich nicht und wechsele das Thema, weil ich merke, dass meine Mutter nicht über Conni reden will.

«Wie läuft's mit Götz?»

«Götz?» Meine Mutter schaut mich verwundert an. Wird sie etwa dement? Ich präzisiere also meine Frage.

«Götz, der Cabriofahrer aus dem Internet?»

Meine Mutter winkt ab. «Ach, der! Wollte nur meinen Körper. Nichts Ernstes.»

«Wie bitte?»

Ich glaube, mich verhört zu haben.

«Ich habe ihn aus meinem Bett geworfen. Gibt schließlich noch andere.»

Kann es sein, dass meine Mutter mit ihren 72 Jahren ein geregeltes Sexleben hat? Anscheinend, denn wie sich bei einer Tasse Tee herausstellt, wollte der zehn Jahre jüngere Götz sie nur für einen One-Night-Stand ins Bett bekommen. Meine Mutter hat das sofort durchschaut und Götz klargemacht, dass sie keine Frau für eine Nacht sei und durchaus etwas Langfristigeres suche. Götz habe darauf geantwortet, er sei dafür zu alt und sein Leben sei zu kurz für eine lange Beziehung. Für ihn zähle nur der Augenblick, den er genießen wolle, als sei jeder Moment der letzte. Schließlich müsse er in seinem Alter täglich mit einem Infarkt rechnen. Das war meiner Mutter zu anstrengend.

«Aber der Sex war gut», schwärmt sie und rührt versonnen in ihrem Darjeeling. Zu viel Information, denke ich und packe die Gardinen zusammen. Ich muss nämlich wirklich los.

«Jetzt haben wir nur über mich geredet.»

Wie immer, denke ich, aber sie setzt nach: «Ach, was macht die Scheidung? Neulich hat mich Sven angerufen und mir zum Namenstag gratuliert. Wenigstens einer, der sich daran erinnert.»

Meine Güte, Namenstag! Wo gibt's denn so was noch? Möchte wissen, was Sven mit dieser Schleimerei bezweckt. Meine Mutter hat sicher keinen Einfluss auf unsere Scheidung.

«Tut mir leid, Mama, aber ich hab' im Moment so viel um die Ohren, weil ich nämlich …»

Aber meine Mutter winkt ab. «Nächstes Mal, Liebes. Lass dich nicht aufhalten. Ich muss auch gleich zum Friseur. Wir sehen uns dann, wenn du die Gardinen bringst. Ja?»

Sie verscheucht mich aus der Wohnung wie eine lästige Schmeißfliege. Ich muss an meinen Vater denken und an diesen Götz und Cornelius. Ob sie mit ihnen ähnlich umgegangen ist? War meine Mutter früher auch so, oder kommt das mit dem Alter?

Gerne hätte ich ihr alles erzählt, was mich gerade beschäftigt und warum mein Leben momentan so kompliziert ist und wieso mir alles über den Kopf wächst. Aber will ich ihre Meinung wirklich hören? Vermutlich kenne ich die Antworten ohnehin schon und erzähle besser nichts. Ich muss los, denn die Zeit drängt. Ich habe einen extrem wichtigen Termin, den ich auf keinen Fall verpassen will.

11

WENIG SPÄTER ereilt mich die nächste schreckliche Nachricht an diesem Vormittag. Amy Winehouse hatte angeblich ein Verhältnis mit Prinz Harry, von dem sie sogar schwanger gewesen sein soll. Obwohl der Artikel, in dem ich diese Unglaublichkeit lese, aus komplettem Schwachsinn besteht, kann ich nicht aufhören zu lesen, weil es so unterhaltsam und amüsant ist und mich ablenkt. Ein paar Seiten weiter steht mal wieder ein Artikel über Angelina Jolies Kinderschar und ihr Engagement für UNICEF. Und gleich dahinter ein Bericht über Johnny Depps neusten Filmdreh – ein Remake von *Big Lebowski*. Skandal, denke ich, denn dieser Film ist einzigartig, Johnny Depp hin oder her. Ich blättere um und überfliege eine Homestory über Lady Gaga, die ihre neuesten Kostüme und Perücken für Kinder aus Kriegsgebieten spendet und einen neuen Lover hat, der zehn Jahre jünger ist als sie.

Das Gute an einem Arztbesuch mit ausreichend Lesestoff ist, dass man im Wartezimmer nicht über sich selbst nachdenken muss, weil die Probleme der Promis viel schockierender, witziger und spannender sind als die eigenen. Es funktioniert. Ich bin abgelenkt, obwohl ich die innere Unruhe nicht ganz abstellen kann, denn ich bin nur aus dem einzigen Grund hier, mein Leben wieder in den Griff zu bekommen.

Mit dem Beratungsschein in der Tasche und einer Nummer in der Hand, die mir die sehr freundliche Sprechstundenhilfe an der Anmeldung gegeben hat, warte ich in der Tagesklinik meiner Frauenärztin auf meinen Termin. Ich bin die Nummer zwölf an diesem Morgen, die hofft, dass nach dem Termin alles wieder so wird wie früher. Natürlich weiß ich, dass das naiv ist, aber ich rede mir die Dinge gerne schön. Zuerst fand ich es sehr unpersönlich, den wartenden Frauen hier Nummern zu geben. Aber nach längerem Überlegen bin ich ganz erleichtert, dass hier niemand erfährt, wer ich bin. Sonst könnte ich gleich meine persönliche Geschichte auf Facebook posten. Ich bin also die Nummer zwölf an diesem noch jungen Tag und frage mich, ob es gut oder schlecht ist, dass ich *erst* die Nummer zwölf bin oder *schon* die Nummer zwölf. Ich brauche Ablenkung, denn ich fühle mich unwohl. Als hätte ich etwas Verbotenes vor. Vielleicht hätte ich doch noch mal mit Paul reden sollen. Aber hätte das wirklich etwas geändert? Es hätte doch alles nur komplizierter gemacht. Ich möchte kein Kind. Nicht von Paul. Nicht von Sven. Nicht in meinem Alter. Und weil ich noch keinen emotionalen Bezug zu meinem Gebärmutter-Bewohner habe, bin ich jetzt hier. Gerne möchte ich sagen können, dass meine Entscheidung guten Gewissens gefällt wurde, aber das wäre gelogen. Doch mein Bauchgefühl wird von der Vernunft überstimmt. Und ich füge mich und lenke mich ab.

Begierig blättere ich durch die *Gala*, auch, um nicht über die anderen Frauen hier im Wartezimmer nachzudenken, die alle aus dem gleichen Grund hier sind wie ich. Sie wollen kein Kind.

Eine von ihnen ist ungefähr in meinem Alter, zwei sind mit maximal siebzehn Jahren fast noch Kinder. Die Schüchterne von den Jüngeren hat ihre Mutter dabei, die andere ihren Freund, kaum älter als sie. Während er nonstop auf sein Handy starrt und Nachrichten schreibt, wackelt sein linkes Bein nervös auf und ab. Die vierte Frau ist im besten gebärfähigen Alter um die dreißig und telefoniert permanent. Ihre Figur ist makellos, ihr Make-up perfekt, die Nägel manikürt und ihre Garderobe schick und teuer. Sie wirkt selbstsicher und verabredet sich *danach* zum Brunch, um über den *Deal* zu reden, als wäre ihr Leben ein einziges Business. Ganz schön taff, denke ich beeindruckt, bemerke aber auch bei dieser Frau eine gewisse Unruhe – vermutlich, weil uns das Gleiche bevorsteht.

Und dann wird mir bewusst, dass wir uns alle gegenseitig beäugen und die anderen Frauen sich bestimmt auch ihre Gedanken über mich machen und wir uns alle nicht besonders wohl fühlen in unserer Haut. Ich will gar nicht erst versuchen, mir vorzustellen, was sie über mich denken, und konzentriere mich ganz auf Lady Gagas Traumhauseinrichtung, als meine Nummer über einen Lautsprecher aufgerufen wird.

«Patientin Nummer zwölf, bitte in Zimmer vier.»

Es ist also so weit. Ich atme tief durch, nehme Tasche und Mantel vom Schoß und stehe auf. Plötzlich wird die Wartezimmertür aufgerissen, und Paul stürmt herein.

«Gott sei Dank! Ich bin so froh, dass du noch nicht dran bist. Hör zu, Vera, egal, wie es um uns beide steht, aber du darfst da auf keinen Fall reingehen!»

«Beruhige dich, Paul. Das ist jetzt etwas ungünstig.»

«Allerdings! Ein paar Minuten später und es wäre nicht nur ungünstig, sondern zu spät. Aber das geht auch mich was an, Vera! Ich meine, wo leben wir denn?! Du entscheidest das doch nicht alleine!»

Ich starre Paul an und spüre die Blicke meiner Leidensgenossinnen im Wartezimmer. Sie starren uns an. Alle. Auch der werdende Teenie-Vater. Und wie es scheint, warten sie alle gespannt darauf, wie es weitergeht. Entsetzlich. Ich muss Paul beruhigen.

«Hör zu, Paul, ich kann dir alles erklären, aber ich muss jetzt erst da rein und danach …»

Paul schüttelt den Kopf und versperrt mir den Weg. Ich schaue mich hilfesuchend in der Runde um, auf ein Zeichen der Solidarität hoffend, aber Fehlanzeige. Sie wollen was sehen. Sie wollen unterhalten und abgelenkt werden.

«Danach? Spinnst du?! Vergiss es! Ich lass dich das nicht machen. Vera! Warum dieser Alleingang? Wir sind doch ein Team. Ich dachte, wir hätten eine Entscheidung getroffen?» Mit einem Mal vergesse ich das Publikum, denn Pauls Auftritt ist mir zu übergriffig.

«Das dachte ich auch, aber dann hab ich gemerkt, dass das gar nicht so war. *Du* hast etwas entschieden und mir *deinen* Willen aufgezwängt. Aber das funktioniert nicht! Weil ich vierzehn Jahre älter bin als du! Weil ich schon ein Kind habe! Weil ich das alles schon durchhabe. Und weil wir beide viel zu verschieden sind! Und selbst wenn wir es versuchen als Familie, dann wirst du in ein paar Jahren merken, dass ich nicht mehr attraktiv bin, sondern alt und faltig. Und dann wirst du dich nach anderen Frauen umdrehen – nach jüngeren –, und das wird dir besser gefallen. Und dann wirst du mich gegen so eine Jüngere eintauschen. Und weißt du was?! Ich brauch das nicht. Nicht noch einmal! Ich hab das alles schon durch …»

«Patientin Nummer zwölf ins Zimmer vier, bitte», wiederholt die Lautsprecherstimme.

«… und jetzt lass mich sofort durch!»

Die Blicke gehen zu Paul, von dem nun ein knackiges Paroli erwartet wird.

«Auf keinen Fall! Ich werde nicht zulassen, dass du *mein* Kind umbringst!» Also gut, er hat es nicht anders gewollt! Alle Augen sind auf mich gerichtet.

«Okay, wenn du's genau wissen willst: Es ist gar nicht *dein* Kind! Du bist nicht der Vater! Paul! Mit uns, das funktioniert nicht. Kapier das endlich!»

Jetzt ist es raus, und alle Zuschauer sind schockiert über diese üble Wendung der Geschichte. Hoch unterhaltsam und besser als jeder Promiklatsch. Viel lieber würde ich im Publikum sitzen und zusehen, als mich hier zu streiten. Paul muss das Gesagte erst mal sacken lassen.

«Ja klar. Du machst es dir wirklich leicht. Aber ich mache da nicht mit! Deine Spielchen kannst du ohne mich spielen! Mach, was du willst, aber nicht mit mir!»

«Genau, Alter! Lass dir nichts gefallen!», redet der Teenie überraschend dazwischen und bekommt sofort von seiner Freundin einen Hieb in die Rippen, der ihn verstummen lässt.

«Keine Spielchen», sage ich leise und ernst.

Paul ist verwirrt und für einen Moment sprachlos. Er schüttelt den Kopf und scheint die Welt nicht mehr zu verstehen. Dann schaut er mich plötzlich mit einem Blick der Erkenntnis und Enttäuschung an, der mich wirklich berührt. Plötzlich habe ich Angst, ihn zu verlieren, denn ich habe ihn zutiefst verletzt.

«Paul, ich ...» Aber alles, was ich sagen könnte, verliert in diesem Moment an Bedeutung. Paul schaut mich an und geht langsam rückwärts zur Tür.

«Wenn es nicht mein Kind ist, dann ... Hast du mich betrogen?» Ich weiche seinem Blick aus, denn obwohl ich ihm plausibel alles erklären könnte, weiß ich, dass er recht hat.

Paul begreift und nickt. «Alles klar. Mehr muss ich nicht wissen. Aber wenn hier irgendwer Schluss macht, dann bin ich das. Es ist aus!»

So plötzlich, wie er kam, verlässt mich Paul.

«Patientin Nummer dreizehn bitte ins Sprechzimmer vier.»

Meine Zeit ist abgelaufen, mein Termin verfallen. Nachdem Paul weg ist, muss ich so schnell wie möglich raus aus diesem Wartezimmer, aus dieser Tagesklinik, weg von diesen Menschen und mich erst mal sammeln. Was für ein Auftritt! Von uns beiden. Ich wollte Paul doch nicht verletzen. Schon gar nicht auf diese Weise.

Ich habe das Gefühl, dass ich alles falsch mache. Jede Entscheidung, die ich treffe, ist mit ziemlicher Sicherheit die falsche. Mein Privatleben ist eine einzige Katastrophe. Alles geht schief, weil ich nicht klar denken kann und nicht weiß, was ich will. Ich steh mir ständig selbst im Weg. Wie ein durch Hormone fremdgesteuerter Teenager, der außer Kontrolle gerät. Aber ich bin doch erwachsen! Wieso kann ich nicht selbst darüber entscheiden, und wieso habe ich mein Leben nicht im Griff? Und woher wusste Paul überhaupt von meinem Termin?

«Von mir», sagt Pavel eine halbe Stunde später und stellt mir einen Cappuccino mit extra großem Kakaoherzen auf dem Milchschaum vor die Nase und dazu ein Stück selbstgebackene Schoko-Tarte, denn Pavels große Leidenschaft ist das Backen.

«Wie bitte? *Du* hast es Paul erzählt?!»

Pavel nickt schuldbewusst. Ich verstehe gar nichts mehr.

«Aber du kennst ihn doch gar nicht.»

«Stimmt, abgesehen von dem einen Mal, an dem ihr hier wie zwei Turteltauben versackt seid, dem zweiten Mal, an dem er dich hier gesucht hat, und letzte Nacht, um zu verstehen, was mit dir los ist.»

«Paul war hier?»

Pavel nickt und setzt sich zu mir an den Fenstertisch.

«Vera-Schätzchen, verzeih mir, aber er hat mir so leidgetan, weil er dich überhaupt nicht versteht.»

«Verständlich. Was hast du ihm gesagt?»

«Na ja, ich hab' ihm erklärt, dass das alles für dich nicht so einfach ist. In deinem Alter und so. Und dass du solche Zweifel hast und das Kind lieber nicht ...»

Ich verdrehe die Augen und weiß genau, woher das Klischee kommt, dass man einer Tunte keine Vertraulichkeiten erzählen sollte.

«Aber wie konntest du?! Ich dachte, wir sind Freunde!»

Pavel stößt einen tiefen Seufzer aus und blickt kopfschüttelnd zu Kai-Uwe, der über dem Tresen thront. Dann steht er auf und holt einen großen silbernen Siphon hinter der Theke hervor, um mir einen fetten Klecks Sahne auf die Tarte zu sprühen.

«Jetzt hör mir mal gut zu, Liebes …»

«Sag nicht *Liebes* zu mir. Du bist nicht meine Mutter!»

«Na Gott sei Dank! Also – ich habe schon einiges erlebt und viele wirklich wichtige Entscheidungen in meinem Leben getroffen, aber ich kann heute in den Spiegel sehen und sagen: Je ne regrette rien!»

«Mon dieu! Bitte, Pavel, verschon mich mit der Piaf und komm zum Punkt!»

«Ich kenne dich. Und ich weiß, dass du in einer beschissenen Situation bist. Aber du bist auch alt genug, damit umzugehen und mit offenen Karten zu spielen. Du musst dich nicht mehr verstecken und niemandem etwas vormachen. Vera! Du bist eine gestandene Frau, also benimm dich auch so! Paul ist ein netter und kluger Mann. Ihm liegt viel an dir, und das hat er nicht verdient! Rede mit ihm! Offen und ehrlich! Über alles! Sag ihm, wie die Dinge stehen und was *du* willst.»

Als könnte ich mich damit in eine andere Welt beamen, stopfe ich den Kuchen in mich hinein. Den Mund zu voll zum Antworten. Die Sinne zu berauscht von Schokolade und Schlagsahne, um zu denken. Wie eine unterzuckerte Diabetikerin schaufele ich alles in meinen Mund. Dann nimmt mir Pavel den Teller weg, und ich wache auf, und mir wird auf einmal klar, dass es zu spät ist.

Paul packt stoisch seine Sachen, als ich nach Hause komme. Wir reden nicht. Ich stehe in der Tür zum Schlafzimmer und schaue ihm dabei zu, wie er seine Klamotten zusammensucht. Spannung liegt in der Luft. Negative Spannung. Hochexplosiv. Ich weiß nicht, was ich sagen soll, während Paul versucht, mich zu ignorieren. Ich erkenne an seiner Haltung und an seinem Gesicht, wie verletzt und verärgert er ist. Ich kann unmöglich den ersten Ton sagen. Aber es ist an mir, denn ich bin schuld.

«Ich habe dich nicht verdient, Paul.»

Paul schleudert wütend ein T-Shirt in seine Tasche.

«Bullshit!», schreit er mich an.

«Es tut mir leid.»

Er muss sich sehr zusammenreißen, um nicht völlig aus der Haut zu fahren. «Du machst es dir echt einfach!»

«Sicher nicht. Glaubst du, mir macht das alles Spaß hier? Es geht dabei schließlich auch um mich.»

«Mir geht's um *uns*. Ich hab' dir geglaubt! Ich dachte wirklich, es ist dir ernst mit uns.»

«Ich doch auch! Aber nicht mit Kind.»

Paul hält inne und schaut mich wütend an. «Wer ist der Vater? Sag's mir!»

«Spielt doch überhaupt keine Rolle jetzt.»

«Denkst du! Aber es spielt sehr wohl eine Rolle. Für mich! Ich lass mich nämlich nicht länger verarschen.»

Ich spüre, wie der Trotz ihn mir aufsteigt. «Dann kann's ja auch egal sein.»

Paul schüttelt den Kopf und packt weiter.

«Du … du benimmst dich schlimmer als meine Schüler. Du willst alles haben, aber nicht die Verantwortung übernehmen. Sehr erwachsen!»

«Gut, dass du so erwachsen bist!»

Paul sammelt sich. «Vera, warum hast du's mir nicht gesagt?»

«Was hätte das geändert? Es passt nicht mit uns. Du hast dich geirrt!»

«Offensichtlich! Ich Vollidiot!»

«Früher oder später wäre es sowieso vorbei gewesen.»

Mir wird klar, dass wir aneinander vorbeireden. Er redet über das Kind, ich über die Beziehung. Nur leider nutzt diese Erkenntnis jetzt und hier rein gar nichts. So kommen wir nicht zusammen. Es wird alles nur noch schlimmer.

«Du erzählst so einen Müll! Wieso musst du immer alles kaputt reden?», schreit er und lässt seinen ganzen Frust raus, wie ich es bei ihm nie zuvor erlebt habe.

«Weil ich einfach schon ein paar Dinge erlebt habe», schreie ich zurück, obwohl ich gar nicht schreien will. Paul läuft wie ein Tiger im Käfig, auf und ab. Total aufgebracht, bleibt er dicht vor mir stehen.

«Ach, ich etwa nicht, oder was? Was für 'ne beschissene Arroganz, bloß weil du ein paar Jahre älter bist. Ich bin auch verlassen worden. Und? Davon lass ich mir doch nichts kaputt machen!»

Ich schaue ihn an und weiß nicht, was ich sagen soll. Paul beruhigt sich, schüttelt resignierend den Kopf und streichelt mir über die Wange.

«Ich hatte nicht das Gefühl, dass wir so unterschiedlich ticken. Im Gegenteil. Aber du willst einfach nicht nach vorn schauen. Immer nur zurück.»

Das stimmt nicht, denke ich, bin aber zu müde zum Antworten. Ich lege mein Gesicht sanft an seins, schließe die Augen und spüre die Wärme seiner Haut und die harten Bartstoppeln auf meiner Wange. Ich wünsche mir so sehr, dass alles anders gelaufen wäre. Paul atmet schwer aus, reibt sanft seine Wange an meinem Gesicht, und es fühlt sich an, als könnten wir ewig so stehen bleiben. Einfach so in einer kleinen Berührung verharren, die uns beiden so viel gibt.

«Auch wenn das Kind nicht von mir ist – es kann nichts dafür», flüstert Paul. Dann löst er sich von mir, schließt seine Tasche und wirft den Hausschlüssel aufs Bett, bevor er meine Wohnung und mich verlässt.

Völlig reglos, leer und verloren stehe ich noch eine Ewigkeit einfach so im Raum. Bis es an der Tür klingelt. Sofort öffne ich hoffnungsvoll.

«Es tut mir so leid, aber lass uns doch bitte …», sage ich, verstumme aber abrupt.

Da steht Sven. Bitte nicht. Nicht er. Nicht jetzt.

«Oh, äh, ich war gerade in der Nähe und wollte dich fragen …»

Schluchzend falle ich ihm um den Hals und heule mich völlig unkontrolliert bei ihm aus. Zugegeben, das ist vielleicht nicht so clever, aber es muss in diesem Moment sein. Ein emotionaler Reflex. Und Sven lässt mich gewähren, ohne zu wissen, warum und wieso. Da hätte auch ein völlig fremder Mann vor meiner Tür stehen können. Oder der Hausmeister. Oder der Paketbote. Ich brauche einfach nur eine Schulter zum Ausheulen.

Und jetzt stehen wir seit zehn Minuten im Hausflur, ich heule, und Sven streicht mir sanft über den Rücken. Ja, ich gebe zu, es tut gut. Zumindest für den Moment. Langsam beruhige ich mich.

«Was immer dieser Kerl dir angetan hat. Ich kann das für dich klären», höre ich Svens Stimme im Hausflur donnern. Herrje! Meint er das wirklich ernst?

«Und ich mein das wirklich ernst!»

Kann er etwa meine Gedanken lesen? Ja, er kann, denn er war, nein, er ist lange genug mit mir verheiratet. Hatte ich wohl vergessen. Ich löse mich aus seiner Umarmung und ziehe das Einstecktuch aus seinem Sakko, um Tränen, Wimperntusche und Rotz aus meinem Gesicht zu wischen und es dann wieder zurückzustecken.

«Sagst du mir auch, was passiert ist?»

«Sicher nicht. Aber ausnahmsweise warst du zur richtigen Zeit am richtigen Ort. Danke.»

Sven schaut mich ungläubig an. «Hast du *danke* gesagt? Ich werde diesen Tag in meinem Kalender markieren.»

Ich muss grinsen. Er muss grinsen.

«Was willst du eigentlich?», frage ich.

Er schaut mir tief in die Augen und fasst meine Schultern. «Es geht um unser Kind.»

Was?! Wie bitte?! Woher weiß er …? Ich werde noch verrückt. Kann doch nicht sein. Wer auch immer ihn eingeweiht hat, ich werde ihm oder ihr die Freundschaft kündigen. Definitiv!

«Sven, ich will da eigentlich nicht drüber reden. Nicht jetzt. Nicht …»

«Aber ich mache mir ernsthaft Sorgen um Greta.»

Ein tonnenschwerer Fels rollt von meiner Brust.

«Greta! Ja natürlich – Greta», stammele ich erleichtert, was Sven natürlich verunsichert.

«Ja, Greta. Ich mache mir Sorgen, weil …»

«Es gibt Telefon.»

«Das weiß ich auch, aber …»

Unten schließt jemand die Haustür auf und kommt ins Treppenhaus, was Sven irritiert.

«Vielleicht besprechen wir das nicht unbedingt im Hausflur, Vera.»

«Sven, es geht ihr gut. Ich hab' sie getroffen. Alles okay.»

Sven schüttelt den Kopf. «Nein, nein, nein! Irgendwas stimmt nicht mit ihr. Ich hab' das im Gefühl.»

«Vielleicht hast du ja recht. Aber sie wird sich schon melden, wenn was ist. Sie ist erwachsen.»

«Ist sie eben nicht! Und das weißt du. Machst du dir keine Sorgen?»

Ich schaue ihn an und würde ihm am liebsten alle meine Sorgen unter die Nase reiben. Aber das lasse ich lieber.

«Geh nach Hause und lass dich endlich von mir scheiden. Bitte.»

Ich drehe ihn um hundertachtzig Grad, damit er geht, aber er dreht sich erneut zu mir um.

«Jetzt hast du sogar *bitte* gesagt – heute ist echt mein Glückstag», grinst er frech.

«Ich meine das ernst, Sven. Wir müssen die Scheidung endlich hinter uns bringen! Das bist du Julia, Greta und mir schuldig.»

«Aber ich will diese Scheidung nicht, Vera. Ich habe sie nie gewollt.»

«Bitte, Sven, mach das nicht. Fang nicht von vorn an. Nicht jetzt und nicht hier.»

Svens Gesicht verdunkelt sich, und er wendet sich von mir ab, um im Treppenhaus zu verschwinden. Was für ein Tag!

Ich gehe mit Klamotten ins Bett und ziehe mir die Decke über den Kopf.

12

«DER RÜCKLAUF der Anmeldungen ist erwartungsgemäß hoch. Wir rechnen mit ungefähr achtzig Prozent festen Zusagen im Vorfeld der Tagung. Bei den Rednern gibt es noch einige Wackelkandidaten, aber wir haben eine Liste mit Namen, auf die wir ausweichen können.»

Karo arbeitet routiniert ihre To-do-Liste ab, während Frau de Bryn ruhig im Konferenzraum auf und ab geht.

Konzentriert, wie unter Hypnose, folge ich ihren gleichmäßigen Schritten und Karos ruhig-sanfter Stimme.

«Sehr gut. Am besten gehen wir diese Liste nachher kurz durch.» Mit einem kaum wahrnehmbaren Nicken bedeutet Frau de Bryn Karo, fortzufahren, die sich sofort wieder ihrem Notebook zuwendet.

«Wir aktualisieren ständig die Mailings in Form eines Countdowns, der die Tage bis zum Event zählt.»

Frau de Bryn bleibt stehen. «Wie originell. Das gefällt mir. Ihre Idee?»

Karo lächelt und zeigt auf mich. «Leider nein.»

Ich aber schaue völlig abwesend an ihnen vorbei aus dem Fenster in die Ferne, und ganz langsam fallen mir die Augen zu, während Frau de Bryn und Karo mir dabei zusehen.

«Äh … Vera, alles klar?», fragt Karo unsicher.

«Vera? Geht es Ihnen nicht gut?» Auch Frau de Bryn scheint sich ernsthaft Sorgen zu machen.

Ich gebe mir Mühe, klar zu wirken, bin aber überhaupt nicht bei der Sache und daher wenig überzeugend.

«Nein», gebe ich zu. «Entschuldigen Sie mich bitte.»

Dann verlasse ich den Konferenzraum und lasse die beiden verblüfften Frauen einfach sitzen, um zur Toilette zu gehen, wo ich mich geübt übergebe, um mich anschließend in meinem Büro kurz auf die Couch zu legen. Ich bin nicht nur müde, sondern erschöpft, missmutig, antriebslos und unmotiviert. Die letzte Woche war einfach zu viel. Die Sache mit Paul, dann Sven, die Schwangerschaft, der Stress. Das ist kein Zustand. Ich muss etwas dagegen unternehmen! Ich raffe mich auf und gehe in den Park.

Ein kleiner Spaziergang wird mir guttun. In der Nähe einer Schule hole ich mir an einem Kiosk eine eiskalte Cola und ein belegtes Brötchen mit Salat und kaltem Schnitzel. Ich kann's selbst nicht glauben, aber nachdem ein paar Viertklässler mit Schnitzelbrötchen und Cola an mir vorbeiwuseln, muss es genau dieses Gourmet-Menü sein. Mit meinem kleinen Picknick setze ich mich auf Pauls und meine Bank und verschlinge gierig meinen Snack, den ich mit ein paar großen Schlucken Cola hinunterspüle. Danach bin ich zwar satt, aber noch immer deprimiert. Das liegt weniger am schuhsohlenartigen Schnitzel zwischen zwei gummiähnlichen Brötchenhälften, sondern an Paul. Er fehlt mir. Unsere Gespräche über wichtige und unwichtige Dinge des Lebens, sein Humor, seine Nähe, seine Wärme und seine Stimme, die mir Kraft und Ruhe gibt, wann immer es nötig war. Eine Umarmung von Paul hat eine fast therapeutische Wirkung auf mich. Und dennoch muss ich mein Leben selbst leben, meine Entscheidungen selbst treffen, darf mich nicht wieder nach einem Mann ausrichten wie die Blumen nach der Sonne. Paul ist weg und basta.

Entschlossen raffe ich mich auf und gehe zur Praxis von Dr. Schön, um einen neuen Termin zum Beenden der Schwangerschaft zu vereinbaren. Mir bleiben nur noch zwei Tage.

Die Sprechstundenhilfe ist neu. Zumindest habe ich sie noch

nie hier gesehen. Vermutlich eine Azubine, nicht älter als Greta. Freundlich lächelt sie mich an, als habe sie das in einem amerikanischen Kellnerinnenkurs gelernt, nachdem ich ihr meinen Namen und mein Anliegen genannt habe.

«Frau Odermann, dann lassen Sie mich mal schauen ...» Die Azubine schaut angestrengt, aber weiterhin lächelnd auf den PC-Bildschirm und sucht einen neuen Termin in der Tagesklinik für mich.

«Es müsste noch diese Woche sein, weil sonst die Frist vorbei ist», mache ich deutlich.

«Ah, verstehe», sagt sie – lächelnd. «Mal sehen ...» Dann tippt sie auf der Tastatur herum und holt sich meine Kartei auf den Bildschirm.

«Da hab' ich Sie. ... Allerdings sehe ich gerade ... Sie haben doch noch etwas Zeit, sich zu entscheiden. Sie sind doch erst in der zehnten Schwangerschaftswoche.»

«Moment!» Ich horche auf und krame in meiner Handtasche. «Das kann nicht sein. Da, schauen Sie!», sage ich und halte der Azubine meinen Mutterpass unter die Nase. Sie stutzt, das Lächeln verschwindet wie in Zeitlupe aus ihrem Gesicht, denn gleichzeitig lächeln, angestrengt gucken und nachdenken scheint die junge Frau zu überfordern. Würde es mich auch. Dann blättert sie die Seiten im Mutterpass vor und zurück und wieder vor und realisiert ihren Fauxpas, was das Lächeln wie durch ein Wunder zurückbringt.

«Ach, ich habe die Karteien verwechselt. Sie sind Vera Odermann, nicht Greta. Stimmt's?», strahlt sie mich an, stolz, ihren Fehler erkannt zu haben, jedoch nicht im Geringsten ahnend, dass sie mich mit dieser Erkenntnis in völligen Aufruhr versetzt.

Ungläubig starre ich die junge Frau an, während es in meinem Kopf arbeitet und mein Herz an Fahrt aufnimmt. Mir wird schwindelig. Kalter Schweiß steht mir auf der Stirn. Der Albtraum einer jeden Mutter, die ein Mädchen zur Welt gebracht hat, wird Realität. Das Kind ist schwanger! Und das erklärt alles.

Keine drei Minuten später sitze ich im Taxi und bete, dass das alles nur ein Missverständnis ist. Auf der mir endlos erscheinenden Fahrt rufe ich Greta mindestens zwanzigmal an, aber sie hat ihr Handy ausgeschaltet und den Anrufbeantworter nicht aktiviert. Ich fasse es nicht. Wer macht denn so was heutzutage noch! Und das nennt sich *Handy-Generation* – lächerlich. In ihrer WG gibt es keinen Festnetzanschluss, auf den ich ausweichen könnte, weil ja jeder sein eigenes Handy hat. Wie clever!

Endlich angekommen, muss ich nach unendlich häufigem Klingeln einsehen, dass niemand zu Hause ist. Ich frage im stinkenden Hausflur eine alte Frau, ob sie wisse, wann die jungen Leute aus dem Erdgeschoss nach Hause kommen. Aber die alte Frau lacht nur, denn sie sei die Letzte, der irgendwer irgendwas sagt. Sie habe ja ihre Katzen. Man riecht es.

Ich bin in Sorge, weil ich keine Ahnung habe, wie es Greta geht, wie sie sich fühlt, wo sie ist. Sie ist noch so jung. Ich bin doch ihre Mutter! Wieso hat sie sich mir nicht anvertraut? Aber die Antwort kenne ich bereits. Seit Wochen drehe ich mich nur noch um mich selbst, um meine Probleme, um mein Leben, meine Männer, meine Schwangerschaft. Greta habe ich dabei völlig sich selbst überlassen. *Ich* habe sie in diese WG getrieben, in diese Situation. Wäre sie zu Hause geblieben, wäre sie vermutlich nicht schwanger geworden. Es ist alles meine Schuld. Sie ist doch noch ein Kind! Und ich eine egoistische Rabenmutter!

Im Vinyl-Plattenladen unten im Haus frage ich einen bis zum Hals tätowierten, aber recht gutaussehenden Typen um die fünfzig, ob er die Dreier-WG aus dem Erdgeschoss kenne, was leider nicht der Fall ist. Dann bitte ich um Zettel und Stift und schreibe Greta eine Nachricht:

Liebe Greta, ruf mich an! Dringend! Oder komm nach Hause! Ist wichtig!!!
Vera

Zuerst will ich mit *Mama* unterschreiben, entscheide mich dann aber für *Vera*, weil ich sie vor ihren Mitbewohnern nicht lächerlich machen will. Während ich das schreibe, schaut der Tätowierte neugierig auf den Zettel und macht ein sehr skeptisches Gesicht.

«Klingt ernst.»

«Ist ernst.»

«Deine Tochter?»

Ich nicke. Er nickt.

«Kenn ich. Man macht sich immer Sorgen, sobald sie aus'm Haus sind. Aber sie fragen dich nicht mehr. Bin neulich Opa geworden», sagt er.

Ich schaue ihn an und weiß nicht, was ich sagen soll. «Na ... dann ... also ... Gratulation.»

Er nickt völlig ruhig und verzieht keine Miene. «Geiles Gefühl!» Und wie er da so sitzt und sich ganz unaufgeregt freut und dann endlich etwas lächelt, erinnert mich der Typ an den tiefenentspannten Jeff Bridges als *Big Lebowski*. Erst beim Verlassen des Plattenladens fällt mir auf, dass es hier aussieht und riecht wie in meiner Kindheit. Seltsam. Aber ich habe keine Zeit, dem nachzugehen. Ich muss wissen, wie es Greta geht.

Den Zettel klemme ich in die WG-Tür und gehe nachdenklich zu Fuß nach Hause. Greta ist doch viel zu jung! Warum kann nicht mal alles ganz einfach sein? Warum muss immer alles noch komplizierter werden, als es ohnehin schon ist?

Ich habe Durst. Großen Durst. Es ist Hochsommer, die Luft über dem Asphalt flimmert vor Hitze, und es sind gefühlte 52 Grad Celsius. Die nächste Wasserstelle ist gar nicht weit, also beschließe ich, auf meinem Heimweg eine Rast im *Mille Fleurs* einzulegen.

Erschöpft, verschwitzt und obwohl meine Gedanken pausenlos um Greta kreisen, schleppe ich mich voller Vorfreude auf Harrys sensationelle und einzigartig erfrischende Hauslimonade mit letzter Kraft in seine kleine Oase, die an diesem frühen Abend gut besucht ist. Der Chef steht am Grill, wo er gerade ein paar Lammsteaks in Rosmarin-Limetten-Marinade auflegt. Es duftet wunderbar und macht Lust auf Urlaub. Harry sieht mich und lächelt verhalten.

«Hallo, schöne Frau. Lange nicht gesehen!»

«Hör mal, ich weiß, du bist sauer, und du hattest mich gewarnt, ihm nicht das Herz zu brechen, aber …»

Harry hebt die Fleischgabel, um meine Worte symbolisch abzuwehren.

«Stopp! Ich halt mich da raus. Eure Beziehung, euer Ding.»

«Es ist aus», sage ich.

«Ja, ich weiß. Aber ich bekoche dich trotzdem.» Harry grinst und kneift mir ein Auge zu.

«Wenn ich allen Verflossenen von Paul Hausverbot erteilen würde, könnte ich den Laden sofort dichtmachen.»

Ich mag Harrys unverwüstlichen Humor und gehe auf Abstand zum Grill, der mich wie einen Eisberg schmelzen lässt.

«Hast du denn was von ihm gehört?», frage ich ganz nebenbei.

«Nein! Und selbst wenn, ich würde es dir nicht sagen. Was führt dich sonst in mein bescheidenes Etablissement?» Nachdem das Wichtigste geklärt ist, strahlt mich Harry erwartungsvoll an.

«Deine unwiderstehliche Limonade.»

«Lasse ich sofort bringen.»

«Und ich wollte fragen, ob du weißt, wo Greta …»

Aber Harry ist abgelenkt, denn aus seinem Grill stechen Flammen hoch. Schnell schiebt er die Holzkohle über die Flammen.

«Oh, verdammt … Schau mal, da drüben is'n schattiges Plätzchen, das nur auf dich wartet. Setz dich schon mal. Du siehst ja, hier brennt's.»

Harry zeigt auf einen kleinen blauen Tisch an einer weißen Hauswand in der Ecke des Hofes, an der Kletterrosen emporranken. Wunderschön. Gerne ruhe ich mich dort von den Strapazen des Tages und meiner nervlichen Anspannung aus, auch wenn ich gehofft hatte, dass Harry weiß, wo ich Greta finde. Ich strecke unter dem Tisch die Beine von mir und schließe erschöpft die Augen. Was mache ich nur? Ich muss ihr doch helfen. Wie es Greta wohl geht?

«Hey, du hier?!»

Zwei nackte Arme mit warmer, weicher Haut umschlingen mich fast euphorisch. Greta!

«Da bist du ja!»

«Klar, wieso nicht. Das Wintersemester fängt doch erst im Oktober an.»

Greta stellt mir meine Limonade auf den Tisch und bleibt vor mir stehen. Ich kann sie nicht richtig sehen, weil die Sonne mich blendet, wenn ich zu ihr aufschaue.

«Heißt das, dass du dich echt einschreiben willst?»

«Klar», sagt sie wie aus der Pistole geschossen.

«Wofür? Jetzt setz dich doch mal kurz!»

Greta schaut sich aufmerksam um. Ein Pärchen, sie hochschwanger, kommt in den Hof, schaut sich um und setzt sich unter einen Baum in den Schatten.

«Ich komme gleich zu Ihnen», ruft Greta den neuen Gästen zu und schaut mich an. «Du siehst ja, was hier los ist.»

«Hast du meine Nachrichten nicht abgehört?»

«Nee, irgendwas stimmt mit meinem Handy nicht. Du bleibst doch noch 'ne Weile, oder? Ich muss ...»

«Ja klar, mach nur.» Ich nicke, und sie kümmert sich um die Gäste. Harry schaut zu mir rüber und hebt einen Daumen. Anscheinend ist er mit Greta sehr zufrieden. Offensichtlich geht es ihr gut. Das beruhigt mich fürs Erste.

Harrys Restauranthof ist einfach der schönste Freisitz, um einen lauen Sommerabend zu verbringen. Hier steht die Zeit still, und es gibt alles, was nötig ist, um abzuschalten. Leckeren Rosé, gutes Essen, Zeitungen, Sonne, Schatten, selbstgemachtes Eis. Harry ist ein Zauberer und Greta seine Fee, die ihren Gästen jeden Wunsch von den Augen abliest.

Ich beobachte meine Kleine eine ganze Weile und habe das Gefühl, sie ist wie ausgewechselt. Ich kenne sie gar nicht wieder – so strahlend, freundlich, offen und ausgeglichen. Sie sieht glücklich aus, und das Bedienen scheint ihr mittlerweile leicht von der Hand zu gehen, als hätte sie ihr ganzes Leben nichts anderes gemacht. Sie schäkert mit Harry, scherzt mit den Gästen und führt ein Kleinkind zum Sandkasten in einer anderen Ecke des Hofes. Sie wirkt so wahnsinnig erwachsen und sicher bei allem, was sie macht.

Stundenlang sitze ich einfach nur da, esse, trinke, beobachte das Geschehen und hoffe, dass Greta ihre Situation nicht genauso verdrängt wie ich.

Zum Glück ist heute ein Wochentag, und die Gäste bleiben nicht so lange wie am Wochenende. Gegen 22 Uhr kommt Greta zur Ruhe und setzt sich zu mir an den Tisch, während Harry aufräumt und sauber macht.

«Eigentlich müsste ich ihm helfen, aber weil du so lange ausgeharrt hast, macht er eine Ausnahme», strahlt Greta mich an. Sie tut so, als hätten wir uns seit Jahren nicht gesehen. Harry stellt uns noch eine große Karaffe Limonade auf den Tisch und erhebt mahnend den Zeigefinger.

«Dass ihr es nicht übertreibt! So 'n Limo-Rausch hat's in sich. Das Zeug macht süchtig. Ich will keinen Ärger, klar?! So, ich muss noch drinnen sauber machen.» Er zeigt uns sein Lächeln und geht ins Restaurant.

«Wie geht's dir?», frage ich Greta.

«Alles tipptopp, Mamsi», sagt Greta und weicht grinsend meinem Blick aus. Mamsi nennt sie mich nur, wenn sie glücklich ist.

«Was ist los, du platzt ja fast. Spuck's aus!»

Aber sie schüttelt den Kopf. «Nichts. Ich hab' mich übrigens für Psychologie entschieden. Das ist genau mein Ding.»

«Aha, ja, klingt gut. Nur, wie soll das gehen, mit Baby?»

Verdammt! Ich konnte mich einfach nicht zurückhalten. Noch nie waren Geheimnisse bei mir sicher. Und jetzt starrt Greta mich ungläubig an.

«Woher weißt du …?»

«Zufall. Die neue Sprechstundenhilfe bei Dr. Schön hat unsere Dateien vertauscht.»

Ich dämlicher Idiot! Nicht mal mein eigenes Geheimnis kann ich für mich behalten. Aber vielleicht merkt sie's nicht.

Wieder umarmt mich Greta.

«Stimmt! Ich bin schwanger, Mamsi! Ist das nicht hammermäßig?! Das ist so oberkrass! Ich kann's immer noch nicht glauben!»

Was passiert hier gerade? Träume ich, oder freut sich Greta darüber, dass sie eine Teenager-Mutter wird? Nein, so naiv kann sie nicht sein. Nicht mein Kind. Andererseits …

«Warum hast du's mir nicht gesagt?»

«Weil ich sichergehen wollte und die ersten drei Monate so eine schwierige Phase sind, sagt die Ärztin. Weißt du doch.»

«Ja, klar.»

Jetzt bin ich unsicher. Weiß sie etwas von meiner Schwangerschaft? Oder wie meint sie das jetzt? Ich wechsele lieber die Richtung.

«Und wer ist der Vater?»

«T. natürlich. Wer sonst?»

Ich hab's geahnt. Vom ersten Moment unserer Begegnung an wusste ich, dass dieser Tobi eine Flachpfeife ist und nichts taugt.

Ich hätte da von Anfang an einen Riegel vorschieben müssen. Stattdessen habe ich meine Greta geradewegs in die Arme dieses Blindgängers getrieben. Alles meine Schuld. Ich könnte heulen vor Wut.

«Alles okay, Mama?», fragt Greta besorgt.

«Ja, ja. Und weiß er davon?»

«Noch nicht! Muss er ja auch nicht. Is' doch erst mal mein Ding.» Ich habe das Gefühl, mich selbst reden zu hören.

«Außerdem hat T. gerade andere Sorgen. Sein Projekt in Afrika ist echt schwierig. Da kann ich ihm doch jetzt nicht mit so was kommen.»

«Schätzchen, du musst es ihm sagen – früher oder später.»

«Aber nicht jetzt, Mama! Das Projekt ist echt wichtig für sein Studium und seine Karriere. Er will später UNO-Beobachter in Krisengebieten werden. Spannend, nicht?!»

Herr, gib mir die Kraft, das durchzustehen! Ich setze mich gerade auf meinen Stuhl und schaue meiner Tochter sehr ernst und sehr tief in die Augen. Sie kennt das und weiß genau, dass jetzt eine Ansage kommt.

«Okay, ich glaube, wir müssen da mal einiges klarstellen. Soviel ich weiß, bist du erst achtzehn. Und ob du's glaubst oder nicht, aber dein Leben hat noch unglaublich viele spannende Dinge für dich parat, die es zu entdecken gibt. Schätzchen, dir liegt die Welt zu Füßen. Du … du kannst dich doch jetzt nicht abhängig machen von einem Kind. Als Mutter trägt man einen Haufen Verantwortung. Bist du schon bereit dafür? Willst du dein eigenes Leben für das eines Kindes zurückstellen? Greta! Weißt du, was das bedeutet? Du gibst deine Freiheiten auf.»

«Aber Mama, ich habe gar nicht vor, mir die Welt anzuschauen. Ich gehör hierhin und will hier auch gar nicht weg.»

«Aha», staune ich und lerne gerade ganz viel über meine Tochter. «Und wie stellst du dir das mit dem Studium vor?»

«Easy», höre ich Greta sagen und frage mich, wieso sie nicht normal mit mir reden kann.

«Wie, easy?», frage ich doof provokant.

«Na, ganz entspannt und chillig eben. Ich hab mich da an der Uni schon schlau gemacht. Die haben eine Kita auf dem Campus, und wenn es so weit ist, kann ich das Kleine dahin geben. Super, oder? Dann kann ich trotz Baby studieren.»

«Klingt gut, aber stell dir das mal nicht so einfach vor», warne ich und finde mich gerade sehr miesepetrig. Aber Greta lässt sich ihr Mutterglück durch nichts vermiesen.

«Und wenn schon! Irgendwie kriege ich das schon hin. Andere haben's ja auch geschafft.»

Okay, nächster Versuch. Ich gebe so schnell nicht auf, denn ich will einfach nicht, dass sich meine Tochter durch eine unüberlegte Nummer die Zukunft versaut.

«Mal angenommen, du bekommst das hin mit dem Studium, wie soll's dann weitergehen? Ich meine, wie willst du Karriere machen? Gerade am Anfang des Berufslebens ist es wichtig, durchzustarten. Mit Kind hast du sowieso schon Probleme, einen Job zu bekommen. Greta! Wach auf! Du verbaust dir so viel mit einem Baby!»

Gretas Gesicht verdunkelt sich. Sie zieht die Stirn zusammen und die Brauen herunter. So sieht sie aus, wenn sie sauer wird. Und ich ahne, dass ich es übertrieben habe. Dunkle Wolken ziehen auf.

«Schönen Dank auch, Mama, für die tolle Unterstützung! Das hab' ich jetzt echt gebraucht, dass mich die eigene Mutter runterzieht. Als ob ich nicht wüsste, wie schwierig das ist.» Ihr Tonfall wird schärfer, und sie redet sich in Rage. «Aber weißt du was? Im Gegensatz zu dir bin ich glücklich. So glücklich wie nie zuvor! Ich bekomme nämlich ein Kind. Und das ist das absolut Wunderbarste, das ich je erlebt habe. Und ich will das genießen, statt mich von dir entmutigen zu lassen. Ich bin erwachsen und für mich selbst verantwortlich. Und für den kleinen Menschen, der da in mir heranwächst. Überleg mal! Was für ein Wunder!»

«Aber …»

«Kein Aber! Oma sagt immer: Der erste Gedanke zählt! Und als ich erfahren habe, dass ich schwanger bin, hab' ich geheult vor Glück. Verstehst du? Ich habe mich sofort gefreut. Und jetzt willst du, dass ich es wegmachen lasse?»

«Greta, du musst auch an dich denken.»

«Genau das mache ich doch die ganze Zeit, Mama. Das Kind ist in mir, ein Teil von mir, so wie ich von dir! Das kann ich doch nicht wegmachen lassen wie einen lästigen Leberfleck. Du hast mich doch auch nicht wegmachen lassen. Mama, wieso verstehst du mich denn nicht? Karriere, Reisen … ist doch alles total scheißegal. Ich bekomme ein Kind! Da … da geht doch nichts drüber, Mama, das musst du doch verstehen.»

Mit Tränen in den Augen schaut Greta mich so entschlossen an, wie ich es noch nie zuvor bei ihr gesehen habe. Ich hatte keine Ahnung, dass meine Tochter wirklich schon erwachsen ist, und blicke in das Gesicht einer selbstbewussten, jungen Frau, die unabhängig ist und voller Energie und Liebe, und ich schäme mich für meine Worte. Ich schließe Greta in die Arme und bin unendlich stolz auf meine erwachsene Tochter, und der Kloß in meinem Hals löst sich zusammen mit allen zurückgehaltenen Gefühlen, die sich in den letzten Minuten, Stunden, Tagen, Wochen, Monaten in mir angestaut haben, und auch ich kann meine Tränen nicht mehr zurückhalten.

«Ja, da geht nichts drüber», sage ich und spüre eine unendliche Erleichterung.

TEIL 3

1

IN DIESER NACHT schlafe ich so gut und so fest wie schon lange nicht mehr. Und ich hätte endlos lange weitergeschlummert, hätte mich nicht um kurz nach acht lautes Telefonklingeln mitten aus einem Traum gerissen, an den ich mich nicht genau erinnere, nur dass Paul darin auftauchte und dass es sich gut angefühlt hat. Verschlafen greife ich zum Telefon und bin sofort hellwach, als ich höre, wer dran ist. Es ist die Sprechstunden-Azubine der Frauenarzt-Praxis. Schlaftrunken richte ich mich im Bett auf. Mein Mund ist trocken, aber die Wasserflasche neben dem Bett leer.

«Es ist kurzfristig ein Termin in der Klinik frei geworden, und weil es doch bei Ihnen zeitlich sehr eng wird, könnten wir Sie heute um 11 Uhr 15 noch dazunehmen.»

Der Wecker zeigt 8 Uhr 07.

«Sekunde», sage ich, um Zeit zu gewinnen, und drücke den Hörer auf die Matratze. Mein Gehirn ist noch total verklebt. Ich versuche, klar zu denken, schließe die Augen und atme mehrmals bewusst ein und aus, um Blut und Sauerstoff in den Kopf zu pumpen. Dann halte ich den Hörer an mein Ohr.

«Okay! Ich nehme den Termin um 11 Uhr 15.»

«Gut, dann …»

«Allerdings erst Montag und nicht in der Klinik, sondern in der Praxis.»

«Aber Ihre Frist …»

«Montag zum ersten Ultraschall-Screening meines Kindes.»

«Aber Sie …»

«Okay?!», setze ich nach.

«Gut, sehr gut, Frau Odermann, dann bis Montag.»

Ich beende das Gespräch, lege meine Hände schützend auf meinen Bauch und fühle mich leicht und erleichtert. Ich habe endgültig diese Entscheidung getroffen und bin glücklich und regelrecht high davon, was ich der tollen, jungen Frau zu verdanken habe, deren Mutter ich bin. Und meiner Mutter, die immer sagt: Der erste Gedanke zählt! Ja, im ersten Moment war ich glücklich, bevor ich auf dem Untersuchungsstuhl kollabiert bin. Daran erinnere ich mich jetzt.

Ich rutsche wieder zurück ins Kissen und kuschele mich zusammengerollt unter meine Decke und freue mich über meine Entscheidung. Ich bekomme ein Baby! Und diesmal ist es meine Entscheidung. Meine ganz alleine. Und sie ist endgültig und absolut richtig!

«Ach herrje, du meine Güte!», ruft meine Mutter vorwurfsvoll ins Telefon. «Wie das denn?!»

Ja, ich habe beschlossen, meiner Mutter von meiner Schwangerschaft zu erzählen, weil sie eben meine Mama ist. Und ich gestehe, sie verblüfft mich immer wieder, obwohl ich sie doch langsam kennen müsste. Aber weit gefehlt.

«Mama, ich muss dir nicht wirklich erklären, wie das geht, oder?»

«Ich dachte, du bist längst vertrocknet. Mit wem hast du denn noch was?» Die Betonung liegt auf dem DU. Meine Mutter kann so sensibel und einfühlsam sein.

«Nein, Mama, ich bin durchaus noch sexuell aktiv, aber mit wem und warum muss ich dir zum Glück nicht sagen. Ich bin nämlich erwachsen.»

Sie lacht. «Offenbar nicht, Liebes.»

Manchmal habe ich negative Gefühle meiner Mutter gegenüber, aber sie hat's auch nicht leicht gehabt im Leben. Und obwohl sie hartnäckig wissen will, wer der Vater meiner Leibesfrucht ist, sage ich es ihr sicher nicht, denn ich muss vermeiden, dass ihr ohnehin riesiges Ego einen Wachstumsschub erlebt, wenn sie erfährt, dass es Sven ist. Und ich möchte ganz gerne meine Würde behalten. Sie sähe sich in ihrer Theorie bestätigt, dass Seitensprünge verzeihbar sind und wir Frauen unsere untreuen Partner mit offenen Armen im Bett empfangen sollen, weil sie am Ende doch zu uns zurückkommen. Und dafür sollen wir betrogenen Ehefrauen auch noch dankbar sein. Ich nenne das antiquiert, sie nennt es tolerant und mich spießig. Verkehrte Welt.

«Wieso nimmst du nicht die Pille? Wofür haben wir denn gekämpft, damals?»

«Du bestimmt nicht, Mama», sage ich trocken.

«Aber meine Generation. Und ich habe weiß Gott davon profitiert, so oft, wie ich mit den Männern …»

«Stopp, ich will das gar nicht wissen, Mama.»

«Du bist so prüde!»

«Ja, das hatten wir schon. Ich wollte dir ja eigentlich auch nur sagen, dass du noch mal Oma wirst.»

«Wie sich das anhört! Hat mich schon bei Greta immer gestört, dass sie *Oma* zu mir sagt. Hab' mich noch nie wie eine Oma gefühlt.» Ich höre meine Mutter demonstrativ in den Hörer seufzen. «Wenn du meinst, du brauchst das – bitte! Das Kind wird nicht gerade begeistert sein, wenn die Klassenkameraden dich für seine Großmutter halten. Und mich für die Urgroßmutter. Herrje!»

Offenbar hat Greta ihre Großmutter noch nicht darüber informiert, dass sie tatsächlich bald Uroma wird. Allerdings frage ich mich gerade, ob ich mit Mitte vierzig schon bereit bin, eine Oma zu werden.

«Aber ich halte mich da raus, Liebes. Deine Entscheidung.»

«Du sagst es!»

So und nicht anders habe ich mir das Gespräch mit meiner Mutter vorgestellt – warmherzig, liebevoll, voller Begeisterung über die freudige Nachricht, ein zweites Mal Großmutter zu werden, und außerstande, das Glück ihrer Tochter in Worte fassen zu können. Schön!

Nach dem Gespräch nehme ich mir fest vor, meine Mutter die nächsten achtzehn Jahre nicht zu besuchen.

Weil ich Greta nicht den Moment nehmen wollte, habe ich ihr im *Mille Fleurs* nichts von meiner Schwangerschaft erzählt. Nun halte ich ein Ultraschallfoto meines Kindes in den Händen und kann es kaum fassen. Ich muss das alles unbedingt mit jemandem teilen, der mir nahesteht. Und weil ich dumm genug war zu glauben, meine Mutter würde sich freuen, und hart auf dem Boden der Tatsachen gelandet bin, habe ich mich kurzfristig bei Greta zum Frühstück eingeladen. Nun stehe ich mit Brötchen und Croissants in Gretas WG-Küche und halte ihr aufgeregt das Ultraschall-Foto entgegen.

«Es ist 6,3 cm lang, wiegt ungefähr 35 Gramm und existiert seit knapp 13 Wochen», sage ich leise, während Greta Milch für ihren Café Latte aufschäumt und beiläufig auf das Foto schaut. Dann erst realisiert sie, was sie sieht, schaut mich mit offenem Mund und großen Augen an und umarmt mich ganz fest.

«Nein!»

«Doch!» Sie reißt mir das Foto aus der Hand, um genauer hinzusehen.

«Du auch? Ist ja der Hammer!»

«Kannst du laut sagen.»

Nach einer Minute lässt sie mich los, mustert mich und denkt nach, was ich an ihrer Stirnfalte erkenne. Schließlich legt sie den Kopf schief und zieht eine Augenbraue hoch.

«Moment, das kann nicht sein. Wenn ich richtig gerechnet habe, dann wäre der Zeugungstermin ungefähr …»

Ich schließe die Augen in der Hoffnung, sie kommt nicht drauf. Aber Greta ist leider klug.

«… die Grillparty!»

Ich beiße mir auf die Unterlippe und nicke schuldig.

«Ist'n Scherz, oder?», fragt Greta.

«Leider nein.»

«Du bist von Papa schwanger!»

Wie sich das anhört! Schrecklich! Wenn das jemand hört!

«Psst, nicht so laut!»

Ich nicke, sie bricht in lautes Lachen aus, und ich weiß wirklich nicht, welche Reaktion mir besser gefällt: die meiner Mutter oder die meiner Tochter.

«Ich bekomme ein Geschwisterchen! Ich werde eine große Schwester! Wie krass ist das denn?!» Euphorisch umarmt mich Greta erneut. Süß, denke ich und erinnere sie daran, dass sie selbst sogar Mutter wird.

Sofort beruhigt sich meine Tochter und redet ohne Punkt und Komma auf mich ein, stellt mir tausend Fragen, erzählt mir tausend Dinge, und zum ersten Mal habe ich das Gefühl, mein erwachsenes Kind und ich sind auf Augenhöhe. Dabei ist sie viel stärker als ich. Wir vergleichen unsere Mütterpässe, reden über Babynamen, Spielzeug und Stillen in der Öffentlichkeit und stecken unsere Nasen in verschiedene Magazine für werdende Eltern. Nur, dass wir beide zwei alleinerziehende werdende Mütter sind und in vielerlei Hinsicht unsere Meinungen weit auseinandergehen.

«Und wann willst du's Papa sagen?», fragt sie und reicht mir ein Glas Wasser.

Ich zögere, trinke ganz langsam Schluck für Schluck, als brächte mir dieses Wasser die absolute Erkenntnis. Verzweifelt suche ich nach einer Antwort.

«Weiß nicht. Gar nicht?» Ich glaube, das war keine gute Antwort. Gretas Gesicht friert ein.

«Kannst du nicht bringen. Irgendwann kommt's raus, und wenn er's um acht Ecken erfährt, ist die Wahrheit viel schlimmer.»

Jetzt muss ich mich doch sehr wundern!

«Ach, und was ist bitte schön mit T.?»

«Das ist ja wohl was ganz anderes!»

«Wieso?»

«Ich bin nicht mit T. verheiratet, so wie Papa und du.»

«Deshalb sollte er trotzdem erfahren, dass er Vater wird und Verantwortung übernehmen soll.»

«Und Papa nicht, oder wie?»

«Nein! Papa braucht diese Verantwortung jetzt nicht zu übernehmen. Das kann ich alleine. Du nicht!»

«Aber ich bin auch erwachsen und brauche T. nicht für mein Baby!»

Ich streiche meiner Tochter die Haare hinters Ohr, wie eine Mutter das so macht, wenn sie ihrem Kind Liebe und Fürsorge zeigen will.

«Aber dein Baby braucht einen Vater, und es hat ein Recht auf zwei Eltern. Vielleicht ist T. ja gar nicht so übel als Papa. Finde es heraus. Du musst ihn ja nicht sofort heiraten.»

«Bloß nicht», ist Gretas erste Reaktion, aber dann gibt sie zu: «Wahrscheinlich hast du recht.» Dann überlegt sie kurz. «Aber Papa und du – ihr wolltet doch immer ein zweites Kind.» Das stimmt so nicht ganz. *Ich* wollte immer ein zweites Kind. Wir haben Greta nie gesagt, dass Sven dagegen war. Folglich weiß sie auch nichts von der Sterilisation.

«Ich sag's ihm schon. Aber er muss das *jetzt* nicht wissen. Das würde alles doch nur komplizierter machen.»

«Was denn *alles*?»

«Zum Beispiel die Scheidung?!»

«Aber wenn er doch der Vater ist ... Und vielleicht ist die Scheidung dann sowieso hinfällig.»

Ich muss mich sehr wundern. Bis eben war sie noch so ein kluges Kind. Das muss an der Hormonumstellung durch die Schwangerschaft liegen.

«Die Scheidung steht nicht zur Debatte! Und dass ich von meinem Mann, deinem Vater, schwanger bin, wird er vorerst nicht erfahren. Von niemandem. Klar?!» Schlagartig ist es vorbei mit der Augenhöhe, und ich rede mit Greta wie eine Mutter mit ihrer ungehorsamen Tochter. Dabei will ich das gar nicht. Also Augen zu, tief ein- und ausatmen und ganz ruhig neu ansetzen.

«Greta, ich möchte diese Schwangerschaft genießen. Du müsstest mich doch jetzt am besten verstehen. Du kennst doch deinen Vater. Er würde ein Riesentheater um sein Baby veranstalten, mir auf den Pelz rücken und mir ständig auf die Nerven gehen.»

Verständnisvolles Nicken.

«Stimmt. Genau deshalb habe ich ihm auch noch nicht gesagt, dass er Opa wird.»

Also doch ein kluges Kind. Ich bin erleichtert. Sie will noch etwas hinzufügen, zögert aber und denkt laut nach.

«Aber er und Julia wollen doch jetzt auch noch ein Baby.»

«Genau, und stell dir mal vor, Julia erfährt von meiner Schwangerschaft.»

Greta verzieht das Gesicht. «Besser nicht!»

Sven ist unberechenbar. Er will im Zweifelsfall alles. Ich will *ihn* aber nicht. Ich will nur das Baby – da bin ich egoistisch.

«Lass mich erst mal zur Ruhe kommen, dann sag ich's ihm schon.»

«Und wenn Papa mich nach dir ausfragt?»

Langsam geht sie mir auf die Nerven. «Kein Wort! Oder ich besorge mir von Harry die Nummer seines Neffen und rede selbst mit T.», warne ich Greta mit einem Blick, den nur Mütter draufhaben.

«Okay, schon klar! Ich mach' das, sobald er sich über Skype meldet.»

«Versprochen?»

«Versprochen, Mama! Aber sag mal, was ist denn jetzt eigentlich mit Andresen?»

«Nichts. Es ist aus.»

Ich habe absolut keine Lust, das Thema jetzt auszuwalzen. Zum Glück wird unser Gespräch von Gretas Mitbewohnern Elisa aus Italien und Ole aus Hamburg unterbrochen, die nach Hause kommen. Sie setzen sich gemütlich zu uns in die Küche, wir trinken Kaffee und Tee, essen Brötchen mit selbstgemachter Marmelade von Oles Mutter, und wir quatschen zu viert, wie das wird, wenn Greta und ich gemeinsam mit dicken Bäuchen herumlaufen. Es ist ein bisschen wie früher, zu meinen WG-Zeiten, wenn alle Mitbewohner zusammensaßen und ewig diskutierten. Und irgendwann überlegen Ole und Elisa, aus Solidarität auch ein Kind zu machen, wodurch wir ganz nebenbei erfahren, dass sie neuerdings ein Paar sind. Manchmal fügen sich die Dinge.

2

EIN PAAR TAGE SPÄTER komme ich aus der Agentur und bin mit Ursel und Bea bei Pavel verabredet. Es lohnt sich nicht, vorher noch nach Hause zu radeln, weshalb ich eine halbe Stunde zu früh bin. Ich will gerade die Straße zu *Müllers Büro* überqueren, da sehe ich durch eines der großen Fenster, wie Bea und Ursel sich vom Tisch erheben und jemanden mit herzlicher Umarmung verabschieden, der kurz darauf aus dem Café kommt.

Paul.

Ihn zu sehen, versetzt meinem Herzen einen Stich. Gut sieht er aus. Ich vermisse ihn wirklich sehr. Er bemerkt mich nicht, schwingt sich auf sein Fahrrad, das an der Hauswand lehnt, krempelt sein rechtes Hosenbein hoch und fährt los. Aber ich sehe, was er nicht sieht, nämlich, dass da ein Auto aus einer Parklücke ausschert, während Paul damit beschäftigt ist, seine hängen gebliebene Hose von der Pedale zu befreien.

«PAUL!», brülle ich, so laut ich kann, über die Straße, um das Unglück zu verhindern. Paul schafft es noch, dem Auto auszuweichen, stürzt aber bei dem Manöver und rutscht mit dem Fahrrad über die Fahrbahn, die zum Glück eine Einbahnstraße ohne Gegenverkehr ist. Die Autofahrerin hat nichts davon mitbekommen und fährt einfach weiter. Ich merke mir das Kennzeichen und renne so schnell wie möglich über die Straße zu Paul, in Angst, ihm könnte etwas Ernstes passiert sein. Aber er rappelt sich schon wieder auf.

«Hey, alles in Ordnung? Bist du verletzt? Soll ich einen Arzt rufen? Oder ein Taxi?»

Dabei berühre ich ihn ganz selbstverständlich und prüfe, ob seine Arme und Beine nicht gebrochen sind, sein Kopf in Ordnung ist.

«Schon gut», sagt Paul, aber ich beachte nicht, was er sagt, und begutachte eine blutende Schramme in seinem Gesicht. «Schon gut», wiederholt er deutlicher und schiebt meine Hände von sich. «Ich bin okay. Nichts passiert.»

«Aber du musst doch ...»

«Lass mich», sagt Paul.

Ich helfe ihm auf die Beine, was er nur widerwillig zulässt. Er schaut mich an und schüttelt den Kopf, als wolle er sagen «Bemüh dich nicht». Dann hebt er sein Fahrrad auf und geht. Ohne ein Wort.

Seltsames Gefühl. Es tut weh, zurückgewiesen zu werden.

Ich wende mich meinem eigentlichen Ziel zu, wo Ursel, Bea und Pavel in der Tür stehen und mich in ihre Mitte nehmen. Pavel schließt hinter mir die Tür.

«Ist er in Ordnung?», fragt er besorgt.

«Ich denke, schon», antworte ich und schaue Pavel fragend an. «Was hatte Paul denn hier zu suchen?»

«Ich wüsste nicht, dass er Hausverbot hat», sagt Pavel.

«Nein, aber was wollte er hier?»

Bea und Ursel wechseln einen ernsten Blick, um sich gegenseitig zu vergewissern, dass sie mir eine Erklärung schulden. Wie wahr.

«Er war hier, weil wir ihn darum gebeten haben», sagt Bea.

«Was? Und wieso?»

«Wegen der Reise», ergänzt Ursel. «Wir wollten einfach nur sichergehen, dass Paul uns auch weiterhin beraten kann.»

«Na, weil ihr euch doch getrennt habt», setzt Bea nach.

«Es gab da einfach noch ein paar offene Fragen wegen der Routenplanung und der Länge der Etappen und so ...»

«Ja und?»

Ursel lässt es raus. «Er leidet. Obwohl er versucht, sich nichts anmerken zu lassen. Aber eure Trennung macht ihm zu schaffen.»

«Vermutlich war er deshalb so durch den Wind, als er dich gesehen hat», sagt Bea. «Jedenfalls hat er sich nach dir erkundigt.»

«Ja … und? Meine Güte, jetzt lasst euch doch nicht jedes Wort aus der Nase ziehen!»

Ursel schaut mich irritiert an. «Was sollen wir ihm schon gesagt haben? Wir wissen ja auch nichts Genaues.»

«Du musst schon mit uns reden, damit wir was ausplaudern können», sagt Bea spitz.

Ich blicke in die fragenden Gesichter meiner Freundinnen und lege das Ultraschallfoto meines Kindes auf den Tisch.

«Ich habe mich *dafür* entschieden. Und … ich hab' mein Ticket storniert», höre ich mich sagen, denn irgendwann muss ich es ihnen ja sagen. Ich habe lange drüber nachgedacht und dann ganz eigenmächtig diese Entscheidung getroffen. «Ich übernehme auch alle anfallenden Gebühren.»

«Storniert?!», wiederholt Ursel.

«Das hast du nicht gemacht!» Bea ist die Enttäuschung anzusehen und anzuhören. Ihr ganzer Körper verliert seine Spannung, und auf den Schock bestellt sie erst mal per Handzeichen einen Willi. Pavel schenkt mitfühlend ein, wobei er mir einen wohlwollenden Blick schenkt. Bea kippt den Birnenschnaps auf ex. Ursel drückt mich und strahlt wie ein Weihnachtsbaum an Heiligabend.

«Das finde ich richtig mutig! Eine gute Entscheidung!», freut sie sich und nimmt auch einen Willi, zur Feier des Tages. Es gibt immer einen Grund für guten Obstler, und Pavel schenkt ein. Nur mir nicht, und das wird sich auch die nächsten Monate nicht ändern.

«Ihr könnt doch ohne mich fliegen. Wirklich! Kein Problem!», versichere ich meinen Freundinnen, die aber beide die Köpfe schütteln.

«Auf gar keinen Fall! Entweder wir alle zusammen oder keine. So war das abgemacht, und so wird das auch gemacht.» Bea ist zwar enttäuscht, lässt sich aber dann doch zu einer Umarmung hinreißen, bei der sie mir ins Ohr flüstert, dass sie mich für absolut verrückt hält. «Dass du dir das antust in deinem Alter!» Für Bea völlig unverständlich.

«Natürlich stornieren wir alle drei!» Ursel lässt keinen Zweifel darüber aufkommen, dass Feuerland abgeblasen wird.

«Aber aufgeschoben ist nicht aufgehoben.» Bea besteht auf einen Nachholtermin der Reise innerhalb der nächsten drei Jahre. «Sonst werde ich zu alt für solche Abenteuer!», lacht sie. Außerdem muss ich versprechen, sie zu Patentanten zu machen. «Das arme Wesen! Kann man nur hoffen, dass mir nichts passiert, solange es keine achtzehn ist.»

Wir stoßen an, und ich bin dankbar, dass ich so gute Freundinnen habe.

Dieser laue Sommerabend ist so vielversprechend und wunderbar leicht. Ich fühle mich gleichzeitig reif und jung, stark, ausgeglichen und mit mir im Reinen. Frei von Ballast, Entscheidungsdruck und Übelkeit. Ja, das ist es! Mir ist plötzlich gar nicht mehr schlecht! Es ist womöglich ausgestanden. Ich fühle mich rundum gut. Mein Leben scheint mit einem Mal unbeschwerter. Und ich habe Hunger. Pavel macht mir eine große Portion Pasta mit Rucola, Kirschtomaten und Parmesan. Einfach und köstlich! Und sogar mit Knoblauch.

«Und was ist mit Sven? Wenn du nicht geschieden bist, ist das doch sein Kind. So rein rechtlich, oder?», fragt er ganz nebenbei, während er mir mit der überdimensionalen Mühle schwarzen Pfeffer über die Paste gibt.

Fast bleibt mir der Bissen im Hals stecken. Ich schließe kopfschüttelnd die Augen. Kann ich nicht einfach hier sitzen und den Moment genießen? Einfach mal ein Glücksgefühl bewusst wahrnehmen und auskosten? Aber Pavel lässt mich nicht. Er versteht es bravourös, mir den Moment zu verderben. Aber er hat verdammt noch mal recht. Wenn ich bis zum Geburtstermin im Februar nicht geschieden bin, wird das Baby juristisch als Svens und mein eheliches Kind geboren. Im Normalfall wäre das wünschenswert. Es gibt ja sogar Paare, die kurz vor der Niederkunft heiraten, damit es genauso kommt. Ich gehöre definitiv nicht dazu und muss verhindern, dass Sven vor dem Scheidungstermin erfährt, dass es sein Kind ist. Sonst werde ich ihn nie los! Nie, nie, nie! Zum Glück bin ich nicht auf Unterhalt von ihm angewiesen. Ach, wenn doch nur diese Scheidung schon durch wäre!

Wir quatschen noch ein Stündchen, und als ich aus *Müllers Büro* komme, habe ich wieder Pauls blutendes Gesicht vor Augen. Ich muss zu ihm. Ich muss wissen, ob es ihm gut geht. Und außerdem muss ich ihm sagen, dass ich mir das Kennzeichen des Autos gemerkt habe, das ihn gerammt hat. Alles gute Gründe, zu ihm zu fahren.

Aber er öffnet nicht, obwohl ich mehrmals klingele. Entweder ist er wirklich nicht zu Hause oder er macht nicht auf und beobachtet mich heimlich durch das Fenster. Wahrscheinlich geht er mir aus dem Weg. Würde ich auch so machen. Hab' ich auch. Und immer war Paul hartnäckig genug, mich zur Rede zu stellen. Immer bestand er auf Erklärungen, wenn ich ihn zurückgewiesen habe. Und jedes Mal haben wir wieder zueinandergefunden. Ich setze mich auf die Eingangsstufen des Altbaus und erinnere mich an unsere erste Nacht nach dem Abi-Ball. Irgendwann nehme ich mein Fahrrad und schiebe es nach Hause, ohne Paul gesehen zu haben. Aber ich habe einen Plan.

«Frau Odermann!», höre ich Rektor Hövelmanns Stimme hinter mir. Ich drehe mich um und blicke direkt in das strahlende Gesicht von Gretas ehemaligem Schulleiter. «Wie schön, Sie zu sehen! Wie geht es Greta? Genießt sie ihre Freiheit?»

Wir schütteln uns die Hände.

«Das kann man wohl sagen.»

«Was führt Sie zu mir?»

«Ich muss zugeben, dass ich gar nicht zu Ihnen wollte, sondern zu Herrn Andresen. Weil … wegen der … Musik. Vom Abi-Ball. Da sind noch ein paar Kabel übrig. Ich hab' da ja keine Ahnung, aber er … vielleicht.» Was stammele ich mir hier eigentlich zusammen?!

«Na, dann sollten Sie im Lehrerzimmer nachsehen. Die Pause hat gerade angefangen. Machen Sie's gut, Frau Odermann. Und nächstes Jahr übernehmen Sie dann wieder die Organisation.» Er hebt anerkennend den Daumen und verschwindet in seinem Büro, ehe ich widersprechen kann. Natürlich werde ich so bald keinen Abi-Ball mehr organisieren.

Ich klopfe an der Tür zum Lehrerzimmer, und das Gefühl ist noch immer genauso wie zu meiner Schulzeit. Ungut. Niemand klopft gerne an der Lehrerzimmertür, weil dahinter die geballte Lehrerschaft versammelt ist. Eine kleine Mittfünfzigerin mit hochgestecktem grauem Haar und Brille öffnet und schaut mich streng fragend an. Sofort fühle ich mich unter ihrem Blick wie zwölf.

«Ja?»

«'tschuldigung … Ich bin auf der Suche nach Herrn Andresen.»

Die strenge Lehrerin mustert mich und nickt, bevor sie die Tür hinter sich zufallen lässt. Ohne Worte. Ich drehe mich derweil um und schaue mir das Treiben in der Pausenhalle an. Ob mein zweites Kind auch hier zur Schule gehen wird? Bevor ich mich mit diesem Gedanken näher befasse, öffnet sich die Tür, und Paul steht vor mir, überrascht, mich zu sehen.

«Oh, ich dachte, da wäre eine Mutter, die mich sprechen will.»

«Bin ich ja auch. Gewissermaßen. Hast du eine Minute?»

«Na ja, ich hab jetzt Pausenaufsicht.»

«Ach, ich komm einfach mit. Wenn dich das nicht stört.»

Da kann er mir wenigstens nicht weglaufen oder mich anschreien. Er nickt, und wir schlendern gemeinsam über den Schulhof, wobei Paul wachsam in alle Richtungen schaut. Ich mustere ihn von der Seite und würde so gerne meinen Kopf in seine Kuhle zwischen Hals und Schlüsselbein legen. Dort, wo das Blut pulsiert.

«Also? Was gibt's?»

«Ich wollte eigentlich nur wissen, ob es dir gut geht? Nach deinem Unfall auf der Straße neulich.»

«Kein Ding. Kleine Schramme, mehr nicht.»

Ich krame einen Zettel aus meiner Tasche.

«Hier, das Kennzeichen. Du kannst mich gerne als Zeugin benennen. Ich hab' ja alles gesehen.»

Er nimmt den Zettel und steckt ihn ein.

«Ich glaube nicht, dass ich Anzeige erstatten werde. Ist ja nichts passiert. Aber danke.»

«Außerdem möchte ich mich aufrichtig bei dir entschuldigen. Ich … ich hab' dich verletzt. Das wollte ich nicht. Und ich hab' dich auch nicht betrogen. Damals waren wir noch gar nicht zusammen. Und …»

«Ich glaub nicht, dass das hier der richtige Ort dafür ist. Und ehrlich gesagt interessiert es mich auch nicht.»

Paul wirkt kühl und ist bemüht, Distanz zu wahren. Er schaut mich nicht mal an beim Reden.

«Aber es war der einzige Ort, wo ich dich mit Sicherheit antreffen konnte.»

Paul bleibt stehen und schaut mich endlich an.

«Vera, was willst du von mir? Es ist alles gesagt. Wir passen nicht zusammen. Und mit deinen tausend Bedenken liegst du vermutlich richtig. Das ist mir alles zu kompliziert mit dir.»

«Was soll das denn jetzt? Es lag ja wohl nicht nur an mir, dass es nicht funktioniert hat.»

«Was willst du? Einen Toy Boy, den du bei Bedarf mit nach Hause nimmst, ihn aber wegschickst, wenn er mehr von dir will? Da bin ich eindeutig der Falsche.»

«Spinnst du? Darum geht's doch gar nicht.»

«Doch, es ging immer genau darum! Aber du hast es nicht geschnallt! Weil du viel zu sehr mit dir selbst beschäftigt warst. Du braucht weder mich noch sonst wen.»

Ich will gerade etwas sagen, da rollt uns ein Tennisball vor die Füße, den Paul mit Karacho zurückkickt.

«Kein Fußball auf dem Schulhof! Beim nächsten Mal gibt's 'nen Brief!», brüllt Paul lauthals ein paar jüngere Schüler an, Fünftklässler vielleicht. Er ist echt sauer, und mir wird klar, dass das hier nichts mehr wird. Eigentlich wollte ich ihm sagen, dass ich das Kind nun doch bekommen werde und er dazu beigetragen hat, mich dafür zu entscheiden. Doch wozu das noch aussprechen. Mir reicht's. Aber er kommt mir zuvor.

«Du tust mir nicht gut, Vera, also lass mich in Ruhe!»

«Keine Sorge. Du hast recht: Es ist alles gesagt.»

Fast gleichzeitig ertönt das Zeichen zum Pausenende, und wir bemerken erst jetzt die Schülertraube, die sich hinter uns gebildet hat, um das Beziehungsdrama zu belauschen. Ist mir egal. Während ich den Schulhof verlasse, spüre ich Pauls Blicke im Rücken und weiß genau, dass er mich nicht zurückrufen wird und ich mich nicht umdrehen werde.

3

ZAGHAFT STECKT ANNE zuerst ihren Kopf durch meine Bürotür und dann Pelle, den sie vor der Brust im Tuch trägt.

«Hallo, Anne, komm rein!», bitte ich sie und mache eine einladende Handbewegung. Pelle schaut mich ganz aufmerksam an, als wollte er sagen «Hey, schön, dich zu sehen». Ich mag ihn wirklich sehr und weiß schon jetzt, dass er mit seinen strahlend blauen Augen viele Mädchenherzen erobern wird.

«Hallo, Vera, tut mir leid, aber dein Anruf kam etwas überraschend …»

«Alles gut! Schön, dass du so spontan kommen konntest. Setz dich.»

«Lieber nicht, dann muss ich den Kleinen runterlassen, und dann nervt er. Lieber so. Was gibt's?»

Das ist es, was ich so gut finde an Anne – ihre direkte Art. Sie hat keine Zeit zu verlieren.

«Du wolltest doch so schnell wie möglich wieder in den Job zurück. Jetzt hast du die Chance dazu. Ich werde mich in den nächsten Monaten Stück für Stück aus der Agentur zurückziehen – natürlich nur vorübergehend, bis die Elternzeit vorbei ist. Und …»

Darauf habe ich gewartet – Annes Gesicht, wenn sie erfährt, dass ich schwanger bin. Mit halb offenem Mund und weit aufgerissenen Augen versucht sie, ihre Frage zu formulieren.

«Du meinst, du bist schwanger?!»

Ich nicke lässig und grinse breit, als sei es das Normalste der Welt, mit 46 schwanger zu sein. Sie stürmt auf mich zu, um mich zu umarmen, vergisst aber den armen Pelle, der dabei fast von unseren Brüsten erdrückt wird.

Noch ist nicht zu erahnen, was dieser kurze Moment bei dem Jungen später auslösen wird, wenn Pelle ein erwachsener Mann ist. Vielleicht wird er niemals mit nur einer Frau glücklich werden, weil er vier Brüste bevorzugt. Oder er hat panische Angst vor Brüsten, weil er glaubt zu ersticken. Oder er wird nur androgyne Frauen lieben können – flach wie ein Brett. Oder er schließt Brüste komplett aus seinem Leben aus und wird schwul. Und das alles nur, weil er für ein paar Sekunden zwischen seiner Mutter und mir feststeckte. Und für seinen Analytiker wird es ein weiter Weg sein, bis er herausgefunden hat, wieso Pelle ein Busen-Problem hat.

Seine Mutter freut sich jedenfalls für mich, kann sich aber eine kleine Bemerkung über meine Risikoschwangerschaft nicht verkneifen. «Da gibt es so viel zu bedenken, wenn man die 35 überschritten hat.» Ich nicke wissend und leite rasch über zum Kern des Gesprächs.

«Ich habe eine ganz gute Ärztin. Und damit ich mir die Ruhe gönne, die ich brauche, bist du ja jetzt hier.»

Ich erzähle Anne von dem Kongress und der Zusammenarbeit mit Frau de Bryn und erkläre ihr, dass ich ihr und Karo das Projekt Stück für Stück übertragen möchte. Zum Glück ist Anne mit dem Projekt schon vertraut, weil sie ab und zu dem Team die eine oder andere Arbeit abgenommen hat. Und als ich ihr sage, dass sie mein Büro mitbenutzen und Pelle natürlich mitbringen kann, ist sie hellauf begeistert.

«Ich hab' mir gedacht, für Pelle hier im Raum eine kleine Krabbelecke einzurichten. Ich kann davon ja später nur profitieren», erkläre ich, und Anne nickt begeistert. Sie ist wirklich gut in ihrem Job, und ich wäre blöd zu riskieren, sie zu verlieren. Also schmiere ich ihr noch etwas mehr Honig um den Bart, obwohl das wahrscheinlich gar nicht nötig ist. Aber sicher ist sicher.

«Und wie's aussieht, steigen die Umsätze, denn die Auftragsbücher sind dank deiner hervorragenden Akquise voll. Das heißt, wir müssen langfristig neue Leute einstellen. Da sollten wir Müttern eine Perspektive bieten», höre ich mich sagen und fühle mich echt gut dabei. Anne muss nicht lange überlegen und nimmt mein Angebot an, das wir später noch genauer festlegen wollen.

Überrascht über meine Dynamik, stelle ich am Nachmittag dem ganzen Team und Frau de Bryn meine Pläne vor und mache damit meine Schwangerschaft öffentlich. Karo freut sich für mich, aber noch mehr darüber, dass sie entlastet wird, denn ihr Arbeitspensum ist durch den Frauenkongress enorm gestiegen. Danach wird sie mit ihren Überstunden einen mehrwöchigen Asientrip machen, was ich ihr absolut gönne. Zum Glück verstehen sich Anne und Karo gut, sodass hier keine Zickereien zu erwarten sind. Und dann ist da ja auch noch Felix, dem ich bei dieser Gelegenheit gleich ein Agenturvolontariat anbiete, weil er mittlerweile eine feste Säule im Team ist. Spontane Idee, die so nicht geplant war, aber meine Hormone sind gut drauf heute. Außerdem gehöre ich nicht zu den Chefs, die ihre Praktikanten ausnutzen und dann mit netten Worten verabschieden, um die nächste kostenlose Arbeitskraft auszupressen. Obwohl das natürlich wirtschaftlich besser für so einen kleinen Laden wie meinen wäre. Aber ich versuche, ein fairer Arbeitgeber zu sein, solange ich es mir leisten kann. Gute Arbeit und Engagement müssen honoriert werden.

Besonders Frau de Bryn freut sich für mich. Sie ist mehr als einverstanden mit meinen Plänen und bittet mich später zu einem Vier-Augen-Gespräch, vermutlich um die Arbeitsaufteilung genauer zu definieren. Alles läuft rund.

Als ich zwei Stunden später mit Frau de Bryn beim Essen sitze, will sie gar nicht über die Arbeit reden, sondern erzählt mir zum ersten Mal Persönliches über sich. Das überrascht mich, denn bislang hatten wir ein zwar herzliches, aber sehr geschäftliches

Verhältnis, bei dem sie nie viel von sich und ihrem Privatleben preisgegeben hat.

Und jetzt sitze ich hier bei einem Caesar's Salad und lerne eine völlig andere Frau kennen, die mich sehr beeindruckt.

Frau de Bryn ist Ende fünfzig und hat mittellanges, fast weißes Haar. Sie ist ein Meter achtzig groß, schlank und sehr stilvoll und teuer gekleidet.

«Sehen Sie mich an, Vera!»

«Sie sehen toll aus! Ich wünschte, ich ...»

«Papperlapapp! Alles gemacht und harte Arbeit. Ein paar OPs, ein Personaltrainer, viel Zeit beim Friseur und im Kosmetiksalon.»

«Na ja, dafür haben Sie immer hart gearbeitet. Sie haben es sich verdient.»

«Wohl wahr», sagt sie und nimmt einen Schluck Weinschorle. «Aber ich sag Ihnen jetzt mal was. Auch wenn es mir vielleicht nicht zusteht.»

Gespannt wie ein Flitzebogen, lausche ich den Worten von Frau de Bryn, die Constanze heißt. Aber wir bleiben weiterhin beim Sie.

«Ich komme aus einer wohlhabenden Familie. Einzelkind. Bin buchstäblich mit dem goldenen Löffel im Mund aufgewachsen. Beste Schulen und Universitäten, verkehrte immer in den besten Kreisen und habe schließlich früh geheiratet – Marc de Bryn. Unsere Ehe blieb leider kinderlos, und eine Adoption kam für meinen Mann nie in Frage. Er fügte sich sozusagen dem Schicksal. Ich zwangsläufig auch. Kaffee?»

Irritiert schaue ich zu dem Kellner an unserem Tisch auf. Ich bestelle Cappuccino und frage mich, worauf sie wohl hinauswill.

«Worauf ich hinauswill, ist ganz einfach. Ich habe mich immer politisch engagiert und vor allem für die Gleichstellung der Geschlechter eingesetzt. Am Ende war ich so mit diesen Dingen beschäftigt, dass ich meinen eigenen, tiefsten Wunsch, eine Familie zu gründen, immer hinten angestellt habe. Als ich das bemerkte, war ich fast 42 und fiel in eine tiefe Depression. Vielleicht eine Art Midlife-Crisis, keine Ahnung. Ich habe mir einen Therapeuten gesucht, viel geheult, über meine Familie geredet und mich in Arbeit gestürzt. Diese Krise hat zwar meine Ehe ordentlich durchgerüttelt, aber vier Jahre später bin ich trotz allem oder vermutlich deswegen schwanger geworden. Es war wie ein Wunder.»

«Das freut mich sehr für Sie!», sage ich.

Als Frau de Bryn das erzählt, hat sie für einen kurzen Moment einen unbeschreiblichen Glanz in den Augen, der pures Glück ausstrahlt. Diesen Blick habe ich bei ihr noch nie gesehen. Diese Frau beeindruckt mich immer wieder. Aber da verblasst dieser Glanz schon wieder.

«Ich habe mein Baby im sechsten Schwangerschaftsmonat verloren. Sein kleines Herz hörte einfach auf zu schlagen.»

Ich bin geschockt. «Oh nein, das tut mir so leid. Ich weiß gar nicht, was ich sagen soll.» Gleichzeitig denke ich: Wie kann sie mir das in meinem Zustand antun?! Was bezweckt sie damit? Will sie mir etwa dadurch die Schwangerschaft madig machen? Wieso? Was habe ich ihr getan?

«Sie müssen mich schrecklich finden, Vera, dass ich Ihnen das erzähle – in Ihrem Zustand. Vielleicht ist es tatsächlich rücksichtslos von mir, aber ich erzähle Ihnen meine Geschichte, um Ihnen Mut zu machen.»

«Aha. Bisschen seltsamer Weg, einer Schwangeren Mut zu machen, finden Sie nicht?»

«Ich will Ihnen nur sagen: Sie machen alles richtig, Vera. Nehmen Sie sich die Zeit, die Sie brauchen, um sich und Ihr Kind zu schonen. Vielleicht ist es Ihre letzte Chance, ein Kind zu bekommen. Nutzen Sie sie! Was bedeuten schon Äußerlichkeiten, wenn man ein Kind in sich wachsen spürt?!»

Ja, da hat sie absolut recht.

«Was ist aus Ihrer Ehe geworden?», frage ich, denn sie trägt keinen Ehering. Meine Frage scheint ihr absolut nichts auszumachen.

«Der Verlust des Babys hat meinen Mann und mich in eine noch viel tiefere Krise gestürzt, der wir nicht gewachsen waren. Wir haben uns scheiden lassen. Mein Mann hat heute zwei Kinder mit einer zwanzig Jahre jüngeren Frau. Ich gönne es ihm. Das Leben schlägt manchmal seltsame Haken.» Frau de Bryn schaut auf ihre Armbanduhr und ist plötzlich in Eile.

«Tut mir leid, aber ich habe noch einen Termin. Es war sehr schön, Vera, dass ich Ihnen meine Geschichte erzählen durfte. Eigentlich wollte ich Ihnen nur sagen, wie gut ich Sie verstehen kann und dass Sie meine ganze Unterstützung haben.» Dann greift sie über den Tisch nach meiner Hand und lächelt mich mütterlich an. «Machen Sie sich keine Sorgen. Sie tun das Richtige. Vertrauen Sie auf sich! Am Ende sucht sich das Leben seinen Weg.»

Das wäre ein schöner und weiser Schlusssatz. Doch bevor Frau de Bryn dem Kellner winkt, um die Rechnung zu zahlen, und nach ihrer Kostümjacke greift, halte ich sie am Arm zurück. Überrascht schaut sie mich an und wartet auf eine Erklärung.

«Gestatten Sie noch eine Frage, bitte.»

«Die wäre?»

«Haben Sie sich nach Verlust und Trennung wieder verliebt?»

Frau de Bryn lässt von ihrer Jacke ab und wendet sich mir wieder zu. Sie schaut mich an, denkt vermutlich darüber nach, was sie mir anvertrauen kann, und lächelt etwas. Schließlich nickt sie kaum wahrnehmbar, und ihre Stimme klingt plötzlich ganz weich.

«Ja, Sie haben recht. Das ist eine folgerichtige Frage. Und ich kann sie mit Ja beantworten. Dabei habe ich gar nicht nach einer neuen Liebe gesucht, weil ich Angst hatte, noch mehr Blessuren davonzutragen. Aber da ist man machtlos. Das passiert einfach.

Jede Gegenwehr ist sinnlos. Und er … mein … wie soll ich sagen … er ist deutlich jünger als ich.»

Das überrascht mich. Frau de Bryn hat einen jüngeren Partner. Der Kellner kommt und bringt die Rechnung.

«Sie sind natürlich eingeladen, meine Liebe.»

«Danke. Tut mir leid, aber ich muss Sie noch etwas fragen. Wie viel jünger?»

«Vera! Wie heißt es so treffend: Genießen und schweigen.»

Sie will gerade einen Schein auf das Tablett mit der Rechnung legen, da ziehe ich es ihr weg.

«Wissen Sie was? Heute lade ich Sie ein.»

Frau de Bryn versteht meine Geste und widerspricht nicht.

Von diesem Moment an sehe ich sie mit anderen Augen. Menschlicher. Leidenschaftlicher. Vielleicht geschieht so etwas, wenn man mehr über die Menschen weiß, mit denen man sonst nur beruflich zu tun hat. Dass sie mich bezüglich meiner Entscheidung für das Kind unterstützt, bedeutet aber leider nicht, dass sie künftig zimperlich mit mir umgeht. Wenn etwas nicht so klappt wie geplant, macht sie *mich* dafür verantwortlich. Wen sonst?

4

ICH HABE EINE WEITERE wichtige Entscheidung getroffen: Ich werde nicht umziehen, denn eigentlich liebe ich meine süße Dachwohnung mit der hübschen Terrasse. Von Greta habe ich die Erlaubnis, ihr altes Zimmer in ein Kinderzimmer umzugestalten, und so decke ich mich am Kiosk an der Ecke mit Zeitschriften ein, die mir und meinem Ungeborenen ein unglaublich glückliches und besseres Leben versprechen, wenn ich das alles gelesen und umgesetzt habe. Da geht's um babygerechte Einrichtung nach Feng-Shui, Farben und ihre psychologische Wirkung auf das Aggressionsverhalten von Kleinkindern, Biomöbel ohne giftige Zusätze, milbenfreie Teppiche aus natürlichen Materialien – handgeknüpft und fair gehandelt. Außerdem nehme ich eine Tüte Sourcream-Chips und eine Packung Karamellschokolade mit, die ich sonst nie angerührt hätte, dazu eine Flasche Malzbier mit unendlich viel Zucker. Für den Heimweg von knapp zweihundert Metern nehme ich ein erfrischendes Eis am Stil. Ich habe das Gefühl, ich kann mir ohne schlechtes Gewissen alles erlauben – bin ja schwanger!

Voll bepackt gehe ich nach Hause und fühle mich pudelwohl in meiner nagelneuen Latzhose, die ich mir vor ein paar Tagen als allererstes Schwangerschaftskleidungsstück gekauft habe, obwohl ich erst einen winzigen Babybauch habe. So stolziere ich also tiefenentspannt und glücklich Eis schleckend nach Hause, als ich sehe, wie ein Typ vor meinem Haus aus dem Kofferraum eines Kombis einen Kinderwagen zerrt und völlig unbeholfen versucht, das Ding auseinanderzuklappen, was offensichtlich gar nicht so einfach ist. Er erinnert mich an eine Mischung aus Louis de Funès und Didi Hallervorden, und ich muss laut lachen. Dann dreht sich der kurzhaarige Typ um – ich staune –, und wir müssen beide lachen.

Es ist Paul. Er war beim Friseur und hat jetzt einen sportlichen Kurzhaarschnitt. Sieht ziemlich gut aus, obwohl mir seine Surfer-Matte auch gut gefiel. Jetzt steht er hier vor mir und verzweifelt an diesem Kinderwagen, der plötzlich wie von Geisterhand auseinanderspringt und perfekt dasteht. Natürlich in schnittigem Sportdesign.

«Paul? Was machst du denn hier?»

Er schaut mich an, zögert und nimmt mich einfach in den Arm. Ich lasse es geschehen und versinke darin. Das hat mir so gefehlt. Und während mein Kopf auf Pauls Schulter liegt, sehe ich hinter ihm auf der Straße Sven im Auto vorbeifahren, und er sieht mich auch. Aber das ist mir in diesem Moment so was von egal, denn Paul ist da.

«Ich war bei Pavel.»

«Und er hat dir wieder alles erzählt, stimmt's?»

«Stimmt. Ich musste dich unbedingt sehen.»

Paul sucht nach den richtigen Worten und zeigt auf den Kinderwagen. «Weil ich zufällig gerade gar nicht in der Nähe war und weil ich so froh bin über deine Entscheidung, wollte ich dir den hier schenken, und … mich entschuldigen. Ich war so blöd zu dir neulich in der Schule.» Und sofort setzt er nach: «Wenn dir der Wagen nicht gefällt, können wir ihn auch umtauschen. Gar kein Problem. Nicht, dass ich was über deinen Kopf hinweg bestimmen wollte. Ich …»

Ich lege meine Hand auf seinen Mund, damit er nicht nach Erklärungen suchen muss und endlich still ist.

«Schon gut, Paul. Ich finde ihn schön. Kaffee?»

Jetzt greife ich nach seiner Hand, die mir so vertraut ist, und ziehe Paul hinter mir her zum Haus. Aber er stoppt mich und mustert mich von oben bis unten.

«Steht dir richtig gut.»

Wir grinsen uns an und kommen uns ganz nah, hier, mitten auf der Straße, wo eine warme Spätsommerbrise alle negativen Schwingungen, die es zwischen Paul und mir gab, einfach fortweht. Wir waren beide nicht nett zueinander.

Und dann geht alles ganz schnell. Plötzlich bemerke ich einen Schatten hinter Paul und höre einen dumpfen Schlag, wonach Paul sofort das Gesicht verzieht und sich krümmt. Sven! Er hat Paul ohne Vorwarnung von hinten gepackt und in die Seite geboxt.

«Du schon wieder! Ich rate dir, dich von Vera fernzuhalten, Freundchen!»

«Sven! Bist du verrückt geworden?!», schreie ich und versuche, Sven von Paul loszureißen, aber sie stürzen gemeinsam zu Boden. Sven hatte den Überraschungseffekt auf seiner Seite. Sonst hätte Paul ihn vermutlich fertiggemacht. Schließlich ist er Sven körperlich weit überlegen. Aber jetzt fällt mir ein, dass Sven mal zu Studienzeiten geboxt hat. Kurz, aber offenbar ist davon was hängengeblieben.

«Lass nur, Vera, wird Zeit, dass wir das klären!», stammelt Paul, rappelt sich auf und verpasst Sven einen Kinnhaken. Sven, der sich gerade aufrichten wollte, fällt wieder zurück, fasst sich an die Lippe und begutachtet das Blut an seiner Hand.

«Worauf du wetten kannst!», höre ich ihn mit dicker Lippe nuscheln. Jetzt geht die Prügelei richtig los. Ich halte die Hände vors Gesicht und kann gar nicht hinschauen.

Vorsichtig blinzele ich durch meine Finger hindurch. Eine kleine sensationslüsterne Zuschauermenge hat sich bereits gebildet und Nachbarn hängen an den Fenstern. Wie peinlich. Sven und Paul schubsen und hauen sich, treten, rempeln und boxen.

«Du wirst meine Frau nicht noch mal zum Weinen bringen!»

«Da bist du mir eindeutig um Jahre voraus!», höre ich Paul mühsam lachen. Er blutet aus der Nase.

«Was kann einer wie du ihr schon bieten?»

«Mehr als du! Von dir will sie nur die Scheidung.»

Wieder lacht Paul trocken auf und schleudert Sven dann Richtung Hauswand, aber Sven schubst Paul zurück, der stolpert nach hinten. Sofort stürzt sich Sven wieder auf ihn.

«Da kann sie lange warten», höre ich Svens Stimme.

Es ist nicht zu ertragen. Schon als Kind habe ich es gehasst, wenn meine Eltern in der dritten Person über mich sprachen, obwohl ich zwischen ihnen saß. Was geht nur in diesen Männern vor? Warum reden sie nicht offen über ihre Gefühle und Gedanken? Mit mir, mit sich, miteinander oder am besten gleich mit ihrem Therapeuten? Ich muss hier weg. Sollen sich die beiden doch die Köpfe einschlagen. Mir fällt ein, dass sich noch nie zwei Männer um mich geprügelt haben. Nicht schlecht. Eigentlich. Aber eben auch nicht gut, denn ich verabscheue Gewalt.

Ich schaue kurz zurück, bevor ich samt neuem Kinderwagen, der wirklich schön ist, hinter mir die Haustür schließe.

5

KAUM ZU GLAUBEN, aber ich koche. Nein, diesmal nicht vor Wut, sondern ich stehe tatsächlich seit Stunden in der Küche, um ein mehrgängiges Menü für Paul und mich zu kochen. Ein Versöhnungsmenü sozusagen. Nach seiner Auseinandersetzung mit Sven hat er sich bei mir entschuldigt. Es sei nicht seine Art, sich zu prügeln, aber bei Sven habe es einfach sein müssen. Wir haben jedenfalls beschlossen, noch mal von vorn anzufangen, allerdings erst mal nur als Freunde. Friends with benefits – vielleicht. Das wird sich nach dem Essen zeigen, denn wenn ich Pech habe, sind meine Kochkünste so lausig, dass ich die Benefits vergessen kann, weil dem Mann, den ich bekocht habe, wegen einer Lebensmittelvergiftung in der Notaufnahme der Magen ausgepumpt werden muss.

Basics kochen ist *eine* Sache. Pasta, Salate, Omelettes, Schnitzel – kein Problem. Alles andere ist eine echte Herausforderung, wie ich bald feststelle, denn ich habe ewig nicht groß gekocht. Zwischendurch überlege ich in Fünfzehn-Minuten-Abständen, das Handtuch zu werfen und Harry anzurufen, damit er mir hilft, was aber einer Niederlage gleichkommen würde und daher überhaupt nicht zur Debatte steht. Ich will das, und ich kann das! Erst recht lasse ich mich nicht von einem Bœuf Bourguignon ins Bockshorn jagen. Also ab damit in den Ofen!

Gerade als ich mich den Beilagen widmen will, klingelt es an der Tür, und ich gerate in Panik. Paul ist viel zu früh! Das Essen ist längst nicht fertig, die Küche sieht aus wie ein Schlachtfeld und ich sowieso. Kopflos versuche ich vor dem Spiegel ein ansehnliches Wesen aus mir zu machen. Vergebens. Es klingelt erneut. Also schön, denke ich. Du hast es so gewollt! Gestresst öffne ich, und zu meiner Überraschung steht da nicht Paul vor der Tür, sondern mal wieder Sven, der sich seit der Prügelei nicht gemeldet hat. Ich will die Tür sofort wieder schließen, bin aber zu langsam.

Völlig aufgelöst fällt er mir um den Hals. «Ich brauche unbedingt jemanden zum Reden.»

«Hast du keinen Therapeuten?», frage ich trocken und mache einen großen Fehler, denn ich lasse ihn in die Wohnung. Dabei hätte ich ihn sofort rauswerfen sollen. Ich Idiotin. Aber so bin ich eben nicht. Es könnte ja wer weiß was mit ihm sein: Krebs, der Tod seiner Mutter, Arbeitslosigkeit oder alles zusammen. Immerhin ist er mein Mann, und wir haben viele Jahre Seite an Seite verbracht und vertrauen einander. Unsinn – er vertraut mir. Nicht zuletzt schulde ich ihm meinen Beistand, nachdem er neulich auch meine Tränen getrocknet hat.

«Stör ich?»

«Ja!»

Er ignoriert das, schaut sich um und schnuppert.

«Du kochst? Riecht gut, was gibt's denn?»

Was soll das werden? Ratestunde? Smalltalk?

«Kannst du's bitte kurz machen!»

«Krieg ich wenigstens einen Kaffee?»

Nein, denke ich, mache ihm einen Kaffee und frage besorgt nach. Auch das hätte ich besser sein gelassen, denn es folgt eine fast unerträgliche Jammerarie über seine Beziehung.

«Ich weiß nicht, was ich machen soll. Du musst mir einen Rat geben, Vera. Bitte!» Dann mustert er mich aufmerksam. «Siehst gut aus. Hast du zugelegt?»

Ich hätte ihn wirklich vor der Tür stehen lassen sollen und verfluche meine Gutmütigkeit.

«Wo ist das Problem? Ihr seid doch ein Herz und eine Seele», spotte ich.

«Lass den Ton, bitte! Es ist schwierig genug.»

Ich atme laut aus und schüttele den Kopf.

«Damit kommst du ausgerechnet zu mir? Als ich dich das letzte Mal gesehen habe, hast du dich vor meinem Haus benommen wie ein wild gewordener Stier.»

«Das war blöd, ich weiß. Tut mir auch leid. Ich dachte nur, dass dich der Typ wieder belästigt. Vera, ich habe niemanden, mit dem ich so reden kann wie mit dir.»

Ach! Wo sind denn jetzt alle seine Kumpel, die mit ihm durch dick und dünn gehen und keinen Jux auslassen, keine Möglichkeit zum Fremdgehen verschmähen und denen keine noch so dämliche Ausrede und Notlüge zu blöd ist? Um ihn schnell wieder loszuwerden, heuchele ich Anteilnahme.

«Was ist denn mit deiner Julia?»

«Sie ist so fordernd. Und ihre Tochter …»

«Die süße Scarlett», betone ich spitz und kassiere sofort einen warnenden Blick, der sich aber schnell auflöst.

«Ja, du hast recht. Die süße Scarlett ist eine schrecklich verzogene Rotzgöre, der ich mehrmals täglich den Hals umdrehen könnte.» Das klingt ernst.

«Dieses Kind treibt mich zur Weißglut. Kein Vergleich zu Greta in diesem Alter.»

«Was du nicht sagst. Und außerdem?»

«Außerdem setzt sie mich permanent unter Druck mit ihrem Kinderwunsch.»

«Die Rotzgöre?»

«Nein, ihre Mutter natürlich.»

Sven sieht wirklich fertig aus. Ich nehme mir eine Cola aus dem Kühlschrank, was nicht unkommentiert bleibt.

«Seit wann trinkst du Cola?»

«Seit ich … Seit diesem Sommer. Zurück zu dir. Du wolltest doch alles nachholen, was du mit Greta verpasst hast, und eine neue Familie gründen.»

«Ja, schon, aber so hab' ich mir das nicht vorgestellt. Und genau genommen bin ich ja auch nicht mehr der Jüngste.»

«Ach! Was heißt das jetzt?»

«Ich meine, ich darf ja nicht nur an mich denken. Man muss ja auch an so ein Kind denken. Das hätte dann einen alten Vater.»

«Ach was!»

«Ich hab mir da was vorgemacht. Du weißt doch selbst, dass ich längst mit dem Kinder-Thema durch bin. Ich hab' dafür einfach nicht mehr die Nerven. Außerdem werde ich ja bald Opa. Das heißt, wir werden Großeltern, Vera!» Mit einem Mal hellt sich Svens Gesicht auf.

«Oh, dann hat sie's dir endlich gesagt?»

«Natürlich weißt *du* es schon länger, oder wie?»

«Unwesentlich.»

«Und ich bin wie immer der Letzte, der irgendwas erfährt.»

Damit hat er leider recht.

«Und wie findest du's?»

«Was?»

«Dass Greta schwanger ist.»

«Ganz ehrlich?», fragt er und schaut mich besorgt an.

Ich nicke auffordernd.

«Sie ist zu jung.»

«Sehe ich genauso», sage ich. Wenigstens sind wir uns in diesem Punkt einig.

«Ich konnte es ihr nicht ausreden.»

Ich schüttele den Kopf. «Völlig sinnlos. Hab ich auch versucht. Sie kommt eben nach dir.» Diese kleinen Spitzen sollte ich mir wirklich abgewöhnen! Machen aber Spaß.

«Was soll das denn jetzt?» Sven klingt empört. Hätte nicht gedacht, dass ich ihn damit treffen kann. «Ihre Dickköpfigkeit hat sie ja wohl eindeutig von dir», setzt er nach.

«Bitte, Sven, tut mir leid. Lass uns nicht streiten.»

«Sie wollte mir nicht mal sagen, wer der Vater ist.»

«Mir auch nicht», lüge ich. Was soll ich denn sonst sagen? Ich schaue demonstrativ auf die Uhr, damit er endlich geht. Aber er macht keinerlei Anstalten.

«Was machen wir denn jetzt?»

«*Wir* machen gar nichts, außer unsere Tochter so gut es geht zu unterstützen. Sie ist erwachsen und hat offenbar ihre Entscheidung gefällt. Noch was?»

Sven nickt zögerlich.

«Julia ist auch völlig aus dem Häuschen wegen Gretas Schwangerschaft.» Wie schön, dass er es Julia auch sofort unter die Nase gerieben hat! «Jetzt macht sie mir noch mehr Druck.»

«Was hast du denn erwartet? Du hättest Julia eben kein Kind versprechen dürfen. Man verspricht nichts, was man nicht halten will.»

Wie ein Häufchen Elend sitzt Sven an meinem Küchentisch und heult fast. «Was mache ich bloß, wenn Julia schwanger wird? Jeden Monat das gleiche Zittern. Mir ist schon jede Lust auf Sex vergangen. Es ist schrecklich, Vera!»

Das sind eindeutig mehr Details, als ich wissen will. Ich lege ihm beruhigend die Hand auf die Schulter und setze mein Empathie-Gesicht auf, obwohl ich fern von Mitgefühl bin.

«Vielleicht solltet ihr darüber reden? Reden hilft.»

Sven schüttelt trotzig den Kopf.

«Nicht bei uns. Julia ist unerbittlich. Wenn ich ihr kein Kind mache, verlässt sie mich.»

Klare Ansage! Tatsächlich imponiert mir Julia für einen kurzen Moment.

«Dann hast du ein Problem.»

«Danke, das weiß ich.»

«Vielleicht liebt sie dich nicht.»

Sven schüttelt vehement den Kopf.

«Vera, du verstehst das nicht. Sie liebt mich so sehr, dass sie unbedingt ein Kind von mir will und selbst fast daran verzweifelt … also an mir jetzt.»

«Wer tut das nicht?» Mir reicht's. «Hör mal, Sven. Ich glaube, ich bin wirklich nicht der richtige Gesprächspartner. Geh zu Julia, rede mit ihr. Erklär ihr deine Ängste.»

Sven nippt an seinem kalten Kaffee.

«Tut mir leid, wenn ich dich damit belästige. Immerhin sind wir getrennt.»

«Richtig! Wegen Julia übrigens. Ich hab noch was vor, wie du siehst. Wenn du dann bitte …»

«Ach Mensch, ich bin so ein Egoist. Jetzt erzähl doch mal kurz: Wie geht's dir denn überhaupt?»

Ich habe keine Ahnung, warum er nicht einfach geht.

«Alles bestens.»

«Toll! Ich frag nur, weil … Wegen dem Lehrer. Seid ihr wieder zusammen?»

«Das geht dich nichts an!»

«Schon klar. Dein Leben. Aber wenn wir demnächst Großeltern werden, dann sehen wir uns wieder öfter. Wir beide – ein Dreamteam als Oma und Opa.»

Ich weiß gar nicht, was ich schlimmer finden soll: seine Sprüche, sein dämliches Grinsen oder beides. Er sollte jetzt wirklich gehen. Also mache ich mir Luft.

«Sven, du kommst hier her und bittest ausgerechnet mich, deine blöde Beziehung zu kitten? Das ist wirklich das Allerletzte. Wie kann man nur so unsensibel sein? Hast du dabei nur einmal an mich gedacht? Was habe ich dir getan, dass du so respektlos mit mir umgehst und mich einfach nicht in Ruhe lässt?! Was ist dein Problem?!»

Und dann haut er's raus.

«Du fehlst mir.»

Bitte nicht! Nicht das jetzt auch noch! Das ertrage ich nicht! Aber Sven ist erbarmungslos. «Ich muss immer an dich denken, seit unserer letzten gemeinsamen Nacht.»

Ich drehe gleich durch.

«STOPP! Ich warne dich! Sprich es bloß nicht aus! Diese Nacht hat nichts bedeutet! Gar nichts!»

«Mir schon.»

«Du irrst dich, Sven. Geh nach Hause zu deiner Freundin», sage ich und bringe ihn zur Tür, die ich demonstrativ weit öffne, ohne zu ahnen, dass Paul mit einem Blumenstrauß dahinter steht und uns überrascht anschaut. Die Männer erkennen sich und verharren beide wie zwei Rüden mit aufgestellten Nackenhaaren, die bereit sind, jeden Moment aufeinander loszugehen.

«Ich warne euch!»

Schnell ziehe ich Paul in die Wohnung, schiebe Sven hinaus, schließe die Tür und höre Svens Schritte im Hausflur verhallen.

Obwohl mir das Essen tatsächlich gelungen ist, will so richtig keine Stimmung aufkommen zwischen Paul und mir. Der Abend ist zwar sehr schön, und wir unterhalten uns auch über alles Mögliche, aber es knistert nicht, und kurz vor Mitternacht geht Paul nach Hause. Ich räume noch auf und spüle das Geschirr, obwohl ich eine Spülmaschine habe, denn dabei kann ich gut nachdenken. Sven hat es tatsächlich geschafft, sich durch eine Hintertür wieder in meine Gedanken zu schleichen.

6

EIN PAAR WOCHEN SPÄTER ist es wieder so weit – der nächste Scheidungstermin. Nachdem die Richterin selbst wegen Krankheit auch noch einmal den Termin verschieben musste, stehe ich erneut mit Toni im Gericht und warte.

Toni strahlt mich über das ganze Gesicht an und hält mir demonstrativ ihre linke Hand vor die Nase, um mir ihren dicken, fetten Verlobungsring zu zeigen. Natürlich ein Diamant, halbes Karat, in Weißgold gefasst. Klobig, aber er passt zu ihr, denke ich.

«Gut, er ist etwas klobig, aber ich find' ihn gut so. Man kann ruhig zeigen, was man hat, oder?», kommentiert Toni meinen Blick. Ich sollte an meiner Mimik arbeiten.

«Wer ist denn der Glückliche?»

Toni lacht und schaut sich um, denn im gleichen Moment kommen Sven und sein Anwalt Bruno den Gang entlang, gefolgt von keiner Geringeren als Julia, die rasch aufholt und sich demonstrativ bei Sven unterhakt, als müsse sie ihren Besitz sichern. Die Gruppe kommt näher, wir nicken uns höflich zu. Nur Bruno kommt zu uns rüber, und Toni zieht ihn zu sich ran.

«Das ist er, Tante Vera», strahlt Toni.

Das hätte ich mir ja denken können. Der arme Bruno ist tatsächlich in Tonis Netz gegangen. Dieses kleine Biest hat sich einen dicken Fisch geangelt. Und wie's aussieht, scheint sogar Liebe im Spiel zu sein, denn so aus dem Häuschen habe ich Toni nie zuvor gesehen. Das muss ich so bald wie möglich mit Bea auswerten.

«Hallo, Vera, gut schaust du aus. Glückwunsch!», begrüßt mich Bruno mit einer kurzen Umarmung und verliert kein weiteres

Wort über meine Schwangerschaft, obwohl Toni ihm bestimmt davon erzählt hat. Diskret wie immer, ohne viel Aufhebens. So kenne ich ihn.

«Bruno, schön, dich zu sehen. Und schön, dass du diesmal auch deinen Klienten mitgebracht hast. Und seine Partnerin ist auch gleich mitgekommen.»

«Sie wollte es so. Als moralische Unterstützung sozusagen», schmunzelt Bruno.

Mir wird warm. Gerade als ich meinen Trenchcoat ausziehe, kommt Sven auf mich zu, um mich zu begrüßen, und bleibt plötzlich wie angewurzelt vor mir stehen. Er starrt mich an wie vom Blitz getroffen und glotzt mir auf den nun schon deutlich sichtbaren Babybauch, der sich nicht mehr verstecken lässt. Wozu auch?

«Also doch! Ich glaub's nicht! Du bist schwanger! Etwa von diesem Referendar?!» Sven hat plötzlich einen hochroten Kopf und ringt nach Luft. «Hab ich's doch gewusst!»

«Sven, beruhige dich! Das spielt doch überhaupt keine Rolle.»

Aber statt sich abzuregen, regt er sich immer mehr auf, und seine Julia steht konsterniert daneben – sprachlos, reglos.

«Du fragst mich ernsthaft, was das für eine Rolle spielt? Du bist meine Frau! Du bist immer noch meine Frau und von irgendeinem Bubi schwanger!»

Julia wirkt – zu Recht – verstört und ich bin kurz davor auszurasten.

«Herrgott, jetzt reiß dich aber zusammen! Ich bin nur noch auf dem Papier deine Frau. Und das hoffentlich nicht mehr lange.»

«Jetzt sag ich dir mal was: Solange wir zwei nicht geschieden sind, ist das mein Kind, das …»

«Wieso das denn?! Du willst doch gar kein Kind mehr!»

Ich bin echt sauer und verliere langsam die Geduld.

Julia scheint es ähnlich zu gehen wie mir. Sie geht auf Sven zu und verpasst ihm eine schallende Ohrfeige. Recht hat sie. Am liebsten würde ich es ihr gleichtun, aber eine reicht.

«Wie kannst du mich so demütigen», zischt Julia theatralisch, als hätte sie das hundertmal auf einer großen Bühne oder vor laufender Kamera geübt. Ganz großes Kino! Doch das Beste kommt noch. «Du wirst jetzt dort in den Saal gehen und dich endlich von deiner bescheuerten Frau scheiden lassen. Und es ist völlig egal, von wem die Schlampe schwanger ist. Klar?!»

Ich glaube, mich verhört zu haben. Jetzt geht sie eindeutig zu weit, finde ich und wechsele einen empörten Blick mit meiner Anwältin, die schon die Messer wetzt.

«Entschuldigen Sie, aber ich würde es begrüßen, wenn Sie nicht so beleidigend über meine Mandantin reden würden, sonst müssen wir in Erwägung ziehen, Sie zu verklagen, und das könnte teuer für Sie werden.»

Julia schickt Toni und mich mit eiskalten Blicken in die ewige Verdammnis.

«Odermann gegen Odermann bitte in Saal 2», tönt eine Stimme aus dem Lautsprecher neben dem Gerichtssaal. Wir wollen uns gerade in Bewegung setzen, da fasst sich Sven ans Herz, verzieht das Gesicht, stöhnt und bricht zusammen. Besorgt beugt sich Bruno über ihn, aber Julia drängelt sich schnaubend vor Wut dazwischen, packt Sven am Kragen seines Sakkos und schaut ihn funkelnd an.

«Wenn du diese Nummer jetzt durchziehst, Svenni, dann werde ich dich verlassen, ich schwör's!»

Mit weit aufgerissenen Augen hört Sven ihre Worte, schnappt nach Luft und sackt zu Boden, während Julia wütend auf ihren High Heels davonstakst. Sofort leistet Bruno erste Hilfe.

Zwölf Minuten später trifft der Notarzt ein. Bruno hat sein Bestes gegeben und seinem alten Freund das Herz massiert. Möglicherweise hat er Sven damit das Leben gerettet. Möglicherweise hat er ihm aber auch geholfen, seine Julia endlich loszuwerden. Auch eine Art Rettung.

Weil Bruno noch einen wichtigen Termin hat und Julia nicht zurückgekehrt ist, sitze ich im Rettungswagen und halte Svens Hand, während er unter einer Sauerstoffmaske um sein Leben ringt. Obwohl ich stinksauer bin, kann ich ihn doch nicht mutterseelenallein sterben lassen. Außerdem – wie sollte ich das Greta erklären? *Sorry, dein Vater musste allein sterben, obwohl ich ihm die Hand hätte halten können.* Und wie könnte ich weiterleben, immer in Erinnerung daran, dass wir uns vor seinem Tod nicht mehr versöhnt haben? Und wie würde ich das unserem gemeinsamen noch ungeborenen Kind später erklären, ohne mich schuldig zu fühlen?

Sven schaut mich dankbar mit angsterfülltem Blick an und drückt meine Hand. Todesangst, denke ich. So sieht also Todesangst aus. Dann wird mir einmal mehr bewusst, dass Sven sterben könnte, und mir gehen tausend Bilder unserer gemeinsamen Erinnerungen durch den Kopf. Ich muss einige Male schlucken, um nicht loszuheulen.

Als wir in der Klinik ankommen, geht alles ganz schnell. Sven bleibt in der Notaufnahme, und ich – als seine Frau – mache ganz selbstverständlich Angaben zu Person, Versicherung und Geschehnissen. Schließlich kommt der Chefarzt auf mich zu, und informiert mich darüber, dass Sven mit viel Glück noch am Leben ist. Dann nehme ich nur noch Wortfetzen wahr von dem, was der Kardiologe mir erklärt: Herzinfarkt. OP. Bypass. Reha.

Schließlich unterschreibe ich ein paar Formulare und warte. Und während ich so dasitze und nicht weiß, wie es um meinen Mann steht, beginne ich wieder, mich zu erinnern. An unser gemeinsames Leben, das eigentlich sehr erfüllt war. Venedig, die Hochzeit, unsere Urlaube, die Schwangerschaft mit Greta, der Hausbau. Es war nicht alles schlecht. Und vor allem hat Sven mir immer Sicherheit gegeben. Es fehlte uns an nichts, dafür hat er gesorgt. Er war von Anfang an absolut verantwortungsbewusst. Das hat mir an ihm immer besonders gefallen. Nie hatten wir existenzielle Sorgen oder Nöte. Und immer waren wir füreinander da. Zumindest zwei Drittel unserer Ehe. Das ist nicht wenig. Dann rufe ich Greta an und erzähle ihr, was passiert ist. Sie kommt.

Ein paar Stunden später ist die OP überstanden. Greta und ich atmen erleichtert auf. Den Tod haben wir vorübergehend aus unseren Gedanken ausgesperrt, allein schon, um unseren Ungeborenen keine schlechten Gefühle zu vermitteln. «Positiv denken», wiederholt Greta ständig. Später dürfen wir Sven auf der Intensivstation besuchen. Er ist an viele Monitore und Geräte angeschlossen, und überall piepst es. Wir setzen uns zu beiden Seiten an sein Bett und halten jede eine Hand. Sven ist noch sehr schwach und kann die Augen kaum öffnen, aber er lächelt, als er uns sieht.

«Ich hatte Angst, ich verliere dich», sage ich ganz leise und meine es genau so. Er drückt meine Hand ein wenig, und ich drücke seine.

«Wir sind da, Papa, mach dir keine Sorgen. Alles wird gut», flüstert Greta tapfer und kämpft mit den Tränen.

Vor der Klinik atmen wir erst mal durch. Ich hatte gehofft, dass Greta noch etwas Zeit hat, aber sie muss zu einem wichtigen Treffen ihrer WG mit dem Vermieter. Ich brauche jetzt unbedingt einen Drink – alkoholfrei natürlich – und setze einen Notruf ab, um den Rest des Tages nicht allein zu verbringen.

«Er hat dir eine Szene gemacht und ist einfach umgekippt?!»

Ursel ist fassungslos.

«Kein Witz?»

Auch Bea kann's nicht glauben. Würde ich auch nicht, wenn ich nicht dabei gewesen wäre.

«Leider nein», sage ich. «Er hatte danach 'ne dreistündige Herz-OP.»

«Dein Mann war schon immer ein Choleriker», weiß Ursel.

«Und seine Neue? Wieso ist die nicht mit ihm ins Krankenhaus gefahren?» Bea versteht das nicht.

«Sie hat gedacht, er macht nur Theater, und hat ihn sitzenlassen.»

«Nein!», staunen Ursel, Bea und Pavel gleichzeitig.

«Doch!», sage ich.

«Der Mann ist ein Albtraum. Habe ich immer gesagt», betont Ursel.

«Dann hätte ich mal besser auf dich gehört, aber hinterher ist man immer schlauer.»

Die drei schauen auf meinen Bauch, tauschen Blicke und verkneifen sich jeden weiteren Kommentar, wofür ich sehr dankbar bin.

«Und die Scheidung?»

«Frag deine Tochter», sage ich zu Bea. «Toni kümmert sich um den nächsten Termin.» Endlich kann ich das Thema wechseln. «Apropos – wie findest du deinen zukünftigen Schwiegersohn?»

Bea verdreht die Augen. «Bruno von Hodenberg. Ich hoffe, sie behält ihren Namen.»

Ursel schaut Bea prüfend an. «Sie meint das doch nicht ernst, oder? Will sie wirklich diesen Mann heiraten, der nicht nur schräg heißt, sondern irgendwie auch schräg ist?»

Jetzt muss ich mich einmischen und Bruno verteidigen. «Er ist ein absolut integrer Typ – kultiviert, anständig, erfolgreich, großzügig. Und offenbar hat er auch Geschmack, denn Bruno ist durchaus wählerisch.»

«Klingt, als hättest du von ihm eine Kuppelprovision kassiert», lästert Bea.

«Hattest du mal was mit dem?», fragt Pavel.

«Quatsch! Doch nicht mit Svens bestem Freund!»

«Ja und?» Pavel sieht das alles nicht so eng.

«Ich glaube, Toni liebt ihn wirklich», sage ich. Pavel, Bea und Ursel schauen mich irritiert an.

«Wie kommst du denn darauf?», fragt Ursel.

«Ausgerechnet du glaubst noch an die Liebe?», beeilt sich Bea zu fragen.

«Ja, ausgerechnet ich», antworte ich trotzig.

Im Gegensatz zu Sven, vermutlich. Wie sich später herausstellt, hat ihn seine Julia noch am Tag der OP mit Kind und Kegel verlassen, während er unterm Messer lag. Auch für mich ist das Ganze eher suboptimal, denn ich bin nach wie vor nicht geschieden von diesem Mann.

Paul rät mir immer wieder, mir nicht so viele Gedanken über Sven zu machen, weil mich das nur runterzieht, was auch das Baby spürt. Paul tut mir wirklich gut. Wir sehen uns wieder öfter, weil er für mich da sein zu will. Als Freund. Okay, ab und zu schlafen wir miteinander, aber das ist auch Freundschaft. Ohne ihn wäre ich jedenfalls längst durchgedreht wegen Sven.

Paul freut sich auf das Baby, obwohl er weiß, dass es nicht von ihm ist. Er bohrt auch nicht nach, um zu erfahren, wer der Vater ist. Unsere Freundschaft ist unverbindlich und unkompliziert. Manchmal sehe ich ihn tagelang nicht. Danach treffen wir uns wieder, haben Spaß und viel zu erzählen und ab und zu Sex.

Ich bin nicht sicher, ob er auch mit anderen Frauen ins Bett geht. Wäre aber okay. Wir können ja beide tun und lassen, was wir wollen. Wir wollen es ja beide so unverbindlich – glaube ich. Das heißt, eigentlich will ich es so. Jetzt findet er es aber auch gut und kann sich deshalb auch mit anderen Frauen treffen. Und mit ihnen schlafen. Wenn er will. Das ist völlig in Ordnung!

Obwohl? Ich … hasse es! Ich bin eifersüchtig und würde am

liebsten wissen, mit wem er seine Zeit verbringt. Aber das sage ich ihm nicht, denn ich will nichts Festes mit Paul, weil ich Angst davor habe, dass mein neues Leben im Chaos endet. Und das wäre für mich nicht gut und schon gar nicht für das Baby. Ich muss erst wieder Ordnung schaffen.

Und dazu muss ich geschieden sein.

7

SVEN WIRD NACH sieben Tagen aus der Klinik entlassen. Und weil er danach vier Wochen Reha in der Lüneburger Heide verbringt, sehe oder spreche ich ihn kaum.

Greta besucht ihn dort ein paarmal und berichtet mir anschließend, wie er sich verändert habe, was ich mir ehrlich gesagt kaum vorstellen kann. Er sei ruhiger geworden und freue sich riesig auf sein Enkelkind. Greta ist jedes Mal begeistert, wenn sie von ihren Besuchen bei Sven zurückkommt, der so entspannt sei und mit dem sie wahnsinnig gute Gespräche führen könne, über Themen, die sie früher nicht im Traum mit ihm besprochen hätte. Natürlich macht mich das neugierig, aber ich hake nicht nach. Außerdem bin ich etwas eifersüchtig auf Sven, der plötzlich vom Saulus zum Paulus geworden sein soll. Dabei verbindet mich doch momentan viel mehr mit Greta.

Bea, Ursel und Pavel haben sich schon beschwert, weil sie mich nur noch selten in *Müllers Büro* sehen, denn mit fortschreitender Schwangerschaft verbringe ich zunehmend Zeit mit Greta. Unser Mutter-Tochter-Verhältnis hat sich völlig verändert. Ich will nicht behaupten, dass wir Freundinnen sind, aber so was Ähnliches. In jedem Fall sind wir Leidensgenossinnen. Obwohl ... Greta leidet gar nicht. Ich leide. Unter zunehmendem Gewicht, Wassereinlagerungen, Kurzatmigkeit, Seitenstechen, Fressanfällen, Selbstzweifeln, Schlafstörungen, Panikattacken. Und unter den Endorphinen meiner Tochter, die mich zwingt, Dinge mit ihr zu unternehmen, die ich eigentlich nie wieder in meinem Leben machen wollte.

Zum Beispiel einen Geburtsvorbereitungskurs. Der ist ja genau genommen auch sinnvoll, wenn eine Geburt bevorsteht. Trotzdem: Ich habe es beim ersten Mal gehasst, und ich werde es wieder hassen. Auch oder gerade weil zwischen den beiden Malen mehr als achtzehn Jahre vergangen sind. Es war grauenhaft damals. Weil Sven immer Meetings und Termine irgendwo auf der Welt hatte, musste ich jedes Mal allein zum Kurs gehen – sechs Wochen lang. Ich habe mich gefühlt wie eine Aussätzige, denn außer mir gab es nur Paare im Kurs. Und da habe ich mir geschworen, dass dieser Kurs für die nächsten zehn Kinder reichen muss. Wieso sollte ich auch vergessen haben, wie ich hecheln soll, wenn es so weit ist. Die Frauen im Amazonas-Gebiet setzen sich schließlich auch nicht in ihre Boote, um stundenlang Woche für Woche einen Geburtsvorbereitungskurs zu besuchen. Kinder gebären ist Natur, und das bekommen wir Frauen doch seit Generationen ganz gut hin. Meistens jedenfalls. Heutzutage sowieso. Erst recht hier in unserer gemütlichen Zivilisation.

Aber Greta ist eine moderne junge Frau, die moderne Sachen macht. Deshalb hat sie uns beide euphorisch für einen supermodernen Wochenendkurs ganz besonderer Art angemeldet. Hypno-Birthing. Zuerst dachte ich, sie will mich hochnehmen, aber Greta meint das völlig ernst. Und was sie mir so vorbereitend über diesen Vorbereitungskurs erklärt, klingt gar nicht doof. Es geht um die Verdrängung von Schmerzen unter hypnoseähnlicher Entspannung. Ich bin gespannt.

So viel mehr kann ich dazu leider auch gar nicht sagen, denn eines meiner generellen gesundheitlichen Hauptprobleme erweist sich in diesem Kurs als absolut hilfreich – mein niedriger Blutdruck. Und während Greta übt, intensiv in ihren Bauch zu atmen, ausgiebige Körperreisen in Beckenboden, Uterus und Bauch zu unternehmen, sich durch leises Summen von Verspannungen zu lösen, um schließlich in tiefenentspannter Glückseligkeit eins mit sich, ihrem Körper und ihrem Ungeborenen zu sein, schlafe ich.

Ich kann mich nicht dagegen wehren, denn Samira, die Seminarleiterin mit dem leicht sächsischen Dialekt, hat eine unglaublich beruhigende und monotone Stimme, auf die meine Sensoren sofort anspringen und alle Aufmerksamkeit abstellen. Genau genommen habe ich als einzige Teilnehmerin den Kurs komplett in mir aufgenommen und falle von Beginn an in hypnotischen Tiefschlaf. Weder Greta noch die anderen Teilnehmer trauen sich, mich aufzuwecken. Alles, was ich brauche, ist Samiras Stimme und Ruhe. Ob ich auf diese Weise eine schmerzlose Entbindung haben werde, bleibt zu bezweifeln, weil Samira nicht an meiner Seite sein wird, wenn es so weit ist, und ich nicht weiß, wie man sich selbst aktiv in hypnotische Entspannung versetzt, weil ich ja im Kurs gepennt habe. Blöd.

Am Ende muss Greta zu Hause mit mir üben, damit ich das doch irgendwie hinbekomme. Aber ich setze da volles Vertrauen in mich, denn was einmal geklappt hat, wird auch wieder funktionieren – hoffe ich, und bilde mir wer weiß was darauf ein, dass ich eine erfahrene Schwangere bin.

Dabei werde ich täglich damit konfrontiert, dass ich eben nicht im gleichen Zustand bin wie meine jugendliche Tochter. Ganz im Gegenteil, denn ganz ehrlich: Für mich ist die zweite Schwangerschaft viel anstrengender als die erste. Nicht nur, dass ich bislang mehr zugenommen habe als beim ersten Mal, man sieht es mir auch noch deutlich an. Ich schiebe im siebten Monat eine riesige Kugel vor mir her, als ob ich fast platze. Dazu kommen die Wassereinlagerungen. Neulich kam unsere Hebamme zu Greta und mir, um bei uns beiden Akupunkturnadeln gegen die Wehenschmerzen zu setzen. Eine übliche Methode zum Entkrampfen und Lockerwerden. Sie setzt also bei mir die Nadeln, und was passiert, als sie die Dinger rauszieht? Jedes Mal spritzt eine kleine Fontäne hinterher. Aus meiner Haut in hohem Bogen durch die Luft. Das hat selbst diese erfahrene Hebamme noch nicht gesehen.

Meine Fußgelenke sind mittlerweile so dick, dass ich nur noch in Flipflops oder ausgelatschten Turnschuhen laufen kann, was mich alles in allem nicht sehr grazil wirken lässt. Ganz im Gegenteil zu Greta, die bei ihrer zierlichen Figur ihr zierliches Bäuchlein stolz wie Bolle durch die Gegend trägt und dabei bewundernde Blicke von Männern wie Frauen jeden Alters erntet. Mir dagegen begegnen die Menschen mit Mitleid oder Spott. Manche schauen erst auf meine Bauch, dann in mein Gesicht und schütteln verwundert den Kopf, als wollten sie sagen «Wie kann man nur? In dem Alter?!» Und es gibt sogar vermeintlich kultivierte Menschen, die auf offener Straße mit dem Finger auf mich zeigen und ihr Staunen über meinen Bauch nicht einmal zu verbergen versuchen.

Bei einem Stadtbummel gehen Greta und ich mit Herbert durch die Altstadt. Und weil Greta in einer Konditorei Kuchen kauft, stehe ich wartend mit Herbert vor dem Torten- und Baiser-Schaufenster, als eine Gruppe japanischer Touristen vor dem dreibeinigen Hund und mir stehen bleibt, uns anglotzt und freundlich lacht. Herbert und ich sind irritiert. Schließlich kommt einer der lächelnden Japaner auf mich zu und fragt in schlechtem Englisch, ob er ein Foto von Herbert und mir machen darf – vor der tollen Schaufenster-Auslage. Und weil ich so überrumpelt und ein freundlicher Mensch bin, der Fremden gegenüber immer aufgeschlossen ist, nicke ich und lächele und werfe mich in Pose. Womit ich nicht gerechnet habe: Überraschend kommen alle Teilnehmer der Reisegruppe – etwa ein Dutzend – zu dem dreibeinigen Hund und mir, der Frau mit der Riesenkugel – umrahmen uns und nehmen uns unter großem Gedrängel in ihre Mitte, damit auch alle auf das Foto passen. Der Mann, der mich angesprochen hat, macht das Foto, die Japaner streicheln Herbert über den Kopf und müssen sich zurückhalten, mir an den Bauch zu fassen, was ich, ohne mit der Wimper zu zucken mit Prügel quittieren würde. Stattdessen nicken sie mir mehrmals höflich dankend zu und freuen sich über ihr schräges Motiv. Auf diese Weise hängen Herbert und ich wahrscheinlich bald in mindestens dreizehn japanischen Haushalten an der Wand oder kleben in wildfremden Familienalben. Und immer wenn ein Blick auf uns fällt, kichert jemand vor Belustigung und wundert sich über die sonderbaren Europäer und ihre Haustiere.

Manchmal, wenn ich erschöpft nach Hause komme, in meine Dachwohnung im vierten Stock ohne Aufzug, frage ich mich schon, ob ich wirklich die richtige Entscheidung getroffen habe oder ob ich nicht vielleicht doch zu alt bin, um noch einmal Mutter zu werden, während Greta in der Schwangerschaft regelrecht aufblüht, beflügelt durch die Gegend schwebt und dabei jeden mit ihrer positiven Ausstrahlung ansteckt. Dabei kann ich mich noch gut daran erinnern, dass ich mich genauso gefühlt habe, als ich mit ihr schwanger war. Damals, vor einer halben Ewigkeit.

«Was ist mit T.? Hast du's ihm endlich gesagt?», frage ich ganz nebenbei, während wir uns in einem Designer-Outlet völlig überteuerte Babyklamotten für Wohlstandsnachwuchs ansehen. Greta holt tief Luft und nickt.

«Ja. Er weiß es. Und er wollte sofort kommen.»

«Ach, hätte ich ihm gar nicht zugetraut. Wann denn?»

«Bald», sagt Greta, aber ich spüre, dass da noch etwas ist. «Sie haben ihm die Mitverantwortung für den Bau einer Schule gegeben. Dafür muss er vor Ort bleiben. Bis zum Frühjahr.»

«Das heißt, er wäre bei der Geburt nicht dabei? Ach Schätzchen. Das tut mir leid», versuche ich, Greta zu trösten.

«Aber das ist es nicht nur, Mama.»

«Sondern?»

«Seine Begeisterung war nicht gerade riesig. Also … er hat sich schon gefreut, aber er hat gesagt, er muss sich erst mal mit dem Gedanken anfreunden.»

«Kann ich mir vorstellen.»

Wenn ich es recht bedenke, kann einem T. sogar leidtun, denn wie soll er auch sonst reagieren? Er hat ja nicht mal geahnt, dass er Vater wird. Und dann erfährt er es per Skype irgendwo in Afrika, wo er sich um benachteiligte Kinder kümmert.

«Du hast es ja so gewollt. Gib ihm etwas Zeit», rate ich meiner Tochter. Sie nickt hoffnungsvoll.

Seit Gretas Freund weg ist, hat sie keinen anderen Typen angeschaut und geht in ihrer Schwangerschaft voll auf. Sie hat alles im Griff. Der Studienplatz in Psychologie scheint ihr sicher zu sein, das Urlaubssemester ist schon beantragt, und den Kita-Platz an der Uni hat sie längst reserviert. Von wem sie nur dieses Organisationstalent hat?

Um Tobis Reaktion wirklich einschätzen zu können, überlege ich, mit Harry zu reden. Bislang hat Pauls Freund sich aus dieser ganzen Sache rausgehalten, weil er weder ein echter Verwandter von T. ist, noch von Greta oder Tobi um Rat gebeten wurde. Dass Greta von seinem Nenn-Neffen schwanger ist, hat sie ihm noch am gleichen Abend gesagt, an dem ich es erfahren habe. Da war T. schon über alle Berge. Harrys Begeisterung hielt sich zunächst in Grenzen, aber am Ende des Tages hat er sich für Greta gefreut.

Und jetzt stehen meine große Tochter und ich in zwei nebeneinanderliegenden Umkleidekabinen, probieren Zelte an – ich zumindest –, und Greta erzählt mir ganz nebenbei, dass sie aus der WG auszieht, gerade als ich mich in einem schwarzen Riesenkleid verheddere und den Ausgang nicht finde. Ich glaube erst, mich unter dem Stoff verhört zu haben, halte inne und mache einen neuen Anlauf, das Ding auszuziehen. Endlich sehe ich Licht am Ende des Tunnels und kann wieder atmen.

«Ausziehen? Wieso?»

«Es gibt Probleme mit dem Vermieter. Wegen Partys und so.»

«Aha.»

«Außerdem denke ich, dass das kein gutes Umfeld für das Baby ist.» Ich bin ja so erleichtert, dass sie es selbst ausspricht. Schon länger beobachte ich, dass es in der WG nicht so – sagen wir keimfrei ist. Nahezu gesundheitsgefährdend für einen Säugling.

«Hast du denn schon was Neues?»

«Ich dachte, ich könnte erst mal wieder zu Hause einziehen.»

Sofort wechsle ich nur in BH und Strumpfhose die Kabine.

«Natürlich! Ist doch Platz genug, Schätzchen.» Ich freue mich. «Solange die Babys so klein sind, brauchen sie keine eigenen Zimmer. Also zieht ihr beide in dein altes Kinderzimmer. Ist doch super. Fast wie früher, nur ...» Ich halte inne, denn Greta schaut mich an, als wäre ich nicht mehr ganz bei Trost.

«Was ist?»

«Also eigentlich meine ich mit *zu Hause einziehen* unser altes Haus. Zu Papa.»

Das kann nicht ihr Ernst sein! Ich starre sie einen Moment lang an, gehe dann wortlos zurück in meine Kabine, um mich anzuziehen, und fühle mich von meiner eigenen Tochter verraten. Sie hat heimlich die Seite gewechselt. Eindeutig Verrat!

Wütend verlasse ich den Laden und laufe etwa einen Meter vor Greta durch eine belebte Einkaufsstraße. Eigentlich wollten wir noch in unsere Eisdiele gehen, aber wozu? Sie holt mich ein, hält meinen Arm fest und stoppt mich.

«Was ist eigentlich dein Problem?»

Ich schaue sie an und werde immer wütender. Ich hasse es, wenn meine Tochter mit mir redet, als sei ich eine ihrer Freundinnen.

«Mein Problem ist deine fehlende Loyalität, Fräulein.»

Greta verdreht die Augen, denn das *Fräulein* hasst sie.

«Aber du hast ja gar keine Ahnung. Und überhaupt, du wolltest mich nie in eure Scheidung reinziehen. Und jetzt?!»

Ich atme tief durch, denn sie hat recht. Und trotzdem verstehe ich nicht, wieso sie zu ihm zurückwill.

«Er hat uns beide belogen und betrogen, schon vergessen?»

«Natürlich nicht, aber das ist Vergangenheit. Er ist heute ganz anders.»

«Ach, dann ist dein Vater also plötzlich ein neuer Mensch, oder was?»

Greta nickt. «Ja. Genau.»

Ich streiche mit der Hand über ihr hübsches, jugendliches Gesicht. «Ich kenne ihn schon länger als du. Er ändert sich nicht. Für niemanden.»

Wir schauen uns an. Es ist seltsam. Wie der Blick in einen Spiegel, einen Zeitreisespiegel. Dann nimmt Greta meine Hand und zieht mich zu einem Taxistand.

«Komm mit, ich muss dir was zeigen.»

Nach ein paar Minuten weiß ich, wohin die Fahrt geht. Zu Sven. Aber ich will ihn jetzt nicht sehen.

«Greta, was soll das?»

«Bitte, Mamsi, warte ab!»

Ich seufze und lasse es geschehen. Erst als wir vor dem Haus ankommen, sehe ich, dass es eingerüstet ist. Handwerker sind im Haus. Greta zahlt das Taxi, und wir steigen aus. Jetzt bin ich neugierig. Was soll das alles? Greta führt mich ins Haus, vorbei an einem Gärtner, der den Vorgarten neu gestaltet. Sven hatte noch nie ein Händchen für Gartenarbeit.

Als wir eintreten, ist er im Gespräch mit einem Handwerker. Zuerst sehe ich ihn nur von hinten, aber als er sich umdreht, erkenne ich Sven kaum wieder. Er ist grau geworden. Sein dichtes, dunkles Haar, das er immer kurz getragen hat, ist nun einer graubraun-melierten Mähne gewichen, die er mit den Händen nach hinten streicht, wobei ihm einzelne Strähnen immer wieder ins Gesicht fallen. Das letzte Mal hatte er die Haare so lang, als wir uns kennengelernt haben. Zu Schulzeiten. Dazu lässt er sich offenbar einen gepflegten, fast weißen Drei-Wochen-Bart wachsen, der seine grünen Augen strahlen lässt und den gesunden Teint betont. Er trägt ein viel zu großes Hemd über der abgetragenen und ausgeblichenen Jeans und Sneaker. So wäre der Sven, den ich kenne, nie herumgelaufen. Er strahlt mich an, und ich muss zugeben, sein Lachen ist ansteckend.

«Vera?» Er ist genauso perplex wie ich. «Greta, warum hast du nicht vorher angerufen, dass du deine Mutter mitbringst?»

«War nicht geplant», sagt Greta.

«Komm rein, ich zeig dir alles.»

Er begrüßt mich unaufdringlich mit einem sehr leichten Wangenkuss, was mich schon überrascht, denn früher hat er mich immer fest gedrückt, wenn wir uns begegneten, und dazu irgendein aufgesetztes Kompliment gemacht. Nun legt mir Sven sanft seine Hand auf die untere Rückenpartie, um mich ins Haus zu führen. Er sieht gut aus, völlig verändert. Wer ist der Typ? Und wieso bin ich ihm nie zuvor begegnet? Was ist mit dem alten Sven geschehen? Geduldig begleiten mich Sven und Greta durch das Haus, das ich ebenso wenig wiedererkenne wie meinen Mann.

Alles ist viel heller und offener als früher. Sven hat Wände herausnehmen lassen, die Fenster vergrößert, im Souterrain eine Einliegerwohnung ausgebaut, ans Wohnzimmer einen großen Wintergarten angebaut und auf dem Dach eine Terrasse mit Sauna platziert. Außerdem hat nun jedes der drei Schlafzimmer ein eigenes Bad. Dafür gibt es kein Arbeitszimmer mehr und kein Ankleidezimmer. Der Clou ist ein Lichtschacht, der von der Dachterrasse bis ins Erdgeschoss Sonnenlicht ins Treppenhaus streut. Ich staune.

«Wie findest du's?»

Greta lässt sich leichtfüßig im Schneidersitz auf dem Boden nieder. Beeindruckend. Sie hat aber bis jetzt auch nur knapp zehn

Kilo zugenommen. Ich dagegen ganze vierundzwanzig. Das Leben ist ungerecht.

Ich konzentriere mich auf das Haus und versuche, in Worte zu fassen, was ich spüre. «Es ist … hell und still. Beruhigend. Ja, das Haus strahlt deutlich mehr Harmonie und Ruhe aus als früher.»

Sven legt mir eine Hand auf die Schulter und drückt sie ganz leicht, als wolle er mir danken.

«Ganz genau. Du spürst es natürlich sofort, genauso wie Greta. Weil ihr so sensibel seid.»

Greta grinst.

«Der Architekt hat versucht, vieles nach den Gesetzen des Feng-Shui auszurichten.»

«Wann hast du das alles geplant?»

«In der Reha. Es war wie eine Eingebung.»

Ich verstehe gar nichts und staune nur.

«Vera, damals im Gericht … Ich hab mich aufgeführt wie ein Idiot. Unverzeihlich. Und trotzdem hast du zu mir gehalten.»

«Ich bin ja kein Unmensch.»

«Aber ich war einer. Ich dachte wirklich, es ist aus. Aber Brunos Herzmassage und dein Beistand haben mir das Leben gerettet. Und dann wurde mir ein zweites Leben geschenkt. Eine zweite Chance, verstehst du!»

«Du hast es überlebt», versuche ich seine Euphorie zu relativieren.

«Nicht nur das, sondern ich kann noch mal ganz von vorn anfangen. Es ist wie … wie eine Reinigung.» Sven strahlt mich an und versprüht dabei eine unglaubliche Lebensfreude.

«Ich hab doch gesagt, dass er sich verändert hat.» Greta freut sich sichtlich. «Ich ziehe ins Souterrain und für dich ist das Dachgeschoss. Ups.» Sofort hält sie sich die Hände vor den Mund, denn das hätte sie wohl nicht ausplaudern dürfen. «Ich geh dann mal runter.»

Schnell verschwindet sie in ihrer neuen Wohnung und lässt mich irritiert mit dem neuen Sven allein, dem das sehr unangenehm ist.

«Möchtest du was trinken? Ingwertee oder lieber alkoholfreies Bier?»

«Ich nehm das Bier.»

Wir setzen uns an die neue Kücheninsel und stoßen an.

«Was läuft hier, Sven? Ich erkenne dich überhaupt nicht wieder.»

«Ich mich auch nicht, aber ich hab das Gefühl, endlich zu Hause zu sein. Zwangloser, freier, entspannter und vor allem bewusster als früher.»

«Das kann man wohl sagen.»

«Du hast es mir ja vorgemacht. Du musstest mich verlassen, um frei zu sein. Ich habe etwas länger gebraucht, um zu verstehen, worum es im Leben geht. Und weißt du was? Ich brauche keinen teuren Anzug, um meinen Job zu machen. Oder 'n dickes Auto. Alles, was ich brauche, seid ihr, meine Familie.»

Mein fragender Blick scheint Bände zu sprechen.

«Keine Angst, die Scheidung ziehen wir jetzt so schnell wie möglich durch, das verspreche ich. Aber seit ich aus der Narkose aufgewacht bin und Greta und dich an meinem Bett gesehen habe, weiß ich, dass ihr das Wichtigste auf der Welt für mich seid. Und ...» Sven verstummt.

«Und?»

«Ich weiß nicht, wie ich's sagen soll, Vera. Aber ... vielleicht kannst du dir ja vorstellen, auch wieder hier einzuziehen. Du und dein Baby. Ohne Hintergedanken. Einfach als eine Art familiäre Wohngemeinschaft. Oder nenn es von mir aus Mehrgenerationenhaus oder Schutzraum für Patchwork-Individualisten. Was weiß ich. Das Haus ist groß genug, um uns Freiräume zu bieten. Und schau, der Garten wird wunderschön.»

Sven zeigt in den großen Garten, der von der Küche nur durch eine riesige Glasschiebetür getrennt ist, und mir geht das Herz auf. Der Garten, so schön wie nie. Der neue Gärtner muss ein Zauberer sein.

«Die Kinder hätten hier so viel Platz», schwärmt Sven. «Und sie wären nie allein. Paul könnte sein Kind natürlich jederzeit besuchen. Wir wären eine moderne Großfamilie.»

Ein schöner Gedanke. Ich stelle mein Bier ab und gehe zur Tür, wo ich mich noch mal umschaue und das Haus bewundere.

«Denk drüber nach.»

«Vielleicht.»

Bea, Ursel und Pavel erzähle ich nichts von meiner Begegnung mit dem neuen Sven, der mich – zugegeben – sehr beeindruckt hat. Was so eine Nahtoderfahrung alles bewirken kann. Das neue alte Haus ist ein Traum. Und Sven ist genauso, wie ich ihn mir immer gewünscht habe. Und jetzt stellt er alles auf den Kopf.

Ich bin verwirrt. Was wäre denn, wenn ich sein Angebot annähme? Wir wären wieder eine Familie, wie ich es mir immer gewünscht habe. Es klingt so verlockend. Die Kinder könnten zusammen aufwachsen, Greta hätte unsere Unterstützung, und ich könnte meinen geliebten Strandkorb wieder an seinen gewohnten Platz stellen und den Kindern beim Spielen zusehen. Alles wäre perfekt und vor allem sorglos. Wäre das so falsch? Wir haben so viele glückliche Jahre in dem Haus verbracht. Es wäre ein Neuanfang. Und vielleicht werden Sven und ich dann doch noch miteinander alt. Und außerdem trage ich sein Kind in mir. Er weiß es nur nicht. Noch nicht. Die Weiche wäre damit wieder richtig gestellt – in geordnete Bahnen.

Je mehr ich darüber nachdenke, desto eher glaube ich, dass Svens Herzinfarkt ein Wink des Schicksals war und uns nun als Familie wieder zusammenbringt.

8

IN DEN NÄCHSTEN Wochen muss ich immer wieder über Svens verlockendes Angebot nachdenken. Aber momentan kann ich mir einen Umzug absolut nicht vorstellen. Im Gegensatz zu Greta, die unbedingt noch vor ihrer Entbindung in das neue alte Haus zurückwill. Mir ist das zu beschwerlich, aber ich bin auch vier Wochen früher dran als sie. Zum Glück bedrängt mich Sven nicht. Er lässt mir die Option einfach offen, und so kann ich in Ruhe darüber nachdenken, wie mein neues Leben mit ihm sein könnte.

Ab und zu treffen wir uns zu zweit oder zu dritt, gehen essen oder spazieren und verbringen einfach Zeit miteinander. Außerdem zieht er mich bei innenarchitektonischen Entscheidungen häufiger mal zu Rate. Das wäre früher nie passiert. Es ist, als würde ich ihn vollkommen neu kennenlernen.

Paul erzähle ich davon nichts, denn sein Referendariat geht zu Ende, und er muss sich aufs zweite Staatsexamen vorbereiten. Er übernachtet wieder öfter bei mir, um da zu sein, wenn es so weit ist. Das fühlt sich gut an, er gibt mir Sicherheit.

Jetzt sind es nur noch drei Monate bis zur Geburt meines zweiten Kindes. Ich kann es kaum erwarten, allein schon weil mich die körperliche Belastung fertigmacht. Bislang konnte man auf den Ultraschallbildern nicht erkennen, ob es ein Mädchen oder ein Junge ist. Macht nichts. Ich nehme beides. Das Kinderzimmer ist mittlerweile sowieso auf alles vorbereitet, weiß gestrichen und schön bunt eingerichtet. In vier Wochen ist Weihnachten, und in meinem Nestbautrieb habe ich längst begonnen, die Wohnung weihnachtlich zu schmücken, obwohl es draußen um die zehn

Grad sind. Der Winter kann gerne noch warten, auf Glatteis und Schnee kann ich gut verzichten.

Ich wache früh auf an diesem letzten Novemberwochenende und freue mich auf die gemütliche Vorweihnachtszeit mit Keksen und Tee und kuscheligen Abenden bei Kerzenschein. Paul liegt neben mir und schnarcht leise die Wand an. Die letzte Nacht war seltsam. Paul und ich haben gestritten, weil er gerne bei der Geburt dabei wäre, ich mir aber nicht sicher bin, ob ich das möchte. Nicht, weil er nicht der Vater ist, sondern weil ich einfach nicht weiß, ob ich so viel Nähe in diesem Moment ertrage. Er wollte wissen, wo wir in unserer Beziehung eigentlich stehen, aber ich konnte es ihm nicht sagen. Er warf mir vor, egoistisch zu sein, und wir führten den gleichen Streit, den wir immer führen.

Ohne, dass er es ausspricht, weiß ich, dass Paul mehr von mir erwartet, als ich geben kann. Nichts hat sich geändert zwischen uns, außer dass der neue Sven plötzlich dazwischensteht. Paul wäre ein wunderbarer Vater, und wir hätten eine gute Beziehung, aber ich kann mir einfach nicht vorstellen, mit ihm alt zu werden. Mit dem neuen Sven dagegen schon. Ganz unabhängig davon, ob wir eine Beziehung hätten oder nicht. Glaube ich zumindest. Theoretisch könnte ich die Beziehung mit Paul ja dann weiterführen. Interessante Gedankenspiele.

Paul und ich haben uns schnell wieder versöhnt, aber der Sex danach war nicht so gut. Versöhnungssex nach Plan, um beruhigt einschlafen zu können, kann nicht gut sein. Darüber denke ich jetzt nach an diesem letzten Samstag im November. Und ich denke an Weihnachten und an die Zukunft.

Aber etwas stimmt nicht heute Morgen. Ich befühle meinen Bauch, drücke mit spitzem Finger dagegen, aber das Baby antwortet nicht wie gewohnt. Es hat sich heute Morgen noch gar nicht gerührt. Nicht getreten, sich nicht irgendwie gedreht und mir seinen Po entgegengestreckt, was jedes Mal eine niedliche Beule auf meiner Bauchdecke erzeugt. Es rührt sich nicht. Panik!

«Paul! Es bewegt sich nicht mehr!»

Die blanke Angst kriecht in mir hoch.

Paul schreckt auf und ist sofort hellwach. Er legt seine warmen großen Hände auf meinen Bauch und fühlt selbst, dass sich nichts regt.

«In die Klinik! Schnell! Zieh dir was an!»

Im Gegensatz zu mir ist Paul ruhig, aber bestimmt. Unsicher stehe ich auf und ziehe mir zittrig Hose und Pulli über. Paul beruhigt mich. Er streicht mir die Haare aus der Stirn, nimmt mein Gesicht in seine Hände und schaut mich an.

«Hab keine Angst. Ich bin da. Es wird sich alles klären.»

Ich nicke erleichtert.

Dann küsst er mich, und wir machen uns auf den Weg zur Klinik. Den Weg, den wir schon so oft probegefahren sind. Den Weg, der nur siebzehn Minuten dauert. Den Weg, der mir jetzt unendlich lang vorkommt und auf dem ich mir die schlimmsten Szenarien ausmale. Ich habe solche Angst, mein Kind zu verlieren, dass mir die Tränen kommen, und ich bete, dass meinem Baby nichts passiert, dass es lebt, dass es gesund zur Welt kommt. Bitte, bitte, Gott, wenn es dich gibt, dann lass uns jetzt nicht im Stich. Schützend halte ich die ganze Zeit über meine Hände auf meinen Bauch, aber es regt sich noch immer nichts.

In der Klinik angekommen, werde ich mit einem Rollstuhl in die Gynäkologie gefahren und sofort an ein CTG angeschlossen. Gespannt warten wir auf einen Ton. Nichts. Ich halte den Atem an und schließe die Augen. Bitte, bitte, bitte, flehe ich ... und mit einem Mal höre ich das kleine Herz schlagen. Laut und deutlich. Erleichtert atmen Paul, die Ärztin und ich auf.

Ich bin so unendlich froh, dass ich vor Freude weinen muss. Paul auch, der mich die ganze Zeit im Arm hält. Und ich muss zugeben, dass sich das sehr gut anfühlt. Die Ärztin zieht das Ultraschallgerät zu sich heran und will sich nun rundum versichern, dass alles in Ordnung ist. Langsam verteilt sie das kalte Gel und streicht mit dem Gerät über meine Kugel.

«Ihr Kind scheint eine echte Schlafmütze zu sein. Das Herz schlägt normal, die Organe sind in Ordnung. Wissen Sie schon das Geschlecht?»

«Leider nein», sage ich und schüttle den Kopf.

«Wollen Sie's denn wissen?»

«Ja!», antworten Paul und ich gleichzeitig.

Dann positioniert die Ärztin den Ultraschallkopf in der richtigen Lage und drückt einen Knopf, um das Bild festzuhalten. Auf dem Bildschirm ist das Innere meiner Gebärmutter jetzt sehr schön sichtbar – mein Kind. Die Ärztin zeigt mit einem Cursor-Pfeil auf das Geschlecht des Babys, das nun endlich zu sehen ist.

«Es ist ein Junge», sagt sie lächelnd und gibt mir das ausgedruckte Ultraschallfoto, auf dem mein Sohn mit allem Drum und Dran zu erkennen ist. Ich bin so glücklich.

«Hallo, Kalle», begrüßen wir den Kleinen, denn auf diesen Namen haben wir uns geeinigt.

Wir sind beide so unendlich erleichtert, dass mit Kalle alles in Ordnung ist. Und dennoch ist die Stimmung zwischen Paul und mir angespannt. Später sitzen wir dann in Decken gehüllt auf meiner kleinen Dachterrasse und blicken in die Dunkelheit.

«Danke», sage ich.

«Wofür?»

«Dass du bei mir warst.»

Paul nimmt meine Hand. «Ich hab doch gesagt, dass ich da bin, wenn es ernst wird.»

«Ja, das hast du. Und es war gar nicht so schlimm.»

«Siehst du.»

«Du bist der Beste. Aber du musst dich mir nicht verpflichtet fühlen, nur weil ich einsam, hilfsbedürftig, unselbständig und unfähig bin.»

«Ich weiß. Aber ich habe ein Helfersyndrom.»

Ich nicke. «Schließlich ist es ja nicht dein Kind.»

«Weiß ich auch. Ist mir egal. Aber …»

«Was?»

Paul drückt meine Hand liebevoll. «Aber vielleicht erzählst du mir irgendwann, wer der Vater ist.»

Ich zögere, überlege und schweige. Paul gibt nicht auf.

«Lass mich raten. Dein Exmann?»

Ich ziehe meine Hand weg, was Pauls Vermutung bestätigt.

«Aber ich habe dich nicht mit ihm betrogen, Paul. Als es passierte, waren wir noch kein Paar, du und ich. Und …»

Paul nimmt meine Hand zurück, um mir zu signalisieren, dass er mit meiner Antwort leben kann.

«Besser als irgendein beliebiger Typ.»

Jetzt beginnt es zu schneien, ganz leicht, und eine pudrig-weiße Schicht legt sich sanft auf die Erde. Doch der Schnee bleibt nicht liegen. Es ist zu warm.

«So hab ich das noch gar nicht gesehen.»

Dann wendet sich Paul mir zu, um noch etwas loszuwerden.

«Egal, was mit uns passiert, egal, ob wir ein Paar sind oder nicht: *Ich* steh das durch mit dir, wenn's so weit ist. Versprich, dass du mich anrufst, sollte ich nicht bei dir sein!»

Ich muss lachen. «Versprochen! Niemand anderen möchte ich im Kreißsaal beschimpfen. Das hast du dir hart verdient.»

9

FAST DEN GANZEN Dezember will Greta mich überreden, zusammen mit Sven Heiligabend im Haus zu feiern. So richtig in der Familie, wie früher. Aber mir ist das zu früh, obwohl ich Sven gegenüber ein schlechtes Gewissen habe. Als er mir erzählt, dass er stattdessen nach Südafrika fliegt, um dort alte Freunde zu besuchen, fühle ich mich gleich besser.

Kurz vor Weihnachten zieht Greta tatsächlich zu ihrem Vater in das tolle neue alte Haus, weil der WG zum 31.12. gekündigt wurde. Weil ich ihr noch ein paar Umzugskartons bringen will, begegne ich vor dem WG-Haus dem tätowierten Plattenladenbesitzer, der aussieht wie Jeff Bridges. Seit unserer ersten Begegnung grüßen wir uns oder quatschen ab und zu kurz. Netter Typ.

«Hey, alles klar bei euch?»

«Könnte nicht besser sein. Was macht das Enkelkind?»

«Krabbelt jetzt. Warte mal ...»

Er zieht sein Handy aus der Hosentasche und zeigt mir Fotos seiner Enkeltochter.

«Sehr hübsch», lüge ich, denn dieses Baby hat ein hässliches Greisengesicht.

Der tätowierte Opa wundert sich.

«Echt? Ich finde sie hässlich. Aber sie kann ja nichts dafür.»

«Das wird schon noch», ermuntere ich ihn.

Jetzt strahlt Jeff Bridges.

«Klar. Und süß ist sie trotzdem.»

«Ich muss los.»

«Moment! Wir hatten uns doch neulich über diesen Film unterhalten, weißt du noch?»

Ich muss kurz überlegen. Neulich, das ist bestimmt schon einen Monat her, denke ich und erinnere mich tatsächlich. Ein bizarres Gespräch über gute und schlechte Filme und ihre Soundtracks, während ich auf Greta wartete und mir aus Neugier und Langeweile das Schaufenster des Ladens ansah. Diese Art von Gespräch, das sich spontan ergibt und plötzlich eine inspirierende Eigendynamik bekommt.

«Na jedenfalls hab ich da was für dich ... Komm mal kurz mit rein», sagt Jeff Bridges, und ich folge ihm in seinen Laden, den ich jetzt zum ersten Mal richtig wahrnehme und der mit Sicherheit seit den Siebzigern nicht verändert wurde. Und das ist gut so. Ich atme tief ein, denn der Geruch von Vinyl, Plattencovern und selbstgedrehten Zigaretten hängt überall in den Wänden und Regalen. Die Tapeten sind bestimmt original, weil sie so unglaublich geschmacklos sind. Dieser Laden erzählt Geschichten und hat schon einige Hochs und Tiefs hinter sich. Ich fühle mich sofort wohl hier. Es ist wie eine Zeitreise in die Vergangenheit, in der es noch Schallplatten und Zigarettenqualm in den Läden gab.

Jeff Bridges geht zu einem Plattenregal und zieht behutsam eine Plastikhülle heraus, in der ein Cover steckt, das er mir feierlich übergibt. Und in seinem kantigen Gesicht, das noch viel mehr Geschichten erzählt als der Laden, erkenne ich, dass er sich diebisch darüber freut.

«Schenk ich dir. Mit schönen Grüßen von Mrs. Robinson.»

Verwundert schaue ich ihn an und dann die Platte in seiner Hand, und mein Herz schlägt höher: Eine Originalpressung des Soundtracks meines Lieblingsfilms «The Graduate» von *Simon & Garfunkel* aus dem Jahr 1968. Unglaublich!

«Aber wieso?», frage ich verwundert.

Jeff Bridges grinst mich an und kneift die Augen dabei zusammen.

«Hab's günstig geschossen. Passt zu dir.»

Ich freue mich über das unverhoffte Geschenk. Manche Begegnungen sind wie kleine Wunder, so überraschend und effektvoll. Für diese Momente lohnt es sich, morgens aufzustehen.

10

WEIHNACHTEN verbringe ich zusammen mit Paul, Greta und Harry bei mir zu Hause. So richtig mit Kirche, Baum und Kerzen, Stollen und Gänsebraten, Wichteln und Singen und allem, was dazugehört. Es ist wunderschön. Natürlich kocht Harry und bringt das Essen einfach mit, was super ist, weil dadurch alles weniger hektisch ist. Seit Greta schwanger ist und T. in Afrika, fühlt sich Harry mitverantwortlich für T.s Verhalten, was zwar irrational ist, aber dennoch nachvollziehbar. Als Bezugsperson glaubt Harry, nicht genug positiven Einfluss auf T. ausgeübt zu haben. Weil sein Nenn-Neffe am Anfang nichts von der Schwangerschaft wusste, kann Harry ihm auch keine Vorhaltungen machen, aber richtig findet er dessen Verhalten nicht. Also sieht sich Harry stellvertretend für T. in der Pflicht, sich um Greta zu kümmern und sie mit Leckereien zu versorgen.

An Weihnachten profitieren wir alle von Harrys Gaumenfreuden. Dem Heiligen Abend folgt eine lange Pokernacht, und nachdem sich Greta und Harry morgens um drei verabschieden, schlafen Paul und ich zusammengekuschelt auf der Couch ein.

Eine Woche später bleibe ich allein und gönne mir einen winzigen Schluck Prosecco zum Jahreswechsel. Danach hat Kalle Schluckauf und ich ein schlechtes Gewissen.

Silvester war noch nie wichtig für mich, denn ich verabschiede mich gerne mit klaren Gedanken von der Vergangenheit, besonders, wenn das zu Ende gehende Jahr schwierig war. Dazu brauche ich keine wilden Partys und erst recht keine Böller oder wildfremden Betrunkenen um mich herum, die mir «Frohes Neues» ins Ohr brüllen. Ich kann Paul überzeugen, ohne mich mit seinen Freunden an die Ostsee zu fahren, denn ich will keine Spaßbremse sein und bin wirklich sehr gern an Silvester allein.

Alle möglichen Gedanken gehen mir an diesem Abend durch den Kopf, während ich in den Silvesterhimmel schaue. Ein turbulentes Jahr geht zu Ende, das aufregend war und mich emotional ganz schön durchgerüttelt hat. Ich blicke zurück auf diese ganzen Veränderungen in meinem neue Leben und habe auf einmal das Gefühl, in eine ungewisse Zukunft zu trudeln, denn mein klarer Silvesterverstand gibt mir keine klare Sicht auf das Bevorstehende. Mir wird mit einem Mal bewusst, dass ich keine Zukunftsvision für Kalle und mich habe, erst recht keine Ahnung, wie es mit Paul und mir weitergehen wird.

Und obwohl ich es so wollte, fühle ich mich nach dem Feuerwerk sehr allein. Schlimmer noch. Die große Einsamkeit überkommt mich von einem Moment auf den nächsten, das neue Jahr beginnt mit Tränen, begleitet von einer großen Sehnsucht nach Sicherheit und Durchblick. Ein Gefühl, das ich ständig versucht habe zu unterdrücken. In dieser Silvesternacht gelingt es mir nicht.

Ich heule ewig, und das tut mir richtig gut, weil ich damit alle Unklarheiten aus meinem Kopf und meinem Herzen spüle. Denn je mehr ich an Kalles Zukunft denke und an Greta, ihr Baby und an Sven, desto mehr wird mir bewusst, dass wir uns alle in diesem einen Jahr völlig verändert haben. Das ist eine Chance. Die Chance für uns drei, neu anzufangen. Als Familie. Ich weiß nun, was zu tun ist, ich habe endlich eine Vision vor Augen: Ich will zurück in unser Haus. Zurück in meinen Garten. Zurück in den sicheren Schoß der Familie. Zurück zu Sven – unter neuen, besseren Bedingungen.

Am Neujahrsmorgen hat sich mein Plan weiter gefestigt, allerdings muss ich warten, bis Sven aus Südafrika zurückkommt. Sechs Tage später ist es so weit.

Paul ahnt nicht, dass ich Svens Angebot sehr ernst nehme. Und er wird meine Entscheidung auch nicht einfach so hinnehmen, da bin ich sicher. Um gar keine Diskussion aufkommen zu lassen, muss ich zuvor mit dem neuen Sven unsere neue gemeinsame Zukunft besprechen. Ich muss wissen, ob es ihm tatsächlich ernst war, als er mir das Haus und seine Idee von einem neuen gemeinsamen Leben präsentiert hat. Ich muss einfach sichergehen, bevor ich Paul vor vollendete Tatsachen stelle.

Jetzt stehe ich also vor unserem neuen alten Haus und will gerade klingeln, da reißt Sven schon die Tür auf, ohne zu schauen, wer davorsteht.

«Los, Greta! Die Sternsinger sind da! Bring mal …»

Er wendet sich mir endlich zu und ist überrascht.

«Du?!»

«Ich. Nicht Kaspar, nicht Balthasar, nicht Melchior. Enttäuscht?»

Jetzt strahlt er. «Im Gegenteil! Komm rein!»

Greta kommt mit Süßigkeiten die Treppe herunter und stellt sie auf einem hübschen Garderobentisch aus Glas ab.

«Hallo, Mama, frohes Neues! Ich muss leider los. Wir sehen uns später!» Sie gibt mir einen flüchtigen Kuss, dann noch einen ihrem Vater, und bevor sie geht, dreht sie sich in der Tür noch mal um und zwinkert uns zweideutig zu.

«Ich komm' spät. Macht euch 'nen schönen Abend!»

Dann zieht sie die Tür hinter sich zu. Wir lassen das einfach unkommentiert.

«Magst du was essen?», fragt Sven, der einen lässigen grauen Strickpulli zu schwarzen Jeans trägt, was zu seinem grauen Haar wirklich gut aussieht. Svens Gesicht ist leicht gebräunt von der Sonne Südafrikas, und er strahlt eine große Ruhe und Gelassenheit aus.

«Äh, ja, gerne. Was gibt's denn?»

«Was wohl? Gulasch, zweimal aufgewärmt, wenn du magst.»

Früher gab es bei uns zum Jahresbeginn immer Gulasch. Eine Tradition, die Sven eingeführt hat. Es war das einzige Gericht, das er richtig gut kochen konnte. Ein Rezept seiner Großmutter.

«Ich wusste gar nicht, dass du das immer noch machst.»

«Natürlich! Aber ich bin spät dran dieses Jahr.»

Während das Gulasch langsam im Ofen warm wird, macht Sven den Kamin an. Ja, genau, schön kitschig. Aber so wollte ich das immer haben – heimelig, umsorgt, entspannt und vielleicht auch ein bisschen kitschig. Ich stehe an der Terrassentür und versuche, mir vorzustellen, wie schön der Garten im Sommer erst sein wird. Es beginnt ganz leicht zu schneien, und ich höre leise das Holz im Kamin knistern. Langsam spüre ich die Wärme des Feuers, das sich im Glas der Tür spiegelt, und Sven, der jetzt dicht hinter mir steht. Ich kann sein gespiegeltes Gesicht sehen und die Nähe seines Körpers fühlen, obwohl wir uns nicht berühren. Ich kann sein Aftershave riechen, das er seit zwanzig Jahren nicht gewechselt hat. Zum Glück. Ich liebe es, schließe die Augen und atme ganz tief ein. Erinnerungen an eine gemeinsame, glückliche Zeit werden wach. Wie ein Zauberelixier steigt mir der Duft durch die Nase ins Gehirn und strömt von dort aus durch meinen ganzen Körper.

«Wird schön, wenn die Kinder erst im Garten spielen», sagt er ruhig. «Ich kann's mir richtig gut vorstellen.»

«Ja, ich auch», hauche ich und bin kurz davor, ihm zu sagen, dass ich sein Kind in mir trage. Dann entdecke ich eine Vase voll mit langstieligen zartrosa Tulpen. Sven weiß, wie sehr ich diese Sorte mag. Es ist so ziemlich das Erste, was ich nach dem Jahreswechsel mache: sämtliche Weihnachtsdekoration durch die ersten Tulpen im Jahr ersetzen und auf den ersehnten Frühling warten, auch wenn es noch Monate dauert.

«Wusstest du, dass ich komme?», frage ich.

«Ich hab's gehofft.»

Ich weiß nicht, was hier gerade passiert, aber es ist völlig irrational. Ich fühle mich wie eine Königin, die aus der Verbannung nach Hause kommt, nachdem ihr König von einem bösen Hexenzauber befreit wurde. Sven umfasst sanft meine Schultern.

«Schön, dass du da bist.»

«Ich muss dir was sagen, Sven.»

Wenn es einen Moment gibt, der perfekt dafür ist, meinem Mann zu sagen, dass ich von ihm schwanger bin, dann jetzt. Ich hole tief Luft und … ein lautes Piepen aus der Küche durchkreuzt mein Vorhaben. Der Ofen. Das Gulasch. Ich atme durch. Als ich Sven das letzte Mal so nah war, waren Alkohol und Drogen im Spiel. Heute fühlt es sich echt an. Wir essen ganz unkompliziert in der schicken, weißen Küche, als würden wir das jeden Abend so machen. Die Stimmung ist gelöst. Sven erzählt mir von Südafrika, ich erzähle von Gretas und meinem Schwangerschaftskurs, wir lachen, schauen uns Fotos auf unseren Handys an und schwärmen von den Dingen, die wir mögen. Das Gulasch ist so scharf, dass ich ins Schwitzen komme und meine Strickjacke ausziehe, unter der ich ein enges Shirt trage, das sich sanft um meinen Bauch spannt. Sven mustert mich mit einem kurzen Seitenblick, während er die Teller zusammenstellt.

«Hübsch siehst du aus. Das Baby steht dir.»

Ich runzele die Stirn. «Seit wann machst du mir Komplimente?»

«Seit mir bewusst ist, wie wichtig du mir bist.» Und das sagt er so ganz nebenbei und räumt die Spülmaschine ein. «Kaffee? Was Süßes?»

Ich nicke, und wir nehmen Schokopudding und Latte auf dem Sofa am Kamin.

«Du wolltest mir vorhin etwas sagen», erinnert er mich.

Ich schaue Sven an, dem der Bart wirklich gut steht, und ringe mit mir. Soll ich oder soll ich nicht? Wenn ich hier wieder einziehe, muss ich es ihm sowieso sagen.

«Ich will mit dir über dein Angebot reden», stammele ich.

«Ich hoffe, du sagst ja.»

Wir schauen uns an, er rückt näher zu mir und streichelt sanft über mein Haar. «Ich habe mich nämlich neu in dich verliebt, Vera, und ich kann nichts dagegen machen.»

Seine Stimme klingt ganz weich und beruhigend. Ich atme tief ein. Ist das wirklich mein Mann? Sven? Der Typ, zu dem ich nur noch Abstand halten wollte? Der Fremdgänger, der mich belogen und betrogen hat? Der Mensch, der mich so unglücklich gemacht hat? Unmöglich! Dann beugt sich mein Mann zu mir und küsst ganz leicht meinen Hals.

Gänsehaut.

Ich schließe die Augen und lasse mich verwöhnen, genieße und bin bereit, mein Leben mit dem neuen Sven noch einmal von vorn zu beginnen. Ich werde bleiben. Für immer, denn endlich ist alles so, wie ich es mir immer gewünscht habe. Wie habe ich das alles vermisst!

So eng umschlungen liegen wir uns eine gefühlte Ewigkeit in den Armen. Am liebsten wäre mir, es würde für immer so bleiben. Wärme, Geborgenheit, Sicherheit – das alles in einer einzigen Umarmung vereint.

Dann blinzele ich, während Sven meine Hals- und Schulterpartie küsst, und mein Blick fällt über seine Schulter auf den Lichtschacht im Treppenhaus, der den Mondschein durch das Oberlicht ins Haus leitet.

Das sieht seltsam schön aus. Unwirklich. Wie in einem Traum.

Und je länger ich das Mondlicht im Treppenhaus bewundere, desto mehr wird mir klar, dass es dort nicht hingehört. Es wurde umgeleitet, hat sich verirrt, ist total unnatürlich. Und wo sind die Schneewolken? Alles ist so surreal. Der ganze perfekte Abend kommt mir vor wie eine Inszenierung. Greta, das Essen, der Kamin, sogar Schnee und Mondschein. Wie im Film. Fiktion.

Vera! Wach auf! Ich rücke von Sven ab, der sich sofort entschuldigt.

«Tut mir leid, ich … will gar nicht so aufdringlich sein. Wenn es dir zu schnell geht, dann …»

«Nein, nein, alles gut», sage ich und stehe vom Sofa auf. «Ich muss mich nur mal kurz etwas bewegen.»

Was mache ich hier?

Ich gehe in dem riesigen, offenen Wohnzimmer umher und bleibe vor einer leeren Wand stehen, von denen es viele im Haus gibt. Und aus irgendeinem Grund muss ich gerade jetzt an den vollgestopften Plattenladen von Jeff Bridges denken. Dieser Laden erinnert mich daran, dass ich nicht wie dieses Haus sein möchte, dessen Vergangenheit einfach wegrenoviert wurde. Ohne Zweifel ist das neue Haus sehr reizvoll, aber es ist so … leer. Und der Fünftagebart von dem Typ, der aussieht wie Jeff Bridges, ist auch viel authentischer als der perfekt gestutzte Bart von Sven.

«Ist was nicht in Ordnung? Du kannst es mir sagen, Vera.»

«Nein, alles perfekt. Du bist toll», muss ich zugeben.

«Dann ziehst du also wirklich wieder zu mir?»

«Weißt du, genauso hab ich mir mein Leben mit dir immer gewünscht – als wir noch zusammen waren. Aber ich bin nicht mehr die Vera von damals. Ich habe mich auch verändert. Und … Ich gehöre hier nicht mehr hin.»

Sven steht auf und kommt zu mir. Er will etwas sagen, aber ich lasse es nicht dazu kommen. Ich schaue ihn an und nehme sein Gesicht in meine Hände, um ihm ganz nah zu sein.

«Tut mir leid, es funktioniert nicht.»

Ich gebe Sven einen Kuss und – gehe nach Hause.

Ich habe mich geirrt.

Ich kann nicht einfach in dieses Haus zurückkehren, zu diesem Mann, und so tun, als wäre die Vergangenheit gelöscht. Zu viel ist passiert, und die Narben der Verletzungen, die der alte Sven mir zugefügt hat, sind längst nicht verheilt, ganz gleich, wie sehr er sich verändert hat. Ich bin noch nicht so weit. Wer weiß, vielleicht werde ich es auch niemals sein.

Erleichtert kehre ich in meine eigene Wohnung zurück. In mein eigenes Leben mit meiner eigenen Zukunft.

Alles läuft rund, ganz besonders ich. Mitte Januar ist es endlich so weit. Der Kongress ECW – *European Cooperating Women*, an dem ich indirekt teilnehme, weil mich die angebotenen Themen als Unternehmerin interessieren und betreffen und weil ich schließlich die Veranstaltung zu verantworten habe.

In den letzten Wochen ist unser Organisations-Team immer größer geworden. Es sind schon ein paar Dinge schiefgegangen, aber das ist kaum vermeidbar. Sponsoren springen ab, Technik versagt, Redner verpassen ihren Flug, Hotels sind überbucht, Hearings falsch angekündigt. Ich habe Mühe, nicht die Nerven zu verlieren, muss mich aber zusammenreißen, weil ich ja die Zügel abgegeben habe. Gut so, denn ich bin recht kurzatmig geworden.

Auch Frau de Bryn hält manchmal den Atem an, aber wir können sie während der vier Tage immer wieder beruhigen. Schließlich ist sie versöhnt und gibt nach der abschließenden Podiumsdiskussion zum Thema *Frauen Power 2.0 – effektives Global Networking* positive Interviews und Statements über die Veranstaltung. Der Kongress war ein voller Erfolg.

Am Ende ruft Frau de Bryn das Team und mich zusammen und lobt uns. Sie habe von Anfang an gewusst, dass sie die richtige Entscheidung mit unserer Agentur getroffen habe, weil sie Frauenpower zu schätzen wisse. Felix fühlt sich an dieser Stelle ein wenig diskriminiert. Womit Frau de Bryn nicht gerechnet hatte, waren die teilweise chaotischen Zustände in der Agentur, die sie wohl fast um den Schlaf gebracht haben. Da sie diese Probleme auf den Stabswechsel durch meine Schwangerschaft zurückgeführt hat, verbuchte sie das offensichtlich als Ausnahme. Und mit dem Resultat ist sie mehr als zufrieden, das merkt man ihr deutlich an.

Frau de Bryn stößt mit uns auf eine gute weitere Zusammenarbeit an. Anne, Greta und ich bleiben selbstverständlich beim Orangensaft.

Karo, Anne und Felix haben wirklich einen guten Job gemacht, während ich mich im Hintergrund gehalten habe, was mir manchmal sehr schwer fiel. Mit Blick auf die Zukunft beruhigt mich das sehr, denn ich weiß, dass ich meinen Mitarbeitern die Firma absolut anvertrauen kann.

Die Zeit rast, nur Kalle hat beschlossen, sich dadurch nicht stressen zu lassen. Ihm gefällt es in meinem Bauch offenbar so gut, dass er länger bleibt als geplant. Solange es ihm gut geht und er sich wohl fühlt – gerne. Nur wird er mir langsam zu schwer. Ich habe sowieso schon seit Wochen das Gefühl zu platzen. Mitte Februar treffen wir uns mit unseren Anwälten, Toni und Bruno, die bereits ihre Hochzeit planen, wieder im Gericht. Pünktlich. Ohne Ausreden und gesundheitliche Schäden, ohne überflüssige Szenen und Beschimpfungen. Die Richterin macht kurzen Prozess, und nach weniger als einer Stunde sind Sven und ich endlich geschieden. Ich habe beschlossen, seinen Namen zu behalten, weil ich mich mit den Jahren daran gewöhnt habe und damit identifiziere. Ich bin Vera Odermann. Das passt.

Die Erste, die uns nach der vollzogenen Scheidung freudestrahlend gratuliert, ist Greta. Sie ist vermutlich das einzige Kind, das sich ehrlich und wahrhaftig über die Scheidung seiner Eltern freut. Sven hat im Gerichtssaal kaum ein Wort geredet. Und auch jetzt wirkt er ruhig, aufgeräumt und ein wenig wehmütig.

Greta tröstet ihn. «Papa, nun guck doch nicht so. Wir bleiben doch eine Familie. Da könnt ihr euch hundertmal scheiden lassen.»

Svens Gesicht erhellt sich zu einem breiten Strahlen. «Absolut richtig, Schatz. Und zur Feier des Tages lade ich meine beiden Frauen zum Essen ein.»

Als wir die *Osteria Casa Nova* betreten, erregen wir einiges Aufsehen. Sven steht mit seinem langen Wollmantel zwischen uns beiden Hochschwangeren wie ein italienischer Mafioso, der seine Frau und seine Geliebte ausführt. Während wir darauf warten, einen Tisch zugewiesen zu bekommen, nimmt er uns fürsorglich und behutsam die Mäntel ab. Jeder kann sehen, wie stolz er ist. Kaum vorstellbar, dass hier eine Scheidung gefeiert wird.

Froh, endlich Platz nehmen zu können, bestellen wir die übliche Antipasti-Platte und Pizza, während Sven sich mit Fisch und Salat eher zurückhält. Auch das ist neu, denn neben dem täglichen Workout achtet er seit der Herzoperation streng auf seine Ernährung und hat sogar das Kochen gelernt. Er bestellt Champagner und will wenigstens mit einem kleinen Schluck auf die Scheidung anstoßen. Der pseudoitalienische Kellner mit dem slawischen Akzent bringt drei Gläser, und Sven spricht einen Toast.

«Was auch immer geschehen ist oder geschehen wird – ich möchte euch danken, dass ihr in der schwersten Stunde meines Lebens zu mir gehalten habt. Auf einen glücklichen und harmonischen Neuanfang. Ich liebe euch!»

Wir stoßen an, und gerade als ich an meinem Glas nippe und der Kellner uns die Antipasti bringt, verkrampfe ich und stelle jede weitere Bewegung abrupt ein, um in der Position eines Opossums in Gefahr zu verharren.

Es ist schrecklich. Ich muss die Augen zusammenkneifen, um mich voll und ganz auf meinen Beckenboden zu konzentrieren, und spüre gleichzeitig, wie sich ganz langsam eine warme Flüssigkeit in meiner Schwangerschaftsjeans ausbreitet. Fruchtwasser!

Sven erkennt, dass etwas nicht stimmt. Er nimmt meine Hand und beugt sich besorgt, aber unaufgeregt zu mir rüber.

«Es geht los», flüstere ich.

«Krankenwagen?», fragt er leise.

«Auf keinen Fall.» Ich hasse Aufsehen.

Sven nickt souverän, legt einen großen Schein auf den Tisch und lässt unsere Mäntel bringen. Er und Greta nehmen mich untergehakt in ihre Mitte, und ich versuche, so unauffällig wie möglich breitbeinig das Restaurant zu verlassen. Anschließend bringt mich Sven, alle Verkehrsregeln brechend, zur Klinik, wo Greta und ich heilfroh sind, überhaupt lebend anzukommen.

«Sie ist zwei Wochen über dem Termin!», sagt Greta zur Hebamme, die mich untersucht.

«Und Sie sind?», fragt die sehr große, sehr schwere Frau und schaut auf Gretas Bauch.

«Ihre Tochter.»

«Das meine ich nicht. Wievielte Woche?»

«Achtunddreißigste.»

Dann schaut die große Frau zu Sven. «Und Sie sind?»

«Der Vater.»

«Von welchem Kind?»

«Diesem», sagt Sven und zeigt auf Greta.

Die Hebamme ist verwirrt und zeigt auf Gretas Bauch. «Diesem?»

«Nein, der Mutter.»

Jetzt schaut sie zu mir rüber. «Von ihr?»

«Nein, nicht der Vater der Mutter, sondern der Vater der anderen Mutter, die meine Tochter ist.»

Die Hebamme macht einen letzten Versuch. «Sind Sie der Vater eines der ungeborenen Kinder im Raum?»

«Nein, ich bin ...»

«Dann warten Sie bitte draußen.» Aber Sven zögert, mich allein zu lassen. Ich greife seine Hand und ziehe ihn zu mir runter.

«Du musst Paul anrufen! Er muss kommen! Ich hab's ihm versprochen!», stöhne ich, als hätte mein letztes Stündlein geschlagen. Sven nickt, rührt sich aber nicht.

«Jetzt!», schreie ich, weil eine Wehe kommt und ich den Schmerz nicht unterdrücken kann. Die Hebamme schiebt Sven hinaus.

Greta ist ganz aus dem Häuschen.

«Wie aufregend, Mama. Jetzt geht's endlich los.»

Dann setzt mir eine Schwester einen Venenzugang am Unterarm, weil sie an der Hand keine dicke Vene findet, und verursacht dabei ein kleines Blutbad. Aber das macht mir gar nichts, weil die Pikse unter die Haut Peanuts sind, verglichen mit einer fetten Wehe. Hätte ich doch bloß diesen verdammten Hypnosekurs nicht verpennt!

Gretas Prognose war ungenau, denn es dauert Stunden, bis Kalle sich bequemt, das Licht der Welt zu erblicken. Paul ist ziemlich verwundert, als ausgerechnet Sven ihn anruft, um ihm zu sagen, dass sein Sohn unterwegs ist. Als sich die beiden Männer dann auch noch vor dem Kreißsaal begegnen, weiß er zunächst nicht, was er zu Sven sagen soll, der ihm wiederum motivierend auf die Schulter klopft, nach dem Motto «Wird schon schiefgehen, Kumpel». Wie Männer das eben machen, wenn sie nicht viele Worte verlieren wollen.

Ich bin froh, dass ich jetzt Pauls Hand greifen kann, die mich bei jeder Wehe ganz fest hält und stabilisiert. Er gibt mir Halt. Kalle und ich sind nach fünf Stunden total erschöpft. Ich glaube, er hat keine Lust mehr und schläft genauso wie ich nach jeder Wehe ein. Ich bin mittlerweile so müde, dass es mir fast egal ist, ob er drinbleibt oder nicht. Hauptsache, schlafen. Das sieht die große, schwere Hebamme offenbar anders und beschließt, Kalle auf die Sprünge zu helfen. Mit ihrer ganzen Kraft und Masse drückt sie auf den oberen Teil meines Bauchs, um Kalle nach unten zu schieben. Ich habe das Gefühl, wie ein Pickel ausgedrückt zu werden, und schnappe unter dem Gewicht nach Luft. Es ist beängstigend, funktioniert aber. Der Kleine rutscht tatsächlich etwas mehr in mein Becken. Aber noch immer nicht genug.

Plötzlich höre ich Greta, die seit Stunden tapfer an meiner Seite ausharrt. «Oh Gott, ich glaub, ich hab Wehen!» Dann krümmt sie sich nach vorne und beginnt mit ihrer Selbsthypnose-Atemübung.

«Nicht jetzt, Schatz. Erst bin ich dran!», keuche ich, während Greta aus dem Kreißsaal geführt wird.

Weil ich so erschöpft bin, spritzt mir die Hebamme ein Wehenmittel in den Zugang, um die Sache zu beschleunigen. Doch auch das hilft nichts.

Da reißt jemand schwungvoll die Tür auf.

«Frau Odermann?»

Nichtsahnend hebe ich den Kopf, sehe eine kleine, drahtige Endfünfzigerin und nicke.

«Ich bin Professor Fleischberg. Jetzt reißen Sie sich mal zusammen und pressen mit der nächsten Wehe ordentlich in Ihr Becken. Zack, zack!»

Die Frau wäre besser zum Militär gegangen. Aber sie macht klare Ansagen, und ich gehorche. Nach fast sieben Stunden spitzt sich die Situation dramatisch zu, denn Kalles Herztöne setzen plötzlich aus.

Die Tür geht auf, und ich höre nebenan im Kreißsaal Gretas Keuchen und Pressen und bin überrascht. Eine Hebamme redet ihr sanft aber bestimmt gut zu.

«Noch einmal tief Luft holen uuund pressen, pressen, pressen, pressen. Daaa sehe ich schon das Köpfchen! Das machen Sie suuuper!»

Das ist so unfair! Wie kann das sein? Wieso geht das so schnell bei Greta? Heißt es nicht, das zweite Kind kommt schneller und einfacher als das erste? Alles Lüge. Um mich herum wird alles sehr geschäftig.

«Wir müssen Ihr Kind jetzt holen, Frau Odermann!», sagt die

kleine Frau Oberleutnant. Paul, an den ich mich bis jetzt angelehnt habe, erhebt sich überraschend vom Bett.

«Tut mir leid, Vera, aber ich kann das nicht durchziehen. Sven sollte hier sitzen, nicht ich. Und jemand muss sich um Greta kümmern.»

Ich habe nicht die Kraft, ihm zu widersprechen. Eine Minute später kommt Sven völlig verwirrt zu mir in den Kreißsaal, nachdem Paul ihm kurz und knapp erklärt hat, dass Kalle sein Sohn ist.

«Vera, ist das wahr? Das ist *unser* Kind?»

Ich atme schwer aus, nicke, hole tief Luft und greife nach Svens Hand, die sofort kraftvoll dagegenhält. Gemeinsam helfen wir unserem Sohn, das Licht der Welt zu erblicken.

Wir, seine Eltern.

Dankbar schaut Sven mich an, während Oberleutnant Dr. Fleischberg den kleinen, faulen Kalle per Vakuumextraktion mit einer Saugglocke aus meinem Becken zieht, und ihn wie einen Korken aus einem zu engen Flaschenhals befreit. Meine Güte! Nie zuvor im Leben habe ich eine solche Erleichterung verspürt! Ich atme tief durch und fühle mich leicht wie eine Feder, während Sven die Nabelschnur zwischen seinem Sohn und mir so schwungvoll durchtrennt, dass das Blut nur so spritzt. Es ist vollbracht!

Gretas Tochter Lotta ist zwar zehn Minuten älter als Kalle, aber dafür mit 2800 Gramm nur eine halbe Portion. Kalle bringt fast vier Kilo auf die Waage und ist mit 61 cm eine Fingerlänge größer als Lotta, die dafür deutlich mehr Haare hat. Verrückt! Meine Enkelin und mein Sohn werden gemeinsam aufwachsen und miteinander spielen.

«Ich kann's also doch noch», freut sich Sven. «Die Familie wächst.» Dann umarmt er Paul, dankbar, die Geburt seines Sohnes miterlebt zu haben. Und während Paul und Sven Kalle und Lotta abwechselnd im Arm halten, klopft es.

Im nächsten Moment stößt Greta einen spitzen Schrei aus, als sich die Tür öffnet und T. mit einem Blumenstrauß schüchtern den Raum betritt. Und mit kahlgeschorenem Kopf, was ihm wirklich gut steht. Überglücklich fällt Greta ihm um den Hals.

Ich schaue mich im Zimmer um, und dabei gehen mir so einige Gedanken durch den Kopf. Möglicherweise sollte ich mehr Kompromisse machen und meine Ansprüche an einen Mann überdenken. Vielleicht wird das mit Paul ja irgendwann doch noch was ganz Großes. Ich schließe nichts mehr aus und fürchte sogar, dass es tatsächlich nicht an ihm liegt, dass es mit uns bislang nicht so hundertprozentig geklappt hat, sondern vor allem an mir.

Dann halte ich Kalle glücklich im Arm und weiß, dass ich alles richtig gemacht habe, denn dieses kleine, unschuldige Wesen fühlt sich wahnsinnig gut an und riecht auch so. Durch ihn habe ich nur gewonnen und nichts verloren. Wer braucht da schon Feuerland?!

EPILOG

SECHS MONATE SPÄTER liege ich mit Greta, Ursel und Bea an Deck eines Schiffes auf Expeditionsreise nach Feuerland und Patagonien. Wir genießen das Meer, bewundern die einzigartige vorüberziehende Landschaft und lassen es uns bei Tee mit Rum gutgehen, während zu Hause mein Sohn und meine Enkelin von drei ambitionierten und gut organisierten Männern bewacht, gefüttert, bespaßt, gewickelt, gewaschen, gefilmt, gehegt und gepflegt werden. Von Pavel weiß ich, dass Paul, Tobi und Sven ab und zu nachmittags kinderwagenschiebend in *Müllers Büro* auf einen doppelten Espresso vorbeischauen oder bei Harry essen gehen. Zwei Wochen werden sie es ohne uns aushalten müssen.

Zufrieden gehe ich in Gedanken die To-do-Liste für mein neues Leben durch, die weitestgehend abgehakt ist.

- Gretas Abitur ✓
- Scheidung ✓
- Gretas Auszug ✓
- neue Wohnung (irgendwann)
- neue Liebe ✓
- mehr Sex ✓
- mehr Drugs ✓ (ungewollt)
- mehr Rock 'n' Roll ✓ (durch Kalle)
- mehr Zeit für mich ✓
- mehr Erfolg ✓
- Feuerland ✓

Na also. Entspannt lehne ich mich zurück und halte mein faltiges Gesicht, das durch die zweite Schwangerschaft noch mehr Pigmentflecken bekommen hat, in den Wind und genieße die Ruhe. Mein Körper ist nicht mehr der jüngste und nach der zweiten Entbindung erst recht nicht der straffste, aber wen juckt das schon? Ich bin Mutter einer erwachsenen Tochter und eines Säuglings, außerdem stolze Großmutter und erfolgreiche Agenturchefin.

Und ich habe einen Partner, der 14 Jahre jünger ist als ich und nicht aufgibt, mich anzubaggern und zum Lachen zu bringen, und der mich dafür liebt, dass ich bin, wie ich bin, und was ich bin. Nämlich Vera Odermann, 47,4 Jahre alt mit Krähenfüßen im Gesicht, Kniespeck am Bein, Bauchspeck am Bauch, grauem Haaransatz, auf Sehhilfe angewiesen und zum Glück endlich geschieden. Aber noch lange nicht alt.

DANK

Mein ganz besonderer Dank gilt Georg Simader und Grusche Juncker, die ohne Zögern an mich und dieses Buch geglaubt und mir vertraut haben, Lisa Volpp, der weltbesten Motivatorin, meinen Freundinnen und Freunden, und natürlich meiner Familie, deren Unterstützung und kreativer Input unschätzbar sind.